蝶变上海

—— 跌宕百年的海派叙事

王唯铭 著

文汇出版社

本书获2021年秋季上海文化发展基金会

"上海文学艺术创作资助"

目录

楔子 / 001
1860年10月18日的漫天大火

第一章　口岸 / 019
第一节　天津口岸：被胁迫的满清帝国 / 020
第二节　汉口口岸：巴夏礼的强硬，杜百里的商机 / 032
第三节　上海"口岸"：东西方文化触摸在明朝 / 040

第二章　骇客 / 051
第一节　Settlement：麦都思的书馆，雒维林的医馆 / 052
第二节　两个飞地：凯德纳的圣三一教堂，范廷佐和他的圣方济各·沙勿略堂 / 060
第三节　Concession：孤独的雷米先生，忙碌的利名洋行 / 070
第四节　"第二上海"：外廊式建筑，《造洋饭书》与可口西餐 / 079

第三章　苦厄 / 089
第一节　"弹硌路"，铁藜木路，道路检查员怎知"无水不上海" / 090
第二节　工部局颁布"禁例"，新移民不服"规矩" / 100
第三节　1865年：雷诺先生痛别上海滩 / 110

第四章　洋泾 / 121
第一节　洋泾浜上九座桥：有满清凶事，更多租界新事 / 122
第二节　中西之桥：露天通事与秉笔华士 / 135
第三节　洋泾浜边又来华士，高昌庙附近喜见傅兰雅 / 147

第五章　买办 / 161
第一节　穆炳元："洋泾浜买办"只讲"洋泾浜英语" / 162
第二节　徐润与唐廷枢：我不做永远的"小三子" / 169
第三节　席正甫：洞庭湖后生脱胎换骨 / 183

第六章　洋场 / 189
第一节　黄懋材的《沪游胜记》，葛元煦的《沪游杂记》 / 190
第二节　米拉的东洋车，夷场的亨司美马车，洋场的有轨电车 / 200
第三节　电灯、电话、自来水，夷场新鲜事儿多 / 215
第四节　沈炳根做出皮鞋，洋场男女各有衣品 / 220

第七章　时髦 / 229
第一节　张叔和：东方的风雅，西方的时髦 / 230
第二节　徐鸿逵在玩电影，雷玛斯想建"帝国" / 240
第三节　洋场跳舞厅：春风沉醉，翩然起舞 / 251

第八章：西进 / 261
第一节　三代石库门："新阶层"的"上海意识" / 262
第二节　法租界中央区：海纳百川中的逃难白俄 / 269
第三节　霞飞路：盛极一时的白俄文化 / 280
第四节　ART DECO来了，海派文化好不摩登 / 288

尾声 / 299
租界收回，人去楼不空，"上海意识"迤逦绵延

致谢 / 308

楔子
1860年10月18日的漫天大火

　　历史吊诡，时光暗黑，自然与人类的运动中，有着无数个深不可测的黑洞。

　　也许没有人能够确证下面这个事实：是谁，在1860年10月18日上午，在已被局部摧毁的圆明园里面，点燃了"彻底毁灭"的大火，让这座不输给凡尔赛宫、卡斯特利亚皇宫的"万园之园"，最终成为人间炼狱，唯剩末日的酷烈景象。

　　放火者不会是额尔金勋爵，但正是此君，对格兰特的英国远征军下了一个命令："必须彻底摧毁圆明园，要给满清皇帝最沉重的一击！"

　　放火者不会是蒙托邦将军，绝对不是。

　　那时那刻，当圆明园方向缓缓升起一股股不祥的黑烟，当黑烟在北京上空怪异地盘旋，将军正待在安定门城墙边的法军兵营里，而之前，当他听完额尔金"焚烧清朝皇帝夏宫，从而报复这个背信弃义王朝"的想法后，将军的态度明确无误："我表示反对！"

　　蒙托邦将军的这个立场，让8000名左右的法国远征军官兵与这场酷烈、疯狂、丧尽天良的焚烧撇清了关系。

　　那么，这火，会是英国远征军翻译官斯温霍先生所放？斯温霍先生当时身处圆明园现场，在后来的《1860年华北战役纪要》里他坦言，"我两天都在那里值班"。

　　斯温霍在"那里"目睹着"一处处熊熊燃烧的大火和一堆堆瓦砾挡住我们的去路"，对美轮美奂的圆明园遭受如此肆无忌惮的毁坏，他"兴奋中带着一丝哀伤"。然"哀伤"也就"一丝"，且"哀伤"里还不时夹杂着"兴奋"，这就自然而然地让他产生了"火舌呼啸，噼啪作响，仿佛在毁灭中歌

1

唱"的快意联想。今日的我们，不由得可以做这样推想：正是这个斯温霍先生，率先举起"滋滋"作响的火把，看着火把上的火舌先缓慢、后快速地吞噬着夏宫中的丝绸帷幔，我们的内心浮现起一种轻微的内疚……这个想象或许逼近了"圆明园"被毁的真相？

时间湍流中，160年的时光转瞬一逝。历史黑洞中，我们难以确证那些事实和真相。

但是这些可以确定：1860年10月8日，当巴夏礼们从北京城厚重的门洞里仓皇逃出，当额尔金勋爵目睹巴夏礼们那副惨状，不由得恶从心头起、怒向胆边生，下达了"彻底摧毁圆明园"的命令。

这些也可以确定：1860年10月18日清晨，英国远征军总司令格兰特将军发出命令，远征军第一师米切尔少将率领人马——理论上应该有斯特维利上校的第一旅，有萨顿上校的第二旅，以及埃尔金顿中校的第六步兵团——神情亢奋地赶向咸丰皇帝行宫，并在广大园区中肆意地撒下火种。

先小火，随着火势增强，火焰变得热烈而激情，明亮的火焰上，翻滚、升腾起股股烟柱，扬扬自得地扶摇而上，须臾，多股烟柱被北京10月大风吹得四散开来，亦有多股烟柱，相互间流动、翻转、纠缠，当它们搅成一团、不分彼此时，仿佛获得超自然的生命，具有了恶魔般的样貌。

接着，随着可燃物的增多，随着燃烧面积的扩大，加之北方大风的持续嘶吼，火势越发凶猛，但见无以计数的火舌，蛇信子般舔向空中，鬼魅般地舞蹈，同时还放射出阵阵刺目强光。

圆明园、万寿园、静明园和咸丰皇帝特别钟爱的香山，一眼无法穷尽的广袤地域，尽成火场，烈焰火海，遮天蔽地，即使身处远地，也能感觉到扑面而来的热辣气浪，一个骇人听闻的人间炼狱。

更为恐怖的是，先前缓缓升起的股股烟柱全然不见，熊熊烈火的上空，浓烟魑魅魍魉般变形、翻滚，最后竟然聚拢成一个巨大云团，绵延数里，国殇般暗黑，触目惊心，可怕至极。

在场的英军官兵，许多人注意到了这番景象，他们中信奉神秘主义的人被这个狰狞画面震惊住了，斯温霍先生是其中一个，事后，他回忆一刹那击中心灵的这个画面："天色暗淡下来，烟柱越来越多，越来越浓，形成一大片乌云飘荡在北京上空，仿佛一场可怕的暴风雨即将到来。"

米切尔的士兵还在四处点火，显然，疯狂的他们不想让大火遗漏了圆明

园的任何一处。毁灭，彻底而干净地毁灭，这成了他们唯一的念想，只有毁灭，方能满足他们的嗜血愿望。

1860年10月18日、19日、20日，三个白天加上三个黑夜，在5200亩的广阔地域上，在200多幢建筑里，经150多年积累起来的艺术品——刺绣、玉器、雕刻、珐琅、地毯、绸缎、龙袍、书画、镜子、钟表、皮毛、摆钟、神像、景泰蓝、青铜器、釉瓷花瓶、奇珍异宝——尽管侥幸地躲过10天前的那次大洗劫，却无法逃脱这次大灾难，大火中，没有装入英法联军囊中的它们，全都化为一地灰烬；而经多少巧思、多少劳力、多少资金营造而成的鬼斧神工的空间——宫殿、寺庙、楼阁、宝塔、牌坊、柱廊、假山、迷宫、凉亭、观景台——在猎猎生风的酷烈中，一一灰飞烟灭。

令中华民族最感痛心疾首的是皇家用作藏书的这幢建筑，它叫文渊阁，里面"摆满了极为罕见、极为古老的手稿"，虽然后生者的我们不知"罕见""古老"到何等程度，但深信、确信，它们正是中华文化的一部分，或者说它们就是中华精神、中华魂魄。换言之，对帝王而言，它们堪称精神向导；对百姓来说，它们可成人生指南，却忍无可忍地接受了寂灭的命运，大风起时，漫天而去的黑碎纸片、纸屑，幽灵般在北京城上空四处飘荡，旋即，一一跌落在圆明园浩渺的湖面上，抑或，掉落在了平头百姓的稻草房顶上。

同样的命运也攫住了万寿园中的座座庙宇，无论孔庙、道观，抑或大佛寺、布满金色琉璃瓦的喇嘛寺，它们容纳着这个帝国的信仰，然再伟大的信仰，在特定时刻，也无法对抗或压制暴力，也因此，耶稣会被犹大出卖，不得不为人类的滔天罪孽而走上滴血苦路。那时，类似的悲剧同样上演，安放着民族信仰的各个空间，不得不被大火吞噬，当个个屋顶被完全烧穿后，庞大的建筑轰然倒塌，曾经生气盎然的金色琉璃瓦，如今只剩暗无天日的一片焦黑。

觐见大厅也难逃死寂的命运。

英军牧师麦吉在《我们如何进入北京》一书中做了不动声色的描述——

在"点火行动"中，米切尔的骑兵有意将觐见大厅留到最后摧毁，原因简单，英军驻扎于此。现在，当他们准备回转北京城时，他们没有忘了这幢建筑；又由于它是满清帝国的某种象征，他们更不可能放过这幢建筑。

10月19日下午3点，放火者投下毁灭能量时，是否对这空间有过犹疑一瞥？他们的眼神里是否多少闪过人性的一丝悲悯？

化为一地废墟的圆明园

空间堪称恢弘：50米长，20米宽，15米高。

闯入者几乎都对自己的第一眼深感震惊：除了浩大的空旷，房间里几乎没有一样家具，但还是留有两样东西：其一，布满整堵大墙的一幅中国画。它出自谁的手笔？会是以"崖山跳海"的勇气毅然跳下圆明园湖泊的总管文丰创作吗？其二，大理石地坪上安放着一张龙椅，或叫御座，整张椅子雕刻了无数个龙头，这让它具有了威严、狞厉的气象。但这些巨画和龙椅随着最后燃起的大火，均化作一地废墟，断壁残垣上留下了历史的眼泪吗？

"命令已经收到，大火即将燃起，几个手脚麻利的炮兵，很快将正大光明殿点燃，熊熊烈火很快吞噬了庄严华丽的宫殿，这座高贵的朝觐之殿转眼化为云烟。还有园门和旁边的小屋，一个也不能留，哪怕只是一间小屋——圆明园，这座宫殿中的宫殿，绝不存留一丝痕迹。完成了这项了不起的任务，现在我们可以回北京了"，麦吉心平气和地说道，仿佛他烧掉的只是都柏林老家那个破败不堪的马厩。

当纵火者返回北京营地时，圆明园那里，还不时迸发出簇簇火焰，它的上空，还笼罩着那个巨大的墨黑云团，凝然不动，恐惧、恐怖。

远征军中唯一被文学迷惑因而多愁善感的法军布瓦西厄少尉在他《陆军少尉的战争记忆》里这样表述着他的感觉，"这是与我们所看到的完全不一样的事物；一个不可思议的大自然，一切出自人类之手，但是一切都是新的、独特的、出乎意料的、神秘的、可与最不可思议的事物相媲美，把清醒着的我们带入了这个梦想和传说的地方，带入了《一千零一夜》中的故事里"，接着，在目睹了法英两军（当然还要加上满清的土匪、某些贪婪至极的北京百姓）在10月7日、8日两天对圆明园的连续洗劫后，他又说道，"这

个迷人的梦想怎么变成一个可怕的噩梦的呢？圆明园，圆明园现在只是一个回忆，数天之前，它是一个可能比凡尔赛宫和卢浮宫加在一起还要富丽堂皇的皇宫。它足以让整个地球上的学者和艺术家们研究好几年……我们可能是第一个，并且无疑是最后一个看见所有这些奇迹的欧洲人……我们从这些被毁坏、搜索、掠夺的宫殿出来，内心充满了悲伤；突然地毁坏那么快且那么突然地代表了财宝和华丽，是多么令人伤心的事情"！

写出上述文字，布瓦西厄少尉还没目睹后来的那场大火，也没有被后来的那团墨黑烟团惊吓到，之后，这一切都会深刻地击打着他的心灵。

那些天，还有多少人痛彻心扉地目睹着这个暗黑烟团呢？

北京城外，额尔金勋爵有滋有味地看着这团烟云，它们没有带给他丝毫的恐惧，反而让他产生了审美满足后的心情，仿佛它们是约瑟夫•马洛德•威廉•透纳笔下的一幅风景画。

那刻，他略显肥胖的脸庞上堆满笑意，他下达了摧毁这个皇家园林的决定，米切尔们完美地执行了他的命令，圆明园，这个被某些人赞叹为"美得无法形容的夏宫"而今已化作一堆瓦砾，化为这团迷人的烟云……想到他的对手，那个顽固、狡猾、愚蠢、不守信义的满清皇帝此刻大概正如丧考妣、痛心疾首，额尔金笑逐颜开。

他这一路走得坎坷、颠沛。

1856年10月，中国广州爆发了"亚罗号事件"，女王帝国（当然还要加上法皇帝国）与中华帝国不得不再次森严对峙。

在他祖国，科布登之流的和平动议得到了下院自由党领袖格莱斯登的支持，反对"政府武装干涉中国"的议案竟然比赞成者多出16票而在下院通过，理论上，女王帝国不得动用武力于远东，但英帝国军人的行动从来不建筑在所谓的和平基础上，放眼19世纪，起决定性作用的不就是光荣的"帝国主义"意识形态吗？

首相巴麦尊才"不鸟"下院的和平议案，坚持"炮舰外交"的他，决意再次武装干涉中国，他选定额尔金担任女王特使，统掌远征军全权，杀伐满清。

额尔金乐意接受使命，他与巴麦尊从来同一理念，从来都穿一条"帝国主义裤子"。

1858年3月下旬，额尔金与远征大军转辗抵达上海。

对上海，他颇有好感，这里有全欧化外表，有整齐地停泊在江面上的西方船只（其中有让他特别心旷神怡的蒸汽动力军舰），有在外滩的江边闲庭信步的西方人，他们中的女性，以裙裾膨大的克里诺林式样和后臀高翘的巴瑟尔式样，让他目不暇接，此外，"这里的英国警察身上穿的制服和伦敦的一样，这里的天气和我一年前在伦敦感受到的很像，因此让人产生如在伦敦的幻觉"……

额尔金想得倒也简单：在女王帝国炮舰的凌厉压力下，咸丰皇帝不得不派出钦差大臣与他签订英中条约，如此一来，他将第一时间打道回府，在伦敦，勋爵大人有的是事情要做啊！

但满清帝国的军机大臣传递来信息，满清历史上不曾有过如此先例，一个堂堂的钦差大臣竟然跑到上海这种地方签订条约，理想的签约之地是广州，先皇在世时它便是开放口岸。

额尔金不干，"震怒号""激怒号"炮舰怒吼北上，该年度的5月30日，他在天津衙门模样的一个地方住了下来，心情爆好。

满清帝国手忙脚乱了好一阵，天津乃京畿之地，蛮夷炮舰凶悍逼近，朝野自然震动。

1858年6月26日，英中条约在天津草签，英方的额尔金签下大名；中方的大学士桂良、吏部尚书花沙纳也在文本上签名画押。巴麦尊要求额尔金所做的事情，他已完成。之后事情，与他不再相干，为此，他前往日本，去为女王帝国争取另一份荣誉。

不过，历史走向着实诡异。

他的兄弟、女王帝国派驻中华帝国的公使布鲁斯大人，率领英法远征军，兴冲冲地前往北京换约，万万没有料到，去年还不堪一击的白河炮台，现如今固如金汤，而那些看似可怜复可笑的清朝士兵，竟然焕发出了不可思议的能量，拼死搏杀，轰鸣声声不绝，硝烟处处弥漫，贺布将军虽然杀红双眼，却无法扭转战局，在一阵猛烈过一阵的爆炸声中，英法远征军竟然被打沉了四艘军舰，还有六艘军舰受到重创，数以百计的英法官兵葬身在中国这条"万分可恶"的河流中。

1859年的6月25日，女王帝国的"黑色星期五"，插着白旗万般无奈地退出白河战场的英法联军，写下征伐远东的可耻一页。

白河之耻必须雪洗，白河之仇必须血报，这一回，无须巴麦尊强行动员，女王帝国上下议院同声相应、同气相求：远征军再次出发，不达目的决

不收兵。而此战目的，概括来说四点：一、英国使节进驻北京；二、对远征军赔款；三、更多开放口岸；四、传教士自由传教。

额尔金勋爵被紧急召回伦敦，组建远征军。1860年的6月30日，时隔一年，他再次抵达曾让他产生"伦敦幻想"的上海，现在，即便他目睹外滩那些腰细裙宽面遮纱的维多利亚风格的女子，他大概也不再有伦敦般的幻想了。

额尔金身体力行了如下事件：

7月14日，额尔金与英国远征军进驻直隶湾，他的眼前出现了淡淡的远山、一列列的骑兵营帐，如诗如画的山海风景让他心情不错。他还饶有兴致地观看了英国炮兵试射阿姆斯特朗大炮的情景，他大概不由自主地想到了这句格言：对远东中国，经常是必须用大炮来说话的。

8月21日，英法联军合力攻击白河河口清军炮台，清军尽管做着顽强抵抗，但让额尔金们提心吊胆的上年度悲剧没有上演，在阿姆斯特朗大炮的猛烈轰击下，白河左岸炮台、右岸炮台相继崩溃，曾经威风一时的清军大炮则纷纷哑火，炮台里尸首横陈，血肉模糊……女王帝国在一年前的那番耻辱得到洗雪，额尔金精神大振，意气风发地发出命令，"我敦促已经突破了白河河口工事的海军司令，让他的炮舰继续推进"。

紧接着，额尔金亲历了著名的张家湾之战、更为著名的八里桥之战。

两战，毫无争议地打垮了满清帝国中最负盛名的蒙古王爷僧格林沁以及胜保诸将军，八里桥通向北京的那条大道上，满目皆是被炮弹、子弹夺走了生命的清军官兵尸体，8月，华北大地上悬挂着酷热毒日，数不胜数的尸体已高度肿胀，爬满蛆虫，发散出来的浓郁尸臭，令人作呕……

额尔金理应得意，但勋爵大人倒没有过分放纵自己这份卑微的情感，作为一名外交家，他与格兰特将军们终究不同，后者可以因一年前的白河之败污名得以洗刷，放肆地释放报复快感，即便他们面前堆积起10万具清兵尸体，也不会产生丝毫的怜悯之情。额尔金的思考重点则是英中和约何日签订？《天津条约》何时推进？他又在何地能够面见那个深藏不露的咸丰皇帝？如此视角、如此盘算，张家湾之战也好，八里桥之战也罢，就都只具有次要意义，战争是政治的手段，却不是政治的目的。

额尔金十分愤懑满清帝国的大小官员一直与他玩着"捉迷藏"游戏，从直隶总督恒福、大学士桂良、吏部尚书花沙纳、怡亲王载垣、兵部尚书穆荫到屁颠屁颠的内务府大臣恒棋，他们全都千方百计地拖延《天津条约》的正式批准和实施，挖空心思地阻挡他面见清帝。

1860年10月8日。这天，有这样两件大事发生：其一，7日那天抢先一步进入圆明园的蒙托邦法军，实在没法控制自己的欲念，已基本完成了对"万园之园"的大洗劫，当满载而归的法军准备撤离时，却在夏宫中无意发现了随同巴夏礼一起前往通州谈判的部分法军官兵——炮兵中校格朗尚、会计师阿代尔等——衣服、物品，以及一些英国官兵的物品；其二，被满清帝国视作"最危险的敌人"的谈判代表巴夏礼，在这天的下午4点，闪出北京城大门，侥幸地虎口脱险，这让额尔金惊喜交加。但出现在他面前的巴夏礼却带来了一个糟糕透顶的消息：奉额尔金之命前往通州谈判的一小队人马，有人魂归西天，另外一些人则凶多吉少。

10月14日，一切清楚无误：前往通州谈判的英法联合小分队，26个英国人里死了13人；13个法国人中死了7人，显然，他们是被满清帝国义愤填膺的官兵们杀死或折磨死的。

额尔金勃然大怒，他信奉这样的战争观：交战双方可以你死我活地争夺一个毫无价值的高地，但断不能伤害各自派遣的谈判代表；即便中华帝国的文化传统，不也秉持"两国交战，不斩来使"吗？这个该死的王朝，出尔反尔、穷凶极恶，竟用下三滥手段残害英法谈判代表，卑鄙无耻到了极点。联想到两年前，他本人与这个王朝签订了《天津条约》，但两年后，这个王朝仍然翻云覆雨、阳奉阴违，生着法子不让条约生效，而今又对英法的谈判代表下着黑手、毒手，再不受惩罚，公理何在？

额尔金立马想到火烧圆明园。

勋爵大人不再淡定，如同一只食肉动物，他有嗜血要求、嗜血欲望：满清帝国必须受到严惩，而最好的严惩就是将他们视作珍宝的东西给予彻底摧毁！美可以用来欣赏，美同样可以用来毁灭，倘若毁灭可以为女王帝国换来尊严，那就毫不犹豫地前去毁灭！

职业外交家的额尔金，怒火中烧同时却又冷静异常，在日记里，他对火烧圆明园的利弊得失做了如下分析：

> 这是清帝最喜爱的住所，将之毁去，不仅仅动摇他的尊严，也会刺痛他的感情。正是在这附近，他将我们不幸的同胞擒拿，让他们遭受了最严酷的虐待。正是在这里我们找到了被囚骑兵的马匹和装备，英勇的法国军官胸前被扯落的勋章，和另外一些人质的个人物品。因为园中所有的贵重物品几乎都已被拿出，所

以这次去，我们的军队不是去掳掠的，而是要通过一个严正的惩戒，来标示这一重大罪行在我们心中所激起的憎恶与愤慨。惩戒针对的不是中国人民，他们是无辜的，惩戒完全是针对清朝皇帝的，他不可逃脱对罪行的直接责任。不仅仅是因为在圆明园对囚犯所犯下的暴行，而且，他发出旨意，给洋人的头颅悬赏，还宣称他会用他所有的财富奖赏这些杀手。

额尔金决意焚毁圆明园，这时，他想着要将法国人一起拖进这个"正义的暴行"中，确实是暴行，但他认为很正义。

法军总司令蒙托邦将军却加以拒绝，并非法军在通州比英军少死六个人的缘故，也不是法国文明、法国文化在蒙托邦将军的思想中起了作用的缘故（圆明园不能火烧，如同凡尔赛宫不容毁灭一样），最主要的还是火烧圆明园毫无意义，它不符合法兰西帝国的任何利益，如此念头，想也不要去想。

额尔金一意孤行，他将自己的想法告诉了格兰特将军，后者二话不说给予赞同。

就这样，18日那天，身居北京城一边的额尔金快意地看着不远处天空中那团巨大的、墨黑的云团，他不怕被人说成"赶尽杀绝"，他还吩咐下属，在北京城的城墙和城内许多建筑物上，都贴满中文告示，告示上写着："任何一个人，不论地位如何崇高，背信弃义之后都不能逃脱惩罚。焚烧圆明园，只是惩罚清朝皇帝违背自己的承诺和亵渎停战白旗的卑鄙行为。"

后来，1861年4月，他回到祖国，受到英雄般欢迎，在英国皇家艺术院的宴会上，针对有人提出火烧圆明园一事，他做了一通发言，是辩解也是洗白，"既然我已经触碰到了那个滚烫的问题，我希望大家能宽许我再深入地谈一谈。我请大家相信，摧毁那个宫殿，那些亭阁——虽然将其洗劫一空和我并不相干——没有人比我更痛心疾首"。

1860年10月18日那天，额尔金绝对不会想到"痛心疾首"这个词语，他的内心充满了邪恶的报复快感，焚毁圆明园是女王帝国发出的警告：既然圆明园已成灰烬，紫禁城为什么就不能成为废墟呢？

当额尔金相当快意地眺望着北京城上空那个巨大的云团时，蒙托邦将军也正观察着那团烟云，他的脸容上没有快意，只有凝重。

那刻，我可以断言蒙托邦将军百感交集了，还可以想象他浮想联翩了，当然，基于对历史叙事的尊重，我愿意声明：蒙托邦将军的"浮想联翩"更多可以看作非虚构写作中的合理推断。

蒙托邦想到了他如何出现在贡比涅宫拿破仑三世面前吗？

1859年11月某日，蒙托邦将军正担任着法军鲁昂第二师师长。

对战争，蒙托邦将军并不陌生。1823年，年方27岁，他便在西班牙战场上初次闻到滑膛枪发射时的那股硝烟味；之后，阿尔及利亚服役期间，26场大小不等的交战，他更以无畏精神获得军团的种种荣誉；阿尔及利亚归来，任鲁昂第二师师长，因了弗洛里将军的推荐，在1859年11月那天，他收到陆军大臣朗东来信，身份就此改变为对华远征军总司令，他管辖着两个旅的兵力，旅长分别为冉曼将军和柯里诺将军。

贡比涅皇宫里，法兰西皇帝发问道："远征中国，鞍马劳顿，将军的身体是否能够承受？"

那年，1796年出生的蒙托邦将军已63岁了，但他"确信自己身体"的回答让法皇分外满意。临别前，蒙托邦将军注意到了一个细节：法皇从书桌上将一张中国地图递给他，地图上特别标注着1858年法军在中华帝国的所有军事行动。蒙托邦当然知道，所有的军事行动都终结在了白河河口炮台前，欧洲两个最强大的国家却被一个东方国家所击败，这是前所未有的，也是让人痛心疾首的。

1860年3月12日，蒙托邦和他的8000官兵来到上海。

在上海，蒙托邦将军没有产生出额尔金那般的"幻觉"。所谓的法租界，"除了利名洋行的几幢大房子外，法租界几乎没有大建筑"，不要说巴黎，就是巴黎的某条街道，上海也不能比拟。他有兴趣的是满清帝国军队在上海的现实状况，"城门由守城士兵把守，配备长矛、弓箭和火枪"，如此装备，想来不堪欧洲大陆第一强国猛力一击。

数月后，法英联军在天津附近的北塘登陆，结果令蒙托邦相当满意，他向来不会低估任何一个对手，同理，他亦不会低估清军视死如归的斗志，何况一年前，他的法国曾在白河河口栽了一个大跟斗，让法兰西第二帝国为此蒙羞。不过，头次交手证明，即便对方人人有万夫不当之勇，然冷兵器为主的清军与热兵器为主的法军不在一个档次，何况法军还有她强大的盟军。

交手后，蒙托邦在一个割颈自杀的清军官员身上发现了咸丰皇帝的通谕，他得知自己的项上人头在中华帝国一号人物的心里价值为8000法郎，额尔金勋爵的人头标价则为12000法郎，并非英国人的人头更加值钱，盖因中国人憎恨英国人甚于法国人。

占领天津兵不血刃,中华帝国的军事首脑有意放弃了在这座城市与法英联军的决战,紧接着发生的便是张家湾之战和八里桥之战。

蒙托邦在他的祖国大大提高了知名度,缘于八里桥之战。那次战争决定性地打垮了中华帝国最具实力的僧格林沁骑兵部队。蒙托邦并没有贬低他的敌手,"此时,八里桥呈现的景象,可谓当天最激动人心的场面之一。早上斗志昂扬的清兵骑兵消失了,在古老而雄伟的大桥行车道上,身着华丽军服的清军步兵手摇锦旗,没有掩体保护,正在以微弱火力迎接我军大炮、步枪的齐射。这支清军精锐之师正在不惜牺牲生命掩护大军撤退",蒙托邦终于抑制不住自己的狂喜心情,他做了一个历史性比喻,"在清军事先精心部署的战场上,在极其不利的条件下,我军获得如此胜利,简直不可思议。我不由得想起当年古罗马以极小兵力征服许多蛮族的故事"。

为此战,拿破仑三世先授予蒙托邦将军"大十字荣誉勋章",接着,敕封蒙托邦将军为"八里桥伯爵",一年后,法皇又对这个爵位恩赐世袭。

1860年10月7日,蒙托邦将军惊喜交加地向前张望,他的面前出现了一座无与伦比的皇家园林,一片堪与凡尔赛宫、卢浮宫一较高下的建筑群。那刻,他不会意识到自己的个人名声将因对这座皇家园林的野蛮洗劫而被拖累,以至于后来,对这场战争的回忆,他有了反复踌躇;对战争回忆录的出版,更有长久踟蹰。无须潜意识提示,对一个自诩伟大文明的赞美者来说,在糟蹋另一文明的"贱行"上,他知道自己有多么卑劣。

那几天究竟发生了什么?

先说6日。

早上,蒙托邦将军率领大军向北京进发。当晚7点,法军抓住了两个当地百姓,一阵严刑拷打,两个百姓乖乖地带着蒙托邦将军一行来到圆明园门前,这时,本来走在右翼的英军,鬼使神差地与法军失去了联系,格兰特们去向不明。

这个夜晚相对平安地度过了。

再说7日。

当太阳将北京城从黑暗唤醒,圆明园中的法军官兵也一一醒来,对中国历史来说,很不幸的是,西方丘八内心中的黑暗欲望也在这时被叫醒。咸丰皇帝的夏宫,无出其右的"万园之园"便在这天降临下灾难,皇宫中,法军开始掠夺,不排除掠夺者里还有部分英国士兵。

洗劫最初还相对平静，是所谓的偷偷摸摸、蹑手蹑脚。不久，便发展为堂而皇之、无所顾忌，当洗劫进入最疯狂的程度，蒙托邦将军走进了自己的营帐，眼前发生的这些情景让他还是"眼不见为净"为好。

他没有下令洗劫，但同样没有下令阻止，洗劫就发生在他的眼皮底下，他选择了走开，仿佛这样就避开了真正的罪恶。他在自己的《蒙托邦征战中国回忆录》里说过他禁止洗劫，但英国人的回忆录却揭穿了他的这个谎言，至少在这点上，他对后来的历史做了伪饰。也许，当时的他完全清楚，如果没有真正的理想，全世界丘八有的是同一心理，而带领他们的长官也明白，"洗劫"既是对士兵奋勇向前的一个奖赏，也是对他们战后余生的一种安慰。

那天，中午11点，额尔金与格兰特将军也来到圆明园。

蒙托邦将军诚实地记录了英法两家对圆明园珍宝的一次瓜分：额尔金选了一根中国皇帝使用的翠玉权杖，想着要献给自己伟大的女王，女王还将获得一只珍奇无比的珐琅花瓶；格兰特将军呢，他为自己选了一只纯金打造的水壶，他可没有想到要将这只纯金水壶献给伟大的女王，他很愉快地将其放进自己的行李箱中；蒙托邦们也步了额尔金们的后尘，挑选了与英国人几乎相同的一根翠玉权杖，蒙托邦将军在回忆录中强调："权杖不是拿为自用，它用来献给伟大的拿破仑三世。"

如此说来，在洗劫圆明园的恶行中，蒙托邦将军留住了一世清白？答案显然不是。

被选来分配战利品的专员们，基于拍马溜须的人性特点，他们很热情地为蒙托邦将军留好了三串极为珍贵的项链，专员们特意叮嘱将军大人：一串留给夫人，一串留给女儿，第三串至关重要，它经孟振生主教开过光，理应具有特别的神奇和魔力，将军应该留着自用。蒙托邦留了两串而献出了一串。回国后，在枫丹白露宫，他将最重要的一串项链献给了欧仁妮皇后。此举可以看作他的无私品行，但也可以看作他深察人性，懂得如何取悦权势人物，蒙托邦不乏狡猾，为此，他招致了许多抨击。

现在到了第三天，10月8日。

圆明园已被糟蹋得不成模样。

蒙托邦将军正准备率领他的军队离开圆明园，这时，一件意外之事突然发生：法军在圆明园的某个房间里，发现了跟随巴夏礼前往通州谈判的法军

部分官兵的衣物，通过这些衣物，以及残留的种种迹象，可以判断出这些法军官兵遭到了清军的绑架，还遭受了殴打，以及虐待。

对圆明园刚刚做了公然洗劫的法军被激怒了，远征的傲慢，战胜后的狂妄，以及对自己同胞被折磨的同情，人性中的种种东西纠缠在了一起，它们的化学反应则产生了歇斯底里的情绪，有人提出烧了这里，有人立刻点起了火把，有人十分亢奋地将他面前的房子逐一点着，相比之后那次焚烧，这次的点火者更加难以指认，而且，就火烧的面积而言，历史留下的说法不一，有说烧了一座宫殿，有说烧了圆明园的四分之一，还有说烧了圆明园的四分之三。

历史，就是如此吊诡，时光，就是如此暗黑。

那会儿，面对洗劫保持着相当冷静的蒙托邦将军依然十分冷静，他没有出面阻止自己士兵焚烧圆明园的局部，也许，他太了解自己的官兵了，也许他本人的内心也激荡着兽性的歇斯底里，崇尚着以血还血、以牙还牙的高卢精神。

现在，时间来到10月16日。

那天，英法联军诸巨头再次聚拢，地点就在北京安定门左边的法军营地里。

会上，额尔金激烈地提出"摧毁圆明园"的建议，他还提出，中华帝国如果还想保住她的江山，除了确认《天津条约》，还要满足英法两国的下列两个条件：一、必须在天津竖立一个巨大的赎罪碑，用来表示这个帝国对这次战争的西方牺牲者的莫大忏悔；二、必须对女王英国、法皇法国做出巨大赔偿。

格兰特将军不假思索地站在额尔金一边。

法方代表之一的葛罗男爵则十分强烈地反对焚烧圆明园。

蒙托邦站在葛罗男爵一边，尽管他并非不假思索，他是一个老练的军人，他对发展到那天为止的这场不大不小的战争有自己的立场：不管未来有多少变数，无论未来还会发生何等样的不测事件，法国远征军都必须在11月1日前撤出北京。原因简单：北京马上就要进入严冬了啊！严寒的北京肯定让蒙托邦不安地联想起当年拿破仑远征莫斯科的悲惨境地，之前，大帝与库图佐夫角力，屡屡得手，然陷于俄罗斯漫天大雪中的法军，就只有一个彻底溃败的出路了。那个上午，听着额尔金在一边反复咆哮，蒙托邦有点心不在焉，他清晰地看见了营帐外覆盖着连绵群山的一线白雪，他的内心产生了阵阵寒战。

讨论不欢而散。

愤怒不堪的额尔金，临走前再次强调这个观点，"无论如何，圆明园必须毁灭"。显然，不可能有人能扭转额尔金的想法了。

第二天，格兰特将军给蒙托邦将军写来一封短信。也许，昨日会议，蒙托邦的表述不如葛罗那样激烈，这让格兰特将军产生了错觉，让他觉得有必要再争取蒙托邦一下。信中，格兰特首先提醒蒙托邦，作为联军，英法两家在中国土地上必须保持一致，随后发问："将军阁下是否愿意第二天，即18日开始对圆明园展开新一轮的讨伐？"

蒙托邦给格兰特写了回信：

> 从早上起，我认真思考了您提出的建议，也就是说是否与你们一道烧毁皇家宫殿圆明园的问题。这座宫殿已经于今年10月7日和8日被我们的部队和中国人摧毁了四分之三。我认为有必要向您解释一下我拒绝配合这次战斗的理由。首先，我认为这场战斗是针对我们不幸的同胞遭受野蛮恶毒对待而采取的报复行动，但是这种报复并不会达到目的。
>
> 从另一个方面来说，对这个皇家宫殿重新放火会让已经有所安心的恭亲王再次产生恐惧感，他会因此放弃正在进行的谈判。您不认为会有这种可能吗？如果出现这种情况，那么势必要攻打北京的紫禁城，结果就会推翻现在的朝廷，这一结局将与我们的使命南辕北辙。出于以上考虑，我认为，司令先生，我无法以任何方式配合你们将要采取的摧毁行动，而且我认为这一行动将会损害法国政府的利益。

蒙托邦将军的理性主义让他拒绝了摧毁圆明园的行动。这样说吧，他的拒绝决非基于对中国文化、中国艺术的热爱，热爱也许有一点，但不占主导地位。他是个现实主义者，来到远东，他所做的任何一件事都必须有现实意义，而不只是感情发泄。他敏锐地发现，对一座已经伤痕累累的宫殿再施加漫天大火，不仅不具有白河炮台的攻占、八里桥突击战的打胜那样的现实意义，而且隐藏着一种极大的危险：吓跑满清帝国中屈指可数的和平主义代表恭亲王。

蒙托邦凑巧地躲开了未来历史对这个恶行的严峻批判，但大火，已如额尔金所愿燃烧了起来。

18日那天，蒙托邦将军不安地看着北京上空的那团魔鬼般云团，他发现，"火光远远映照到冰雪覆盖的蒙古山脉上，当时的景象甚为奇特，雪白的底色上跳跃着红色的火焰"。

当日,蒙托邦将军向法国陆军大臣朗东做了如下汇报:"有人告诉我,下午3点的时候,今早出发的英国人执行了他们的放火计划,所有那些曾经让我惊叹不已、巧夺天工、无与伦比的建筑在那一刻在烈焰中变成了废墟。对于一个文明的国度而言,这种复仇是不可取的,因为它摧毁了几个世纪以来人们为之惊叹的事物……"

那刻,蒙托邦将军似乎与他的同胞——伟大的伏尔泰、狄德罗、孟德斯鸠,以及同样伟大的维克多·雨果——站在了同一思想地平线。不过,历史终究还是清晰地记得这个细节:他与葛罗反对焚烧圆明园,但两人都打定如下主意:倘若清朝政府在11月1日之前继续虚与委蛇,拒绝兑现《天津条约》;倘若清朝的主战派还一心想着困兽犹斗,欲与法英联军拼个鱼死网破,那么,他将率领法国军队从安定门出发,全面占领北京城,并且,毫不犹豫地烧毁整座紫禁城。

烧毁紫禁城,没错,无论蒙托邦将军还是葛罗男爵,两人观点一致:倘若远走热河的咸丰皇帝依然故我,等待他的就不再是圆明园的被毁,而是整个紫禁城将化为一地灰烬,北京上空盘旋的将是一团更为恐怖、更为黑暗从而更具魔性的云团。

本书的《楔子》还将略写两个人,其一,一言九鼎的咸丰皇帝;其二,皇帝大人的同父异母之弟、满清帝国的栋梁和肱股,头脑清晰的恭亲王奕䜣。

八里桥之战结束后,面对来势汹汹的蛮夷大军,咸丰皇帝狼狈、仓皇地逃离了北京,时间应在9月底左右。临走前,内心充满了羞愧、愤怒和痛苦,他将自己那颗并不坚强的头颅连连撞向太庙石柱,结果可想而知,面门一派血肉模糊。

但相比肉体疼痛,他感觉到精神窒息:为什么?到底为什么满清王朝会遭遇如此奇耻大辱?僧格林沁不是信誓旦旦一定会为皇上分忧而将蛮夷尽数扫荡吗?凶悍无比的蒙古王爷不是在白河河口曾经创造过大胜红毛鬼子的满清奇迹吗?为何突然间发生了剧变,张家湾之战、八里桥之战,最锋利的长矛一一折断,最坚固的盾牌一一粉碎,致使蛮夷们长驱直入,眼见已经抵达北京城高大的城墙下,满清列祖列宗留给他的这个江山,不说立马将毁,至少有朝不保夕之虞,让他怎不痛心疾首?自杀之心顿然萌生。

那日,当天子将头撞向太庙石柱时,幸得身边有时刻准备赴汤蹈火的忠臣死士赶紧护卫,在他们簇拥下,咸丰皇帝带上心上人慈禧,星夜撤向250

公里外的热河行宫，在那里，恐惧虽稍有缓解，但身子却在连年的诸般折磨中，眼见沉疴不起。

圆明园上空那团先翻腾、继而凝然不动的黑云，因了250公里距离，让缠绵龙床的咸丰皇帝避免了目睹时的扎心刺痛，然内心深处，痛苦何曾减弱分毫，他时时有沉入圆明园大湖的恍惚神思，仿佛有一股巨大的力量，正欲将他拖向黑暗湖底……深夜梦醒，他的脑海深处，不时会闪现出异母兄弟那张脸庞，处置大权已交到奕䜣手中，孤家托付，奕䜣会圆满完成吗？满清江山还有救吗？

恭亲王奕䜣那时那刻也不在北京。

10月5日那天他离开了北京城，一天后，蒙托邦的法军抵达了圆明园。相比皇兄，他意志坚强，勇气充沛。后来的中国近代大史一再佐证，正是他数次极为关键的决断，让看似即将停住呼吸的满清帝国，又延续了半个多世纪的寿命。

他的第一个明智判断：10月8日那天，释放通州谈判的首席代表巴夏礼。当恒骐奉他之命将巴夏礼送出北京城没过几个时辰，咸丰皇帝处决巴夏礼的命令也到达了。他庆幸自己的决定，要知道，处决巴夏礼，有可能付出整座北京城玉石俱焚的代价；当然，他同样知道，释放巴夏礼，此举有可能让已被彻底激怒了的皇兄搬了自己的项上头颅。

他的第二个明智判断：10月13日那天，当蒙托邦的炮兵脱掉了炮衣，黑森森的炮口已指向北京城门，在这千钧一发之际，他交出了蒙托邦们索要的安定门。

他读得懂西方人的心理。额尔金与蒙托邦，他们想要对北京有一个象征性的占领。反复权衡后，他决定满足蛮夷们的这份卑微的快感。蛮夷们与我大清人的最大区别是什么？不就是大清人善于折冲樽俎，蛮夷们则从来不玩合纵连横！蛮夷们如果说了"13日前必须交出北京城的一个城门，否则定然大炮伺候"，他们一定会言出必行。拒绝交出城门的后果不外乎这样：北京城的城墙被轰开一个个大缺口，太和殿前布满如狼似虎的红毛鬼子，紫禁城里狼烟四起、处处火焰，而我大清江山则在火海中化为瓦砾和焦炭……

恭亲王将安定门交到蒙托邦们的手中，这个行为，让他项上头颅搬家的可能陡然上升了数十个百分点。一部烜赫的满清史，交出城门，意味的便是投降，大清王朝，怎会容忍投降之人？但他将生死置之度外了，"将在外，

君命有所不受",这样做的好处是:北京城墙安然无恙,北京城内避免了血流成河。

他的第三个明智判断:23日前,满足了额尔金、蒙托邦们的朝思暮想——签署和约并交换《天津条约》批准书。

大清军被打得落花流水,蛮夷们已兵临城下,北京城已危在旦夕,交出巴夏礼、交出安定门并不会让蛮夷们感觉彻底满足,也不会让他们就此罢手,只要大清没有与蛮夷们签订和约,没有正式确认《天津条约》,杀得性起的蛮夷们随时都有可能蜂拥进紫禁城,踩躏我大清庙堂。

恭亲王没有想错。

"蛮夷们"正作如此念想。当漫天大火还在猛烈地吞噬着"万园之园",格兰特将军已忍耐不住自己那颗躁狂之心,他于19日那天,来到蒙托邦住地,要求后者与他一起参与明天对紫禁城的攻击。

明天,不就是20日吗?

幸好蒙托邦将军没有那份躁狂,也比前者更具理性。他告诉前者,法英双方给满清的大限之日为10月23日,而不是10月20日。当23日还没来临,将军阁下,你我少安勿躁。

恭亲王不会也不可能听到两人的对话,但他知道,继续地虚与委蛇,继续地耽搁时间,北京城或将陷于灭顶之灾,而紫禁城或将成为下一个圆明园。皇兄此刻远离北京,大清命运的担子自然而然地压在他的肩头,他必须立即做出反应,尽快行动,即便这"反应"、这"行动"日后有可能导致他的脑袋搬家,也可能让他淹死在多少自作聪明家伙的唾沫中,年方27岁的他心意已决。

20日凌晨两点,历史记住了这个重要时刻,恭亲王通过中间人——俄国的伊格那提也夫将军——将口信转达给了葛罗男爵、额尔金勋爵:他已经将中英、中法战争的两大罪人——瑞麟和僧格林沁——全部贬职;最为重要的是,中方将接受英法两方于10月17日所发照会中的全部要求。

那刻,额尔金一定昂起了傲慢不堪的脸庞,他的那张胖脸上也许正反射着圆明园方向传来的逐渐微弱下来的火光,他断定,正是自己极力挑起的那把毁灭之火,让对手终于不得不低下一直倔强昂着的头。

那刻,蒙托邦将军暗暗庆幸了,他圆满地完成了皇帝陛下托付的任务,现在,他可以在11月1日(那个始终让他心神不宁的时刻)率领法国远征军全部撤出北京，远远地离开中国北方，远远地离开风雪交加的魔鬼严冬。

清咸丰十年（1860年10月24日），北京礼部，满清帝国与大不列颠帝国签订了和约，一天后，同样在北京，满清帝国与法兰西帝国签订了和约。这个和约史称《北京条约》，它对《天津条约》做了补充与扩展。

《天津条约》的最重要内容如下：

一、准许外国公使进驻北京（这便是后来东交民巷的由来）；

二、开放汉口、九江、镇江、南京等口岸（之前的5口之外，又多了10口）；

三、外国军舰有权利驶入长江和各通商口岸；

四、传教士可以前往内地自由传教。

五、最后，对英国，赔款400万两白银；对法国，赔款200万两白银。

《北京条约》不仅再次确认了《天津条约》的全部有效性，并做部分增添和修改：

一、清朝割让九龙半岛给英国，这在《天津条约》中是没有的。

二、清朝增开天津、大连为商埠，这在《天津条约》中同样是没有的。

三、满清帝国对英法两国的战争赔款分别涨到800万两白银，额尔金的女土帝国还获得了中华帝国的私下保证：鸦片贸易的合法化。条约里没有写进此项，自以为比儒教中国有着更加伟大文明的女王英国，深知鸦片贸易具有的罪恶性，生意只能做，不便说了，西方虚伪就此可见一斑。

"楔子"就此画上句号。

发生在1860年10月的那场漫天大火，是本书的一个极为重要的背景，换言之，倘若没有这场大火，没有因大火后而导致的《天津条约》的实施、《北京条约》的扩展，便不会有我将要写到的一种文化。

这文化，它生成于屈辱的口岸中；这文化，它催生、演化出了后来的新市民；这文化，是一个地域获得完全现代性的佐证，这文化，它包含的能量，不仅改写了一座城市的历史，其中的"上海意识"，更是在中国大地上，榜样般地穿越时空、生生不息。

激动人心的海派叙事，与《天津条约》《北京条约》有关，当然，也与之前的《南京条约》有关，上海虽自有风情，但城市的命运却无时无刻不与国家民族的大命运联系在了一起。

第一章

口岸

第一节

天津口岸：被胁迫的满清帝国

1842年8月29日，南京下关江面，英国远征军三级风帆战列舰"康沃利斯号"内，远征军首席代表璞鼎查与满清帝国的钦差大臣耆英、伊里布、牛鉴等人，签订了《南京条约》，决定了"五口通商"，这是一个被后来的李鸿章认为"三千年未有之变局"、被后来的张之洞认为"亘古以来未有之变局"的特大事件。

对此，在北京深宫大院里佝偻后背的道光皇帝，内心里一定痛楚地认为"五口通商"乃满清王朝下的一着臭棋；他的臣子们呢，将"五口通商"看作满清帝国面临的一着险棋，日后那部中国大历史，却认定这是中华民族下出的一着壮棋。

那些日子里，英国商人们乐开了怀，这是他们期待了多少个春秋才获得的结果啊，当开放口岸的文件还在送往京城等待盖下国玺的路上，他们中好些人已迫不及待地与海船一起，等候在口岸前的海面上，他们欢欣鼓舞又心急如焚，一心想着尽快进入口岸！

五个口岸开放的时间顺序如下：

广州口岸，1843年7月27日开埠，李太郭为首任英国驻广州领事；

厦门口岸，1843年11月2日开埠，记里布为首任英国驻厦门领事；

上海口岸，1843年11月17日开埠，巴富尔为首任英国驻上海领事；

宁波口岸，1844年1月1日开埠，罗伯聃为首任英国驻宁波领事；

福州口岸，1844年6月30日开埠，李太郭为首任英国驻福州领事。

接着发生的一系列事实，很不幸地击碎了璞鼎查们的"中国梦想"，即便兰开夏或者大不列颠帝国的纺织机器全都开动，中国市场仍然，没有趋之若鹜的大好局面，白银也没有如伦敦上空须臾而至的雨花般飘洒进英国商人的账房。

女王帝国的官员、商人，未免有点沮丧，顶礼膜拜自由主义经济的他们，认定这里的原因是口岸太少！中华帝国要有更多开放口岸，它们有助于女王帝国的商品流入中国腹地，他们的逻辑是："出卖我们的制造品，一定要把它送到需要此货的地点，就是说，要在中国的每一个省交货。我们要得

到廉价的中国物产,必须在出产这些东西的地方购买它们。"

乘坐"震怒号"来到天津的额尔金们,于1858年6月26日那天,与满清帝国钦差大臣桂良、花沙纳们签订了《天津条约》;一天后,法国公使葛罗也与同一批清朝官员签订了《天津条约》,条约规定:满清帝国要向英、法两国开放新口岸10个,分别是:牛庄、登州、台南、淡水、潮州、琼州、汉口、九江、南京、镇江。

如此一来,理论上,兰开夏(当然远不止兰开夏)的纺织品将进入长江流域,还将进入中国北方深广的腹地。

《天津条约》还没有规定开放天津口岸,但英国、法国人借助圆明园的那场大火将此做了补救。1860年10月26日,北京礼部大堂,在恭亲王们表面镇静、内心悲伤不已的帝国情绪中,额尔金们签订了《北京条约》,确定增开天津口岸。

额尔金返回伦敦,蒙托邦将军打道回巴黎,有人离去,有人留下,留下的那些人有很多事要做,最重要的事情是开辟租界。

天津租界堪称一个集合体,它由九个不同国家的租界构成一个大空间,用时近半个世纪,从1861年到1902年。

英国租界,开辟于1860年12月初期,占地面积460亩。

法国租界,开辟于1861年初期,占地面积360亩。

美国租界,开辟于1860年与1861年间,面积为131亩。

德国租界,开辟于1896年,占地面积为4055亩。

日本租界,开辟于1898年,占地面积为2150亩。

俄国租界,开辟于1900年,占地面积为5474亩。

意大利租界,开辟于1902年6日初期,面积770亩。

奥地利租界,开辟于1902年12月,占地面积1030亩。

比利时租界,开辟于1902年,占地面积740亩。

天津,一个地域,九国租界,超过武汉"六国租界",亦远超上海租界,上海只有公共租界和法租界,不过,那是后来的事情。1860年12月4日,英帝国公使卜鲁斯先生将外交照会递给中华帝国要角之一的恭亲王,"意将津地一区,代国永租",善于审时度势的恭亲王同意了卜鲁斯的要求,天津英租界便在12月13日诞生,初时就区区460亩面积,额尔金的亲兄弟卜鲁斯先生可以称作天津英租界的开创者。

英租界安在海河边（这成了中国租界的共同特征之一），海河西岸，那块地域，在天津卫文化里被叫作紫竹林村。

天津英租界史有要角登场，他就是之后上海近代史中声名显赫的查理·乔治·戈登。

戈登出身英国军官世家，父亲系英国皇家炮兵部队中的一名将军，他从小接受了父亲给予的军事化教育，热衷于使枪弄剑，热望于征服异国他乡。

人生的第一考试场在克里米亚，子弹与硝烟交相扑面的前线，戈登经受住了考验，也提升了自己的勇气，发展了自己的谋略。

1860年，英国招募侵华远征军的所谓志愿者时，他毅然决然报名，随大军前来远东。

他来得晚了点，既没有赶上北塘登陆，也没有赶上张家湾、八里桥等地恶战，不过，恰到好处地赶上了对圆明园的洗劫和火烧，皇家工兵队上尉在他的日记中这么写道，"很难想象这座宫殿多么豪华壮观，法国人使其遭受的破坏多么令人憎恨，这简直就是十足的打砸抢，令人失望至极点""洗劫之后放火，以最野蛮的方式毁坏这些最宝贵的财产……每一个人都发疯一般地抢劫"。

他的叙述看来有着中国人民的立场，他看似为伟大的中华文明遭受摧残而义愤填膺，但仅仅只是"看似"。事实上工兵上尉自己也忍不住参加了抢劫和焚烧。

他对圆明园伸出了自己那双高贵的"伍里奇之手"，他给自己的兄弟带去了"一支漂亮的高杯"，给自己的母亲、姐妹带去了"玉器、花瓶、景泰蓝"，他还给自己的军团抢到了"雕刻精美的御座"，这张御座，如今还陈列在英国肯特郡查达姆市皇家工兵博物馆。

他如此表达着自己对抢劫圆明园的感想，"抢劫之后，我们焚烧了整个园林，以汪达尔人的方式烧毁了400万英镑都换不来的财物，虽然我没有其他人干得欢，但也无可抱怨"。他表达了19世纪殖民者的矛盾心理。

《北京条约》签订之后，大部分英国远征军回归故里，格兰特将军与剩下的3000名将士留在天津，戈登是其中一员。作为工兵部队的长官，他为留驻部队修建临时营房和马棚，一干就是18个月。

一定有人（会是卜鲁斯吗）看中了戈登的能力——很在行地形测量等——他亦乐意被人看中。天津英租界里，他做了一件不算普通的事情，将

460亩永租之地，一一做了划分，这就如同上海的830亩居留地，被划分为九个分地。卜鲁斯们希冀守株待兔，尽管"兔子们"来得着实缓慢，整个19世纪60年代，天津英租界发展缓慢，非常类似于19世纪40年代的宁波。

那段日子，戈登游遍中国北方许多地方，他对自己的姐姐说，当他回到英国时，一定会为她带回一块中国长城上的砖头。

1862年的春天，戈登先生没兴趣在天津玩下去了，他生来热衷于激烈、不安、动荡的生活，他的血管中流淌着滚烫的血，此生不做英雄也成枭雄。刚好太平天国的李秀成正逼近上海，他随同格兰特将军南下上海，将军对他颇多赞美，"戈登去上海对我很有用，他去侦察敌方防御工事，以使我们能用云梯跨过壕沟，越过城墙，攻击并快速占领好几座有高围墙和护城河的城市。与此同时，他也给我找麻烦，他接近敌方工事的方式过于冒险"。

戈登属于英国大兵中不要命的一种。后来，他晋升少校；又后来，他接替一命呜呼的华尔，做了洋枪队首领，热血沸腾于子弹的尖厉啸声中；再后来，他让向来对洋鬼子侧目而视的李中堂也刮目相看，让向来不屑蛮夷的慈禧太后也给了一品大员的豪华封赏。

戈登先生就此与天津英租界再无瓜葛，而天津英租界，却以自己的节奏缓慢扩展。

10年后，天津英租界终于有了第一条像模像样的马路，维多利亚道，它是整个天津租界中第一条正式大道；与此同时，天津英租界如上海般有了自己的工部局，一个让满清帝国主权为之旁落的市政管理委员会。

西方租地人这时才纷至沓来。

逐渐兴旺的租界气象刺激着他们天生的欲望，他们感觉天津英租界这块小飞地着实逼仄，既定边界分明成了藩篱，要做大，就必须突破既定边界。租地人与天津英国领事官员们想到一块了，他们共同向满清帝国的天津地方政府抛出"洋行日多、侨民日众、租界不敷应用"的理由，与后者做着反复博弈、反复角力。整个19世纪，女王帝国的臣民内心有两种信仰：其一，基督教；其二，帝国主义。他们深信自己的"帝国主义冲动"因了"帝国主义实力"一定得手，事实也确实如此。

天津英租界共有三次拓展。

头次发生在1897年，第二次发生在1902年，第三次则发生在1903年。

三次拓展的操盘好手皆为英国驻天津总领事莱昂内尔·查尔斯·霍布金

斯，天津英租界面积从早先的460亩扩大到了6000余亩，十多倍于开埠初。

不知不觉，海河边天津英租界，景物纷繁、气象大变。其他不说，仅维多利亚道两旁，英式建筑就鳞次栉比，不断地刷新着租界面貌，佐证着天津英租界由荒芜凋零到风华卓越的不凡过程，其中，叫利顺德的这家饭店，是个典型。

利顺德饭店创办于1864年，那时节，刚才说了，天津英租界不过是中国北方的一小块不毛之地。

饭店的开办者不是一个，历史汹涌奔腾的湍流里，有两人留下了姓名：其一，殷德生；其二，德崔琳。

殷德生，女王帝国的传教士，理论上，可以称作"为上帝福音在19世纪的传播而舍生忘死的理想主义者"，西方宗教文化意义上的理想主义者。

1861年4月，《天津条约》落实，《北京条约》补订，传教士殷德生乘坐"丹尼尔·威伯斯特号"抵达中国。

时光魔盘一转，转眼已是1863年的春天，《北京条约》后第三年，同治执政第二年，天津大地，大地返绿，野花迷眼，落红无数，春风沉醉。

传教士殷德生此时已成为工部局股东，他用了600两银子，在工兵上尉戈登先生划分好了的英租界29号地块，购买了19.9英亩土地，并在上面造起房子。

一幢简易的平房建造完成，平房风格略具"英式印度风情"，理论上应该与上海泥地上建造的外廊式有些相似，天津人称之为"泥屋饭店"，由此基本可以断定，所谓的"英式印度风情"说说而已，当不得真。

传教士殷德生却深谙中国文化，他给这幢平房取了个中国名字"利顺德"，他很正确地判断，"这来自古语中的三个汉字几乎囊括了所有最美好的意义"。

没错，是中国文化中的最美好的意义。

20多年转瞬即逝，英式印度风情的利顺德饭店容纳了多少奇诡人生，读解了多少错乱命运，随着时光推移，房屋日渐陈旧，尤其当维多利亚道旁出现了一幢很奢华的环球饭店，两相对照，它的不堪，就成为路人皆知了。套用曾经担任过利顺德饭店一任董事长的话来说，"环球饭店，建议可以称为女王饭店，因为它的建筑风格属于英租界里最好的，而利顺德饭店，由于多年风化，它的外表简直成了一座低等饭店的象征"。

利顺德饭店必须重拾辉煌，不过，这副重担不可能由殷德生来挑，永远不要担心再无后来者，脱颖而出者德国人德崔琳，他走向了英租界的舞台中央。

1864年,德崔琳"靠泊"天津码头,"中国海关之父"赫德先生推荐他前来中华帝国,一开始,他在赫德着力打造的中国海关系统中任四等帮办,那时的德崔琳,一个普通的德国人,中国海关中的一位平凡职员,毫无过人之处,更不要说出其不意了。

然天津,因明代帝王之一的朱棣而逐渐显达起来的这个中国大码头,在它非凡的江湖中,既能淬炼人性,也能成就枭雄。

19世纪70年代,天津英租界的快速发展,与四等帮办德崔琳先生密切相关,此君可以说是顺应潮流、御风而来;振臂高呼、八方响应。从1878年到1893年的15年间,10次被推举为天津英租界董事长,这份荣耀足以让他头戴"天津英租界之父"桂冠。那些年,长袖善舞的他,甚至被直隶总督李鸿章赏识,四等帮办变身为天津海关税务司,时间长达22年,"一品顶戴花翎",出人头地的他是否为皇恩浩荡而涕泗滂沱,谁又知道?

1884年,德崔琳还没攀上他人生巅峰前,便慧眼独具,先掷下重金,又召唤女婿汉纳根(一个对满清帝国现代化有着极为重要作用的德国人)一起注入银元,一举推倒明日黄花的老利顺德饭店,在一干二净的地基上,重造新利顺德饭店,楼高三层,格调高雅,颇具英国古典主义建筑韵味。

德崔琳先生誓将新利顺德饭店打造成天津租界里最豪华的饭店,他真的做到了这一点,无论客房数量,抑或建筑中的不同功能;无论地标意义的"天津高度",抑或饭店内外的典雅格调,全是证明,毫不夸张地说,它可以被赋予风格这词了,也可以与环球饭店比较了。

有个小细节颇具象征性:之前,殷德生为饭店取名"利顺德",德崔琳让利顺德凤凰涅槃,同时给饭店取了新名字,叫"总督府饭店"。总督可不是暗喻自己,它指代着直隶总督李鸿章大人。小细节说明德崔琳深谙人性中那些隐秘而重要的东西,也说明他深刻地理解权力与商业之间的内在关系,天津筑城这般宏大事业,岂是英租界中某个精英能够独力完成?

维多利亚花园也是德崔琳的一大手笔。

新利顺德饭店(为叙述统一,这里不用总督府饭店)开张后,一时,达官云集,贵人纷至,天津地盘上再无他者可以匹敌。然欣欣然前来饭店的名流们,从马车上下来,第一眼看到的,不是新利顺德饭店的不凡外表,而是饭店门口不远处那个巨大的臭水坑,有碍观瞻,大煞风景。

德崔琳听闻风言风语,不假思索,当机立断:填没臭水坑,并在上面建

天津利顺德酒店

造一个公园。

一年之后,公园建造完毕。

公园虽然不大,也就18亩面积,然建材、设置全由英国运来,十分考究。公园地处维多利亚道边,开放那日,正逢女王生日,公园命名为维多利亚公园是英租界当局有意为之。

公园设计英式为主,但也不排斥中国文化,中华文明的元素在公园时有出现,比如公园中心区域,设计了一座中式六角凉亭;公园的整体布局,又部分采用了中国园林的自由式手法,上述这些,润物无声地催生起一种新文化,在上海,这新型文化被叫作了"海派文化",在天津,这新文化称之为"津派文化",那时那刻,津派文化已风起于青萍。

然津派文化真正形成,还有赖于历史行进,有赖于人性演化。

1887年6月,德崔琳辈摆明了对天津华人还有露骨的歧视,维多利亚公园只对白种人开放,至于黄种人,对不起,一边去吧!这情形犹如上海苏州河口边的公家花园。只是不知,维多利亚公园门口,是否也如上海公家花园那般地竖一块木牌,一清二楚地写着:"狗不得进入,华人不得进入?"倘若确实如此,也一点不用奇怪,对19世纪帝国主义意识形态的身体力行者来说,他们的语言便是如此暴力。

1890年,维多利亚公园北侧,又添加了一个宛如欧洲城堡模样的建筑,用作英租界工部局办公地,租界大佬在里面日夜忙乎。那时,当年丈量英租界租地,并将地块做细致编号的工兵上尉戈登,已经在苏丹喀土穆魂归西天,天津英租界倒没将他遗忘,工部局大楼里因此设了一个戈登堂。

1924年,天津英租界继续演化,新利顺德饭店再次变脸:新增楼房,建

筑风格也变作风靡一时的折中主义，这一切与德崔琳先生已毫不相干，先生在1913年撒手人寰。基于他对天津租界的贡献，他成为美国作家霍塞《出卖上海滩》中刻画的"上海先生"般人物，他是"天津先生"。弥留之际，他这样安排了自己的后事：尸骨不用返回德国故乡，也不返回第二故乡英国，尸骨就安放在德崔琳大院中的一角，他要与已经相当热爱的天津大地日夜相伴，直到永久，直至永远。

天津的西方报纸对他这样评价，"他对天津的永久繁荣所起的影响简直是不可估量的，在社会公共生活中很难找出哪一阶段时间，德崔琳没有出过有益的大力……在将近40年的时间里，他在华北占有如此优越而又如此有威力的地位，以至我们不可能在想到天津时而不想到他"。

这话言过其实了吗？

还可以加上一个小插曲：天津利顺德饭店与上海礼查饭店的"中国第一争论"持续发酵，两家都认为自己是西方饭店进入中国大陆的第一家，谁更接近历史真相呢？

礼查饭店创办于1846年，利顺德饭店创办于1863年，时间上的差距似乎不证自明。然而，1860年当儿，礼查饭店的开办人阿斯托豪夫·礼查先生已经隐没在历史烟尘之后，英国人史密斯得以接手。问题是，接手后，史密斯先生将当年礼查饭店的店名做了变更，是这次变更让"中国第一"产生了必要的疑惑吗？但即便如此，礼查饭店还领先利顺德饭店三年时光，利顺德饭店又缘何自命第一？历史总是诡秘和无常。

叙述再次回到天津租界草创时期。

在女王帝国北京公使卜鲁斯向恭亲王发出外交照会的同时，法国人也不甘落后，法兰西帝国公使馆参赞哥士耆伯爵风尘仆仆赶到天津，不辞辛劳地踏勘了未来的法租界用地。

读者或许不知，当蒙托邦将军即将远征中国而在贡比涅宫觐见拿破仑三世时，法皇除了给蒙托邦将军一张画有白河之战的地图，还向他推荐了一个中国通，中国通正是哥士耆伯爵也，为法国利益，哥士耆从来神速，法皇看人自有道理。

哥士耆伯爵与满清帝国的三口通商大臣崇厚先有签约，名为《天津紫竹林法国租地条款》。随后，于1861年6月2日，天津法租界正式开辟，面积为439亩（也有说是360亩）。

初期法租界，相当寒碜，这片土地上，"没有任何法国机构，只有一个供英美侨民使用的宗教建筑合众会堂"。

让法租界发生巨变竟然缘于暴力，这与上海租界的巨变有点异曲同工，君不见，1853年爆发的小刀会事件，让上海英、法两大租界都有蝶变可能，天津同样，暴力事件史称"天津教案"，时间在1870年。

"法国领事馆及望海楼教堂被烧，多人被杀，其中包括法国驻津领事丰大业、他的秘书西蒙、北京公使馆一等秘书沙马森夫妇、商人夏乐美松夫妇、遣使会教士谢福音以及育婴堂的10名修女。"

事件之严重性，中国近代史上还无先例。满清帝国不得不将最为倚重的两江大臣曾国藩急召天津，敕令他使出全部的政治智慧，尽快摆平事端。满清帝国心有余悸，就怕历史重演，1842年的《南京条约》、1858年的《天津条约》以及1860年的《北京条约》，满清帝国为此吃足了苦头啊！

天津教案迅速摆平，曾国藩确实智慧非凡。对前来天津贸易或淘金的法国商人们，天津教案还具另外一层意思：之前，他们对萧索的法租界也不上心，他们的生活重心本都在天津老城东门外的宫北大街两旁。他们尽管鄙夷华人，然宫北大街提供的种种生活之便，却不是一无所有的法租界可以提供的。而今，天津教案的那把望海楼大火，酷烈地烧着了他们的灵魂，尖利地刺痛了他们的神经末梢，他们仓促打包，纷纷从天津老城搬进法租界，那块小飞地与华人远远分隔，有他们需要的心理安全，他们可不愿自己如传教士般地被激怒的华人扔进火堆。

就此，法租界因法国领事官员们和法国商人的到来，而逐渐地兴旺起来。

平静的历史学家用了平静的口吻表达这个时期的法租界发展，"进入了平稳有序的发展时期"，法租界有了董事会、选举人大会等机构，城市建设方面，填没沼泽、辟筑道路，有了教堂、医院、公议局大楼等建筑，及至19世纪翻篇、20世纪到来，天津法领馆的领事官员们，他们"扩展法租界"的野心极大地膨胀了起来，手法也多样起来，其中一种竟然是"焚烧"，且看领事杜士兰在1900年11月26日写给法国外交部长德尔卡塞的信中，如此说道——

> 法租界的扩张问题两年来没有取得任何的进展，因为中国当局总是以无法让我们要求的那片土地上的居民搬迁为理由搪塞我们。于是，我利用战争开始，居民撤离的机会，让人放火焚烧了这些地区。这些投出去的火把大大地简化了我长期以来所开展的工作。

法租界由此从当初的439亩扩展到了2360亩,扩大的空间里比比皆是西风东渐后的新奇之物,法租界气象日渐多样;与此同时,满清帝国的地方政府官员唯有泪眼婆娑。

在天津,如同在上海,英国人与法国人有很大不同。

英国人,随着工业革命成功,社会重新塑形,维多利亚时代的资产阶级极力鼓吹着自由主义经济,为此在远东中国,武力开道,舰炮发言,用意便是输出工业革命后的种种商品;法国人呢?19世纪许多个年代里,新生的资产阶级共和派与不肯退出历史舞台的贵族阶级皇权派做着反复绞杀,多元的法国看待世界的视角因此也就多重,倘若说19世纪的英国人心思全在商业输出,那么,19世纪的法国人于文化输出有着极大的激情,宗教,成为法国文化中的重中之重。

望海楼教堂位于海河三岔口边上。

所谓三岔口,乃海河与潞水、卫水相交之处也,由于地理上这个最不可替代的因素,三岔口成为天津历史发祥地,没有之一。

在这里,有天津最早萌育的居民点,有天津最繁荣的水旱码头,还有天津最大的商品集散地,满清帝国全盛年代,这里有皇帝行宫,三层楼阁,152个房间,规模宏大,气象一流。

那年,乾隆皇帝登上楼阁,放眼眺望,富有浪漫气息的他,被眼前江天一色的瑰丽景色所吸引,一时亢奋,便将此楼命名为"望海楼",属下自然不敢怠慢,"望海楼""望海楼"的一声声接力叫唤,让楼的名称为之固定,而望海楼的身价也飞速飙升。

乾隆仙逝,哥士耆赶到,历史魔盘上,望海楼兴旺,望海楼颓亡。

1862年,天津法租界先来了一位神父大名卫儒梅,通过当时法国驻天津府的领事,与三口通商大臣崇厚一阵"拉锯",终于搞定了三岔口北岸望海楼旧址四周地块,面积为15亩。

四年后,又一个神父来到天津法租界,他叫谢福音。

基于对上帝的热爱,基于对传教事业的狂热,1866年,他在卫儒梅搞定的地块上,建起圣母得胜堂,它是整个天津地区第一座天主教教堂,这时间点,与上海的圣方济各·沙勿略堂相比,晚了若干年。

教堂为哥特式,今天看来,叫哥特式还真是勉强,若将它与上海徐家汇天主堂的哥特式做个比较,差异之大,不言自明。

教堂砖木结构，正立面构图有三座塔楼，饶有情趣的一个细节：两侧塔楼的顶部各有八个兽头，每当天津乌云密布，大雨骤然降临，兽头的嘴里便会吐出一股股白色水流，显而易见，兽头不仅用来装饰，亦具排水功能，所谓审美、实用，一举两得。

教堂内部的气象更为庄严，有宏大的拱顶，有巍然的石柱，有斑斓的彩绘，有黑白相间的地砖，19世纪60年代，满清帝国土地上的众多教堂，都有相似模样，相似美感。

望海楼教堂，成了天津法租界的奇葩，更是天津法国人的灵魂栖息之地，无论是神父谢福音、领事丰大业，抑或在法租界内猎犬般寻觅商机的法国大小冒险家，全都愿望这个教堂能万世长存：圣母仁慈世界，法国得胜中华。他们万万没有料到，也就一年不到一点时间，这幢美轮美奂的教堂，竟然会在熊熊烈火中被一举焚毁，倘若那个片刻，大火现场，站有曾经参与圆明园洗劫、焚烧的蒙托邦的士兵，他们会否想到当年咸丰帝的夏宫是如何地在猛烈的火焰中逐一垮塌，他们又会否有如此联想：圣母得胜堂在烈火中成为一片废墟，不过是对10年前法军在圆明园里犯下罪行的一个必然报应……

天津教案幸得平息，封疆大吏曾国藩却因此蒙受巨大羞辱，不久，他溘然长逝。

法国公使却不会轻易地忘却毁灭了圣母得胜堂的大火，于1873年和1881年，两次向中华帝国的顶层人物提出要重修教堂，"被毁灭的，要让它重生"。

教堂重生于1897年，直隶总督王文韶与法国驻天津领事杜士兰促成此事，诡异的是，才过三年，一次比天津教案更具毁灭性的事件在中国北方大地爆发，带着滔天愤怒的中国北方农民，以义和团名义，不顾一切地将这座教堂第二次焚毁，对他们来说，这座教堂就是邪恶、罪恶、万恶的象征，它不是别的，它是要夺走中国魂魄、中国精神的西方撒旦之地。

教堂第三次矗立，时间已至1903年，西方列强将《辛丑条约》强加于满清帝国膏肓之身的第二年。富有讽刺意味的是，天津法国领事馆用"庚子赔款"的一部分，重建了这座教堂。

法国人真是顽强，对他们来说，教堂是这样一种象征：教堂矗立，法国就存在；教堂重建，就是法国正存在，教堂不毁，就是法国没有被愚昧打倒。然而，无论法国领事还是法国公使，他们都没有征求过满清帝国意见，更没有征求过中国人民意见：这片土地上，需要还是不需要这座圣母得胜堂？

蝶变上卷

天津法租界，法国人继续输出着他们的文化，继续营造着他们的教堂：1872年，有圣路易教堂；1916年，有西开教堂……随后，天津这部说不清、道不明的法租界史里，有个强人上场，他就是法国驻天津领事馆领事甘司东，经他之手而产生的东西很多、很多，其中老天津人称为"法国电灯房"的故事，足以说明此君眼光锐利、手段高超。

1901年，天津法租界公议局在法国桥附近建成天津第一座直流发电厂，这个时候，甘司东还闻所未闻。一年后，天津法租界公议局在狄总领事路与巴黎路交叉口创建法国电灯公司，天津百姓叫作"法国电灯房"，其时，甘司东还是没有登上天津舞台。

法租界开始被电灯光所照亮，与上海相比，晚了10多年，但通体透亮的法租界，也可以用"不夜城"来描述了。不过，基于种种原因，法国电灯房好景也就七八年，到了1910年，分明难以为继，这时，法国领事已由甘司东接任，他还担任了法国公议局董事长一职，此君脑子转得快，提出了一个让法国电灯房摆脱困境的方案：转让公司，私人经营。如此一来，一、法国公议局可以始终优先享用电力；二、法国公议局可以提前规避之后可能的倒闭风险。

甘司东不玩天马行空，他早就看中了一个人选——法国电灯房工程师克利孟•布吉瑞，后者当然也有盘下法国电灯房、在天津法租界做番大事业的雄心壮志。结果，一切正如甘司东所预料，1912年，盘下法国电灯房的布吉瑞在贝拉扣路与葛公使路口开出了新电厂，天津法租界，之前的煤油灯一去不复返，电灯的光亮将法租界照得晶光闪亮，天津九个租界里，法租界再不让英租界专美了。

电灯房，加上比利时人运作的白牌有轨电车，它们使得天津九租界富于现代性意义，也让天津人有了一种与以前迥然不同的生活方式，这种生活方式充满了特殊魅力，让天津男女魂不守舍，甚至灵魂出窍。某种意义上，一种可以比拟"海派文化"的"津派文化"，便产生在了这个时间点。

所有这些，让天津知府乃至直隶总督们为之惴惴不安，感觉系统提示着他们正有新危险逼近，有新威胁掐喉。倘若说，当年，额尔金的狂言——"24名坚定的战士，带着左轮手枪和足够数量的子弹匣，就可以从中国的这一端走到那一端——还惹得他们发出一阵耻笑，那么，现在出现在他们眼前的东西，让他们深刻地意识到，他们继承的历史正受到挑战，他们生存的基础已不断瓦解，从崇厚到李鸿章到王文韶乃至袁宫保，他们的眸子里全都带上了忧心忡忡。

第二节
汉口口岸：巴夏礼的强硬，杜百里的商机

现在，我请读者将视线落定在满清帝国的中部大城武汉。

武汉，三镇构成，是谓武昌、是谓汉阳、是谓汉口。

在中国大历史这部悲壮的典籍中，这地域从来不同凡响，穿越几多时光的一句经典名言，始终激荡着生活在这个地域上的男女——"楚虽三户，亡秦必楚"。然这地域、这口岸的不同凡响，不仅在于它的人民富有"白刀子进、红刀子出"的尚武精神、死士气质，还在于它的地理位置，这位置的特殊可用下面这些话来形容：一线贯通、两江交汇、五方杂处、九省通衢。

一线贯通，指1900年初露端倪的京广线；

两江交汇，指伟大的长江与"次伟大"的汉水；

五方杂处，指武汉向来没有不开化的土著，唯有头脑机敏、胆魄过人的居民；

九省通衢，就更好理解了，它的位置，正是满清帝国中枢、东西南北要冲。试想，在帝国的广阔疆域里，还有哪座城市具有如此这般决定一切的地理意义？即使上海，扼守长江、面向东海，但在纵深这个战略意义上，怕也难与武汉三镇做一匹敌。

满清帝国特别倚重有九个封疆大吏，他们的重要性从排位上可见一斑，湖广总督排位天下第四，仅次于直隶、两江和两广，地位相当了得，1858年，《天津条约》将汉口辟为开放口岸，其时，湖广总督叫官文，此君正白旗出身，位高权重，睥睨一方。

总督衙门安在武昌，时刻深感皇上托付的重任，总督官文不敢有丝毫怠慢，每每登上黄鹤楼、走进晴川阁，虽说不时也会有"恨杀长江不向西"的伤春悲秋、吟叹风月，但更多时候，警觉地关注着浩荡长江上的风吹草动。他知道，这江面，看似平静如镜，其实静水深流；这江水，看似无语东流，其实内里激越。1858年11月某天，他便目睹一群蛮夷乘坐炮舰而来，这让他的眼神里有冷峻、有寒冽，来者不善、善者不来，且看蛮夷们心怀什么鬼胎？！打的又是什么算盘？！

来者正是额尔金,他的随行同僚有威妥玛、李泰国、阿思本。

《天津条约》草签后,额尔金勋爵空闲下来,先去日本转了一圈,归来,逗留上海。他之所以不急着回伦敦,盖因条约还没与中方换文,理论上,这条约就不具西方特别看重的法理价值。换言之,条约也只是水月镜花而已。

额尔金焦虑,他惶恐事情"黄掉",他陆续听到伦敦传来的种种消息,也知道自己正遭受着自由党人的猛烈抨击,若要他的对手闭口,若要固定住胜利成果,就必须尽快换文,让条约正式生效。

1858年10月19日,额尔金悬着的那颗心算是落定了下来,咸丰皇帝派遣他的钦差大臣桂良、花沙纳抵达上海,双方敲定条约的全部细节,一切妥当,万无一失。额尔金心情大好,在日后《额尔金书信和日记选》中这样回忆道,"昨天回访了那几位钦差大臣,我带了个侍卫,入城时受到隆重欢迎。我们尝了一道中国美味佳肴——燕窝汤。在天津那次碰面剑拔弩张,昨天我尽量想让他们放松些"。

在看似和睦的气氛中,额尔金提出想去长江做番考察航行,他要看看镇江、九江和汉口,他要深入地了解一下这个国家。

额尔金不是去观光,不是去旅行,不是游山玩水,全不是。他为女王帝国利益而去,他热望着尽快打通长江这条中华帝国的黄金通道!

1858年11月8日下午2点,额尔金一行启程,总共5条炮舰,200名左右水兵护卫,他们向着扬子江上游一路而去。

额尔金到了镇江,过了南京,去了九江,12月6日,额尔金抵达了此行终点:汉口。

一眼望去的汉口让额尔金勋爵肾上腺再次激增,但见岸边停泊着千百条船只,岸上来来往往数不胜数的满清男女,好一派生气勃勃、繁荣昌盛的景象啊!在中国贸易其中一个大心脏的这个地方,自然也留下中华帝国反叛者的深刻痕迹:庙宇被毁、房舍被焚,然大街被兵燹之后,一切却又似乎恢复正常,这说明汉口百姓生命力的强劲,也说明汉口具有不可思议的修复能力。漫步汉口,他发现,相比镇江、九江,这里的道路更为宽敞,这里的店铺也更为密集,果然是天下闻名的四大名镇啊!想到传说这里居住者高达800万,额尔金的思绪便飞向兰开夏,飞向女王帝国的个个纺织工厂,假使英帝国的商品能顺利地进入这个口岸,并由这口岸推向中国更深广的腹地,那是何等壮观的贸易景象!那又将产生何等巨大的利润!

四天后，额尔金拜见湖广总督官文；翌日，总督大人也回拜额尔金。

双方礼数有加，总督摆下的豪宴让额尔金惊诧，额尔金给予总督的"登桁礼"也让总督心有所动，在五条随行军舰向总督发出的礼炮声响中，英中双方表达了各自和平共处的意愿。

然而，当"震怒号"在长江江面上消失了身影，收回目光的总督大人，大概颇为苦楚地吟咏起"日暮乡关何处是，烟波江上使人愁"的名句，他完全明白，豪宴与礼炮终究只是表面文章，骨子里，武汉三镇又该如何对付即将到来的英国豪客？这些擅入中华的蛮夷，又会在何时正式下船上岸？

总督官文不久就获得了答案。

1861年2月，巴夏礼们前来武汉叩门，这一回，没有豪宴，也没有礼炮，巴夏礼走的是强悍路线，他专程前来开埠，无论租借地还是领事馆，一切都要搞定，他向来不玩虚的，这个咸丰眼中的"铁头老鼠"，最来劲的事情便是将女王帝国的利益捧在手中。

巴夏礼去了汉口，感受到了这个中国最大的贸易集散中心的活力；拜见了湖广总督官文，对总督，他竟有若干同情，"是名绅士，在中华帝国的腐败体制下，他深受其苦，仅凭一个人的力量也不能改变什么"；他亦高效率地在湖北藩司衙门里，与布政使唐训方签订了《汉口租界条款》，又在汉阳知府陪同下，在距离汉口闹市不太远的花楼街一地，以每年交纳92两6钱7分这一微薄代价，永远租下了458亩土地，完美且不可思议的Settlement啊！

对试图颠覆满清帝国的太平天国，巴夏礼并不看好，"南京或是扬子江的起义军在过去八年中已经为中国带来了最深重的灾难。他们的力量很强大，但是只会造成破坏，而不是可以建设。他们可以推翻这个王朝，不过我怀疑他们是否有力量来建立另一个政府"；对不久前还与女王帝国交手的中华帝国他怎么看呢？"中国政府已经病入膏肓，他们面对这么多严峻的情况，不知道是否还能靠自身的力量恢复。这个国家将会变成什么样呢"？

巴夏礼是个现实主义者，他不会陷于虚妄的理念中，决定他走出的每一步，都是女王帝国会获得怎样的利益？他既是19世纪帝国主义这种充满罪恶的意识形态的俘虏，同时又是19世纪民族主义这种狂热的意识形态的膜拜者，回到上海后，他就看到12条英国大船正准备出发，它们的目的地便是他刚刚离开的汉口。

过了八年，1869年，上海总商会的一份报告写道：1843年新开放的四个

口岸（福州、厦门、宁波、上海），让英国每年获得200万英镑的收入；而1861年开放的口岸，让大英帝国的出口贸易金额增加了350万英镑。

为汉口开埠立下大功的巴夏礼，在上海继续折腾出好大一片事业，这让他在"上海先生们"的心目中，犹如神明。19世纪即将结束的时候，上海先生们为他建了一个青铜雕像，雕像竖立在被上海先生们视作莫大骄傲的上海九江路外滩。雕像后来被无情地摧毁，摧毁者是无情的日本人，太平洋战争一爆发，打着"黄种人团结一致对抗白种人"旗号的日本人，无法容忍在上海外滩边上有这么一个白种人日日夜夜地俯视着这片土地，而这个白种人的头已飘扬着占领者的太阳旗，也可以称为"膏药旗"！

汉口这里，巴夏礼刚走，金执尔便来。

金执尔时年45岁，之前，他是一个外科医生，现在，摇身一变，成为女王帝国驻汉口首任领事。

甫一抵达，便修筑了高高的围墙。

围墙，首要功能用来防御李秀成的兵马，陈玉成走了，李秀成还是如约而至了，忠王大军的军旗已在汉口城外遥遥在望；其次一个功能用来防止华人进入租界，与上海基本相同，"华洋分居"的原则在中华帝国土地上的每个租界都是通用的，中西都严格地执行不相交融，如此一来，新文化产生就难上加难了。

金执尔算得上汉口英租界的开辟者，但算不上最重要的开辟者，他与上海英租界的巴富尔上尉不能比，更无法比拟天津英租界的德崔琳先生。盖其原因，他上任时间过于短促，领事一年，暴毙办公桌前，天公如此不作美，是恶有恶报？还是另有原因，这个不得而知。

汉口英租界却在巴夏礼运筹、金执尔速死中缓慢生长。

19世纪临近翻篇，汉口英租界的气象甚至连巴夏礼、金执尔们都不敢想象了：110家著名的银行、商场、工厂中有60%落户于汉口英租界；著名的大洋行，80%扎营于汉口英租界。

汉口租界，许多方面酷肖上海租界、天津租界，不同之处亦有，其他各地租界，英国人先打头阵，法、德、比紧追不舍，上海如此，天津亦如此；唯有汉口租界，19世纪下半叶，英国一家独大，再无他者可出其右。

一直要到1895年，满清帝国溃败于甲午战争，汉口英租界开辟也有34年，方有后来者跟进，可谓姗姗来迟，如此，满清帝国租界史方才产生了奇特一笔：天津有九国租界，汉口有六国租界。

汉口法租界开辟于1896年，面积仅为187亩。

1902年，在"小飞地"上的法国人一番运作，空间扩大为373亩，法租界的格局这才略微舒展了点。然汉口法租界终究比不上天津法租界，更无法与上海法租界相提并论，与上海、天津两地还有一点不同，汉口法租界不紧靠英租界，它夹在俄租界与德租界间。

然三地租界异曲同工的是都有一个饭店作为象征。上海英租界有礼查饭店，天津英租界有利顺德饭店，汉口法租界则有德明饭店，堪称法租界一路生成的象征。

那"德明"，建造于1919年，这时间点，上海租界或天津租界，皆将要踏入各自灿烂、辉煌的黄金年代，后来声名远播的海派文化、津派文化，也已含苞待放。

"德明"建造时的起意倒也不迟，1900年，京汉铁路修建，汉口大智门火车站上马时，"德明"也同步上马。

其时，有个法国商人，叫沈保禄，有慧目、有超前思维、有过人胆略，他一眼看中了这地区的未来价值，决定投资，项目为汉口地区独一无二的豪华饭店。

说干就干，沈保禄先生邀请来法籍犹太人史德生夫妇，两位担纲饭店的建筑设计。沈宝禄是一个中国通，深知中华文化中的"名不正，则言不顺"之大意，他将饭店取名为"德明"，是英文音译，英文意思为"到终点"。礼查饭店的店名，用意在致敬饭店老板阿斯托豪夫·礼查；利顺德饭店的店名，彰显着殷德生对中国文化的崇仰；德明饭店的店名，则表达了沈保禄看待世界的观念：京汉铁路的终点为汉口，四海为家旅客的终点为"德明"，70岁的沈保禄那刻想法依然如他青年时代般雄浑豪放。

史德生夫妇没有让沈保禄失望，1919年，他们将"德明"做成汉口地区最具身价的饭店。

饭店系19世纪主流的砖混结构，钢筋混凝土结构还是后来的事情。

饭店高度为三层。

饭店正立面有夺人眼球的外凸门厅，四根粗壮的爱奥尼柱子体现了法国人推崇的欧洲古典时代的审美品位，大圆拱、顶层展开的帕拉帝奥母题，所有这些，都在告知来到它面前的人们，20世纪初在汉口地域上出现的这幢建

筑，呈现着怎样一种风格，夸饰着怎样一种文化。

步入饭店内部空间，可以感知一个极为奢华、昂贵的世界：映入眼帘的有精雅的柳安木护墙板，地坪上铺展开来斑斓的金丝线绣花地毯，每个房里都垂挂着璀璨、炫目的水晶吊灯，汉口租界里最华美、优雅、曼妙的空间细节，这里应有尽有，目不暇接。

出入其间的皆为汉口租界的精英人物，比如怡和洋行大班杜百里，比如顺丰砖茶厂老板李凡诺夫。

说起怡和洋行，两个关键词可以概括：渣甸与鸦片，如果还要加一个词，那就是"铁头老鼠"，这是对渣甸先生的满清帝国式鄙视。

杜百里坐上汉口怡和洋行大班位子时，怡和的方向已然变化，战略也正重定。那时，渣甸早已呜呼哀哉，而当年怡和洋行的主营——鸦片——也因世界范围的声名狼藉而被基本抛弃，大班杜百里推动着怡和洋行新主营，其中之一便是疯狂运作汉口房地产业。

1919年，杜百里在汉口俄租界内购地营造27幢小洋楼，德国格司建筑事务所为之设计，华商协盛营造厂为之建造。

27幢小洋楼，清水外墙，红瓦坡顶，格调雅致，颇具西班牙风情。

小洋楼在功能上一应俱全：一层为汽车库、杂房，二层为客厅、餐厅，三层为卧室、书房。有潮流的盥洗设备，还有发思古幽情的壁炉。

小洋楼的户主无疑皆是汉口租界的中产阶级，新生阶层的中坚。其时，汉口、天津、上海，皆进入筑城高峰，口岸中生成的新阶层不仅有人数上的规模，亦在社会生活中展露新文化品位，种种时髦俯拾皆是，如影随形，杜百里搭准了社会的那根脉搏。

随后，无论汉口胜利街，或者汉口三教街，杜百里都留有建房热情，存留的建筑，结构独特、形态怪异，是对杜百里建筑审美的别一样说明，让人惊叹这个英国佬内心对建筑空间的疯狂梦想。

杜百里的地产狂热还体现在怡和村上。

选址在西商跑马场西北方向，总共用地为10万平方米左右。怡和村里有花园一个，洋楼10多幢。这10多幢洋楼，与之前的27幢小洋楼不同，每一幢洋楼一个设计，绝无雷同，这个做法与同时期在上海正大展拳脚的拉斯洛·邬达克十分相似，后者在法租界的哥伦比亚花园项目上，也表现着相似的审美。怡和村还处处花木葱茏、地地绿树掩映，空气清新得不是汉口寻常地区可以比拟，这很正常，居住怡和村的，不是怡和大班，便是领事馆官员，那些在口岸中国颐指气使的人。

为这个怡和村，杜百里还专门修了一条道路，由这里通向租界街，道路取名渣颠街，人们呼唤时，搅起的情感截然不同，杜百里有天然的自傲，而汉口华人，如果他是个成色十足的民族主义者，他会想到铁头老鼠在鸦片贸易上给中国人民带来的深重苦难，啐上一口，顺理成章。

杜百里一边还有李凡诺夫。

1861年，汉口刚开埠，金执尔才上任，为生意，为远大人生，俄国人李凡诺夫以极度的商业敏感而入住英租界，不久，在江滩边开出顺丰砖茶厂。

历史记载，"汉口茶厂的原料全部来自羊楼洞，工厂雇有800名工人，建有自己的电厂，日夜开工。三部蒸汽水压机，将制成的茶叶挤压成块状，成为青砖茶、红砖茶等"。

800人的工厂，不是等闲小厂，还有电厂，李凡诺夫的手笔让人瞠目。

19世纪中叶的中华帝国，能够让欧洲人兴奋的东西不外乎这样三种：丝绸、茶叶、瓷器。李凡诺夫在汉口生产的砖茶，让欧洲的伯爵、勋爵们获得了美好的口感，也让他祖国的王公贵族品尝到了生活的不同滋味。

1919年，李凡诺夫的家乡先后发生了二月革命、十月革命，我们不知这两次革命是否摧毁了他既有的生活，但可以确定一点，这两次革命惊吓到了他的心灵，李凡诺夫就此作别他生活了长达58年的中国，从汉口移往他乡，并就此"从大气层消失"。

汉口租界，一个浩瀚的世界，一个雄阔的江湖，无数枭雄在这里留下了自己的足印，他们是别样的沈百禄、杜百里和李凡诺夫，不过，历史湍流呼啸向前，他们都沉没于时光之海底，化作留待"考古"的岩层一部分。2022年的武汉，鲜有人会想到杜百里们的其人其事，唯有作为文化遗存的那些建筑，比如怡和村，悄然地叙述着"汉口王"当年的造房狂热，以及他关于"怡和租界"的疯狂念想。

以下叙述可以看作我的想象，却又不是全然的历史虚构——

1919年某日，已被叫作"汉口王"的杜百里先生，嘴里咬着粗大的雪茄烟，昂然进入德明饭店，他脚踏金丝线绣花地毯的步态，有盎格鲁·撒克逊民族的倨傲；那日，李凡诺夫也缓步进来，身子有老年人的微颤。

美不胜收的大厅中，两人相见、招呼，"汉口王"放松地耸着肩膀，仿

佛全世界都在他的掌控中,李凡诺夫的眼色则充满了恓惶。于他而言,汉口生活就将结束,人生冒险已近尾声,从今以后,只怕"去日苦多"。那刻,他的内心里浮现起太阳隐没地平线后刹那间的明亮色彩,虽有绚烂,却更多晚霞赠予人间的最后凄凉。

李凡诺夫离开了汉口俄租界,杜百里还在,且兴致盎然,他不会前瞻到北伐铁军的到来,也不会想到汉口英租界竟然会在1927年被国民革命军收回,一切都出乎"汉口王"的料想,历史进程,又岂是他能够料想?

第三节
上海"口岸"，东西方文化触摸在明朝

现在，让我们别过《天津条约》《北京条约》，别过因了这两个条约，满清帝国愤愤不平却又万般无奈开放的天津、汉口口岸，转回目光，落定上海，那个因了《南京条约》而最早开放的五口岸之一。

口岸开放，五口通商，未来的贸易将沿着英国商人设想的路线前行，鉴于"兰开夏幻想"即将成为现实，无数个颠地、查顿、马地臣正竞相赶来，他们的脑海里汹涌着中华帝国的白银大潮，人世间还有比这番景象更为壮观的吗？他们自然想不到因了自己的进入，又随时间的推移、思想的冲突、意识的更新，在口岸地域里，竟然会起一种深广的蝶变，蝶变的标志便是诞生了一种特别意味深长的文化。无意中，他们促成了这次文化突变，这让一度全情于罪恶的鸦片贸易的他们似乎也减轻了若干历史罪孽，尽管，他们不可能获得中国历史的全部饶恕。

不过，尽管上海蝶变仰仗于1843年的口岸开放，然在这个地域上，新文化生成却有一个更漫长、更历史的过程。换言之，当《南京条约》与后来的《天津条约》《北京条约》还子虚乌有时，当法理意义上的现代性口岸还没产生时，西方文明便已悄然东来，它与东方文明有了最初的小心翼翼的触碰。

我们跳过1757年时，经乾隆皇帝恩准的"一口通商"的广州，我们也跳过"十三行"客舍里投鼠忌器的西方众商人，我们说徐光启，说明朝这个非比寻常的上海人。

1563年，徐光启降临人世，明朝嘉靖年间，与后来让满清帝国万般无奈的《南京条约》签订日，还有279年的漫长距离。

徐光启的出生地为上海县老城厢太卿坊。

太卿坊，坐落在老城厢中的一条小河边，在江南，类似小河不胜枚举，通常被叫作浜、塘、泾，意义平常，样貌稀松，人们叫它为乔家浜。多少年后的今天，乔家浜早已填没，变身乔家路，徐光启早在天国日久，看人间多少悲苦，赏云间几多彩虹。

徐光启不是上海土著，近祖绮丽苏州，远祖应在遥远的黄河一边落籍。

徐家前人因何而迁移至上海县老城厢里，历史说法不多。

太卿坊，乔家浜，徐光启淡定地成长。

作为16世纪中期生人，他的人生目标早被那时代的文化所约定：在合适的时候，走上功名之路，获取荣耀的功名之后，出人头地，耀祖光宗。

19岁那年，他做成秀才，这年龄，离"天赋不羁之才"稍微远了点；接着是一长段煎熬时期，在考棚中，他进进出出，有16个寒暑，皇天不负有心人，35岁那年，他获举人称号，于明帝国知识分子的架构中，占据了一个较为有利的层级。真正突破要再过六年，其时，明帝国已从16世纪翻篇到17世纪，1604年，他成为进士，堂而皇之地进入明帝国高级知识分子行列。

为功名，徐光启耗去人生数十年时光，唯其如此，他方能获得明帝国成功人生的主体象征——锦衣玉食、钟鼎人家。

1604年，进士徐光启，这意味着什么？

意味着他与皇帝陛下的距离非常接近，意味着将来的某天，他有可能进入帝国内阁，成为皇帝陛下的肱股之臣。1604年，翰林院的徐光启做着庶吉士，日日夜夜、兢兢业业地为皇帝陛下起草各种诏书，让人生砝码增添分量，为日后进入更高层级——帝国内阁，或外派某州知府、某省学台——做着准备。让人惊讶的是，他的人生这时有大幅度的转向，匪夷所思地进入了17世纪明帝国臣民不敢想象的世界，一切又是怎样发生？

这样，就要说到另外两人：一个名叫郭居静，另一个名叫利玛窦，利玛窦是17世纪传教士，与徐光启同时代。在作者定义中，他们堪称那时代的理想主义者，读者也可以根据自己的想象，将他们看作面目可疑的不速之客。

先说郭居静。

1588年4月1日，意大利托斯卡纳人郭居静乘船东来，于1589年抵达了印度果阿。

在郭居静先传教于印度沿岸，1593年，转辗来到澳门，一门心思于远东传教。

两年后的某日，郭居静相遇徐光启，那时的他，还没闹出后来的"郭居静事件"，被"皇帝凶兆"这般可怕的流言所中伤。

郭居静那里，徐光启获益匪浅。

他第一次目睹了郭手中的一张世界地图，这对他的认知产生了巨大冲击：原来，中国之外，还有那么多国家，还有那么一个浩瀚世界；他亦头次从他者嘴里听说了"地球是圆的",尽管,他十分迷惑如此说法,但想象已让他脑洞大开:他还知道了有一个西洋人叫麦哲伦,已乘坐海船绕地球走了一圈,这似乎证实了地球是圆的,这样的人该有多大的勇气啊;他也知道了有个与郭居静同一国家的科学家,叫伽利略,此君制造了天文望远镜,通过这个东西,人们可以清楚地观测天空中的星体运行。

徐光启受到不一般的剧烈震撼。

说徐光启是个异类,应该没错。换任何一个儒生、任何一个17世纪中国知识分子或中国官吏,对郭居静的反应不外乎下面两种:不屑一顾或激烈反驳。他们会将郭氏看成某个妖魔,满口异端邪说而已。徐光启的反应却很特别,郭居静传递的信息让他惊喜交加:啊,原来这世界是这个模样的,它们真的如此吗?还有哪些东西隐藏在视野之后而不露真相呢?

对自然科学有着天生兴趣的徐光启,与埋首于八股文,并领略唯有中华学子方能体会的其中趣味、精妙的儒生完全不同,他的兴奋点越过了"四书五经"的义理阐释和唐诗宋词的结构技巧,持续地与郭居静深交,如海绵吸水般吮吸着后者带给他的种种新知,并在自己头脑中构建着一个17世纪明帝国寻常人们无法理解的世界。此外,在郭那里,他不止一次地听到了一个人,就是利玛窦。他对利氏有强烈好奇,念念不忘后者,吸盼有朝一日两人能够相见,他有许许多多的问题——宗教和自然科学的问题——要向利玛窦讨教!

让徐光启惦记于心的利玛窦,出生于1552年的教皇国马切拉塔城。

教皇国与明帝国无关,与明帝国管辖下的上海县治更没一毛钱的关系,但没有人会想到,命运的神秘力量,让他,利玛窦,最终与明帝国中一个无出其右的精英搭上了关系,这份关系深切地改变了这个精英的命运,也让松江府治下的上海,在文化意义上被中国大历史所铭记。

利玛窦出生的那一年,有个细节意味深长——他诞生前的两个月,方济各·沙勿略溘然长逝。

在耶稣会的组织中,后者达到了圣人境界,因为,唯有他这样的传教士即便九死一生,也要绝地传教、绝境福音,现在,仿佛上帝的有意安排,圣人方济各·沙勿略去世,凡人利玛窦降临,方济各·沙勿略没有实现在中华帝国的传教心愿,冥冥中,要让凡人利玛窦来实现,他能做到吗?他也会成为圣人吗?

那一年，有一些历史细节要做强调，曾经给予基督教先驱孟高维诺们高礼遇的元王朝，早已随着朱元璋坐定江山而灰飞烟灭；收拾旧山河的朱家皇朝，已传至第11代，明世宗朱厚熜在北京紫禁城里掌控中华大地，史称嘉靖。

嘉靖时代的明帝国，在1552年被迫开放了大同、宣府，从而与北方的鞑靼人进行茶马互市，也在1552年，经由大航海理念一路劈波斩浪而来的葡萄牙商船正搁浅在中国沿海地区，居心叵测地向明帝国地方政府提出申请，"要上岸晾晒"。

倘若，这年利玛窦不是一岁而是25岁，倘若他在青春勃发岁月来到明帝国，那么，结果绝对不妙。忠实执行明太祖"海禁政策"的嘉靖皇帝，不会给他一个好眼色看，甚至不给他任何眼色看。

利氏家族在教皇国里算得上富裕人家，父亲经营着一家药房。利玛窦在当地一所耶稣会中学度过了他的前青春岁月，经营药房的父亲，思想保守而传统，他始终担心一件事情：儿子会不会不加选择地加入耶稣会？16世纪，耶稣会的名声可不怎么好啊！

父亲的直觉是正确的。16岁那年，利玛窦来到罗马，先在圣汤多雷亚的学院学习预科，接着在1571年圣母升天节那天，他加入耶稣会，他知道父亲对此会大发雷霆，但青春的选择不是任何力量可以阻挡的，他无所顾忌地前行了。

在耶稣会主办的罗马学院，他学习了哲学、神学，还师从数学家克拉乌学习天算，天资聪明的他，学会了拉丁文、希腊语，还会相当熟练地使用葡萄牙语、西班牙语，那个时代的传教士，全是语言天才，还全是演讲天才。

获准前往远东传教那年，利玛窦25岁，仍然处于后青春期的他，一腔热血，双眼放光，生机勃发。

1578年3月24日，利玛窦从葡萄牙里斯本出发，同行者还有其他耶稣会修士，他们一行14人，第一个目的地为印度。

16世纪的航行充满了危险、紧张、痛苦，漫长的旅途，时而风平浪静，时而狂风暴雨，当海洋发起怒来，被巨浪冲激的帆船颤抖得如同立刻便要散架，修士们在船舱中控制不住地来回滚动，任凭大自然肆意蹂躏，却少有人畏惧，或者，将极度恐慌深藏于心。他们这样认为，一路上的风险，正是上帝的安排，唯有经受过大风大浪的考验，才能为天主传播伟大的福音。

经过六个月的海上航行，该年9月13日，修士们终于到达印度西海岸果阿——葡萄牙在亚洲最重要的殖民地。主让他们站在死亡对面，主给他们以生的幸运。

在果阿，利玛窦是否瞻仰了伟大的圣人方济各·沙勿略的遗体？这个不清楚，清楚一点，在果阿神学院，利玛窦潜心学习，善于发现问题的他，那时已意识到，如果让传教对象与传教士一起学习欧洲文化，将增加传教效果，对传教事业有利无弊。他的这种认识，对以后在中国传教起到很重要的作用。

四年时光在果阿悄然流逝了。

1582年，应召，利玛窦前往中国传教，这年8月7日，他到达澳门。

澳门与果阿完全不同，利玛窦面对全新文化，他努力地学习起汉语，并对认识与拼音文字完全不同的象形文字感觉兴奋；同时，他始终没忘自己的传教士身份，"练习用他们的语言写作，作为一种吸引捕捉他们心灵的手段"。

一年后，明帝国同意利玛窦和罗明坚神父进入广东肇庆定居。凡人利玛窦是幸运的，他与圣人方济各·沙勿略不同，后者始终不曾踏上中国大陆，只能待在沿海上，苦苦地眺望着中国南方岸线而万分惆怅；他却有幸获得两广总督郭应聘和肇庆知府王泮的接见，这里的一个重要原因乃1583年为万历年间，明帝国没改朝却换了代，随之变化了国策，当年明太祖"寸板不能下海"的政策已被放弃，神奇的万历皇帝，他的精神世界里没有祖宗们对中国之外世界的疑惑和恐惧，他的心灵世界，即使最亲信者也无法揣摩其中秘密，他好奇于世界的一切。

在肇庆的利玛窦，并不因万历年代的怠政而变得随意起来，对中华文化的已有认识，让他在总督、知府面前显得格外小心，他隐藏了自己前来明帝国的真实意图，他知道，直接说出传教目的，极有可能立即被驱逐出国。因此，他先将自己从西方带来的物品——圣母像、地图、星盘、三棱镜、欧几里得的《几何原理》——一一地拿给中国官员们观看。

此举着实吸引了明帝国官员们，尤其那张徐徐展开的地图，令明帝国的官员们眼界大开，他们的心理部分相似于徐光启。

一年后，在肇庆站稳脚跟的利玛窦做了件很牛的事情，他制作并印行了《坤舆万国全图》，这是中国历史上第一张中文世界地图，它的意义在于让万历年间头脑开阔的中国人意识到：中国，并非世界中心，中央之国之外还

有广阔的世界!

渐渐地，利玛窦获得了明帝国地方当局的信任，这年8月，经地方当局同意，他在肇庆建立了叫"僊花寺"的教堂，开始了正式传教。

利玛窦没有将他的人生故事仅仅局限在广东肇庆，一个"僊花寺"远远不够，要实现自己的传教梦想，必须得到中国最高当局的认可，没有这样认可，他就无法完成圣方济各•沙勿略冥冥中的托付。

1600年5月18日，利玛窦和同伴庞迪我，带着众多献给万历皇帝的礼物，前往北京。

一路上说不尽的风餐露宿，还有沿途关卡的种种阻拦，甚至拘捕。好在有志者，事竟成，8个月后，也即1601年1月24日，他们抵达北京，幸运的是，他们觐见了万历皇帝。

这时，恰是明帝国的关键时期，早就不理朝政的明神宗，热衷于一切神秘事物，他心灵的神秘旅程，让明朝不由自主地走向最后的灭亡之途，但也给了利玛窦们以不可重复的机会。

御座前，利玛窦向皇帝陛下一一献上《圣经》、自鸣钟、大西洋琴、《坤舆万国全图》，对明帝国内阁充满了鄙视感情的万历皇帝，那一刻，鬼使神差地对利玛窦产生了信任，他下诏允许利玛窦等人长居北京，还允许利玛窦可以在北京传教，此举，对向来不屑域外文化的中国皇帝来说是匪夷所思的。历史走向，有时，就这样地被人性所影响，也被异乎寻常的心理所左右。

有明神宗的恩准，利玛窦在北京传教，5年后，在他积极影响下，北京城内已有200余人信奉天主教，其中就有进士出身的上海人徐光启。

1600年，利玛窦正万分艰辛地走在前往北京的路途上，途经南京，他停留传教，徐光启闻讯，立即赶向石头城，这可是个千载难逢的机会啊!

相见后，两人交谈甚欢。

徐光启向利玛窦表达了自己由来已久的仰慕之情，仰慕，不仅源自对宗教的崇拜，还有对自然科学与生俱来的热望，他反复地向利玛窦表达了希望通过利玛窦来学习西方自然科学的愿望；利玛窦那边，只消一眼，就感觉到面前此人是明帝国的出类拔萃之辈，交谈之后，内心更惊喜交加。利玛窦对中华文化本就有极高评价，之前他认为，除了还没有沐浴"我们神圣的天主教信仰"之外，"中国不仅是一个王国，中国其实就是一个世界"，"柏拉图在《理想国》中作为理论叙述的理想，在中国已被付诸实践"，他想要更

文化触摸开始于明代

深切地了解、学习中国博大精深的文化，苦于无人带领，而今，领路人不正站在自己的面前吗？

两人各有所图，各有所需，两人的热乎便顺理成章。

那日临别，利玛窦赠送两本小册子给徐光启，一本叫《马尔谷福音》，另一本叫《天主实义》。

徐光启何等聪慧，对利玛窦的暗示心知肚明，但他没有立即做出反应。明帝国历史中奇妙一页就此写就：利玛窦想着要将一个明帝国翰林发展为天主教信徒，他能如愿吗？徐光启如要加入天主教，某种意义上，便将对他从小尊崇的儒教文化做出背叛，他内心有挣扎吗？他服务、效忠的明帝国会容许吗？

1603年，万历三十一年，明神宗三十一年，在南京，徐光启接受了罗若望的洗礼，取名保罗，且率领全家加入了天主教。

徐光启遂了利玛窦心愿，尽管并非利玛窦为徐光启施洗，但徐光启突破了自己的桎梏，他内心必然倒海翻江，局外者怎么体会。

入教后的徐光启，与利玛窦合做的第一件大事，便是合作翻译《几何原理》一书。

《几何原理》系古希腊伟大的数学家欧几里得的数学著作，关于此书，后人汗牛充栋的评述中有两点特别关键：其一，"欧洲数学的全部的基础"，其二，"历史上最成功的教科书"。

1606年至1607年，用了一年多点时间，两人通力合作，将《几何原理》翻译成功。随着刊印和传播，欧几里得的智慧就此如种子般播撒进了远东这片无限辽阔的土地上，润泽了一代又一代的中国数学家，其中，润泽了晚清

时期创造了"李善兰恒等式"的李善兰，之后，作者还会叙述到他。

红夷大炮或许是比《几何原理》更具现实意义的东西。

徐光启多次表示，用于建筑敌台（炮台）和制造火炮的新方法，他受益于利玛窦的口授和著作。这里可以插上几句，徐光启的同时代人李之藻，也是在与利玛窦的交往中，知道了欧洲火炮的形制构造和巨大威力，还有孙元化，他是从自己的老师徐光启那里，学到了欧洲火器技术知识。

万历四十四年，即1616年，努尔哈赤的女真族在东北崛起，两年后，以所谓的"七大恨"兴师攻明。万历四十七年（1619）三四月间，在萨尔浒大败明军，整个明廷为之震动。对西方火器已有相当研究的徐光启，为解天启皇帝之危，先于六月给明廷献计献策，因其时明朝党争剧烈，所献计策一一夭折，不得已，徐光启又急忙联络同好南京太仆寺少卿李之藻等人，私人捐资，向澳门葡萄牙当局购买西洋火炮4门，这4门火炮还在北运期间，明廷觉醒，又嘱两广总督胡应台再去澳门购买22门西洋火炮，加上后来再购买的4门西洋火炮，总计西洋火炮有30门。历史在这里留下了一个细节：是胡应台，在火炮上铸上了"红夷火炮"四字，从今往后，西洋火炮便更名为"红夷火炮"，到清代，又更名为"红衣火炮"。

30门火炮中的18门留在首都，"则都城当有十八门，足以守矣"。1门红夷大炮因故爆炸，其余大炮皆运向宁远，供宁前兵备道袁崇焕用作警戒、摧毁野心勃勃的女真族所用。

稍后，在宁远大捷中，这些红夷火炮果然发挥了决定性作用，天启六年正月，努尔哈赤率白山黑水精锐骑兵13万，发疯般地渡过辽河，发狂般地扑向宁远城下。双方激战三天，后金士兵死伤17000人，宁远城在袁崇焕的坚守下，岿然不动。努尔哈赤愤愤不平，但也只得无可奈何地撤走军队，史家将其称为宁远大捷。

仗是袁崇焕和他的战士们打的，但你也可以说是深知西洋火器之威力，紧赶慢赶世界火器之发展的徐光启助的阵，倘若说那个教皇国马切拉塔人也贡献了一份力量，谁又敢说不是呢？

1604年，距离萨尔浒溃败、红夷大炮问世、宁远大捷还十分遥远，那年，徐光启的父亲去世，已是天主教徒的他，遵从中国传统文化礼制和明帝国"孝道"国策，暂别翰林院，从北京赶回上海，在父亲坟前足足"丁忧"了三年，在上海的徐家汇——三水交汇之地——写出了《农政全书》。与此同时，返乡路上，他专程拜见了郭居静，邀请后者与他同往上海，为上海人民传播上帝福音。郭居静欣然答应，南下后，在徐氏家族居住地建立起传播福音的基地。

徐光启终究还是一个天主教徒。他与利玛窦之间，有着深广的文化关系，然说到宗教信仰，那是两人间的最强力纽带，这是一个不争的事实。有意思的一件事情是：在林林总总叙述徐光启的文字中，你鲜见对他作为一个天主教徒的描述，多的是他如何地追赶着17世纪世界科技的发展。这固然没错，然过于强调现实的合理性，却无意地抹杀了历史的客观性。

时间魔盘说转便转到1640年，那时，明帝国台柱之一的徐光启已跟世界做了永别，但他的家族，传承着他由来已久的精神，继续推动着西方文化中最为重要的宗教文化进入上海，他的孙女许甘弟大夫人资助了意大利传教士潘国光（Francisco Brancati）神父，在上海老城厢梧桐街上建造了上海第一座中式风格的敬一堂，信仰者络绎不绝地到来，表达着对天主教的热情也表达着对天主教的谦卑。

1663年，上海有了2座教堂、66所小堂，还有4万名左右的教友。在忠诚于儒教文化的知识阶层鄙视的眼帘中，"迷途的羔羊"接受并膜拜着别一种信仰，大逆不道地将心灵、情感托付给一个他们未必真正理解的世界。

徐光启保有着"上海地区最早的天主教徒"这个身份，从儒教文化的视角来看，"上海地区最早的天主教徒"称谓并无多少意义，甚至只有"反意义"。但换一个"东西方文化触碰"的视角，意义就非凡了。设想，倘若徐光启没有相遇郭居静、利玛窦，倘若徐光启如千百年来中国文化中的万千儒生而始终人生，那么，他的意义就只局限在"皇帝陛下宠信的翰林"而已，至多还能说是江南地区的名门望族中的一员。正是在自然最神秘的安排下，在命运最奇妙的推动下，让他与郭、利两氏有了相遇，让他拥有了全新的宗教信仰，而更重要的一件事情是：让他成为江南这个地域第一个被新文明打开头脑、心灵的上海人，让他拥有了超越同时代甚至下几个世代翰林们的人生。

17世纪初期，江南上海，它并非历史运动中的现代口岸。但徐家汇，却不可思议地成为"东西方文化触碰"的一个码头、一个驿站。

意义美好，意义深远，与后来——19世纪中后期——西方文化对东方文化的强势压制截然不同，那时，没有威权、没有恫吓、没有悍然闯入、没有来

复枪射击、没有阿姆斯特朗炮火轰鸣,一句话,没有一种文化对另一种文化的不屑一顾和肆意妄为的蹂躏,有的是小心翼翼的试探,以及,试探后你情我愿的互动,可以说,徐光启、利玛窦、郭居静皆受惠于此。

1646年,徐光启正式落葬在上海西郊徐家汇。那地方距离上海县治10公里,放弃了乔家浜边"九间楼"的徐氏家族,决意繁衍、生息、劳作和信仰在三水交汇之处。

当徐光启永远沉睡于徐家汇时,他和利玛窦、郭居静等人曾经献身的事业却没停止,对此,法国宗教史专家史式微在《江南传教史》里如此表述着,"……徐光启,上海人,是他引进利玛窦的同会兄弟到他的本城本乡,他城内的住宅便成了附近地区宗教信仰的发源地"。

时间魔盘转到1842年7月。

第一次中英战争已分出胜负,"五口通商"还没有议定,耶稣会派出的传教士南格禄、艾方济、李秀芳三人已越过万水千山安抵上海,历史将这三人定义为:重返江南的耶稣会会士。

在那些特别炎热的上海日子,南格禄当仁不让地当起徐家汇会院的院长,一边度着苦夏,一边为自己更加接近上帝而沉潜内心。

那个盛夏的早晨,太阳还没有完全升起,空气中已弥漫开来燥热,他缓步走出徐家汇会院,来到徐光启墓前。他沉思良久,脸上怅然若失,充满了一种崇高的悲伤和哀痛,他对徐光启说了些什么,声音很轻,发自肺腑,随后,他感觉到时空正被重置,伟大的阁老正站在他的面前,还有利玛窦他们,都对他发出微笑,南格禄应该进入数百年前那个场域了:一个中国上海人,一个意大利托斯卡纳人,还有一个教皇国马切拉塔城人,三个迥然不同的生命,经命运安排,在上帝眷顾下,人生轨迹有了重合,先相遇,后交流,再以后,双方都产生了强烈的文化好奇,发展下去,成了文化倾慕……这是多么美好的事情啊!

不过,历史湍流不会停留在南格禄喃喃自语的这一刻。

也不会停留在《南京条约》产生的五个条约口岸的这一刻。

1843年,洋鬼子虽然已大摇大摆地进入,但满清帝国依然嗤之以鼻,很简单,精神意义上,满清帝国并没有被击垮,它依然睥睨着它身外的那个世界,强行闯入的不过是夷戎之辈而已。

不过,1858年的《天津条约》,以及紧接而来的1860年的《北京条约》,强行规定的11个新条约口岸，这才让满清帝国打起寒噤，它如梦方醒，恍然有悟，帝国高层最清醒的头脑都意识到大危机正凌厉地逼近，并为之惊呼——

> 前广东巡抚黄恩彤在1865年认识到中国已经面临几百年来最大的一次变化。丁日昌在1867年断言，中西接触的扩大是1000年来所发生的最大的一次变化。李鸿章在1872年声称，西人东侵是3000年来所发生的最大的变化。光绪在位时期，曾纪泽称这是5000年来最大的变化。张之洞书之为亘古未有的奇变。

变动、变端、创事、创局、变局，词语可以组合，意思却是同样：中央集权的、农耕的、东方的中华文明，遭到了自由主义的、工业的、西方的欧洲文明的挑衅、压制甚至蹂躏。

惊慌是必然的，痛苦也是一定的，还有文化撕裂时的那种孤立无助、暗无天日。然最清醒的头脑总是卓然不凡，他能够在黑夜中看出光亮，1862年，还只是江苏巡抚的李鸿章致信两江总督沈葆桢，他说，"中西杂处之势方兴未艾，这种情况是不可变更的"；"新时代在中国已露曙光，因为中国已采用轮船和铁路"。

郭嵩焘也睿智地指出："新形势就像一把两刃刀，它可以加害于中国，也可以有利于中国。"

江南超级才子王韬在1864年更是深刻地说明：上天使西方诸国麇聚于中国，不是为了削弱中国，而是来磨砺中国，就像把刀放在磨刀石上磨快一样，使它也变成富强国家。

"运会"，是这样一种力量，人们无法抗拒，它十分神秘，却表现着宿命的力量，让人避无可避、忍无可忍，不得不接受，甚至，不得不屈服。

1845年的春夏之交，距离圆明园的那把大火还有15年，距离徐光启与利玛窦相识已过去了245年，在徐光启坟茔之外的数十里，苏州河与黄浦江的交汇点一边，女王帝国租下了一块830亩的土地，以"Settlement"的方式，开始了他们贸易者的生涯，你也可以称之为"掠夺者的生涯"。

后来的那些十分重要的东西就此时此刻悄然地生成。不是预设，并非有意，一切自然而然，所有皆是运数。它们如春雨，润物无声；如言语，倏忽无影；如溪流，汇向江河……最后，竟然酿成了一种特殊文化——海派文化——让世人惊讶、妒忌、愤懑，也让世人赞叹、模仿、沉醉。

这是后来。

第二章

骇客

第一节
Settlement：麦都思的书馆，雒维林的医馆

第一批抵达条约口岸的西方人，通常有这样三种社会身份：一、帝国官员；二、洋行大班；三、传教士。

在上海闪动的正是如此三种形象。

女王帝国官员以巴富尔为代表。

炮兵上尉来自南亚次大陆，在那里，他的履历让女王帝国外交部深感兴趣，这可正是他们寻觅的干才啊！

1843年11月，上海已近深秋，大雁不时掠过高空，此君乘坐"密求沙号"轮船，来到上海。

当夜，他们一行人都睡在轮船上，上海尽管近在咫尺，但他们想着要将进城的刺激放到明天一早，"这群人那晚在舱中一盏火油灯下面晚餐的时候，大家举杯祝福，预祝上海的未来之昌盛"。

补充一个小细节，巴富尔同行者中有麦华陀，他充任女王帝国开埠上海时的翻译官，他的父亲就是麦都思，伦敦会大名鼎鼎的传教士。

一部上海近代史倒没有过多指控巴富尔先生对满清帝国的无理、对帝国臣民的鄙视，他大概属于善走温和路线的英国人，尽管机敏程度远远逊色于下一个领事阿礼国。

甫抵上海，巴富尔居住在上海城厢的姚姓商人大宅中。不经世面的上海原住民实在忍不住自己的好奇心，时常会扒在姚宅窗户上向房里张望，一探"红毛鬼子"究竟在干些什么。

巴富尔出门，原住民又一路紧随，不停地上下打量、寻思，又交头接耳，仿佛他是一只来自南非的大猩猩。

巴富尔忍无可忍，决意搬出这里，但他明白，在《上海土地章程》还没有真正落实前，他必须忍耐一阵，也许忍耐几阵。

两年后，巴富尔终于与上海道台大人宫慕久交换了协议，他和随从们一起搬迁到城厢外荒地上，那里叫李家庄（也叫李家场），毗邻黄浦江与苏州河的交汇处。那里，野草丛生，坟茔重重，朽烂的棺木不时暴露出累累白

骨,纵然如此,总好过被人动物般观看。更何况,那里的风景着实不错,套用晚清文人的表述,"秋风一起,丛苇萧索,日落时洪澜回紫",野气深重之地,自有上海城厢中没有的种种沁人心脾。

这地方,面积830亩,文本中叫"Settlement",翻译成汉语便是"居留地",注意,不是租界。为这片居留地,女王帝国付了中华帝国上海地方政府17000元(英镑还是银元不得而知),之后,任何一家英国洋行若需要其中的一块土地,必须与土地拥有者再做商议,即便搬迁一个坟墩头,洋行也须付出必要的银两。

巴富尔很得意,很自满,很踌躇,对这片土地,他这样下着定义:"一切未开化的民族必将屈服于我们那较高的文明。"

也许,因了巴富尔过于踌躇满志,他摊上了霉运。

巴富尔想要建造一幢像模像样的领事公馆,他在远东上海生活得滋润了起来,对这里开始有了感觉,既然要长期落户,居住之地理当认真地搞一搞。为此,他动用了女王帝国外交部放他手上的钱款。他知道自己的行为违反了女王帝国外交部的规定,但他人在远东,外交部却在伦敦,两者相距9000公里,李家庄破土动工又有谁会知晓?他想错了,他的"僭越之举"偏偏让伦敦外交部逮个正着(谁人举报不得而知),他被伦敦外交部打发回了老家,终日穿行在狄更斯反复控诉的伦敦煤烟制造的团团黑雾中,直到肉身在时光中彻底消失。

洋行大班是来上海的第二种人,最先到达者为怡和洋行的查顿、宝顺洋行的颠地。

两家洋行都以罪恶的鸦片贸易起家,对此,充满了民族主义情感的作者王唯铭毫不犹豫地使用"罪恶"这个词语来形容这两家商行。

为了鸦片贸易中的巨大利润,两家洋行曾经反复挑唆女王帝国的具体运营者巴麦尊们,两者最终一拍即合,女王帝国向中华帝国开战,战争结果,两家洋行弹冠相庆,因为尽管《南京条约》并没有将鸦片贸易合法化,但不会有林则徐般的中国官员,将鸦片贸易肆意铲除,披着准合法化的外衣,两家洋行现在更加放肆地吮吸着中华帝国的血液,同时也无情地腐蚀着中国人民的肌体,当然,客观地说,中国人民的某一小部分人也渴望着被鸦片腐蚀。

江滩上,现在有了巴富尔上尉划定的"九分地",宝顺洋行、怡和洋行先后租下了其中的地块,宝顺的位置在后来的中山东一路与九江路相交处,怡和洋行则靠向英租界北端，不久后，伊莱亚斯·沙逊领导的老沙逊洋行也从孟买匆匆赶了过来，九分地上，他们找到了自己的位置。必须说明，老沙逊洋行热衷的生意也是鸦片，这些在人类文明史一路进化中饱受磨难的赛法迪犹太人，显然忘记了自己不幸的历史，快意地专注着鸦片长枪杆中的那个烟锅，看微火点燃，看烟膏煎熬，最后，看它如何变作一个个烟泡，他们毫不在乎膨胀的烟泡里充满了对人性戕害的毒汁，只要这些烟泡能为他们带来足够的白银，它就是这个世界上最美好的东西。同理，南亚次大陆的罂粟花就是这个世界上最美丽的花朵。

九分地上，还有华记洋行、李百里洋行，以及中国海关。

口岸上海的第三个来者，系女王帝国的传教士。

1843年底，英国伦敦会麦都思牧师来到上海。

由于"五口通商"和道光皇帝的朱批，原本严丝合缝的中华城门现在透露出了门缝，城门的完全打开还要等待《天津条约》的签订，不管怎么说，1843年12月某个月黑风高之夜，当麦都思和他的同伴雒魏林来到上海，并眺望着夜色中的浦东与浦西，他们的眼睛里充满了传教士方有的狂热。

派遣两人前来的差会叫伦敦会。

此差会成立于1795年，创建伊始，对向东方传教就有不可遏止的激情。1807年，几经斟酌，向中华帝国唯一的开放口岸广州派出了传教士马礼逊。此君在东印度公司掩护下，含辛茹苦、殚精竭虑，最终实现了伦敦会在广州的部分目标。36年后，此差会再次派出了传教士，他就是后来在上海近代史上意义不凡的麦都思。

麦都思不是个嫩芽儿。

早在1816年，他已栖身马六甲一地，接替同为伦敦会的米怜传教士主持那里的印刷厂工作。听着印度洋的阵阵海涛声，他努力地学习着可能是全世界最为玄妙的语言之一——汉语，为未来前往中华帝国传教做着登陆准备。

1835年，麦都思与上海有过照面，他乘坐"胡轮号"货船，从广州出发，沿海岸一路北上，直到抵达山东半岛。返回途中，麦都思短暂地停留在上海，那时的他，如同普鲁士传教士郭士立般对吴淞炮台有着格外兴趣，"我们看到弓挂在了墙上，但没有发现箭，据他们说，箭存放在了对岸。他们的武器极不一致，有些兵士有大刀，其余的有火绳枪，少数有矛，等等。他们所属的分队用大字写在他们的外套上"。

1843年,麦都思再次来到上海,其时,上海开埠还不到一个月。麦都思、雒魏林两人四处觅屋定居,此事显然不太好办,道台大人宫慕久掌控的上海县城摆明了不欢迎他们,头块租界中的九分地还没搞定,巴富尔上尉看来也无暇顾及他俩。

这时的麦都思已然47岁了。

19世纪中叶,他的这个年龄,放在上海世俗文化视角里,要被叫作"老邦瓜"。有人这样叫他了吗?不得而知,但在上海的一个小小的西方人圈子里,他确实被叫作"老人"。相比之下,小他10多岁的雒魏林显然年轻许多,后者还带着家眷。插话一句,雒魏林的太太,就是"铁头老鼠"巴夏礼的姐姐,她的到来,产生了一个举足轻重的纪录:第一个进入上海的西方女子。

几经周折,数番纠缠,麦都思们最终还是在上海县城内租得一个民房,花了多少银子不详,一生献给上帝的他,在这个民房内为首批定居上海的英国侨民举行礼拜,那地方,某种意义上,成为上海最早的基督教礼拜堂。

对伦敦会来说,或者对基督新教向远东扩散这层意义来说,麦都思在上海逗留的最大价值在于汉译《圣经》。

还在麦都思前来上海前,麇集在香港的伦敦会传教士们已议论到一个问题——如何通过汉语翻译,将《圣经》从英语转化成中华帝国臣民都能理解的文本,汉语《圣经》而非英语《圣经》,它是传教的前提,没有这个前提,一切也就免谈。讨论结果,一致决定这项工作由麦都思来主持。如果说,1807年抵达中国广州的伦敦会马礼逊,在潮湿、闷热的南方之城,最先完成了《圣经》汉译,让基督新教文本进入中国南方,那么,在中国北方(英国商人们将上海看作中华帝国的北方),麦都思要做的是与南方马礼逊相同的工作,这时,其他差会的传教士也加入其中,他们中有文惠廉、裨治文、娄理华、施敦力两兄弟等。

1853年至1855年,小刀会刘丽川、陈阿林在上海城墙上慷慨激昂的那些日子,麦都思完成且推出了汉译《新约》《旧约》,这段时间里,他还编写了《新约全书注释》,惜天不假年,短促的生命让他只完成了最初的两卷。61岁的生涯,麦都思还著有中、英文各类作品有90多种,其中包括了《汉英字典》与《英汉字典》。

这样,麦都思与马利逊两人的历史相似性得以确认:两人同为伦敦会的传教士,两人在基督教经典《圣经》的英译汉工作中,都做出非凡努力,两人又同是《英汉字典》的编纂者，最后这点，于中华帝国，于之后的中华民国，乃至今天的中华人民共和国，都有重大意义。177年之前的中华帝国，她的臣民中绝大多数，显然无意去接受一种截然不同于儒学的基督新教意识形态，她的知识分子，无论高级知识分子还是低级知识分子，整体地对这种西方而来的意识形态表示出强烈的敌意，这不奇怪，生活于自己文化中的人们，天然会捍卫和赞美自己的文化，也天然地会将异端邪说贴在别一种文化上。一个宗教麦都思，对中华帝国、对上海县来说，谈不上有多大价值和意义；一个编纂《英汉字典》，尤其在麦家圈建立墨海书馆的麦都思，就大不一样了。无论有意或无意，他都提供了中西方两种文化沟通的路径，使得这两种文化在触摸、冲突、渗透后，有交错、融合、同质的可能，文化麦都思，于上海意义非凡。

墨海书馆原系马礼逊夫妇和米怜创办，地点在马六甲，那时，麦都思就已参与其中。来上海后，麦都思一门心思想在上海建个印书馆，目的倒也明确，《圣经》汉译后，他判断会有100万册的印制，浩大数量啊！为此，麦都思先将部分印刷设备由香港运抵上海，还请来同为伦敦会的伟烈亚力，由他在上海专门负责墨海书馆的印刷工作。

1847年，上海开埠四年，《上海土地章程》签订两年，九分地上，贪得无厌的英国人扳们正砌墙造房，麦都思、伟烈亚力们正式成立了墨海书馆，馆址先设在县城内的小北门大境路，但处于上海县令的管辖之地，种种不便理所当然，也因此，一年后，麦都思在山东中路上获得了一片土地，便急急忙忙地将墨海书馆迁入其中，那时，麦家圈还称不上有个雏形。

印制开始进行，一个细节现在看来颇为有趣，"墨海书馆在大英圣书公会协助下，从英国购进了几架笨重的印刷机。这种机器需要用阉牛为动力。但是运行了一段时日发现机器性能很差，印出的圣经字迹模糊，最后不得不将机器运回英国而恢复手工印刷"，尽管如此，墨海书馆没有停摆，它仍然印制了麦都思的圣经官话本、施敦力的汉译本，还印制了雒维林、合信、艾约瑟等人翻译的医药、天文等书籍。可以设想：紫禁城内深居简出的道光皇帝，以祖宗、中华文化等名义，会不屑一顾《圣经》的印制出版，但对医药、天文等新世界知识，断然不会冷眼旁观、置若罔闻，要知道，即便伟大如康熙大帝，当年身边不也围绕着一大群上知天文、下懂地理的传教士吗？如郎斯宁，如汤若望，如白晋。

墨海书馆渐渐地成熟，麦家圈也慢慢地成形，不仅修筑起传教士的办公

场所，还建造起传教士居住的私人住宅。1854年，受郭士立招募前来远东做独立传教的戴德生路过上海，很吃惊山东中路这带赫然在目的"麦家圈"，那里，有伦敦会上海总部、有上海最早的教堂之一天安堂、有上海最早的西式医院——基督教医院，还有很独特的一小群上海人——"秉笔华士"，几乎所有的秉笔华士都没在上海史留下姓名，也有例外，比如不世之才王韬。

麦家圈还留宿过洪仁玕——中华帝国知识分子中最出类拔萃的一个。威尔士传教士杨格非刚好前来上海，他在麦家圈中与洪仁玕相识，两人大概有相见恨晚的感觉，数年后，当洪仁玕由香港进入南京，接受天王重托，重建太平天国的组织架构，杨格非冒险前往石头城，两人相见，重述旧情，并就太平天国辖地内的传教一事达成一致。

1854年，上海开埠11年，小刀会汉子们割下的官吏、富绅们头颅在悬挂于城墙前的竹笼里已成为骷髅，租界租地人开了个大会，郑重其事地将原先"道路码头委员会"改作"上海工部局"，还很民主地选了5个董事，"老邦瓜"麦都思名列其中。宗教的麦都思，文化的麦都思，他在工部局中的存在，将决定性地指引"第二上海"的走向，尽管只是五分之一指引，比较遗憾：3年后，他返回自己的祖国，却在两天后突然暴毙，长眠于伦敦阿伯尼公墓，让人扼腕、叹息。

不过，上海并没有将他忘却，华英书院改名为麦伦书院，就为了对他做一个永久而深刻的纪念；长眠于阿伯尼公墓的他也没有将上海忘却，通过他的儿子，女王帝国驻上海领事馆领事麦华陀，他思想、情感、精神的一部分，由此复活。

说罢麦都思，不能不说雒魏林。

雒魏林不会忘了那个上海冬季，1843年12月，他与麦都思共同抵达，夜晚已经滴水成冰，刺骨寒风中，他止不住阵阵战栗。那刻，太太与他紧偎，也许渴望着他的热力。太太富于冒险精神，如同20多年前的俄国十二月党人的妻子们一样，即便丈夫将要因流放而前往远东极寒之地，照样一路紧随，决不放弃。那年英租界，830亩土地上的西方人，不超过50个，有7个女性，雒魏林太太成为其中之一。

两个月后，雒魏林在上海创建了一家西式医院，名为雒氏诊所。

雒魏林能迅速地将诊所建立，乃基于之前的经验。1838年，他与伯驾、合信等人，在广州成立了医药传教会；之后，他在澳门开过诊所；当英国远征军一路开进，悍然占领舟山群岛时，紧跟远征军步伐，他在定海开设过眼科诊所。雒魏林于诊所，驾轻就熟，雒氏诊所开设在上海县城的大东门边民宅内，后来几经变身演化成赫赫有名的仁济医院。

其时，雒氏诊所规模很小，只能门诊，无法留院。不过，免费医疗的做法，让雒氏诊所的名声渐渐传扬开来，就诊者络绎不绝。

日子一长，小诊所人满为患，实在应付不过来，1844年10月，上海县城南门外，雒魏林新租了一个四合院，这建筑，江南特点，中间有个天井，四周一圈为大小不一的房间（会是今日开始被人重视的绞圈房么），雒魏林将它们逐一安排，满足诊治、医疗等不同功能，现在，病人可以留宿于此，医院有了20张床位。

这个相对正规的医院名称有别于大东门那个，雒氏诊所就此改名，现在叫中国医院，也有人称它为华人医院。

1844年至1845年，共有原住民19000人来此就诊，雒魏林在他的《在华行医传教20年》中如此回忆，"每日涌来大批人群，经常喧闹着急切要求就诊，病人除了住在上海者，还有不少来自苏州、松江以及其他城镇，甚至远至崇明"，雒魏林有点搞错了地理，他将崇明看作比苏州更远，但这不重要，重要的是上海原住民心甘情愿地接受一种完全不同的治疗方式，原住民中应该有不少将儒家文化看作性命般重要的上海士大夫，文化壁垒就此被西方医术一箭穿透。

1845年12月31日，新年即将来临，好事接踵而至，雒魏林用每亩40两白银的代价，购得出北门约半里路，在今日福建路与山东路之间一块5.5亩的土地，当然，他手中的资金无法筹建起一家医院，为此多方募集，并以个人名义向丹拿洋行做了贷款，好在雒维林名声在外，悬壶济世，谁人不钦佩？丹拿洋行自然乐于玉成此等美事。

1846年7月，新医院在上海问世，名仁济医馆，也叫山东路医院。

13年里，医院总共诊治内科、外科、眼科、妇科、骨科、烧伤科等各类病患者达15万人次，"为受难的人们服务"的医院文化，让仁济医馆一时无两，影响巨大。

传教士雒魏林还有什么可说？雒魏林曾经试图挽救在上海老城中小刀会起事者的性命。

刘丽川们在上海起事，占领老城长达近两年。两年里，雒魏林的仁济医

馆不时为小刀会诸将士治病、疗伤，小刀会方面也因此特批雒魏林、伟烈亚力可以自由出入县城。

1854年底，法军司令辣厄尔准备发动进攻彻底剿灭小刀会。雒魏林闻讯，匆匆进城，试图说服小刀会将领开城投降，这样至少可以保全性命。后来的历史学家对雒魏林此举使用了"诱降"这个词语。诱降？历史学家们显然看低雒魏林了，作者更愿意将雒魏林此举看作一个传教士内心中的高尚悲悯，"我大胆地向他们陈述了法军司令与他们之间的情势，说明他们无法抵抗即将向他们进攻的法军，指出他们的给养已经无法支持多久，很快就会饿死，为此，我强烈地忠告他们接受法军司令招降的命令。他们听了我的陈述之后，回到里面进行了一段时间的商议，最后，他们出来回答我说，他们决定战斗到底"……

雒魏林于1857年回到英国，又于1861年从英国取道埃及赶向中华帝国，这次他前往北京。

1862年初，雒魏林再次筹建医院，这家医院后来演化为著名的协和医院，"患者来自不同的阶层，官员、商人、工人、农民、乞丐挤满了他的院子。头三个月，注册的病例就达到6815例，实际病例还要比这个多"。

雒魏林足够杰出，他成了中华帝国疆域里两家伟大医院的创始者，作为医生的雒魏林，有足够自信将自己名字写进上海史或中国史里。当然，他还是一名传教士，他的行医善举，有着自己不变的传教目的，"从医院的开办那日起，就有当地的新教徒帮助给病人口头医嘱，也散发一些圣经经文和小册子。医院的候诊室能容纳大概60人，一些听众听了候诊室的布道后就开始要求受洗"，通过医学，传播上帝福音，如果可能，将那些用心听讲者发展为上帝信徒，这是发生在雒魏林身上的一个事实。他的行医依然不乏功利目的，就看读者怎么理解和解读了。

1864年雒魏林又一次回到英国，这个出生于利物浦的传教士就此再没回来。他的寿命够长，1896年，才离开世界，那时，满清帝国的命运正向"百日维新"这个拯救节点奔去，上海，频频越界筑路的工部局，也即将让第二上海拥有33503亩这般广阔空间，此举最终让上海在后20年里打上"世界性大都会"的标记。雒魏林，当他弥留之际，他的脑海里回想起了什么？那些在上海县城的东门、南门、北门附近创办的诊所、医院，会一一地掠过他的眼前吗？

与麦都思相同，若说上海新文化，他们当得上最初的播种者吗？

第二节
两个飞地：凯德纳的圣三一教堂，范廷佐和他的圣方济各·沙勿略堂

从文化而不是宗教上说，麦都思给上海带来了墨海书馆，雒魏林给上海带来了仁济医馆。

自19世纪40年代中期起，不断进入上海的西方冒险家们，随着他们的来到，注定要给这座东方城市带来与东方文化截然不同的东西，有物质，有精神，有个人嗜好，也有群体生活方式，建筑可谓最为重要。盖因建筑的意义在于，当人的肉身随着时光流逝而无可挽回地消失，化作宇宙中一粒极小的原子，然容纳过千百个肉身的建筑却始终存在，倘若它没有被后来的暴力所摧毁，仿佛可以世世代代矗立下去，仿佛可以永永远远地容纳数不胜数的肉身。

这建筑，在上海开埠后的10年、20年里，最为夺人眼目的形式是教堂，它与进入条约口岸的第三种人——传教士——密切相关、唇齿相依。

先说基督教一路的教堂建筑，单就风格意义而言，有一座教堂具备足够的谈资。

且说开埠那些年，英国侨民寥寥，寥寥英侨并非人人都信奉新教，更非人人都有定期礼拜的宗教热情，女王帝国的上海领事馆就权作礼拜场所。

然领事馆毕竟属于要地，巴富尔们与属下们商量些要紧事情，礼拜者无意听到或有意知晓，都为不妥。于是，侨民中站出了贝尔先生，他激昂慷慨地捐出银两，用于建造教堂，时间大概在1847年。

简易教堂设在英国居留地偏西方向，之后，这条街，就被叫作教堂街，1865年，由于麦华陀主政，教堂街改名为江西路。

教堂小也就罢了，恼人的还有质量问题，1850年与1851年，小教堂两次大修。诡异事情接连发生：先是，首任牧师路德意外溺水而亡；后来，第二任牧师郝博逊从教堂房顶上蹀躞跌落；再后来，1862年夏季，海上奔袭而来的强台风施虐上海区境，在它凶猛的袭击下，小教堂轰然坍塌，正所谓曲终人散、油尽灯枯。现在，彻底地拆除小教堂，并在之前的地基上造座有规模、有装饰、有格局、有华美的正宗大教堂成了英国圣公会信徒们的全体愿望。

凯德纳的圣三一教堂

1862年，小教堂被拆除。

1866年，上海开埠26年，女王帝国驻上海领事也从巴富尔、阿礼国、罗伯逊、巴夏礼而轮到麦华陀来担任。该年5月24日，曾经的小教堂地基上，举行了颇为隆重的新教堂建造奠基仪式，领事麦华陀与会，英国大班们还有不少。三年后的1869年，新教堂巍巍然耸立在上海天空下，它便是时至今日仍然让人魂牵梦萦的圣三一教堂。

新教堂占地面积3500平方米，教堂东面是草地树木，周围有围墙，重建后的首任牧师是布切，不过，鲜有人知道这位英国传教士的生平，倒是圣三一教堂的建筑设计师声名赫赫。

乔治·史浩特，爵士身份，在英国本土，就以设计哥特复兴式建筑而著称，代表作有伦敦艾伯特纪念塔和格拉斯哥大学。大的名声一定相配大的手笔，一上来，此君便将上海圣三一教堂设计得如伦敦教堂般奢华。只说一个细节，教堂有回廊，回廊自然由石拱组成，这在英国伦敦，没有任何疑义，多少英国教堂，无论平凡还是伟大，结构中皆少不了石拱回廊。但对还在上海筚路蓝缕的英国教徒们来说，他们怎么也无法承受史浩特美轮美奂设计背后的天价费用，即使贝尔先生想来也勉为其难。几经斟酌，中途换马，转而请来威廉·凯德纳。这位先生立马将原来的史浩特设计做了大幅度修改，其中之一，便是原先代价昂贵的石拱改作相对便宜的砖拱。

三年的流水时光，春花之后秋月，圣三一教堂终于呼之欲出在1869年的上海。

不过，纵然凯德纳部分修改了史浩特的设计原图，有些东西不会也不可能修改。比如，史浩特为圣三一教堂约定的风格为哥特复兴式，遍布教堂各处的尖券让你充分感受到这种华丽而阴郁的风格；又比如，建筑平面系拉丁十字式，长60米，宽18米，堂身高达16米，宽敞而华美；还有，教堂的墙体为清水红砖，一眼看去，雅致而精细，圣三一教堂因此在19世纪上海新市民的嘴里被叫作"红礼拜堂"。

教堂内部，富丽堂皇得更是匪夷所思：无论是高达16米的木屋架，还是两边排列开去的砖拱回廊；无论是在夕阳照射下显得异常奇妙的圣台，抑或向圣台这个中心聚焦而去的走道——走道地砖为镶嵌烧制的夹心砖，绚丽而美妙。天花板上，你能够清晰地看到三种花草的图案，那是建筑设计师注入的灵感和用上的巧思：三种花草图案分别代表着英格兰、苏格兰和爱尔兰。

设想你正站在1869年5月的教堂圣台边，你的头上有一个美妙至极的穹顶，光从白色或彩色的玻璃外透射进来，让彩色玻璃上的图案变得分外鲜明，也分外引人入胜。向前看去，两边是气势壮美的尖拱内长廊，尽头，墙上开有两排窗户，各有七扇窗子，窗户上，有一个六瓣花形的玫瑰花窗，上海气息，无论春夏，无论秋冬，都由窗外流泻而进。

建筑设计师威廉·凯德纳与同好合伙于同和洋行，洋行开业于1860年，地址便在今日北京路。

他的知名度尽管不及乔治·史浩特爵士，不过，英国皇家建筑师学会会员的身份告诉人们，他有专业背景，设计功力绝非浪得虚名，在上海，除了圣三一教堂，同和洋行还有老汇丰银行、有利银行等大设计。

为建造圣三一教堂，如同所有在上海建筑世界中倒海翻江的豪杰，他们都要解决上海地区地质过于松软而导致建筑物沉降这个大问题，凯德纳如此，后来的邬达克也如此。对此，凯德纳手笔颇大地在1000平方米的地基上打下了8000多根木桩。稍后，当哥特式尖锥形钟塔于1893年增添时，又在钟塔100平方米的地基上打下了625根5米长的木桩。凯德纳的手笔还体现在钟塔上的那口八音大钟上。每当钟声敲响，洪亮的声波便由钟塔向上海四方流淌，掠过黄浦江，掠过苏州河，掠过上海其时还河流交错的田野，便有上海乡民停下劳作，侧耳倾听钟声，脸上泛起错愕间杂惊喜的神色。

及至1914年，从英国伦敦又运来远东地区最大的电鼓风管风琴，风眼位于钟楼下，每当管风琴声在圣三一教堂高高的屋顶下缭绕时，那份陶醉就不只是圣公会信徒所拥有的了。或许缘于此，后来，上海滩鼎鼎大名的电影明

星胡蝶小姐的婚礼便在圣三一教堂中举行,想来两位一定也曾被圣三一教堂的管风琴声、八音钟声迷倒了吧。

百多年前的上海,圣三一教堂那个高约50米、有八音钟声悠扬传送的哥特式塔楼成了毫无疑问的地标。当年乘坐旗昌洋行、轮船招商局的大小火轮的先生们、小姐们,经吴淞口沿黄浦江缓缓而来,转入壮丽而奇瑰的新月形江岸这一段,最先看到的便是圣三一教堂的哥特式尖顶,要到很久、很久以后,这尖顶才会淹没在更加伟岸的古典主义的建筑群中。

就这样,1869年以后,圣三一教堂成为圣公会教徒们专事礼拜的教堂,很长一段时间内,教堂都不对华人教徒开放,可以将此看作是19世纪白人至上主义的傲慢表达。那时,同为圣公会的华人教徒,他们在另外一个教堂做着礼拜,那教堂在上海也颇有名声,叫圣保罗教堂,地址在当年曾经十分繁荣昌盛的闸北华界的严家阁路(今芷江中路)上。

时间到了1937年。与中国隔海而望的岛国上,一股暗流正在回旋。1936年的2月26日,称作"皇道派"的日本年轻军官率领着1500名官兵,袭击了国会选举中获胜的民政党的首相冈田启介、藏相高桥是清等人,疯狂的少壮派军人提出了八项要求,鼓吹建立"皇道派"的武力独裁和战争体制。此后,当广田弘毅担任内阁首相后,决定了所谓的《国策大纲》,把"确保帝国在东亚大陆的地位,同时向南方海洋发展"定为日本的"根本国策",日本的法西斯战车开始隆隆上路,在中国大陆上海,淞沪战争就此打响。

战争持续了整整三个月。淞沪会战的惨烈,剧烈地改变了上海城市的空间格局,曾经控制着黄浦江下游岸线和陆上门户火车站的闸北华界一度是城市发展的锁钥之地,但经淞沪会战,闸北百分之百地毁于战火,圣保罗教堂也不能幸免,在日军炮火的猛烈轰炸下,该教堂完全倒塌,只剩瓦砾一片。众多中国教徒纷纷逃向租界,一开始在外国人公墓堂进行礼拜,随后,便借用圣三一教堂进行礼拜,正是从这时起,圣三一教堂不再是纯粹的侨民教堂,白人至上主义思想的一部分经时间的淘洗、经现实暴力的打击而烟消云散,但它真的烟消云散了吗?

同样的建筑文化,不同的教堂,也出现在法国人的上海"小飞地"中。那区域,法国领事敏体尼的做法与英国领事巴富尔明显不同,他在与上海道台签订的条约里,将法国人即将长久定居的960亩荒芜土地,定义成了"Con-cession",这就意味着它不是居留地,而是租界,法国租界。如此一来,至少在文本确定的法理意义上,它的管辖权属于法国皇帝陛下,而不是在这块野草丛生的土地上梦想捞世界的法国租地人,更不是满腹心事、进退维谷的满清帝国的地方官员。

其时,在上海的法国人,全都聚集在徐家汇,而且基本上都是传教士,他们与上海县城有不下10公里以上的距离。他们并不在乎"南市"的热闹与"北市"的喧嚣,世俗社会的繁荣浮华、光怪陆离,于精神纯净十分有害,于心灵高尚更是格格不入,诱惑之地,越远离,越美好。

领事敏体尼不同,而且完全不同。他来上海,打定主意要为法兰西争夺利益,他的心理与当年巴富尔何其相似,只不过,巴富尔换作敏体尼,宫慕久换作吴健彰而已。

与吴健彰、麟桂们反复拉锯后,1849年4月6日,上海道台麟桂发布告示,宣布双方勘定法租界四至界址,面积986亩,约0.62平方公里。告示还提前宣布了法租界的日后拓展:"倘若地方不够,日后再议别地,随至随议。"

现在,我们要进入上海大史中的一个特殊日子——1853年5月5日。那天,法国人拥有了他们的主教教堂——圣方济各·沙勿略堂,教堂位置在董家渡口边,上海原住民叫它作董家渡教堂。

那天,19世纪中叶的上海天空,有近乎于无限透明的蓝,耳旁,蓦然响起阵阵汽笛之声,声响发自英国军舰"恰尔德士号"或"艾斯必各尔号"上,上述背景下,圣方济各·沙勿略堂举行着落成典礼。

对19世纪中叶上海来说,这幢建筑有足够体量。通体雪一般白,这样的白,经上海蓝色天空映衬,便有一份让人炫目的美。它的风格,不是森严的哥特式,而是较为温婉的巴洛克,典型的巴洛克涡状图案出现在建筑正立面的门楣、窗沿和女儿墙上。二楼,建有两座精致的塔楼,建筑设计师的用意明确,它们烘托和强调中央的女儿墙和女儿墙上的那个十字架。

一楼立面,呈现八根爱奥尼浅壁柱,还有两个雕像,"他们"沉静地站立,左边圣伯多禄,右侧圣保罗,无论还将经历多少岁月、多少时光,他们磐石般的姿态显然不会有任何改变。教堂正立面上还有康熙皇帝的一副对联:无始无终先作形声真主宰,宣仁宣义聿昭拯济大权衡。对联间,有那扇高大的紫红色木门,门里,自然又是一个世界——

房顶拱形,两侧有回廊,平面规范的巴西利卡式。

　　高度40米，1853年的上海，称得上小小的高耸。站在它的女儿墙边，向上海远方眺望，可以目睹黄浦江中张挂张张白帆的船只正梦一般地漂移。

　　占地面积为1000多平方米，体量，在其时上海也属罕见。仔细打量祭台上方天花板上的浮雕，回廊檐下的浮雕，可以发现虽然浮雕图案各种各样，然不乏仙鹤之类的中国传统文化元素，设计师的心思微妙呈现：与本地文化尽可能融合。

　　1853年，你的视线不会游离那个传教士，他始终处于视觉中心：通过壁画形式，方济各·沙勿略正在整堵墙上生动地呈现，这个为信仰而甘愿将自己的一切全部舍弃的人，称得上16世纪最高贵的理想主义者之一。

　　教堂取名为方济各·沙勿略堂，这里又有多少故事可说？

　　1506年，方济各·沙勿略出生于巴斯克望族家庭，地处今日西班牙北部纳瓦拉沙勿略堡。

　　1525年，19岁的沙勿略前往法国巴黎大学圣巴巴拉学院攻读哲学，五年后获得硕士学位，并在学院担任讲师。

　　如果不是一个偶然机缘，方济各·沙勿略可能将以哲学讲师或哲学教授的身份终老于巴黎，风烛残年挣扎之后，无声无息于永远轰轰烈烈的世界。有一个人闯入并改变了他青春的世界，那人叫伊纳爵·罗耀拉。

　　两人同为西班牙人，一见如故，且常作促膝长谈。

　　久而久之，方济各·沙勿略知道了老乡这一生追求的目标：要让天主光芒时时刻刻地闪耀人间，他还很深刻地记住了老乡常挂在嘴边的一句话："人若赚得全世界，但赔上了自己的生命，又有什么益处呢？"

　　若有所思的方济各·沙勿略时刻反省，内心开始有东西在蠢蠢欲动。

　　1534年8月15日，那天，伊纳爵牵头，方济各·沙勿略等其他六人参加，在法国巴黎蒙马特尔高地附近的圣但尼小教堂的地下室，他们创立了一个组织：耶稣会。

　　对这个组织，后来的历史有毁誉参半的种种说法，由于这个修会成员的绝对狂热，由于他们对马丁·路德为代表的宗教改革持绝对的反对态度，人们将"秘密""黑暗"等大袍披在他们身上，他们让人起疑、令人战栗。

　　修会成立七年后，方济各·沙勿略以耶稣会首批传教士的身份，于1541那年，沿着葡萄牙人已经开辟的大航海线路，前往印度、日本等地传教。

　　1552年8月，方济各·沙勿略前来中华帝国，他乘坐没有蒸汽动力的"圣十字"号,九死一生地抵达了上川岛,那里,距离中国广州仅仅30海里,当他遥望,并遐想远处的广州城时,内心的情感近乎沸腾:"中国啊,中国,我终于来到了你的面前,我终于可以在这片土地上为天主传播最美好的福音!"

方济各·沙勿略有过的梦想,正是大航海时代,陷于宗教狂热之中的西方对整个东方的梦想!然而,西方人还基本处在冷兵器与热兵器的过渡期,虽然早已造出红夷大炮,但毕竟仅属于前膛且没有膛线的战争工具,发射的也只是实心弹,杀伤力与后来的阿姆斯特朗大炮相比,绝对差了几个等级。因此,无论葡萄牙帝国还是西班牙帝国,它们对明帝国并无碾压式实力,明帝国将方济各·沙勿略强硬地阻挡在中国陆地之外,让他永远地停留在30海里的那个小岛上。

1552年12月3日,他染上了疟疾,又没有任何药物,方济各·沙勿略在上川岛撒手人寰。那刻,他痛苦不堪,不仅因为他将要离开人世间,更因为他不能为天主贡献自己渺小的力量了,那刻,他一定在心里说,"抱歉了,伊纳爵·罗耀拉,我让你失望了"。

方济各·沙勿略去世后的第295年,1847年某日,天主教南京教区主教罗伯济决定在上海,江南代牧区建造一座教堂,用意无他,就是纪念心怀梦想却最终殁于上川岛的这名传教士,这样,圣方济各·沙勿略堂的建筑设计师便应运而生。

他叫范廷佐。

1817年,范廷佐出生在西班牙的一个艺术世家,他的父亲尽管不曾在世界美术史上占据重要一节,但曾为埃斯科里亚尔圣洛伦索王家修道院做过装潢雕塑,这个事实足以说明其人有多牛逼——尽管埃斯科里亚王宫,在世界建筑史上既被称为"世界第八奇迹",又被叫作"建筑艺术上的噩梦",然盛名与恶名都不由范廷佐父亲来承担。

如果没有父亲,范廷佐不一定会走上艺术道路,是父亲送他前往罗马,让他在艺术上得到深造。还是在罗马,范廷佐得了圣召,立志修道,之后进入耶稣会那波利修道院成为辅理修士。1847年,在前往东方传教这个时代湍流中,他顺流而下,来到江南代牧区上海,那个节点,从传教史角度上说,虽然晚于罗伯济的暗渡中华和南格禄们的重返江南,也晚于基督新教的麦都思、雒魏林、文惠廉们前来上海传教,却大大早于基督新教的杨格非、施约瑟们,更不要说基督新教的卜舫济、李提摩太们了。

多才多艺的范廷佐，擅长雕塑，精通绘画，还工于建筑设计，谁也不知，这个那波利修道院出身的辅理修士，怎么竟然会有帕拉蒂奥般的才华？在上海，他最重要的建筑设计有两个，其一，圣方济各·沙勿略堂，其二，圣伊纳爵堂（今日徐家汇天主教堂的前身）。

圣方济各·沙勿略教堂造了许多年，可谓工程浩大。仅具体监工，就有马义谷神父、芒吉里神父和罗礼思神父。芒吉里神父，传播福音极为热诚，但于建筑监工，却是一窍不通，完完全全的门外汉，1848年，看来已经完工的教堂建筑竟然轰然一声，倒塌在地，这让所有人大吃一惊，也让监工的他魂飞魄散。

相比工程的起起伏伏，工程费用更让赵方济、范廷佐们头痛。

1848年起至1853年，赵方济主教不断地向欧洲，特别向法国劝募，还写信给法国皇帝、英国女王，请求给予钱款支持。

正其时，中华帝国的江南及邻省，发生了极其严重的水灾和旱灾，一个叫卜亦奥的神父给他巴黎同事的去信唤起欧洲人对中世纪悲惨景象的深刻回忆，"一连六个星期，倾盆大雨下个不停。人们说整个帝国的江河齐泛滥了，这大概是指我们周围的几个省而言；农村淹水两三尺深，人们在田里撑船行走；粮食淹在水里都腐烂了。加上小偷，更确切地说，一些为饥寒所迫铤而走险的本地人充塞在地方上，在这人口众多，人叠人的地区，在年成好的时代，尚且还有赤贫的人，那么在这灾荒时期必然会有许多人饿死。后来大雨停了，水也从淹没的农村逐渐退了，可是浸透了水的土地，被烈日一晒，蒸发出孕育瘟疫的臭气，这些可怜的饥民，更是成千上万地死去"。

江南大灾难，让大教堂的建造遭受了绝对的打击，工程资金原本不够，须多方募集方能勉强应付，现如今，工程资金的其中一部分要用于赈灾，这样一来，于建造可谓雪上加霜，也可谓釜底抽薪。

原先的设计设想必须做大更改。

范廷佐与赵方济几番商讨后，忍痛取消了原设计图中确定了的上层一排玻璃窗，也取消了中央大圆顶，教堂高度，硬生生被降低了三分之一，而节省下来的工程款，全部用于赈灾。

1853年，外部巴洛克、内部文艺复兴风格的这个教堂落成于董家渡码头边，由于地理位置，它虽是天主教的主教座堂，但赵方济主教却没将主教府设在里面，主教大人选择了法租界的圣若瑟堂，显然，他嫌董家渡一带人烟

范廷佐的圣方济各·沙勿略堂

过于稠密、声响过于嘈杂。

在上海，身兼传教士和艺术家双重身份的范廷佐还设计有圣伊纳爵堂，摘引史式微在《江南传教史》中对这座教堂的表述，"这座圣伊纳爵堂是中国第一座按西方建筑学建造的教堂。这就要求罗礼思神父具有非凡的技巧和毅力，才能训练和督导他的泥水木工。这座秀丽的希腊式的教堂加上中国宫灯的装饰，在很长的一个时期被认为是上海的一个奇观"。

以后，圣伊纳爵堂在1904年被彻底铲平，在它的地基上，诞生了一座地标性建筑，它就是徐家汇天主教堂，当然，如果你是一名信徒，你还会叫它为圣伊纳爵堂。

范廷佐与同期或后期前来中华帝国的传教士们不同，他更多相似于施约瑟和卜舫济，也就是说，在艺术家与传教士这双重身份中，更倾向于前者，在文化意义而不是传教意义上，他给上海留下了许多东西，也让全体上海人民而不是小部分上海信徒对他记忆深刻。

1851年，当圣伊纳爵堂已经落成，圣方济各·沙勿略堂还在苦苦营建，范廷佐建议（应该是向赵方济主教建议）创办一所绘画、雕刻宗教用品的工艺学校，作用在于，既可以为上海教堂提供教堂装饰品，亦可以对教友家庭和教外人士起到宣传作用，他还说过要将中华帝国的孩子们培养成艺术家吗？这个不得而知，即便他没说过，事实上他也做了。

先是一个画室，设在董家渡码头一边。范廷佐招收了不少贫苦、失学的孩子，他亲自为这些学生授课，素描、油画、雕塑，那波利修士有罕见的艺术功底，他的孜孜不倦，他的全心全意，让这些上海少年成为西方艺术的最

初触摸者。

不久,范廷佐将画室搬迁到徐家汇,画室规模也有扩大,显示出学校的雏形;又之后,这学校便成为那时代西方人郊游上海的必到景点。

一个细节颇为有趣。

女王帝国驻上海的第二任领事阿礼国,经常会来到徐家汇,一到那里,就直奔范廷佐而去。起先人们不解其意,时间一长,才知领事先生在范廷佐那里学习绘画、雕刻和塑像,趣味着实不错。有一次,领事先生大概对艺术实习来了激情,一连几天膳宿在范廷佐那里,状态可以说接近忘情,这在他的外交官生涯中可谓绝无仅有。

那些天,艺术家范廷佐也有自己的兴奋点,他特意为领事先生雕刻了一个半身像,质地黄杨木。

1856年的8月,一场特大灾难差点发生。

工艺学校中的一个中国用人,有些粗心地将炉灰倒在一大堆的干柴上,大火燃起,且迅速地向圣伊纳爵堂蔓延而去,看来一场毁灭在所难免,无论住院、无论教堂,无论工艺学校,都将在大火中化为灰烬。好在人们目睹奇迹发生:那时刻,葛必达神父正好在徐家汇,看到烈火熊熊,他不慌不忙地将一枚圣心圣牌扔进了火里,又向天祷告,许愿会做几场弥撒来感谢天主施恩,"于是风向突然转了,一切危险也即解除了",史式微如此写道,但读者会相信这是事实吗?

后一年,堪称西方艺术文化使者的范廷佐前往天国的长路上了,他听不到徐悲鸿先生后来对工艺学校的评价,或者说,他只能在天堂中听着如此评价了,"土山湾亦有习画之所,盖中国西洋画之摇篮也"。

第三节
Concession：孤独的雷米先生，忙碌的利名洋行

1848年，上海开埠已有四年，英国居留地那里，对进口、出口贸易有着巨大热情的商人们，已将生意做得热气腾腾，深陷白银旋涡中的他们，乐不思蜀，忘乎所以。也因此，两年前，英国商人们兴致盎然地成立了一个民间组织，也是对居留地具有初步管理功能的"道路码头委员会"。

道路是重要的，而码头，对进出口贸易来说则起着性命攸关的作用。

法租界这里，李清照般的凄风苦雨，冷清、凄清和寂清。

第一块土地购买者为中国通哥士耆。

12年后，他加入法兰西帝国远征军，踏上杀伐满清帝国的长路。天津一地，为法租界的创立立下汗马功劳。然难以捉摸哥士耆在上海法租界的购地动机，他要土地干什么？如果说他有穿透时光的目光，一目了然法租界未来将欣欣向荣，那么，伯爵先生的历史洞察力值得一声惊叹。不过，很快地，他就将自己申请得来的土地权利转让给同胞雷米先生，伯爵大人显然也不在乎什么历史洞察力。

法租界第二块土地购买者正是雷米先生。

时间1849年1月5日，这个日子，早于法租界正式创立时期的1849年4月6日。

与英国居留地上的查顿、颠地、沙逊们相同，雷米先生可以被定义为"上海口岸的第一代冒险家"。

之前，雷米已在中华帝国的广州一地泡了六年，他做各种生活用品生意，比如钟表，比如酒，比如各种饮料，生意规模很小，所得利润让他时常入不敷出，他可是个追求奢华生活方式的法国人啊！

南方的广州满足不了雷米的商业野心，与敏锐的英国商人一样，他意识到北方的上海会有更多机会，那里，更容易实现他个人发财、捞世界的滔天梦想。1848年，雷米前来上海，那年他32岁，东、西方男人荷尔蒙都燃烧得最为猛烈的岁月。

雷米不再白手起家，他随身带有一些白银，数量不多，但够买下他看中的一块土地了。这块土地的面积约12亩，土地上有小房子，属于歪歪斜斜

的那种。土地的地址在洋泾浜沿岸，后来法租界蒙托邦路的东面角上，这地方，今天称为四川南路。

然而，土地买卖没有雷米想的顺利。

12亩土地上有12个上海土地主，还有46间住房，还有100口棺材，还有7棵矮树，还有两个茅坑。土地主开价如下：每亩土地为300两白银，每间住房为100两白银，每口棺材为半两白银，每棵矮树为7两白银，每个茅坑为200两白银。

在广州捞过世界的雷米发现，12个上海土地主要他付出的白银，远超他的预算，他付不出土地主索要的白银，还有一点，无奸不商的他，可不会轻易被人斩得"血淋答地"。

雷米脑筋转得飞快，他知道中国老百姓最害怕的是什么，他找上敏体尼，要求领事大人为他做主。

素来天不怕、地不怕的敏体尼让衙役将信息带给上海道台，大意是：他的侨民需要这块土地，中国百姓漫天要价，让事情无法正常进行下去，也使得他这个领事很没面子，这一切忍无可忍。之前，也有过类似事情发生，但前任宫道台处理得就相当好，他将一些刁民直接抓进大牢，从此刁民就再也不敢漫天要价，随意刁难我大法国侨民，总之，"贵道台去南京之前曾经答应我要下严令，以便使我大法国能得到有正当权利要求的地皮。那么我请他下令吧，他有权力下这个命令，因为中国天子已和签订条约的法国及其他签约国商定，外国侨民可以租地建屋，他自然会授权其官员执行规定，让与租界给各签约国，所以，聪明的大人，他有权迫使百姓出卖土地，并惩办抗命者"。

敏体尼强硬地要求整个事情必须在一个礼拜里结束，而且，道台大人还必须在上海城门口发布公告，最后，他没有忘记法国式的优雅礼节，"我满怀信心地等待大人对我再次做出高尚和友好情谊的表示"。

敏体尼，一副19世纪帝国主义者的口吻，一张19世纪殖民主义者的嘴脸，不会有其他定义了。

上海道台麟桂大人不得不屈服于这种压力，他不想让敏体尼怒火中烧，关键是，他不想在上海再挑起一场战争，之前的战争已经让满清王朝大伤元气了，而上海，对中国历朝历代来说，从来都无足轻重，不过东南沿海的一片滩涂而已。但自从满清王朝在这里设立海关以来，满清王朝皇室所需银两有多少是必须从此处税收中获得的啊！小不忍则乱大谋，况且，区区12亩土地又算得了什么？

麟桂逐一说服了土地主，为了求得他个人的心理平衡，他先给雷米2亩3分8厘5毫地，而不是雷米孜孜以求的12亩。那是很小的一块荒地，每亩地作价1600千铜钱，外加房屋、坟墓和树木，雷米总共付出457两白银。当然还要付税，每年每亩1500铜钱。

长达八个月的土地买卖终告结束，雷米迫不及待地将地界标桩插入地下，而敏体尼特别看重的是那张告示，1849年4月6日，它贴在了上海县城的城门口，按梅朋、傅立德在《上海法租界史》的说法，"它是上海法租界的出生证明，也是上海法租界的宪章"。

法租界诞生，但暂时地，雷米们还无法在这个空间里注入更多的法国商业文化，原因简单，在这个被他们亲切地称为"法国区"的地方，截至1853年中期，仅仅生活着六个法国人，他们是雷米，还有他小小洋行中的三个职员，另外两位一个是法国新领事爱棠、一个是领事下属。

六个人是无法营造法兰西文化氛围的，更不可能创建后来的海派文化氛围，那时期，跨越洋泾浜三座桥——石桥、北桥和泰勒氏桥——而进入法国小飞地的人中，没有一个华人，小资本家雷米不敢轻易雇用中国仆人，他的财富还无法让他享受更不要说挥霍了。

"在相当长的时期中，法国商业经营的极大部分是为我国舰队的给养进口各种日用品。除了一些纺织品、酒、钟表之外，其余不过是些随身带在船上运来的蹩脚货。中国和欧洲的大宗买卖全部操在英国人的手里。"

1856年，有数以百计的英国、美国轮船靠泊在吴淞口或黄浦码头，它们卸下的货物不计其数，当然，鸦片是其中的重要内容。

法国呢，第一季度来了一条"巴亚德号"商船，第二季度则是两条，分别为"狮号"与"塔法雷特号"。没有更多东西可以运往中华帝国，同理，法国也不需要中华帝国的东西，商船寥寥无几便理所当然。

不过，孤独的雷米先生还在洋行中苦苦努力，他锲而不舍。

大概在1852年的时候，雷米想到了一个主意，法国最缺生丝，往常，所需生丝皆从英国收购而来，但收购而来的生丝其实产自中华帝国的太湖流域。既然如此，何不直接从中华帝国的太湖流域收购呢？然后，打包上船，从上海口岸运往法国口岸，他雷米不正好可以做这个出口生意吗？

第一批85包生丝从上海运向里昂,里昂丝织厂的工厂主兴奋异常,收购成本明显下降,英国佬,不要再想从中剥我法国人一层皮也!

1856年,满清帝国总共出口86671包生丝,其中的10000包运向法国,四年后,上升到30000包生丝运向法国。虽说如此,毕竟大宗生意也就粗生丝、经丝而已,1856年第一季度法国商船只来"巴亚德号"一条,合情合理。

雷米先生还在法租界单打独斗。

1858年,女王帝国和她经常同床异梦的法兰西帝国结下军事同盟,两个列强联手向中华帝国再次开战,之后,经历了《天津条约》草签、白河口换约重创,以及英法远征军再次杀气腾腾一路闯来等事件,英法联军在开赴直隶湾之前,蒙托邦将军率领的大军驻扎在了上海,他的远征军临时司令部安在雷米大宅中。

这不是凑巧,而是雷米有意为之。

1860年春天,雷米不在上海,他晃荡在世界各地,猎犬般嗅着一切可能攒钱的机会。

在香港,雷米给蒙托邦将军写了一封信,措辞热情洋溢,建议将军大人和参谋部军官们到了上海后,可以住进他的一幢漂亮大宅里。

蒙托邦将军没有犹豫就同意了。

雷米大宅也可以叫作施密特大宅。施密特为雷米侄子,娶了领事敏体尼的叫白囡的小女孩。在法租界忙乎多年的雷米没有成为巨富,不过也可以算是一个阔佬了,他将利名洋行扔给施密特管理,自己长期居住在伦敦,从伦敦指挥着利名洋行的一切,从进口化妆品到建议蒙托邦将军前来他的大宅居住。

雷米大宅有个大花园,花园里种满了四季花草,争奇斗艳。主楼系四边形平面,二层,所有的门都可以通向二层游廊,游廊环绕整个建筑,构成四向的带檐露台。既能遮风挡雨,也能让人安坐其间,享受上海白天的阳光或夜晚的星光。如此建筑,在19世纪中期后,为上海建筑主流,所谓的殖民地式,只是不太适合多雨、多台风的上海。

从花岗岩的室外台阶逐级走进前厅,蒙托邦将军和他的随从一眼就张望到前厅摆设的两条龙,它们也用花岗石做就,大龙嘴巴里各含有一颗雕花珠子。

前厅右边,是很宽敞的餐厅,餐厅后有让人消闲的弹子房;前厅左边是会客厅,会客厅后有施密特的书房。对应一楼布局,二楼,也有四个大房间，施密特这样安排：一个做办公室，一个做蒙托邦将军卧室，一个做将军儿子的卧室，最后一个，他留给自己。

雷米大宅还有副楼，蒙托邦将军的参谋人员——皮纳伯爵、步兵少尉罗克萨德、军医弗郎士和翻译官埃利松，全都住在副楼。

在广州、上海江湖中摸爬滚打的雷米颇有直觉，换句话说，他对蒙托邦将军的热情即刻得到了回报，将军可是老派军人，老派军人特点之一从来不占他人小便宜，也懂知恩图报，更何况，阿尔及利亚征战多年，深谙人性的他知道雷米隐而不发的是什么，蒙托邦将军真是"拎得清"：远征军开战需要战马，战马无法通过海路运来，只有在中华帝国的土地上购买，既然已经居住在雷米大宅了，作为回报，自然而然，这单买卖应由雷米的利名洋行来执行了。

利名洋行迅速行动，为法军采购了52匹战马，每匹战马价格为80皮阿斯特，利名洋行还负责喂养和照料马匹。

52匹战马不会让雷米消停，他的胃口大着哩！从巴黎，他又一次写信给蒙托邦将军，他想为法国继续购买战马700匹，此举既是他雷米爱国情感的真实表达，也是法租界第一大商号利名洋行实力的体现。对了，在商言商，他做的一切，需要一定的酬金，酬金不高，全部购买费的百分之五。

蒙托邦将军挺好说话，700匹战马？没有问题，利名洋行与远征军司令部签约，雷米拿到了一个大单子，他应该欣喜若狂了。不过，人算不如天算，雷米这笔大生意差点落空。原因一，满清帝国对任何马匹正严加控制，显然是怕被夷人拿来所用；原因二，满清帝国所产马匹的身高仅为1米4以下，达不到法国远征军1米5的标准，蒙托邦将军决定让富硕洋行前往日本购买战马。尽管如此，蒙托邦将军到底还是想到了雷米，他同意利名洋行也可以前往日本购买战马，且规定，两家洋行不得在日本同一地区购买，以避免不必要的竞争，生意大家做。

蒙托邦先生够可以了，对雷米，他照顾有加，不管怎么说，毕竟住在人家豪宅里，所谓"吃了人家嘴软，拿了人家手短"，中西文化概莫例外。雷米先生呢，不会早就知晓了远征军抵达上海后急需战马，而一早提出的居住建议，不过是他活学活用了孙子兵法而已，在法租界里逐渐成熟的雷米，有法租界门槛，既然他生活在这里，他自然会贼一样地精。

雷米还在不断努力，后来的历史证明了，他虽然最终没有在上海这个

伟大江湖中获取九五之尊地位,既无法相比同时代的史密斯,也无法比拟后他几代的哈同、维克多·沙逊,但在19世纪50年代的上海,一度也做成法租界的龙头老大。成就他的力量,可不是钟表、红酒加化妆品等生意,亦非生丝、马匹等提供的超常机会,他进入暴发户行列,缘于上海土地上发生的一次暴乱,暴力,有非比寻常的残酷性、野蛮性,却也有将个人命运的龙头遽然转向的能量!

咸丰三年,即1853年八月初五,上海县城被起事的小刀会占领,两租界骤然涌入大批难民,人数由最初500华人上升到其时的20000华人。曾经空空如也、长满了野草的土地,现在,一下子变得奇货可居,人们趋之若鹜,纷纷争抢,这让雷米们的财富暴涨了不是一两倍,此事着实说明上海的生长经常依赖侥幸。

一份由两个法国商人——亚当森和比索内——编制的地产估价表,清晰地呈现了雷米和法租界首批富翁们的财富状态:

雷米的不动产:57000银两
韦布的不动产:19000银两
沃登的不动产:8000银两
科利诺的不动产:14000银两
库茨的不动产:5000银两
赫德的不动产:22000银两
比索内的不动产:7500银两
亚当森的不动产:2000银两
比尔的不动产:6000银两
比代的不动产:100银两
吉埃里的不动产:1400银两
梅德尔神父的不动产:9600银两
史密斯的不动产:9000银两

一部上海近代史反复证明,凡拥有巨大到让人窒息财产的雄豪,无一例外都靠房地产起家且坐大,西方人如此,东方人同样。上海筑城史发展到19世纪80年代,华人里有徐润般豪杰横空出世,他们所创造的地产价值,既是无尽野心的体现,也成为上海筑城的本质力量,地产就是上海本身。

1860年,法租界领事已由热情过头的敏体尼换作看似平静其实相当干练的爱棠,法租界再次掀起土地投机热潮。推动这股热潮,不,推动这股狂潮的,依然与战争有关。

太平天国对南京的占领,尤其是李秀成率领的"长毛"大军三次逼近上海带来的巨大震撼,相比小刀会起事,有过之而无不及。无以计数的难民,从长江流域的广大地域落荒逃来,人数为小刀会时期的十倍乃至百倍,平静的历史学家估计此次入沪难民为60万,不平静的历史学家估计,上海租界麇集着逃难男女高达300万。数字也许夸张了,但也说明当时两租界积聚的难民已到针插不进、水泼不进的地步。仅就妓家风月一行而言,1853年,刘丽川鬼头刀一挥,上海城内的妓院娼寮就慌不择路地搬进英租界,沿洋泾浜一路排开,租界日渐繁荣,娼寮妓馆由南向北发展。及至太平天国占领南京,石头城奉行新意识形态,禁止娼妓、禁止大烟,秦淮名妓、姑苏书寓,仓皇之中也狼狈不堪地落脚于上海两租界。之后,招蜂引蝶,又有宁波、杭州等地的青楼女子,蜂拥而入上海,于是,"十里之间,琼楼绮户相连缀,阿阁三重,飞甍四面,粉黛万家,比闾而居。昼者锦绣而衢,异秀扇霄。夜则笙歌鼎沸,华灯星灿,入市如天仙化境",高峰时期,妓家高达1500家,偌大上海滩,无处不妓,遍地青楼。

无论富商大贾,抑或青楼粉黛,只要你是难民,只要之前你在上海并无定居点,那就需要住房,而房子,是也只能是建造在土地上,拥有土地的人,便在这时成为上海滩牛人,他们神气活现,他们目中无人。

此外,土地投机狂潮还与两租界筑城密切相关,法租界尤其如此,一开始,法国人落后于洋泾浜对岸的英国佬,现在,法国人想要加快脚步。

"这个时期绘制的地图清楚地标明了法租界在向西扩展,洋泾浜和北门城墙之间的整个地区具有真正的城市面貌了,洋泾浜沿岸修筑了马路,公馆马路延长了,还修筑了许多横马路,如帝王路、迪伦路、迪斯克里路、珀蒂路、缺口路,这些路使人想起1855年的情况……向黄浦江前去,法租界比较不受洋泾浜和县城的约束,变得开阔了,一条和公馆马路平行的街道,名叫科尔贝尔路——也是1855年的一个纪念——沟通了这些地区;贞德路(据《上海法租界史》记载,1928年的辣厄尔路)和科尔贝尔路垂直相交。但是这一块西起贞德路、东至黄浦江沿河马路、南界城墙,北界公馆马路的广阔的四方形地皮,从1860年起才引起购买者的垂涎。"历史学家很精细地描述了1860年法租界的地理状况,以及它的生态。

法租界的二等大佬,如科尔迪埃、比索内、施米特、李梅等人,对土地

购买的申请，有一段日子已经收回，现在又忙不迭地递交给爱棠领事，他们想着要赶上这波热潮，而那个在上海滩因鸦片贸易已风生水起的伊莱亚斯·沙逊，也看中了法租界地皮，却因无法搞到手而火冒三丈，且变得格外咄咄逼人。领事爱棠用法国式幽默表示了态度，与其说同情，不如说调侃，"自1855以来，他（指沙逊）对法租界的地皮公开表示了坚定不移而又不幸的爱慕之情"。

沙逊无法染指法租界地皮，诚然不幸。

投机狂潮的涌动，让土地魔术般地生出黄金、白银、皮阿斯特、西班牙银元，之前，一亩土地1000两白银买进，到1860年，一亩土地可以2500两白银卖出，财富几何级数地增长着。

不过，与英租界相比，法租界的法国人还是太少。1862年中期，法租界总共也就生活着100多名法国人，这些人中，有6个家庭，其中9名妇女。当然不能遗漏了徐家汇那里，有同样人数的法国人生活着，他们皆神职人员，主教、神父、辅理修士以及神秘莫测的修女。

法租界的气象逐渐地丰饶起来。雷米早已不居住在上海，利名洋行也不再形影相吊、踽踽独行。现在，法租界有了9家法国商行，它们是巴黎贴现银行分行，每年营业额2000万法郎；利名钟表行，出口丝绸和进口化妆品，每年营业额为1200万法郎；比索内洋行，出口丝绸，每年营业额900万法郎；法雅洋行，出口丝绸，每年营业额250万法郎；梅纳——库赞洋行，进口酒和化妆品，每年营业额250万；马尼凯洋行，出口丝绸，每年营业额150万法郎；斯特雷凯洋行，出口丝绸，每年营业额25万法郎；萨拉贝尔洋行，进口酒，每年营业额20万法郎；勒格朗兄弟洋行，进口巴黎化妆品，每年营业额20万法郎。

还有8家德国、瑞士洋行，名为巴韦兄弟、沃歇兄弟、基尔和巴劳特、弗里茨和巴克曼、哈克特洋行、达托、雷德里克和冈瑟，营业总额3000万法郎，它们也全挂着法国国旗，受法国公董局所保护。

1862年4月29日，法租界公布了一道领事法令，法令如下：

> 本领事谨通知本租界居民，兹根据和中国先后签订之两条约规定的管辖租界之权利，为谋求法租界内之秩序、安全和公共福利，特设立公董局董事会，由董事五人组成，受全权委托，处理并掌管租界内之一切事务。
>
> 法国领事爱棠（签字）

五个法国人在同一天收到爱棠的这封委任信。

信中，爱棠任命了五位收信者为法租界公董局董事会董事，他以不容置疑的口吻要求对方第二天前来领事馆，协商本年度5月1日履行董事职务的办法。

法租界公董局首届董事会由下列五人组成：施密特、比索内、梅纳、马尼凯和法雅，五人刚好出自法租界排名前五的洋行——利名钟表行、比索内洋行、法雅洋行、梅纳—库赞洋行和马尼凯洋行——爱棠的价值观念与当年巴富尔、阿礼国们显然大不相同，法租界公董局，清一色的富商董事，而工部局首届董事中，有麦都思这样的传教士。

也许是一种暗示，也许不是。当利名洋行大班施密特成为法租界首届董事后，时间刚刚过去3个月，在上海酷烈的8月，他的太太，敏体尼先生的小女儿，那个叫白囡的法国女子，被鼠疫夺取了生命。曾经居住过蒙托邦将军及其随从的某个房间，现在改作停尸房。房里，摆满蜡烛，黯淡光线下，始终浮现着白囡那张惨白的脸，可怕的岑寂笼罩着一切。之后，白囡被移到圣诺瑟堂的追思堂，在那个石头房子里，她的灵魂，似乎每时每刻都从石头中渗出，绝望而冰冷。

这也是法租界的真实场景，真实的生活画面，是它还没有被江南上海人理解并融合了的文化一部分。

第四节

"第二上海"：外廊式建筑，《造洋饭书》与可口西餐

敏体尼或爱棠，雷米或施密特，南格禄或梅德尔，以及更多的法国男女，在上海，他们做不到也不会如此做：时时礼拜、刻刻教堂。他们挑选居住之地，这居住之地将供他们度过长夜、思念故里，那是怎样一种民居空间？又有着怎样一种称呼？

同理，如此设问也可以向女王帝国的官员巴富尔或麦华陀、怡和洋行的大班或宝顺洋行的雇员以及麦都思、艾约瑟、理雅各等传教士发出，除了居住之地，在上海，那些年月、那些春秋，他们吃些什么？玩些什么？

没错，19世纪40-60年代，来自西方的不速之客，他们将"帝国主义威权"强加给了我们这片土地，暂时，他们还没有将西方工业社会的种种"奇技"带来，这要再过20年，但他们已经带来了英国人、法国人的生活方式，满清帝国的臣民对此闻所未闻；坚定排外的道台或儒生们，更给予"淫巧"之类的严词痛斥，痛斥后，却也无法排除私地下的暗暗称羡，人性本就如此，不必大惊小怪。

1845年以后，后来的黄浦江新月形堤岸边，开始陆陆续续地建造起了一排房屋，通过19世纪留给我们的照片（摄影者不详），可以清晰地目睹，它们沿江排开，形态一致，气象端庄，格调类似，每户人家的房顶上还都竖立着三四个烟囱，那是壁炉的配套设施。

房屋距浑黄的江水有10多丈，这样，一旦黄浦江大潮发疯般卷来，房屋不至于被大水淹没，他们也不至于成为在齐腰深水中泡上六小时的又一个敏体尼，敏体尼初到上海，有过类似窘境。

房屋一般两层楼，这个高度，符合其时的建筑材质、建造水平和功能需求，两个层面都足够宽敞。具体分割为：楼下四个大间，办公、会客所用，楼上为大班与他的妻小天地。除女王帝国领事馆，这些建筑，通常都是洋行办公室与民用居住处混合使用。

房屋为砖木结构，若要换更先进、更结实的结构，须再等上80年。那时，沿江一带才会雄起一排高耸入云的钢筋混凝土建筑，而且，表面上都有

最早的外滩路，最早的外廊式建筑

石头贴面，显得坚固异常，仿佛万世长存。

这些房屋的风格，统一叫作殖民地式。平面呈四方形，立面上，线脚清晰而无任何装饰。从建筑的构成上，二楼的游廊特别引人注目，游廊环绕房屋四周，漫步其间，格外惬意。房屋的四个立面上都有大圆拱，天光尽情地射进或漫入，让上下两层空间不仅通透而且粲然。可以设想，在宽敞的游廊上，摆上一张从伦敦运达的维多利亚时代小圆桌，小圆桌上再放上威士忌、雪茄、咖啡若干，坐在同样是维多利亚风格的靠椅上，一边呷着威士忌、抽着雪茄，一边漫不经心地眺望不远处的江上风景，何等优哉游哉，这可并非作者我的设想，它正是大班们每日发生着的生活事实。

必须补充一句，这些建筑全无专业建筑设计师来设计，它们都是房屋主人的作品：自己设计、自己居住。究其原因，第一家进入上海的专业建筑设计事务所叫同和洋行，时间要到1860年；大名鼎鼎的建筑设计师雷士德先生，也要迟至1867年方才远渡怒海而来，如此看来，第一代的西方商业冒险家，即各洋行的大班们，与多才多艺的传教士有的一拼，当然，就民居的建造难度和它所呈现的审美价值，无法比拟专业的范廷佐、专业的凯德纳。

因此，凝视照片中的这排沿江房屋，读者如果具有充分的想象力，可做如下设想：这一幢居住的会是怡和洋行的查尔斯·威尔斯吗？那一幢，居住的，或许正是礼查饭店的阿斯托豪夫·礼查，或者，宝顺洋行的韦伯。

韦伯大班，除了将宝顺洋行中的生丝、茶叶、棉花等出口生意做得风风火火（自然还有小部分的鸦片生意），显然还是个生活情趣广泛的人。

在自家房子四周,他建了一个花园。建花园不算稀奇,江南文化中,花园比比皆是,奇特的东方风格曾让法国第一流的思想家们都为之击节。稀奇的是,韦伯的花园除了植入上海已有的奇花异卉,还植入上海没有的珍稀花木。另外,他还饲养有许多动物,它们是强壮的牛,是灵敏的鹿。他还建有一个鸟场,鸟场里有孔雀、鸳鸯、锦鸡、野雉,"还有一种头颈上长色圈的叫不出名目的禽鸟"。

那个花园,当然还养有健美的马。

韦伯先生对骑马的狂热爱好,英租界里有口皆碑。1844年,第二上海有了一个初级马会,成员五个,五个玩马疯子中便有韦伯先生,还有一人叫霍格,后来发了洋财,将梵皇渡口边的一块土地卖给了施约瑟,成全了圣约翰大学的这桩"第二上海"的美事。

还有这样一个大班,三井洋行的,姓甚名谁都不知道了,居住在法租界。他与韦伯一样,房子四周环绕花园。他与韦伯不同,只养花,不养动物。也因此,花园里种满了日本国花——灿烂如锦、转瞬即亡的樱花。这个大班还与白人至上主义的韦伯不同,每年樱花盛开,他会热情地邀请法租界居民前来自家花园观看,观看他家樱花的,有法国人,或许,也有华人。

大班们的居住之地,就这样成为第二上海的一道风景线,与教堂建筑的神圣性截然不同,不神秘,也不高贵,尽管不乏华美,作为生活空间,它带有世俗温暖,充满人性呼吸,虽然审美价值上无法与教堂建筑相提并论,却是上海开始她壮丽"蝶变"的一种象征。

殖民地风格建筑的主人不少曾经长期生活在孟买、加尔各答等地,那里的炎热气候决定了房子必须宽敞、凉爽和通风,来到上海后,大班们有点托大了,他们打下木桩时,完全照搬了自己的南亚生活经验。而事实证明,次大陆的房屋,不做改造就搬来上海,有诸多问题,无法适应上海多梅雨、多台风的亚热带气候。当外滩不再荒草萋萋、一派苍凉,新月形江堤上也江风徐徐、游人如织,殖民地的外廊式建筑便基本消失在时光的流逝中。也有例外,比如女王帝国的上海领事馆。1873年,英帝国领事馆重建,那幢建筑,无论造型还是立面,都显示着女王帝国"黄金时代"的特征,有些专家为此说,这是上海现存的唯一外廊式建筑,专家此话滴水不漏吗?

大班们的民居没有在上海留下自己的履痕,应算一大恨事,然而,在它们尘土飞扬的废墟上,又建造起让今日上海依然十分自傲的那排石头巨厦,又是一大幸事。

　　大班们在沿江房屋里，他们的人生可以分为两个部分，其一、贸易、生意；其二、消闲、享受。消闲方式多样，享受也林林总总，其中之一是西餐，在这上面，年方三十的大班，个个如狼似虎，人人饕餮之徒，对他们来说，西餐不仅佐证着他们每日摄入的卡路里，它还是他们独特文化的表征。

　　先回溯一下欧洲历史的某个章节。

　　15世纪中叶，伟大的文艺复兴运动蓬勃发展的历史节点，西餐，在意大利首先勃兴了起来，"肉类在宴席上被大量消费，1452年12月康斯坦茨一次议员的会餐上，100位先生总计消费掉牛肉、烤猪肉、肥母鸡、鸭子等多达190公斤，其他还有110个鸡蛋、300条鲤鱼和梭子鱼，以及140条小鱼"。

　　17世纪至18世纪，西餐在餐桌上的秩序已然成形：确定了餐具的摆放位置，也明确了汤勺、餐巾的使用。

　　1782年，一个叫拉萨尔的先生写作了西餐的礼仪手册，他用一整章叙述就餐时应该使用的东西——餐巾、盘子、刀、勺子、叉子、无脚杯，西餐近代礼仪规矩基本确立。

　　满清帝国与西餐的第一次接触，时间在17世纪与18世纪相交期。

　　那时，率先来到中国的传教士，他们带来了福音，也带来了西餐。历史记载过传教士汤若望用西餐招待北京官员们的若干情景。此外，在中国南方，野心勃勃的西方商人在沿海地区寻找着贸易机会，通常，他们自带本国食品、本国厨师，这也是西餐在中国土地上的试探之行。

　　1793年，18世纪即将结束，翻篇便是19世纪，英国乔治国王派遣马戛尔尼使团前来中华，明里打着庆祝中华帝国皇帝陛下80大寿的旗号，心里渴望着中华帝国皇帝陛下一时心血来潮，大门洞开，我大不列颠帝国兰开夏纺织品就能潮水般涌入远东这片辽阔的土地。在"狮子号"军舰上，马戛尔尼与乔姓文官、王姓武官共进西餐，"两位官员十分灵巧地学用刀叉进餐，他们很喜欢喝英国酒：刺柏子酒、朗姆酒、樱桃白兰地酒"，这是中国"高层之舌"对西餐的第一次品味吗？

　　1852年，19世纪的中期，上海开埠已有九年，沙俄"巴拉达号"三桅战舰来到上海，舰上有俄国著名作家冈察洛夫先生，他与同僚进入上海某洋行为他们举办的招待会，作家敏锐的双眼观察到一张按照英国方式摆满菜肴的餐桌上，一日三餐呈现的基本状态：早餐为一大块热气腾腾的煎牛里脊，还

有火腿煎蛋,还有小灌肠、炸羊肉;午餐呢,除了浓汤,还有煮羊肉、煮牛肉、煮鸡肉,再就是鹅肉、火腿和青菜,不要以为这样就结束了,早着呢,这只是大班们为远道而来的俄国客人准备的第一道菜。接着还有第二道菜,它由野禽和馅饼构成。第三道呢,冈察洛夫没说,也许真的结束了,也许还没有。晚餐的特点是没有汤,但有加辣小灌肠。

冈察洛夫的胃口应该很好,是啊,他的祖国有俄式菜肴,它们常常让作家先生心满意足,但在远东,在这个焕然一新的欧洲般的城市,可以品尝到如此正宗的英式西餐,诚然人生之快事也!

在上海的大班们,他们的胃口与冈察洛夫同样好,甚至更好。他们都正在青春期终端,30岁左右,他们的肠胃功能与他们的商业野心完全匹配,这就产生了他们在上海无止境的欲望。

他们每天的工作时间为五小时,上午10点到下午3点。3点后,他们便进入人生的休闲状态,黄浦江的景色很美,有时候,不差家乡的泰姆河、赛纳河,"丛苇萧索"的意味常常让他们发思乡之情,但江山再美,亦有看腻时候,收回目光的他们,1845年至1855年之间,工作之余,英、法租界里能够做的事情实在太少、太少了,日后的英国总会,那时还没胚胎;日后以福利为代表的四大公司,那时,四大公司的大班们还在赶往上海的路上;日后的舞厅、剧场、电影院及音乐厅,那时不啻天方夜谭;礼查饭店里倒有让他们荷尔蒙遽然上升的弹子房,不过,那时那刻,它还在苏州河对岸缓慢施工,一如那座正缓慢拼接的韦尔斯大桥。

能让大班们保持一定兴趣的也就是每日三餐,看看他们究竟吃些什么东西:

最先上来的是一道浓汤,什么浓汤呢,这由厨师来决定,更多由大班的心情和口味来决定,与浓汤相配,会是一杯舍利酒;

接着,时间不会太长,上来一道或两道小吃,现在,佐以香槟酒;

又接着,上来的是牛肉、羊肉或者鸡、鸭和火腿,配合一起上来的是啤酒,也可能有香槟酒;

再接着,端上来的是咖喱饭或咸肉,这一道,没有酒了;

之后,有野味、布丁、糕饼、车厘冻、鸡蛋糕、牛奶冻,配有香槟酒;

又之后,有乳酪饼、冷盘、面包、白塔油和一杯葡萄酒;

最后,终于到了最后,有橘子、枣子、葡萄干、胡桃肉以及两三杯红酒或别的什么美酒;

结束的小号由咖啡吹响。

这些便是大班们在上海的一顿餐食,也许午餐,更多可能晚餐。但天天如此,如此的上海排场、上海盛宴,他们吃得消吗?这是问题的关键。

对了,按照霍塞先生的说法,"最后则是一所上海最讲究的房子,就是著名的上海总会。你若到里面小饮,你总会遇到几位上海的大班,而在快到午餐之前,你大概能会到上海所有的大班,因为洋行大班大多数是在这总会里边吃午饭的"。

霍塞先生讲述的是19世纪60年代的上海。

一位大概享受过如此美食的美国记者,在连连打着饱嗝之后写道:"盛筵高张,欢歌狂舞。而在仅仅30英里外,就有内战、饥荒、疫疠,甚至食人肉。这些事实,在1862年对上海白种人奢淫的生活,丝毫不发生影响。"

记者的抗议之声也许感人,但子弹射向的靶心却偏向了。他们本就是大班,一个对金钱掠夺有偏执激情的人,金钱而不是其他,是他们的上帝。在远东,在一个遍地水塘、荒草丛生的地方,他们侥幸攒到了大钱,而且还将继续幸运地攒下去,对他们来说,疯狂的掠夺后,自然而然,一定就是疯狂的享乐加疯狂的狂欢,在扫荡自己面前每日定时定点出现的美食时,他们表达的正是如此偏执的疯狂情感,一切正常。是的,大班不是传教士,也不是女王帝国的官员,他们贪得无厌,放纵无度。

19世纪50年代,西餐已是发生在上海大班餐桌上的确凿事实,却决然不是上海部分原住民餐桌上的事实。那时,西餐远不为原住民所知,即便有些人略有知晓,如大班家中的厨师,如与传教士往来密切的"秉笔华士",基于他们内心中的文化抗议,也将西餐看作洋鬼子们带来的东西,是也只能是"番菜",与我中华文明差得不止十万八千里。

高第丕,美国南浸信传道会的传教士,也许感觉到了上海一地原住民的微妙、复杂心理,便与自己的夫人,在1866年编译了一本指导中国厨师如何做西餐的书,书名大有讲究,谓之《造洋饭书》。洋饭而不是番菜,这里的差别不只语义上,还在社会意义上。

英文前言中,高第丕夫人开宗明义:在上海,有许多中国厨师,在不同的场合里,都是为西方人服务的,但全都不会做正宗西餐,编译此书,用意就是指导中国厨师如何按照西方人的习惯、规则,做出适应西方人口味的西餐。

《造洋饭书》里共列出267种西餐品种,涉及汤、鱼、肉、蛋、小汤、

菜、酸果、糖食、排、面皮、朴定、甜汤、汤、杂类、馒头、饼，总共16大项，每大项里又有若干具体品种，"如肉类就有煎肉、熏肉、烘牛肉、烤牛肉、烘牛心、煎牛肉片、烘牛肉地蛋、煮羊腿、烤羊肉等40多种做法"。

高第丕夫妇大概看多了中国厨师在卫生方面的种种缺陷，在书中特意指出，有三种毛巾在西餐制作中一定要区分得一清二楚，它们分别是用来洗脸、洗瓷器和擦灰尘。

19世纪60年代中期偏后，西餐在上海华人圈不被所知，这样，西餐中的种种食品便没有恰当而妥帖的中文译词，此书不得不创造出诸多中文译词，尽管，其中许多今日已经彻底扬弃，如Chocolate，当年译为"知古辣"，而今译作"巧克力"；Coffee，当年译为"磕肥"，而今译作"咖啡"；Curry，当年译为"噶唎"，而今译作"咖喱"；Bread，当年译为"馒头"，而今译作"面包"；Cream，当年译为"奶皮"，而今译作"奶油"；Ice-Cream，当年译为"冰冻"，而今译作"冰淇淋"，如此等等，不一而足，也是文化中的趣事一件。

西餐虽然每日被大班们分享，但与教堂一样，不会也不可能占据大班们消闲时光的分分秒秒，大班们在上海度过的日夜，便有点煎熬。

那是因为，上海知县时刻都会吩咐清丁，时间一到，千万要关紧上海城门，目的之一就是不让夷人进入城内，以免扰乱视听，更为了避免不测事件。

那时，上海知县有铁的规定：上海东南西北六座陆门，每晚在现代意义18点准时关门，也即晚清时的酉时正中。凡过了时辰而偷进城门者，公差逮住，先杖80下，接着木笼中示众也！

西方人虽然不与华人同例，然上海知县的铁律理论上一视同仁。大班们只能在李家庄这带转悠，或站立苏州河边，看摆渡上的艄公们摇橹、撑篙忙着渡人。他们在烂泥地中拔进、拔出的靴子，时常会踢到腐烂了的棺木上，他们甚至会瞥见棺木中具具骷髅，这不由得让他们心惊胆战，恶心不已。

唯一乐趣就是骑马运动了。

有事没事，他们总要在李家庄烂泥地骑上一阵，有时，沿着"四分地之南"的小径由东向西一路狂飙，时间一久，小径变作"派克弄"，"派克弄"最终演化成了南京路。

热衷骑马的英国人中，首推麟瑞洋行的大班霍格，他还带上自己的四个伙伴：吉勃、兰雷、派金和韦伯。

1846年，五位骑士聚拢一起，商议着"上海跑马总会"的成立。

1851年至1854年，第一个跑马场设在大马路（今日南京东路）与界路（今日河南路）这一带。很狭小，很局促，总共81亩面积，但有总比没有好，跑马疯子霍格之流想来颇为满意。史料记载，总共比赛了七次，与后来春秋跑马大赛的密度相比，差得何其远。

其时，比赛相当纯粹，没有赌博这档子摆不上台面的事，单纯只为显示骑者的英武、马儿的骁勇。胜者，全部奖赏也就一瓶香槟而已，获胜骑士很快乐，也很得意，当他手拿香槟，坐在马鞍上，缓步退场时，忍不住要向站立在看台上的英国名媛们抛上几个媚眼，甚至吹上一两声口哨，而名媛们，花容月貌、丰姿冶丽，衣香鬓影中努力扮出高冷气质，不过，那瞬间，因骑士的撩拨，常常也克制不住给骑士送上自己的飞吻。始料不及的是，后来赌马时大行其道的"香槟券"，源头盖出于此，时间自有魔力，它让泡沫飞溅的香槟悄然转换成让西方瘪三、东方赌鬼都为之神魂颠倒的香槟彩票。

之后，又有第二、第三跑马场，霍格们成了不折不扣的跑马疯子。

租界上海，持续产生出西方的新鲜玩意儿，亦不断地上演着西方人的独幕剧，让江南人，无论乡绅，无论乡民，隔着不宽不窄的洋泾、周泾、长浜、苏州河，疑惑、惊讶地观望，也射出冷漠、敌意的眼光。

对江南上海的原住民来说，外廊式建筑让他们惊讶，也有些羡慕，但并无膜拜，更谈不上迷信。那时，飞檐翘角的江南古楼让他们有更多崇敬的心境，而遍布上海四乡的铰链般胶着的房屋，也即今日开始被人重视的上海绞圈房，让他们有更多温暖的感觉，他们的审美也只能是停留在八角亭的柱子间。

口感奇特的西餐呢，它仅仅发生在外廊式建筑的内部空间里，既然上海原住民无法知晓，便无从感觉，更不要说判断了，即便那些在大班家中忙乎的厨师，暂时也还搞不清煎牛里脊与加辣小灌肠，更不必说广东佣仆们还正忙着分辨刀子、叉子、勺子各自摆放的位置了。

跑马厅，霍格们的"跑纸"游戏，说明大班们强健着自己的身体，还说明他们追怀着自己民族有过的茹毛饮血年代，但这些，与上海原住民有一毛钱的关系吗？没有。何况，三个跑马厅，无不对华人紧闭大门，两者之间，楚河汉界，互为敌国。

新文化的产生，需要时间的积淀，需要空间的扩展，最需要的是人与人的交往，即便这种交往最初常让人有"不堪回首月明中"的痛感。

暂时,上海原住民,尤其是深受儒教文化影响的秀才、贡生们,如同他们的皇上,如同他们的上海父母官,将两个租界称为"夷场",对西方大班们胡吃海喝的东西,叫作"番菜",对趾高气扬的英国人、法国人,更是打心眼里讨厌,他们的嘴里常会情不自禁吐出这两个字:鬼子!

第三章

苦厄

第一节
"弹硌路",铁藜木路,道路检查员怎知"无水不上海"

文化是一个极其伟大的范畴,它所囊括和包罗的何止万象。

开埠之后的上海,若说文化,英国人、法国人带来的不止教堂建筑、可口西餐、殖民地式民居,以及那些在上海烂泥地上疯狂驰骋的跑马运动,广义说来,市政建筑也是文化的一种。而说到市政建筑,英国人那里,最早操作的为马路,法国人也不会例外,首选马路,没有二话。

当《上海土地章程》,这个被英国作家称之为"上海租界宪章"的文件,正式经中英双方签字画押,并在上海县城的城门边做了公示,英国租地人就马不停蹄地行动,于道光二十六年,即1846年,成立了一个民间组织,叫"道路码头委员会",委员会的成员皆租地人中坚,他们全都对未来的英中贸易充满了疯狂的念想,他们十分清楚,为达成自己在远东的冒险生涯,首先必须在"荒草萋萋、沮洳一地"的田野中,建造道路和码头,在830亩(立刻,它将扩大为2820亩了)的地域上,没有比这更重要的事情了!

法国人呢,做法同样,只是时间稍晚,他们在上海的开埠本就比英国人晚了六年。1856年,"法租界第一次召开了租地人大会,筹划共同出资建造公用事业工程",法国租地人指定了下列三人组成一个委员会,与中国承包商洽谈建造外洋泾桥的事宜,三人为:爱棠、雷米、韦布。

诚实地说,本书读者中鲜有人会对一条纯粹的马路(与周边环境不发生多少联系的马路)产生兴趣,那样的马路,除了供东方、西方人行走,除了供当年上海滩赫赫有名的"龙飞马行"的那些快马疾驰,其他还有什么可提?相比之下,人们从来不会忽略视网膜上印上的建筑,无论它是韦尔斯木桥还是圣方济各·沙勿略教堂。

话要说回来,在上海,很少有这么一条马路它可以纯粹到与周边环境不发生任何联系。倘若说上海后来有着不可思议的转型,有着匪夷所思的蝶变,跳脱了从至元二十九年(1292)以来的"农耕形象",脱胎换骨地变作一座世界性大都会,堪与纽约、巴黎、伦敦、柏林、东京等城市相颉颃、相比肩,马路起着最先的作用。是江南乡村型上海,抑或江南都市型上海?马

路是标志，也是标准。可以说，马路修到哪里，城市化就推进到哪里；马路变化成怎样，上海的现代性也就演化成怎样。

一个铁定的事实：上海的"生长"，尽管有赖它的数次西进，在国际公共租界里产生了"中区"，在法租界里产生了东门区、麦兰区、霞飞区、中央区、福熙区和贝当区，但上述空间的大幅度拓展，一个现代性上海的不断蝶变，工部局与公董局经常采取的是"越界筑路"这种手法：先在界外做违规操作建造起延伸向上海西部的条条马路，随后，在没有出生证的马路上一一敲上门牌号码，定期收取房捐、房税，最终逼迫满清帝国的上海地方政府官员承认这个既成事实：这区域属于我租界一部分。

越界修筑的马路，充分表现了工部局、公董局的卑鄙和不道德，但如此手法，却又是一座伟大都市诞生的推动力之一，这是上海"酷烈生长"中的一个铁律。

那么，租界上海曾经先后有过哪几种马路？

还是要回到1845年，伴随着《上海土地章程》的签订，在黄浦江与苏州河的交汇处，英国人忙乎着平整土地，马路建造，这可是他们日程表上的头等大事。

巴富尔也好，阿礼国也罢，抑或查顿、颠地、霍格、韦伯，全习惯了伦敦、利物浦、伯明翰的城市道路，行走时，他们的皮靴不会被烂泥粘住，坐马车时，马车轮子也不会陷入泥沼而不能自拔。倘若说如此尴尬事情也会发生在女王帝国的疆域中，那么，一般来说，不会在伦敦、利物浦和伯明翰，倒会出现在苔斯小姐生活的迷人却又恼人的英国乡村。而上海，这个因女王帝国风帆战列舰上前膛炮炮管威慑而成的口岸，这座后来相当程度地满足了辉格党人巨大而贪婪胃口的城市，1845年，竟然没有一条现代意义的道路，这对他们来说是件匪夷所思的事情。

"马路"当然有的，四分地之南，酷爱跑马的霍格们正在乡间小道上尽情玩耍。但不是每个英国人都热爱跑马，更不是每个英国人都能忍受江南上海尤其春季时的泥路，那些日子，淫雨绵绵，泥浆四溢，目及之处，一片沮洳，让越洋而来的英国冒险家恼怒不堪，修建正规道路势在必行。

1849年，道光二十九年，今日北京东路一段——河南中路至外滩——上海有了它最早的道路之一。

这条路叫作领事馆路。

苦力们先确定道路的宽度，接着在这个宽度内平整土地，又在平整过了的土地上铺上沙石与泥土的混合物，随后，将地面压紧、压实，整个过程，后来的葛元熙先生在他的大作《沪游杂记》有过表述：

> 其法先将旧泥锄松，满铺碎石或瓦砾七八寸，使小工以铁锤击碎，再加细沙一层，用千斤铁擂，令数十人牵挽，从沙面滚过，其平如砥。遇小缺陷，随时修补。英界南之陈家木桥、荡沟桥北之珊记码头、老闸等处，为担水要道，改用碎石大小叠砌。以石灰胶泥拌掺缝内。水不存积，历久不坏。且每日扫除两次，尤为洁净。

如此道路，在整个"李家庄"，铺展开去。

现在，无论大雨倾盆还是雨水渐沥，英国人的皮靴不会遭罪了，走在如此路上，想来英国人都很快意，快意者还有部分华人。

不久，不知谁出了个主意，在维护、保养领事馆路时，添加进了一些砖块，初衷想让领事馆路变得更加坚实点，或者在质量上更靠拢一点伦敦。想法不错，实践下来却大告不妙，"砖块太大了，雨后很容易积着残水，一不小心，踩着大砖块，水花飞溅，污水沾着旁人一身。砖块小了，逐渐会沉没到泥土里"，总之，仅靠苦力牵挽千斤铁擂压实的道路，质量让人不敢恭维。

取而代之的道路很快就有了，它叫"弹硌路"，重要区别在于：领事馆路的材料用的是砖块，而铺设弹硌路的材料换作了花岗石碎片，也有用鹅卵石的。

工部局的那本会议记录有记载：1856年，咸丰六年，董事会指示巡捕房督察长塞缪尔·克莱夫顿，为花岗石碎片做一份概算，用于即将开始的租界上海的道路铺设。

同年7月2日，租界上海四马路，即今日福州路东端，有140英尺的道路铺设上了花岗石碎片和黄沙。140英尺不算长，但千万不可用今日眼光去看昨日之事，怀着历史同情心做个观照，这路相当可以了。现在，踩在由黄沙与花岗石碎片混合而成的道路上，人们再不必担心砖块道路带来的大雨过后的种种窘情。

接着发生的事情来了。

新租界道路即将大规模地铺设，所需材料无非两种：黄沙和花岗石碎片。

黄沙好说，福州路那段铺设的道路，黄沙就来自吴淞，苍茫的长江口

上,黄沙要多少有多少啊!花岗石碎片呢?这个就比较困难了。工部局董事会指令总办在报纸上刊登广告,"征购圆卵石和石料"。董事会中的一个董事,因事前往香港,"答应去探听这方面的情况,如果可能的话,可为租界装运一些石料来上海"。

这个关节上,一名中国圆卵石承包商出场,不知此君姓甚名谁,表字又是什么,他向工部局提出愿以每吨3块半代价,将他手中的圆卵石如数奉上。工部局的卡莱尔先生,专门来做道路检查员的,与工部局诸董事算了一笔账:倘若从香港进口圆卵石,每一吨须花费10块半,运费每吨需20块,再加上装船与卸货所需一块,大大超越了在上海当地购买圆卵石的价格了。最终,那位不知名的中国圆卵石承包商好梦成真了吗?不知道。工部局的那本大事记中,没有此事记载。

租界上海道路,以特有的生命力一路延伸。

及至1867年,同治六年,外滩、宁波路、河南路的部分路段都已铺上了花岗石碎片,洋泾浜南岸,那条叫松江路的,也铺上了花岗石碎片。还有四川中路与江西路中间的那段广东路,因连降暴雨,道路毁坏,工部局董事会命令工务处,"与予排水,后用花岗石砌水道,并以碎石铺路",时间在1863年。

花岗石碎片加圆卵石,这两种材质构成了租界上海道路的基本面貌。

华商闻风而动,如果说口岸上海充满了发财的机会,那么,拥有花岗石碎片和圆卵石,并将这两种东西出售给工部局,不是其中的一个天大机会吗?

1873年,租界上海的道路开筑已经热火朝天,花岗石碎片或圆卵石,全都供不应求,工部局招标,有四个华人商号和一家西方公司做出响应,它们是诸浩昌、朱恒泰、茂申和记、卢楚记以及倍亨公司,结果,诸浩昌中标,它供应给工部局的花岗石碎片高达一万吨,每吨价格白银1.3两,诸浩昌为此是否狠狠地赚了一大票?

接着,一个叫阿来的兄弟也来竞争这生意,他送来报价,每吨1.24两白银,比较诸浩昌,每吨省了工部局几分钱。工部局便与阿来先生签约,阿来提供的也是一万吨的花岗石碎片。如果没有判断错误,阿来大概来自广东,虽说无法确证。

上海依然向西,道路继续延伸,在砖块路、花岗石碎片路和圆卵石路之后,又出现了煤渣路和木料路。

先说煤渣路。

英租界，此种路尽管有，却很少。1848年，即上海开埠五年，也即山东水手在80里地外的青浦，对三个传教士的不屑神情报以老拳的年份，在英租界黄浦江滩地一侧铺了一段煤渣路。当然，煤渣不是唯一的材料，还有圆卵石。因了煤渣路的出现，黄浦江沿岸那条纤道，不再仅仅作为上海渔民出行前的踏足之处，它蝶变成了道路，还有了一个名称，叫滩路。石路（今日的福建中路）也由煤渣铺成。不过，上述煤渣路的出现，并无特别可靠的材料来证明。

煤渣路的原材料来自远洋海轮上的炉渣，也因此，1861年，当李秀成正对上海虎视眈眈时，工部局董事会责成道路检查员与此地一些拖轮船长联系，"以便取得修筑道路所需要的炉渣和渣块"。

不过，煤渣路从来没有成为租界上海道路的主流，盖因煤渣路尽管比弹硌路平整许多，但实在脏得可以，每当上海刮起大风，风卷渣路，尘土飞扬，换来漫天的灰暗，口岸上海的形象大打折扣，英国人不得不放弃了这种路面，来自伦敦的大班们，是决计不愿对他们童年时的伦敦黑雾再做情深谊长的回忆，那是查尔斯·狄更斯做的事情。

接着，当口岸上海进入到它开放的第六个10年时，租界上海有了木料铺设的道路，说得更准确一点，是铁藜木铺设的道路。

何谓铁藜木？它原产于澳洲，当地人称它为加拉桉。木料呈赤褐色，不仅耐磨而且坚硬无比。中国有一种叫藜的草本植物，其茎也如铁般地坚硬，常被拿来做人的拐杖。铁藜木是两种植物的混称而已。

1908年，口岸上海进入现代史的第65年。租界上海铺设起有轨电车轨道，电车轨道就铺设在铁藜木上面，那是因为，除了铁藜木，大概没有其他路面——砖块、花岗石碎片、圆卵石、煤渣——可以承受有轨电车的重量。一个说法便在坊间流传，说1871年来到上海的赛法迪犹太人欧司爱·哈同，基于他对南京东路地价疯狂暴涨的信心，花了白银60万两，购买了印度铁藜木块400万块，每块大小为15×10×8厘米，从西藏路到外滩，全程铺上。

这个说法更多是种戏谑，或者是对老上海部分历史、部分文化的无根据吹捧。

真实情况如下：1908年，南京东路开通了英商1路有轨电车，始发点在外滩英国总会，终点则在当年有着美好乡村风景的静安寺。之前的所有路面

都无法满足有轨电车行驶时的需要,唯有铁藜木可以,南京东路因此必须铺设铁藜木路面,此其一;南京东路是一条公共道路,无论之前被霍格们用来跑马,还是之后逐渐地成为公共租界中的"大马路",它都属于工部局,属于居住在英美国际公共租界全体纳税居民,它不是某个人的私产,不可能由哈同以个人名义来改变这条马路属性,即便他坐上上海滩首富王位,此其二;南京东路确实铺上了铁藜木路面,主导者为工部局,但不是全路铺设,而是铺设了部分路段——从江西路到浙江路,费用不是60万两白银,而是96000两白银。

一个有关哈同先生的传说就此破产,这就如同不少信口开河的老上海传说,比如关于李鸿章与他第九房太太丁香小姐的传说。总是有人会制造这些上海传说的,这基于他们永远不变的人性,直率点说是无事生非的人性,仿佛不如此,他们的人生就没有了价值。无以计数的上海人为此深受如此传说的蛊惑,也在蛊惑中渐变为盲信者。

铁藜木道路没有在租界上海大行其道,它的价格实在过于昂贵了,与花岗石碎片道路每方养护成本1.3两白银相比,铁藜木道路每方养护成本需要9.42两白银,两者巨大差异,让工部局严肃而傲慢的董事们大呼吃不消。之后,上海的主要道路,皆由水泥路与柏油路取代,这是上海西进中的一个必然选择,与世界道路的主潮流相吻合。

当然,世界万事万物充满了两面性,柏油路一日在上海外滩铺设开来,有人就不乐意了。怀特先生便写信给工部局董事会,说他以后再也不会照看外滩行道树了。究其原因,此君认为将柏油铺在路面上,会让外滩所有行道树死去。此外,电气公司为架设电线杆,不经他同意,便将大树的树枝全然砍去,而煤气公司为埋设新煤气管道,又将大树的根部尽数挖掉,所有这些,对他怀特来说,不仅大不敬,简直就是不可饶恕的罪孽。

怀特是哪里人?英国人还是美国人?哪个洋行的大班或高级职员?他是如何来到口岸上海,为了怎样的梦想而待在了远东这个地方,并在自己冒险家的生涯中逐渐地退去了对资本的血腥追逐,而成为一个20世纪初的公益主义者、环保主义者,所有这些,我们不知。仅就他热爱行道树并自愿照顾行道树这点而言,他的心中有对租界上海的独特认知。当他的同胞,那些以现代化名义而将大自然馈赠的宝物之一——树木——进行肆意摧残时,他以自己的方式提出了指控,指控柏油马路、指控电气公司、指控煤气公司,大概

苦力的习惯"不鸟"工部局的规矩

也指控着"上海西进",他很小题大做吗?或者说很迂腐吗?我确信一点:租界上海没有几个怀特。

说了租界上海的道路,那就无法忽略道路检查员。对上海的蝶变大史来说,他们微乎其微、籍籍无名,对他们产生兴趣的人绝无仅有,历史的湍流让他们很苦厄地淹没,但他们依然有着自己的价值,价值于这座城市的"生命般"成长中。

1860年,公共租界工部局产生了第一个道路检查员,此君之前的职务为巡捕房巡官,大名沃特斯。其时,此君一身数职,任务繁重:除了要应付公共租界内所有道路上"有害社会或阻碍社会进步的事件"之外,还要负责公共卫生事务,纠正大粪车在道路上不按时间通行,或警觉黄浦江涨潮时将大量污泥带入洋泾浜、虹桥港,诸般事情他都要事必躬亲。事情实在太多,道路检查官分身乏术,公共租界于次年咬咬牙聘请了第一个卫生稽查员。

法租界那里,1856年,在爱棠激励下,第一次租地人大会也在召开,道路检查员亦应运而生,有一位大名叫加拉塞,之前的职业是工程师。

到了1864年,法租界如英美国际公共租界那般也有了市政管理机构,谓之公董局。公董局下设三部门,是巡捕房、总办间、公共工程处。其时总办叫阿尔方斯·奥特曼,每月薪俸200元,外加房贴40元。担任此职的他要做这样四件事:其一,管理董事会的一切文件;其二,监督道路的管理和公共建筑物;其三,照管、查核并派人征收一切捐税;其四,领导总办各办公室工作。

此君一上任,便将做了多年道路检查员的加拉塞撤了,原因推诿于公董局董事会对其的不满意。继任道路检查员叫迪普雷,月薪100元,还提供住宿。

迪普雷先生本事恐怕不小，但手面也不小，甫一上任，便提出要搞法租界地籍图，但有个前提，为地籍图问世，董事会必须准备好掏出更多的钱。精打细算的董事会否定了他的要求，地籍图制定一事交给英国行家去搞，他们是克内威特、怀特菲尔德、金斯威尔，迪普雷先生是否为之气闷，这个无人知道。按照法租界史的专家梅朋、傅立德说法，"档案里很少提到迪普雷的工作。实际上，工程处主任和总办间主任都是地位很低的雇员，他们只是尽力执行董事会的决定。关于迪普雷，我们不了解他是不是个能干的人，不过他肯定是个对一切困难能处之泰然的人，因为他的工作是很艰苦的"。

道路检查员迪普雷要做的事情太多太多了：加高路面、铺设排水管、清除坟地、挖掘掉洋泾浜中的污泥，如此等等，对了，他一定还要对新建道路所用材质严加监督，鹅卵石是否瑕疵太多？花岗岩碎石片是否达标？这座新桥所用的木料是否有以次充好？迪普雷万分警惕着人性中的卑鄙，当法租界开始它大开拓时代的蠢蠢欲动，谁不想乘机捞上一点呢？如果不想，他千辛万苦来远东干吗？所有这些建设项目中，都存在着"下赤龙"（尽管那时还不曾产生这个词语）的可能。但，迪普雷自己涌动过如此的人性欲望吗？迪普雷如不亲口告诉作者，读者们自然无从知晓。

道路还在延伸，从东向西，向着上海的深广之地，向着文化的不毛之处，延伸而去的部分上海之路，有意无意地对未来上海，作者指的是179年后的上海，犯下过错，倘若有错，谁将难辞其咎？

作为长江三角洲的冲积平原，上海无山（三泖九峰之峰，实在算不得山啊），然上海多水。

数千年前，大自然用它不可思议的伟力，制造了这片冲积平原，并在平原上为江南人留下了数以千计、万计的大小河流，最著名的当属三江，即所谓的娄江、松江和东江。即便时光魔盘转到西汉，江南人不依然与反复蝶变后的那条吴淞江亲密相伴？而时光魔盘转向1500年，江南人不是又因明大臣夏元吉的苦心、明匠工叶宗行的竭力，让范家浜接通了黄浦水，自此以后，与黄浦江得以朝夕相处吗？至于生生不息于上海县境中的浜、泾、塘，江南人哪里还数得过来？它们或环绕古朴的村落，或穿越繁华的老镇，或缓缓流淌于荒芜的原野，或肆意奔腾在果园、棉田、耕地和肉身永远的栖息之地间……上海属于"水相"，完全可以说"无水不上海"，水不仅成为上海的物理象征之一，它又是上海文化的最核心基因，还对上海人温存、温柔、温和的性格与心理做了真实注解，没有水，不成上海，上海简称为"沪"，户边上的那三点，不就是水？

工部局与公董局却完全不在乎上海的水之属性。

在租界上海的条条泾、浜、塘、河的填没中，西方人分享着道路延伸的快感，没错，租界之路铺设在无以计数的河道上。

法租界那里，最著名的填没发生在1914年的洋泾浜上，之后，江南上海就再也不见这条在浦西流淌的河流了，它被泥土、砖块、石头压得紧实，它被赋予了一个新的名字，叫作"爱多亚路"，上海为她的现代性付出了昂贵的代价，你也可以理解为西方文化对江南文化的一次摧毁，虽然，所有这些换来了现代性的获得。

法租界，被填没的还有北长浜，之后叫作延安中路、金陵中路；南长浜，填没后叫作复兴中路；打铁浜，填没后叫作重庆中路、重庆南路、太仓路、顺昌路、自忠路；马义泾，填没后叫作南昌路、雁荡路、重庆南路……

公共租界那里，与洋泾浜填没也有着关系，两个租界，原本以它为分界线。

洋泾浜之外，更有许多河流被填没，它们是：周泾，稍后成为西藏中路、西藏南路；西芦浦，稍后成为镇宁路；寺浜，稍后成为大田路；陈家浜，稍后成为成都路；姚家浜，稍后成为新闸路；穿洪浜，稍后成为天目路、海宁路；下海浦，稍后成为海门路；高塘浜，稍后成为长阳路……

在两租界填河筑路的刺激下，上海城厢也投身于亢奋的填河筑路运动。

之前，晚清期间，数平方公里城厢中，两条江南河流或横贯其境，或在城厢中，因自然造化，有一个环流，形成一个方形。前一条河流叫肇嘉浜，后一条河流叫方浜。

方浜上，有名桥曰，学士桥、长生桥、馆驿桥；肇嘉浜上，有名桥曰，郎家桥、虹桥、斜桥，那虹桥边，曲巷深处，有红粉佳人，有丝竹清音，有张灯开宴，有莺莺燕燕，那弥散而出的江南意味，虽然不足仿效，却也是江南文化的一种。

1906年，新军枪声还没打响，满清正加速摇摇欲坠，这时，在上海道台袁书勋支持下，李平书为南市进步，筹划着城厢内外工程总局，要修路、要建桥、要让电灯照亮城厢各处、要让那些已经干涸且臭气熏天的河浜彻底消除，在此背景下，肇嘉浜在县城中的那一段，便被填没，最初路名叫肇浜路，之后改作复兴东路。

1914年,城头变幻大王旗,满清死去,民国降生,当李平书慷慨激昂地将环绕上海县治九华里的城墙一拆了之后,方浜与江南上海也做了一个永别。

曾经相当美妙的江南水景,曾经上海文化的形象呈现,现在被填没、被揩擦、被清除,江南上海,至少在上海城区里,已被租界上海之手所毁;华界同样,进步刻不容缓,前进必不可免,曾经作为江南文化具象之一的上海河流,若无必要,一概清除。

作者尽了很大努力尝试得到下面三个解答:一、当巴富尔、敏体尼们来到之前,上海境域,共有多少条大小不等的河流?二、从1843年到1943年,100年间,西方人基于上海现代性的这个宏大目标,一共填没了多少条上海河流?三、工部局或公董局,谁决定填河?谁具体操作?至少到本书已经完成之际,我还在解答的路上。

简单的指控当然很无聊,没有人能够获得"上帝视野",谁都不会超前预判:有时,退步的方式用进步表现;还有时,看似正义的激荡,其实它们毁灭了未来的美好。要到179年后的今天,我们才会思考如下问题:上海的蝶变是一个历史性的伟大事件,但由此扫除干净江南上海的众多细节,这里面有多少痛惜?

工部局继续前行,公董局一意孤行,他们并不在乎"苦厄"的江南和"苦厄"的江南人。

第二节
工部局颁布"禁例",新移民不服"规矩"

1865年,公共租界,已有2000多个西方人在此长居,他们来自整个西方,不再是早先的英美人。此外,公共租界还有英国驻军2000人左右,再加上临时逗留于上海大码头的国际海员千余人,那年,英美租界里已麇集了5000个左右的西方人,租界上海,国际气象日甚一日。

法租界无法比拟公共租界,但来自西方的长居者也有500人左右。

那年度,两租界的华人移民又有多少?权威统计:高达10多万。这人数,若与1853年租界里500个华人居住者相比,天壤之别啊!

很清楚一点,两租界,10万华人与5000西方人的那个比例:20:1。

那年度,两租界的组织形式已有颠覆性变化。

因了1853年的刘丽川、陈阿林起事,居留地里的英国人与法租界的法国人先乱作一团、不知所措,旋即镇定,拿出对策:"道路码头委员会"变身为工部局,三家不速之客抱团取暖,为对付迫在眉睫的华人暴动,也为对付心怀叵测的满清官兵,1854年4月,在上海泥城浜,英法士兵还真的与满清绿营兵干了一仗,史称"泥城之战"。

时光魔盘转到1863年,对英国人的种种不满,让法国人忍无可忍,退出了三家联合的工部局,他们选择单干,在洋泾浜南岸成立了公董局:我才"不鸟"你盎格鲁·撒克逊人,我是永远骄傲的日耳曼法兰克人!

三家分手,英法割袍,理所当然。

盖因在上海,英法两家从来貌合神离。虽说同是渡海而来的西方人,然法国人强调文化,英国人唯求生意;法国人重视宗教,推崇天主教中的耶稣会,英国人专注贸易,捧在手心上的是宝顺洋行、怡和洋行,或四分地之南的跑马疯子们。英法两家表面上客客气气,暗地里却不时你来我往地踢脚不止。

不过,身居洋泾浜的南北两岸,两家都想着要给租界内的10万华人做规矩。这规矩,理性地说,正是城市管理的一部分,也是城市秩序的一部分,通过管理,通过秩序,方能产生后来的上海新市民,从这个意义上说,工部局与公董局都在各自空间中播撒着城市的文明种子,难能可贵,意义非常。

先来看看工部局制定了哪些"规矩"?

有个细心的上海移民,也可以说是晚清文人(之后我会对读者详说其人),在他的那本《沪游杂记》中,举出了《租界例禁》——

一、禁马车过桥驰骤。一、禁东洋车、小车在马路随意停车。一、禁马车、东洋车夜不点灯。一、禁小车轮响。一、禁路上倾积垃圾。一、禁道旁小便。一、禁肩舆挑抬沿路叫喝。一、禁施放花爆。一、禁不报捕房、在门外砌路、开沟及拆造临街房屋。一、禁私卖酒与西人饮。一、禁春分后,霜降前卖野味。一、禁卖臭坏鱼肉。一、禁卖夜食者在洋行门首击梆高叫。一、禁肩挑倒挂鸡鸭。一、禁吃讲茶。一、禁沿途攀折树枝。一、禁九点钟后挑粪担。一、禁乞丐。一、禁夜间行为形迹可疑及携挟包裹手无照灯。一、禁聚赌酗酒斗殴。

仔细读来,上述禁例,都有必禁理由。

生活在租界中的晚清人,皆来自广东、福建和浙江,为在"番场"(叫作洋场还早着哩)讨一口饭吃,会做个拼命三郎般的车夫,会做个沿街叫卖的商贩,也会有不择手段的下三滥举动,若忍不住内急,挑租界某条大街转角处,在某幢洋楼下面,管他娘的先撒上一泡长尿再说;或一天生意不爽,便想着要找个对象用来发泄,借助半瓶"女儿红"下肚,一不顺心、顺眼,撩起一双老拳,不管三七二十一地挥将上去,对他们来说,这些全都是家常便饭、例行操作而已。

禁止上述陋习,没有一丝一毫不对。

但"禁吃讲茶"呢,这又有何必要?

设想两造矛盾,若激化,白刀子进红刀子出,生死攸关,分分秒秒。为此,须有人出头露面,茶馆中,约两造而来,弱化矛盾,消除敌意。君不见,第一杯茶,两人消了火气;第二杯茶,两造复归平静;第三杯茶端上后,双方便化干戈为玉帛,握手言和了。倘若没这"讲茶",哪会有这样的效果?讲茶好得很呀!难不成发生在上海滩上的任何冲突、任何械斗,都由会审公廨来摆平,会审公廨怎么忙得过来?!

又比如"禁肩挑倒挂鸡鸭",更让人嗤之以鼻!

鸡鸭本是畜生,饲养它们不就供人食用?今日或出售、或自用,最终的结果都是让这些"家伙"进入人们的肠胃。倒挂也好,顺挂也罢,这里又有何区别?你工部局口口声声人道主义,但在我晚清移民眼里,如此禁例,你工部局,除了装腔作势,还有就是矫揉造作!一个纯粹的笑话!

日后，1906年11月，在上海会审公廨的审堂中，一个叫朱旺家的上海人，被罚掉了25美元。原因简单：他在杀自家鸭子时，用了习惯方法，将那只鸭子丢进沸水中加以烫死。

朱旺家一定大呼其冤：鸭子是他饲养，杀与不杀鸭子的权利都在他的手上，他可以选择自己最快意的方式来杀鸭子，沸水烫死，不过是其中一种方式，何错之有？

法官驳斥了朱旺家，你朱旺家的举动实在过于野蛮，没有开化的民族才会做出如此残酷事情，你将为自己的残酷行为付出代价：罚没25美元，以儆效尤。

朱旺家拿不出25美元，当他被会审公廨法官驱逐出去的当儿，心里一定在大声呼喊："你洋人定的规矩，什么狗屁规矩啊？！"

租界中大部分华人移民无法理解如此规矩、条例、城市法则。他们生活在1865年，但思维多半还停留在公元865年，停留在1000年前。要经过工部局禁例的无数次冲击、穿刺、重锤后，才会逐渐明白过来：即便自家饲养的鸭子，也不只自家来决定它们的命运。如果死亡确实无法避免，那么，19世纪鼓吹的人道主义，要求尽可能缩短死亡降临时的恐惧，缩短死亡笼罩时的痛苦。鸭子完全可以在锋利一抹中快速地结束生命，让它在剧烈疼痛中被折磨而死，这不仅属于野蛮，甚至是罪恶的了！

晚清人不知一事，工部局诸多"禁例"源自1215年《大宪章》以来的宪政民主，以及宪政民主下的地方自治管理模式。所有的禁例都是这种模式的具体反映。如此一来，禁例便犀利地挑战了晚清上海人的风俗、传统和文化，不过，工部局却不想收手，它还在继续施压，而上海晚清人——原住民或各省而来的移民——正是在如此阵痛中嬗变与蝶变。

我选择公共租界里的城市交通及它的管理继续叙述。

巴富尔们没有进入上海的时候，江南上海并没有现代意义的交通，更没有现代意义的交通管理。

1814年，嘉庆十九年，上海城厢中，有66条街道，它们宽为两米，这与后来巴富尔修筑的至少两丈宽的道路相去何其远也！

在两米宽的街道上交通，除了轿子，不可能有其他工具了。

随着西方人的来到，有两种车子也相继进入上海租界：其一，独轮车（也叫江北车）；其二，马车。

独轮车会让人不胜其烦,却不会给人威胁。马车就不一样了,自从1855年马车在租界时行开来后,乘坐马车出门成为时髦,它带给有产者以驭风而去的豪迈,却也给路上行人,尤其是蹒跚而行的老人带来风险,人们不知马儿何时突然发疯,也不知马车夫何时蓦然失控,租界上海的大小道路上,充满了死亡的威胁。

1860年,一个叫沃特斯的前巡官,担任公共租界的道路检查员,他的使命之一,阻止"道路上发生的每一桩有害社会的事件",而马车,最有可能酿成道路上的"有害社会的事件",作者深信沃特斯先生一旦逡巡于大马路或二马路,那双眼睛一定四处扫射,紧盯着由远处飞驰而来的那些马车。

1861年2月,工部局总董霍华德在董事会议上提出,租界内马匹数量正急剧增加,许多马车主要求自己雇用的马车夫加紧训练驾车技巧,马车夫因此便不时地出现在公共租界大道上,他们拙劣的驾车技术已造成多次儿童、妇女被伤害的事件。他提出一个建议,规定马车夫只能在黎明前到上午9点这段时间内训练马术,超过这个时间段,马车夫倘若依然我行我素地在街道上训练,可以拘押、起诉。

总董的建议得到董事会一片响应,布告及时贴在墙上,然马车夫不乐意,他们拒绝这个禁例,也拒绝如此规矩!他们中不少人不去工部局警务处规定的五个训练场训练驾车技巧,他们才"不鸟"公共租界贴出的布告,也满不在乎工部局所谓的规矩!马车继续伤人,也继续有马车夫被逮捕,他们的固执,出于怎样的一种社会心理?就是要跟你洋鬼子作对吗?

19世纪90年代。

因了《马关条约》的签订,满清帝国现在不仅开放了更多口岸,还允许西方人在中国土地上设厂,如此一来,农村男女潮水般涌来租界上海,他们深知,在洋鬼子始终欺我华人一头的地方,却可以攒下上海泥地上你拼上老命也不可能攒下的银子。

第二上海的人口剧烈膨胀,人口总量,已经超过同时期欧美一些重要城市。

且看下面这些数据——

美国辛辛那提市,人口数量为363591;美国新奥尔良市,人口数量为339075;美国路易斯维尔市,人口数量为223928;德国纽伦堡市,人口数量为532539;德国科隆市,人口数量为513491,中国上海市,人口数量为501541。

人口激增,道路依旧,人满为患的悲剧比比皆是。正于此时,又有时髦者引进了日本东洋车,大行其道的同时,独轮车如过江之鲫,亦如四下里爬开的蚂蚁。晚清文人为此长叹,"洋泾浜小车不计其数,每到晚间此来彼往乱行无序,步行者几无地自容矣"。

1872年,正是这个年份,租界上海的交通规则正式制定、发布,工部局发誓要给租界中生活的10万华人做做规矩!

  规矩一:凡马车与轿子必于路上左边行走。
  规矩二:凡小车必在定规之处勿得于路上往来逗留。
  规矩三:凡马车至日落一点钟之后至日出一点钟之先必得点灯。如违章程罚洋5元。
  规矩四:凡街道上跑马以及马车往来,巡捕人必得照应不准过速。

1880年,工部局再次发布《租界例禁》,其中有与交通有关的数条,"马车不准五人同坐""东洋车不准蓬首垢面、污秽不堪"。

任何禁例,总有不周全之处,古今中外,,概莫能外。

晚清,上海马车夫、小车夫、轿夫最不买账的一条道上规矩便是"凡马车与轿子必于路上左边行走"。这天底下,这满清王朝,哪有左边行走之规定?你英国人喜欢左行,那是你英国人的事!我中华,我苏松太,我上海,从来就有我们自己的规矩、风俗,说大一点,这是我们的文化,说小一点,这是我们的习惯,为何要听你们的使唤?要照你们规定的去做?

"左行规则",让华人中的大部分不满,不以为然有之,嗤之以鼻有之,骂爹骂娘亦有之。

这个就不多说了。

19世纪80年代,上海人口高密度膨胀,租界大小道路上,马车、小车蝗虫般窜动,让租界上海本就勉为其难的道路终至瘫痪。

公共租界董事会对此有清晰记录——

1885年8月中旬,由于马车随意停放,在静安寺的转角处,道路为之堵塞。

1887年7月,仅仅四个小时,通过静安寺路龙飞桥的车辆数量如下:马车980辆;人力车428辆。

如此局面,忍无可忍,脱胎换骨的上海新市民怨声载道,抱怨之声显然撞破了工部局大楼的玻璃大窗,工部局为此再次做出反应:在租界上海的主

"红头阿三"管理着东洋车、亨斯美马车

要十字路口,增加捕房人员,防止发生撞车等意外事件,为此,先增加华捕10名。

1890年5月,工部局董事会又议决:组织一支特别巡逻队,由1名西方巡长、15名华捕组成,专事街道的交通管理。

自此以后,公共租界在交通管理上,上了一个新台阶,与此同时,诞生于1854年的巡捕房职责,也有革命性变化。

且说1854年之后,英租界的大小道上,都会逡巡着叫巡捕的那些汉子,他们皆洋人,且基本都是英国人。

鉴于英人的心理,巡捕难当,因此便有超高薪水的要求,你工部局付不出,我就敬谢不敏。捉襟见肘的工部局果然付不出英人要求的高薪,难以罗致英人成为巡捕的他们,不得不将目光投射在了华人身上,部分华人因此就有了就业巡捕的机会。

1865年,公共租界花岗石碎片的道路上,拿着长警棍的华捕也有模有样地巡逻了起来。工部局董事们对他们甚为满意,原因是:华捕的薪水只有西捕的四分之一甚至六分之一。如此廉价的巡捕,哪里去找?

1865年,西捕75人,华捕34人。

1871年,西捕34人,华捕87人。

公共租界的华捕超过了西捕,这会是一个问题吗?

1884年8月,公共租界巡捕房出现了印度巡捕,之后,在上海市民文化中,出现了"红头阿三"呼唤,这些"红头"出现在上海的历史背景叙述如下——

1883年12月到1885年4月，在自强运动中相对顺利运转了10多年的满清帝国，因中法之战而再次陷入危机中。战争在中国南方打响，但不断蔓延的战火，加上不断滋生的主流华人对西方人的愤怒，让口岸上海危机重重。

江南上海，并没如1859年7月13日那样，于暴热的夏季里下起了诡异的鹅毛大雪；也没如1861年那样，当跑马疯子们强行圈地建造第三个跑马场，上海城厢内贴满了"杀死洋鬼子"的凶狠标语，不过，上海新市民麇集在无数个酒楼里，窃窃私语一件大事："穿山甲又出现在黄浦江上了！"

天有异象，事有大变，人有大祸。反常的上海自然界景象，是否意味着在上海滩向来作威作福的西方鬼子们这回要倒大霉了？

工部局诚惶诚恐，他们也已经知晓了租界上海里讨生活的华人们的心态，露天通事没有问题，这些华人要求的只是碎银；秉笔华士们同样毫无问题，他们更多渴望着如何传通中西文化；大小买办们更没有问题，他们热望着在与洋人的交道里，怎样地赚取大笔佣金，怎样地让生活滋润复滋润；新移民中的大部分呢，他们纷至沓来，不就为了在洋人开办的工厂里，做成一个"外国铜匠"吗？有着如此的生活热望，他们还会成为工部局的问题吗？不过，还有一小部分移民呢，尤其是被从老北门强行迁移到福建路的这些移民呢，他们可是唯恐天下不乱，生着法子要在租界上海惹是生非啊！

工部局董事们想没有想过1874年5月的那些黑暗日子？救火会警钟疯狂敲响，洋泾浜上空浓烟滚滚，发了疯般的宁波人，手举木棍、铁器，在法租界横冲直撞，为保卫自己祖宗幽灵，不惜用生命做着抗争……如此情景，会在公共租界重演吗？

1884年8月4日，工部局董事会议上，因了在苏州河边办起硫酸厂而发大财，因出版《申报》而让租界市民无不知晓的美查先生（时任董事兼财务委员会委员），对自己同僚询问："在目前动荡的局势下，为了防止在租界内发生骚乱，是否已向捕房做出特别指示？"

美查的担心恰好点出全体董事们的心曲，那次会议上，根据美查先生的建议，他们共同做出如下决定：鉴于中法之间可能爆发的战争（指在上海），董事会应指示麦克尤恩上尉（捕房督察长），命令所有巡捕进行特别戒备以监视那些中国的流氓无赖或土匪的活动，注意防止人们集会，同时商议有效措施，以便在发生非常情况时能尽早报告。

某种意义上，工部局的董事们并不担心租界——无论公共租界还是法租

界——内会有大骚乱发生,毕竟,这些地方,西方人不仅有巡捕房,还有商团这支准军事队伍,更何况,大江上停泊着蒸汽动力的军舰,它们的后膛炮炮管可是日日夜夜俯视着租界内的条条道路啊。他们担心的是越界铺设道路的区域,在违反了公平、公正原则而建造起来的道路两旁,西方人认为他们通过"上海向西"的历史进程中正勾勒着上海新形象,但中国官府和中国人都不这样认为。工部局内心嘀咕:界外道路终究是界外道路,它不受工部局法理意义控制和管辖,在那里,华人,让西方人谈虎色变的"流氓无赖或土匪",他们有可能为所欲为!

生活在界外道路两侧的西方人更是诚惶诚恐,为了解除内心的极度不安,他们与工部局道路委员会沟通,请求他们派出巡捕来保护生命安全,而他们,愿意为这样的保护付出费用:每人每月认捐5个大洋。

工部局道路委员会听了心里有底,便向董事会提议:既然每月有350个大洋垫底,工部局不妨派出14个巡捕去那里夜间巡逻,卡德路与静安寺路相交处的一间平房,可以当作捕房。

事情就这样愉快地决定了。

不过,工部局巡捕房本来就人手不够,无法从现有西捕、华捕中再抽调出14个巡捕来日夜巡逻,起用印度巡捕的做法就应运而生,而产生引进印度巡捕的念想其实来自上一年度。

工部局督察长麦克尤恩将事情办妥了,由于无法到香港物色合适的印度人,他在租界上海里雇用了6个印度人,报酬是:每人每月15个大洋。督察长还建议在这条马路上再设置4个西捕、4个华捕,对公共租界来说,西区毕竟也很重要。

1885年2月,中法战争结束,租界上海虚惊一场,两个西方市政管理机构时时提防的大事没有发生,租界上海,没有人潮、嚣叫和浓烟,也听不到救火会"当当当"紧急作响的报警钟声。也许,丽水台、玉茗楼等地,居心不良的茶客还在谈论"黄浦江中出现穿山甲"这般诡异事情,也许,远离租界上海的中心地带,蒲汇塘边林家埭,或者华亭一边的寒水镇,人们还在老旧茶楼中盼望着改朝换代的"天之异象"出现,然骑马的西捕、华捕,已从卡德路上的临时捕房撤离,印度巡捕们因杰出表现,被工部局正式录用,月收入15大洋固定了下来,华捕们要妒忌了,他们的月收入才10个大洋。

1901年,印度巡捕在工部局巡捕房中已有168人。

1934年，印捕人数达到最高点，为634人。

在上海，他们高大的身躯、威严的面容以及颐指气使的神情、口吻，让租界上海相当部分的华人很不爽，他们掷给这些印度巡捕一个诨号——"红头阿三"，还有一句对印度巡捕相当不敬的话也流行在上海滩——"阿三，老鹰来了！"

印度巡捕为何被叫作"红头阿三"？

对此有三种解释。

其一，印度人脸色墨黑，头缠红布，上海人私下称他们为"红头黑炭"，红头阿三不过是红头黑炭的误读而已。

其二，从巡捕进入上海的时间看，西捕第一，华捕第二，印捕第三，叫他们为"阿三"顺理成章。

其三，印度巡捕见了巡捕房的西方上司，第一句便是"I SAY"，红头阿三，是对他们的种种媚态的一种上海讽刺。

究竟哪种，读者自己判断。倘若说后来产生的海派文化，多义性成了它主要的内涵之一，那么，"红头阿三"这词也可以表述为：既是日益成熟的民族意识的反映，也是上海人"欺软怕硬"心理的卑微流露，对后者作者作如此解释：部分华人在白种人面前敢怒不敢言的心理阴郁，现在找到了一个发泄对象，那就是对同属亚洲人的印度人的讽刺！尽管，从人种学上说，印度人亦是白种人中的一种——雅利安人种。

移民正继续前来，文化正不断多元，白种的"上海先生"正一如既往地趾高气扬，与此同时，暂时领先华人不止一个身位的他们，也继续要给华人做着种种规矩，用相当有理的种种城市规则，规范着租界上海的华人移民。1884年后，在国际公共租界大街上出现的专职交通巡捕，正是工部局施展的现代城市管理方式的一手。还会有更多规则施展而出，你可以将它们看做是对江南原住民的压制，也可以看作是对异地新移民的培训，由农业社会转型为工业社会，本就充满了历史的严酷和凌厉。

其时，还没有产生"上海意识"，但它难道不正在暗中酝酿？以后，要到很久很久的以后，它将成为声势烜赫的"海派文化"最核心构成。

而1862年10月16日，那天，上海县令王宗濂，吩咐衙门公差在老城厢墙壁上贴出一张大大的布告，布告上，用吴煦、麦华陀的名义，严禁上海人称呼外国人为"鬼子"。

那时,女王帝国驻上海领事麦华陀则得意地说,"中国人对外国人的观念自这次(指反击太平天国的进逼)之后就有显明的改变。外国人处处受人尊敬,被认为是一切财富和权势的来源。外国人住着最讲究的房子,开着最大的银行和洋行,有着最大、最好的轮船,是最有势力、最能干的官长,有着最厉害的枪炮和最勇敢的兵士,外国人最正直,代人收税都涓滴归公,从不以分文入私囊,外国人都是诚实可靠、有财有势的,总而言之,凡是外国人的东西和行为必都是好的。上海人从此不再蔑视外国人了。"

读者可以信也可以不信麦华陀的话,作者明确不信"外国人最正直""外国人都是诚实可靠的"以及"凡是外国人的东西和行为必都是好的"这样三个句子中的三个判断。

那时,作者指的是19世纪60年代与70年代,还有许多人不信麦华陀。对这些人来说,无论西方人出现在1862年的黄浦滩路,或者出现在19世纪70年代的静安寺,他们都是"鬼子",是的,"鬼子"就是他们!

第三节
1865年：雷诺先生痛别上海滩

　　一部上海史，形形色色西方大班，逆风破浪，踏足上海滩，先深陷一大片泥地中，随后，筚路蓝缕，含辛茹苦，终成正果，捞得成万上十万两白银，打包装箱，衣锦还乡，或到伦敦或利物浦或曼彻斯特，夕阳灿然的那些日子里，坐在木靠椅上，眺望远方如锦的晚霞，情不自禁地追忆起当年在远东泥地上苦斗、巧斗的一切，那时，他们明白，自己的大名随着履痕，或许会被这片泥地记取，尽管，这般记取于他们即将熄灭的那束生命之火来说，已无多少意义。

　　却有这样一个大班，开始时与其他大班相同，带着满腔的发财欲望，还有不喷自涌的荷尔蒙能量，蹒跚于已大排出现了殖民地风格建筑的滩路，时常与道路检查员迎头相撞，全力以赴，持续搏击，然命运，却鬼撞墙般蹊跷，经大挫，便完全沉没于那个陌生的文化泥潭，不得不卷起铺盖回家。想象他暮年生活在某个英国乡村，背靠粗糙木墙，一脸阴郁，全身颓丧，在日渐黯淡的晚霞中，双眼盈满泪水。是的，此君不幸，他的大名，不仅没被那片泥地光荣地记取，即便在自己故乡，也被人完全忘却，甚至还做不成一个"德伯家的苔丝"，仿佛，他就从来没有在那个村落里出生过。

　　他的故事，还须从头说起。

　　他叫雷诺，利富洋行大班。

　　关于雷诺前生，历史没有留下片言只语，关于利富洋行的来龙去脉，历史也同样讳莫如深。还有一点让人遗憾，在上海，雷诺没有给自己留下一帧影像，虽说，摄影这玩意儿，早在1843年已由法国人儒勒·依蒂耶带入中国。这样，我们对雷诺先生究竟长得何等模样，只能听凭自我想象。

　　同治四年，也即1865年。

　　某日，雷诺与他的利富洋行决定做件大事，换一个形容，他要在上海做个"第一个吃螃蟹的人"。

　　事情原来这样：利富洋行是家贸易商行，进口英国货品，出口中国货品。19世纪60年代，英中贸易已抵达了第一个高点，洋行与洋行之间，竞争

也日趋激烈,所谓商场就是战场,商机就是战机,过了这个村,肯定没有那个店。利富洋行亟须提前获取自己对手的具体情况,装运对手货物的大船何日进港?又何日出港?那船上,来时装了何许东西?去时又带走了什么货品?快帆船的船舱里,大概装了多少?一百箱?五百箱?抑或,一千箱?

利富洋行大班雷诺,想着要在上海吴淞口设立一些观察点,观察点上,又想着要蹲伏几个观察员,如探子、如细作、如后来CIA特工般匍匐那里,一清二楚地观察,一五一十地记录:船舶进出、装载情况。探子们须第一时间将所见所闻汇报给利富洋行的老大雷诺,这里的关键在于,第一时间传递信息,非传统快马,而是电报!

电报已经发明。事实上,电报的发明与雷诺的"吴淞口计划"已有20多年的距离。1844年,叫莫尔斯的美国人发明了电报,恰其时,女王帝国进入自由资本主义的黄金年代,欧洲与美国,也将各自的机器工厂开足马力,电报甫一发明,让信奉自由资本主义的各国大喜过往,他们纷纷立项,将电报新发明导入自己国家的工业体系中。

1863年,当雷诺先生还没有想到"吴淞口计划"时,英、法两国驻北京公使,便向北京政府的权威人物提出建议:中华帝国应该引进电报,如此,中华帝国的管理将更为顺畅,帝国的自强运动也将多添一个选项。

帝国顶层与大臣们一番商议,三口通商大臣崇厚回给公使们的是一个断然否定,他认为电报"于中国毫无益处,而贻害于无穷",他想到"奇技淫巧"的古之说法。

而民间,对电报的恐惧不仅强烈,简直荒诞,如此离奇说法流行世间,"电线杆戳在地上,专门吸取地气、吸取人的魂魄"。

也因此,国家层面上,电报与满清帝国暂时无缘。远东电报只有新加坡—长崎、新加坡—香港这两路,上海各洋行大班,倘若有重大信息须与域外沟通,只有两种选择:其一,靠传统邮船;其二,托人去香港或日本转发、接受电报。邮船太慢,即便苏伊士运河已经凿通,也还是太慢;前往香港、日本呢?也需要一段时间。而商机,转瞬即逝,哪会停留着等你大班。

雷诺欲一举改变这种状况。

他找上女王帝国的上海代理领事,当年在北京通州闹出大事的巴夏礼,请他出面向上海道台申请架设电报线路。

巴夏礼照办此事,然而,上海道台一口回绝,不留丁点商量余地。

雷诺郁闷,在滩路边的殖民地风格建筑里,大概连喝了几杯威士忌,借酒浇愁,但这个无考,也只有想象。

一番思考后,雷诺决定破釜沉舟,就他妈的不管上海道台了,批不批准于我雷诺何干?我这里做了再说!电报线路必须架起,信息传递必须加快,利富洋行的生意必须做大!

雷诺拿出白银10000两,进口了一大批用于电报线路的材料,聘请了两个德国技师,雇用了20多名中国民夫,开工架线,马不停蹄。

一个月后,电报线路架成,电线杆227根,支持着长达21公里的电报线路,地点从川沙厅小岬到吴淞口边的金塘灯塔。

这条电报线,是大陆中国的第一条电报线,意义之大,大到天边。

架好电报线的雷诺很自命不凡了一阵,拥有电报线的利富洋行,因信息的快捷而让对手们狠狠地吃了几下闷棍,而在上海大班的圈子里,雷诺得到了真心诚意或言不由衷的赞美,基于可以理解的人性,雷诺没有隐藏自己的骄矜之感,又因了威士忌作用,他便海阔天空起来:滔滔不绝,夸夸其谈。

一切不错,一切很好,一切尽在他的掌握之中,他沉浸在每日利富洋行观察员的快报、密报与利富洋行货物在上海港排名持续上升的双重快感中,他没有意识到,危机正随着某人的到来而降临头上,他的所有快感都将荡然无存。

此君丁日昌,新任上海道台,苏松太地区父母官。

既然身为上海道台,发生在这个地区的所有事情理所当然要知晓、要处理,利富洋行在吴淞口私设电报线一事不知怎么的就刮进了丁道台耳朵里。

乍闻这信息,丁道台手掌对着桌子重重一拍,呈勃然大怒状。对他来说,这可不是件小事!想你利富洋行,不过一家夷人开的小小公司,倘若不是圣上英明,开放上海口岸,哪里轮得上你这双臭脚来踏足我中华大地?既然来了,就给我规规矩矩做生意,老老实实捞银子得了。现在,既没有我上海道的批文,也不禀告我上海道一声,私设电报线路,无视大清朝主权,一大罪!倘若这条电报线另有所用,泄露我大清朝机密,又是一大罪!是可忍,孰不可忍?!此等恶事,天理难容,必须大张挞伐!

怒发冲冠的丁道台,少顷,却冷静了许多。他知道,之前,大清朝与夷人已有过两次交手,交手结果,大清朝只有痛苦,没有快乐。也因此,若要惩罚利富洋行,断然不能采用当年两广总督针对十三行的手法,更何况,上

一年,前任道台与英、法、美三家有过协商,成立了一个新衙门,叫洋泾浜北首理事衙门(后来会审公廨前身),那衙门,专门审理华、洋间的种种案件,会审官员,华人、夷人一家一半,并非华人官员一人可以做主。利富洋行私设电报线一事,看来还得用点中国古老计谋对付之。

丁道台是否将自己的震怒很技巧地传递给了雷诺,这个不清楚,倘若丁道台有过这个做法,想来雷诺也是满不在乎,权当风吹耳、雨打窗。作为19世纪中叶女王帝国的臣民,自由贸易主义的执行者,倚靠女王帝国蒸汽动力战列舰在黄浦江面上的停泊,在上海,雷诺的内心里洋溢着十足的殖民主义者的傲慢,对这片土地上的全体华人有全面蔑视。当然,客观说及雷诺的情感世界,有时,对他的华人员工,他亦有人性中的同情、怜悯和悲伤。对丁道台,无论明说还是暗示,他的想法只有下面两点:一、电报线虽然未经官府架设,但这是一个既成事实,你上海道不接受也得接受;二、中国官府中的大小官员,清一色颟顸无能、胆小怕事,还清一色地见钱眼开。利富洋行只须撒下一点碎花银,不怕摆不平他丁道台,"人为财死,鸟为食亡",这可是你们中国人的哲学。

雷诺的问题出在思维过于绝对,当他将世界想象成一种模样时,他离掉入深渊的时候也就不远了。

你雷诺可知道丁日昌道台是怎样一种人?你雷诺不知,但万皇之皇的慈禧太后知晓,还有,女王帝国的领事巴夏礼也知晓。

丁日昌20岁那年,得中秀才,补了一个廪生。

晚清定例,如是廪生,便由朝廷供养,所谓供养,其实也就是每月六斗米、每年四两银而已。然区区这点东西,丁日昌所在县的县令就是紧攥在手,就是不发,丁日昌盼星星、盼月亮地苦熬日子。

丁日昌又何许人也?天生一条烈性汉子,放在宋家王朝,如有作诗作词的才华,定然辛弃疾第二,"醉里挑灯看剑,梦回吹角连营"。某日,或许肚子饿得实在没辙,或许思前想后让肝火蹿上心头,他"蹬蹬蹬"地一路猛跑,来到县衙门口,操起鼓槌,对着大鼓一阵猛击,一边还冲县衙门一阵大喊大叫,"青天白日,饿死廪生"。

那模样着实有失斯文,但若想定要这个县太爷难堪,斯文要它何用?

县太爷听到一阵猛过一阵的击鼓声,情知不好,忙让衙役出去看个究竟,衙役回报,说新进秀才丁日昌在打鼓。县太爷顿然明白,自知理亏,知道此刻出去，光天化日下，这粗坯一定会让他下不了台，只能龟缩于后堂，心惊胆战地听着鼓声。那日，当丁秀才停止敲打之时，亦是丁秀才满载而归之际，丁秀才真是敢作敢为啊！

廪生开始走官运，先任琼州府儒学督导，继任江西万安县令、庐陵县令，在晚清这些不大不小的官场上，他的烈性脾气一点不改，专喜欢干的事情就是上条陈整顿吏治，他之所以专注于此，恐怕与他当年成了廪生却依然饥饿不堪有关，更是他的明察，满清帝国这个看似赫赫然王朝，内里早已蛀得不成模样，"三年清知府，十万雪花银"，倘若不是"清知府"，又要囊括多少银子？！此等贪官污吏不除，大清江山只怕早晚要改作他人姓名！丁日昌不畏权势，也不怕得罪任何人，老子就是看不惯你们这些肮脏龌龊，扳倒一个是一个，即便扳不倒，老子也让你罩上污名，被全天下耻笑。

随后，他任上海道台，任两淮盐运史，任江苏布政史，任江苏巡抚，任福州船政大臣，任福州巡抚，皆不放过一个专干贪污勾当的官员，他让数地官场不得安生，自然而然地招致那些被侵犯了私利官员的愤恨，以至隐身之君的慈禧太后当面对他感叹："尔在江苏，官场虽恨尔，然百姓感激尔，我也知道。"

有个细节颇能说明问题：丁日昌在福建去职后，新任巡抚王凯泰在福建地界而行，轿子中瞧见一个地痞模样的家伙手里端着一碗红糖水，正站在路的中央，分明等着人来将红糖水撞翻，他好乘机敲诈。这种地痞心理，与今日"碰瓷者"基本如出一辙。王巡抚还未来得及发话，只听路边老人一声长叹道："若丁抚台在此，尔何敢如此。"

王凯泰一惊，方明白，前任在扫荡社会污垢的影响力上已达到何等高度。

且说丁日昌于1865年就任上海道台一职，那时，石头城早破，不可一世的洪秀全吞金自杀，他的部属作鸟兽散，来不及逃走的，或受凌迟大刑，或被割了脑袋，或遭奸污而投河自尽。

上海，因攻打"长毛"而立下赫赫战功的戈登们，却因无所事事而四处晃悠，他的部下，整日麇集在虹口一带的小酒馆里，日日酗酒，夜夜大醉，更有甚者，无事生非、打架斗殴，甚至发展到对居住在租界里的江南财主或洋行大班们寻衅闹事，借机还狠狠地敲上一笔。有人还联络上美国的江湖大骗子詹姆斯·上海·凯利、约翰尼·上海鸡·迪瓦恩，光天化日或黑灯瞎火地绑架原住民，偷运到美国，发绝对黑心的大财。

满清帝国高层诸如李鸿章看在眼里，心中极为不爽，知道这样放任下去，最终必出大事，便发给丁道台指示，要他设法将洋枪队尽快"遣裁"。

丁日昌果然好汉，比宫慕久果敢，比麟桂强硬，比吴煦、吴建彰们无情，他二话不说，就向女王帝国北京公使摊牌，说现在洪杨之乱已经平定，满清朝将要开始自己新的征程，这新征程摆明了不再需要戈登般的洋武夫，希望公使按例将军队解散，打发他们回国。几回谈判下来，英国公使被他说服，发出遣裁文书，要调戈登回国。

不料，巴夏礼再次要跟满清帝国过不去，很傲慢地对丁日昌说，"我没有收到北京发来的遣裁文书"。

巴夏礼的意思明确，既然没有收到北京文书，他就不会执行解散戈登部队的命令，军队还将继续留在上海，它将会起一直以来的震慑作用。表面上震慑的是对租界上海有不利企图的不法分子，如小刀会般的刘丽川、陈阿林们，如太平天国般的李秀成们，暗地里，却还要震慑你丁日昌般犟头犟脑的满清官员。

丁日昌吃了一闷棍。

但他的个性决定了不会屈服于巴夏礼的政治推诿。他头脑转得快，灵机一动，立刻宣布，洋泾浜盗贼横行，致使英国领事馆内遣裁文件失窃，为了英国领事馆的安全，即日起，领事馆必须严加防守，不容出错。话一出口，他的衙役已将领事馆围了个水泄不通。巴夏礼，几次欲出领事馆大门，却被严阵以待的清丁不卑不亢地挡了回来，让巴夏礼无法发泄自己的无名火。几天下来，巴夏礼不得不对丁日昌低下头，他通知丁日昌，说遣裁文件已经找到，现在，你丁道台可以将领事馆门前的大批清丁撤了吧？

丁日昌捻着胡须微笑，他的回答是，撤去兵丁完全没有问题，不过，领事先生还是先在遣裁文件上签上大名吧。

巴夏礼不得不签名，丁日昌这才一声号令，领事馆门前的清丁刹那间走得一干二净。

之后，丁日昌再使手腕，先将驻扎在城内的英国军队请到城外，又要回吴淞口的炮台指挥权，旋即，撤销了当初为对付李秀成而成立的会防营，这个尤其重要，因为上海道再不必为会防营支付好大一笔银子了，大清帝国省大钱了。当然，必须赶紧补充一句，丁日昌很牛，这是问题的一方面；问题的另一方面，无论英国或法国，他们的文化决定了重视签约，尊重法理，更何况，待在上海的英法联军，原本就没想过要长期驻扎，更没想过要永久占领，因此，他们的主动配合，丁日昌的工作方能够进行得顺风顺水。

现在，丁日昌的利剑将要刺向利富洋行，这关节眼，那个热爱银元与热爱生命基本等同的雷诺还不知不觉，他的认知有三个错误：一、不了解丁日昌从来的个性；二、对自己的强势盲目自信；三、对上海部分原住民正逐渐泛滥开来的那股憎恨洋鬼子的心情毫无察觉。

而丁日昌，既是丰顺县击鼓痛骂县令的丁日昌，却也不再是那个丁日昌，此话说来拗口，意思其实明确，相比当年刚刚补上廪生的丁秀才，而今的丁道台已足智多谋，当然，你也可以称他多了份东方式的狡诈。

表面上，丁道台不动声色，暗地里，他做了两件事情：其一，派出能干细作、探子，继续收集对利富洋行不利的种种材料，掌握它的一举一动；其二，派出得力心腹，对利富洋行从川沙厅小岬到吴淞口边金塘灯塔沿线农家，逐村鼓动，逐家怂恿，说电报线路来自洋鬼子国家，专门用来吸人魂魄、破人风水，居心险恶；倘若百姓为了自身利益而毁掉洋鬼子的电报线路，上海官府绝不追究，甚至还会拍手叫好。

恰此时，21公里的电报沿线，有个村庄中某个村民无故暴死，这事情应该与电报线路毫不相干，但经鼓动、经怂恿的村民们群情便激愤了起来，他们那个19世纪中叶局促一隅的大脑，做了相当可笑的推理：好端端的村民，怎会暴死？事出异常，定有鬼魅作祟，那电线杆不就是鬼魅般的一种么？他们又做如下推理：倘若吸人魂魄的电报线路继续存在下去，那么，被吸掉魂魄的就不是一个人，而是一村人，甚至有可能是电报线路沿线的全体黎民百姓！唯有尽快除掉电报线路，方能避免临头大祸。

1865年5月28日，基于种种原因而对电报线路恨之入骨的村民们，仅用一夜时间，便将277根电线杆全部拔掉。其中，有不少人还将拔出泥地的电线杆子扛回家中，派作他用。在这些胆大包天的村民中，不排除有"拿着红糖水碗、专等人碰瓷"的家伙们，地痞们总是"打、砸、抢"的积极分子。

丁日昌得知此情，心里止不住冷笑，你雷诺用"既成事实"搪塞我丁大人，现在，我亦使出"暴力拆迁"这一手，也造成一个"既成事实"，这不就是"以其人之道、还治其人之身"吗？

丁日昌摇着蒲扇，只等雷诺上门。

得知电线杆被连根拔掉，雷诺头个反应是大惊失色，第二个反应是怒火

中烧,第三个反应是立刻出门,赶向女王帝国领事馆,他要领事大人助他讨回公道。

领事大人此时已换,由咸丰皇帝恨之入骨的"铁头老鼠"巴夏礼换作麦都思儿子、十分儒雅的麦华陀。

雷诺结结巴巴地说完,麦华陀摇了摇头,拿出一叠文书,说丁道台已经抢先一步了,将你告到我这里,"利富洋行未经核准,擅自兴造营建,理事衙门务必介入审理"。

雷诺接过文书,浏览一遍后,一下子气闷不已,这才叫作进退两难:倘若利富洋行做无罪抗辩,那么,他必须先声明自己从来没有建过所谓的电报线路,但这样一来,不正中了丁日昌的诡计吗?你说没建,这很好,上海浦东一地的乡民也就从来没有拆过电报线路。因为理论上说,乡民们不可能去拆毁并不存在的东西;倘若利富洋行沉默不语、不做抗辩,那不就是默认了自己的非法建线?如此官司,对推崇法理的女王帝国来说,他利富洋行即便是女王的臣民,也没有办法就此胜出,女王帝国可向来强调法治,重视法理。这时,曾对满清帝国傲慢无理的雷诺先生,感觉到自己正掉入一个深渊,千不该、万不该,他不该建造电报线路前不做一个申请,他为自己的傲慢付了特大代价。

丁日昌的"牛"还在于留有后手,洞察人性,让他懂得进退分寸,也懂得见好就收。向麦华陀提出控告利富洋行的同时,他给了领事先生一个大信封,信封里装了由细作、探子收集来的种种证据。

麦华陀聪明,他当下接受了丁日昌的暗示。倘若洋泾浜北首衙门理事真的提起诉讼,那么,利富洋行违法在先,证据确凿,这官司,利富输定,即便领事有所偏袒,只怕也回天无力。何况诉讼一开,旷日持久,中英双方的面子都不好看;而今,所有证据我丁日昌都交给你领事大人了,且分了两个信封,这表明我丁日昌并不想将事情闹大,既然利富洋行不占道理、绝对理亏,你领事大人要做的就是如何"弹压"住利富洋行,整个事情也就风吹雨过而已。

麦华陀审时度势,不久,他回了一封公文给丁日昌,公文上写道,"利富洋行一贯奉公守法,贵府指责,实无任何证据"。

接到这个公文,丁道台即刻也回了一信给麦华陀,公文上写道,"经反复查验,川沙一地并无电杆,此事恐系是个误会,本道台也就不再继续追究"。

两人心照不宣，官司不再提起，苦主雷诺极度忧懑。

倘若从历史进程不可阻挡这一视角看，雷诺并没多大过错，他甚至已不自觉地成为上海大历史进程的推动者之一，尽管，他的推动基于自己的功利目的。然而，他挑战了满清帝国主权，他又偏偏遇上了满清帝国上海地方官员中最难缠的丁日昌，还有一个情况对他也不利，女王帝国的上海领事不是巴夏礼而是麦华陀，与麦家圈紧密沾边的领事，对中华文化，向来持有平视甚至适当仰视的角度，这与巴夏礼由来已久的俯视有天壤之别。

雷诺看着窗外，远方，东海之滨，叫作川沙的地方，他苦心扎下的电报线杆尽数被掘；面前，利富洋行仓库，摆放着刚刚进口的种种与电报线路有关的器物，而今，一派死气沉沉，眼见将是一个永远沉默的命运。利富洋行亏大了，而他是这个大亏的始作俑者，伦敦总公司少不了将对他做最严厉的惩罚，他在远东的使命将就此结束，卷起铺盖走人是毋庸置疑的结果。雷诺万分委屈，委屈自己的命运竟然会栽倒在电报线路的木杆上，登上邮轮那刻，他的眼眸中定然满满的不甘、愤懑和痛苦。

不用多久，上海大史就将雷诺忘得一干二净，但下述细节太有意思：不久，丁日昌与列强驻上海的诸领事以及工部局董事会有了一个约定，各国洋行，只要充分尊重我大清朝，手续完备，便允许他们设置埠内电报专线，红线也有，专线绝对不许与国际电报海线相连接。

各国领事、工部局董事会自然大喜过往，至于各大洋行，简直要弹冠相庆了，他们没有想到丁日昌会来这一手！

丁日昌确实是个软硬兼施的高手啊，他既不同于中华帝国中比比皆是的软骨头官员，又不同于中华帝国里盲目排外的短视官员，思想观念上，他与曾国藩、李鸿章、左宗棠们处于同一层级，知道中华文明正经受着千年一遇的"变局"和"创事"，倘若两眼一抹黑地拒绝变局、创事，只会加速中华文明的崩溃，重要的是应对，更重要的是变革。

五年后，英国公使威妥玛向满清帝国顶层提出要求，容许英国大东电报公司铺设香港至广东，再从广州至上海、天津的海上电报线路，满清帝国顶层勉强答应，但援引丁日昌在上海的规矩，海线可以到岸，却不可另接陆上旱线。

之后，由于修建电报线路的种种争端，总理各国事务衙门与各列强公使签署了一个法律文件，将丁日昌构想正式写入条款："电报海线沉于海底，

其线端不得牵引上岸,以分华洋旱线界限。"

1875年,丁日昌调任福建巡抚,立刻从海外礼聘专业电报技师,在福建船政学堂附设电报学堂,培养相关技术人员,这是中国第一个培养电报专业人才的学校,虽然仅是一个训练班,影响所及后来开办的北洋电报学堂。

那时候,在英国老家的雷诺先生,因人生受挫而日益颓丧、无精打采,还是已作别世界,只留爱恨交加?无论怎样,我们有理由要对他致敬,致敬他在上海的这个创举,在电报线路建造和毁弃之间,上海大门又被挤开了一点,距离后来那个崭新的文化,又走近了几步。

西风东渐,洋人前来,如此苦厄,接二连三,可说层出不穷。

雷诺事件之前,1848年,有青浦教案发生,麦都思、雒魏林、慕维廉违反上海道的禁令,前往80里外的青浦传教,结果被山东水手报以老拳,差点丢了姓命,那阿礼国,火上浇油,乘机将英国居留地由830亩一下扩大到2820亩,让上海道、上海儒生恨恨不已。

雷诺事件之后,1876年,又有吴淞铁路事件发生,怡和洋行瞒天过海,偷换概念,将道路变作铁路,惹得满清帝国上海地方政府大光其火,又因某个兵丁过铁路时被轧死,怡和洋行为遮人耳目,将尸首偷运出租界却被人抓一个现行,于是导致群情汹汹,上海道更是怒不可遏,下令要停运在铁路上奔得正欢的小火车,怡和洋行自然不会买账,女王帝国在中国的官员更是杀气腾腾、虎视眈眈,摆明了要与上海道做一个兵戈相见的摊牌。战争一触即发,上海土地上看来逃不了战火燃烧,也逃不了生灵涂炭。幸好,李鸿章的政治智慧让整个事情转危为安:英国方面得到了金钱赔偿,而中国方面,则将好端端的一条铁路连根掀起,雷诺事件10年后再次上演。

倘若你不具有"历史同情感",你会简单地下一个结论:吴淞铁路事件彻头彻尾地说明了满清帝国顶层麻木、中层颟顸、下层愚蠢。肯定很麻木,很颟顸,很愚蠢,不过,还有更深层原因迫使吴淞铁路被连根拔起,成锈铁一堆。

1863年,李鸿章任江苏巡抚,作为地方大员,当他接到上海大班们修建铁路的呈文,禀报北京时,内心里很不以为然,甚至,还有"奇技淫巧"的传统观念。但当历史进入光绪元年,既是北洋通商大臣又是直隶总督的李鸿章,有10年左右的自强运动经历,对西方文明、西方文化的认知与前截然不同,倘若满清朝要奉行"以夷制夷",迫在眉睫的事情就是向夷人学习。

夷人的文明、文化不说高于中华文明、中华文化，现时代，已足以与中华文明、中华文化分庭抗礼，这是不争的事实。光绪元年，冬季的某日，他来到恭亲王府邸，拜见这个与嫂子一起改写满清帝国历史的强人，就提出过试造江苏到北京这段铁路，以确保大清朝重要物资运送时的畅达。恭亲王深以为然，但紧蹙眉头，说无人敢来主持这个工作。

李鸿章深知恭亲王内心在想些什么，便鼓足勇气对恭亲王说，如果得便，还请他将自己的想法对"两宫言之"，恭亲王爽快答应。

最终结果，"两宫亦不能定此大计"。

两宫或许深察中国历史上的一切宫内阴谋，却不甚了了正在迅速变化着的外部世界，如此一来，建造铁路一事便胎死腹中。

一年后，当威妥马副手梅辉立前来天津与李鸿章商谈上海吴淞铁路一事，李的内心有自己的打算，先用银子将铁路全部买下，继而中国自己承办。但位高权重的他，任直隶总督，不任两江总督，两江总督姓沈不姓李。两江总督沈葆桢在自强运动中，与李鸿章、丁日昌等，系帝国政界中的洋务急先锋，尽管频频遭受保守派大儒徐桐们的攻讦，但毫不为动，依然洋务不辍。但在吴淞铁路这件事情上，却与李鸿章完全南辕北辙，那日从怡和洋行手中赎回，便以最快速度，将吴淞铁路拆得一干二净，李鸿章的想法由此完全破灭。

两江总督沈葆桢"颟顸无能"吗？其实并非这样简单。那沈总督，当时的内心就相当清楚，"……铜线铁路，如有其成，亦中国将来之利也。且为工巨甚，目前亦颇便于穷民"，另外一席话，则说明他内心恐惧的是什么，"中国如要振兴，则铁路之开必不能免，然不可使中国铁路开之自我"。

很阴暗、很暧昧？是的，却也不全是。满清帝国的历史，如同所有的历史，时常被人性所左右，而复杂多变的人性，让历史不时有一个突然停顿，又有一个突然拐弯，这说明，历史进程的从来不易，亦说明，新文化形成有多么不易。

苦厄还在继续。

第四章 洋泾

第一节：
洋泾浜上九座桥：有满清凶事，更多租界新事

在巴富尔们还没抵达上海，更准确说来，在英国贵族们与英国国王还没有用《大宪章》在13世纪做个妥协，最终让不列颠帝国的未来航向由君主制向君主立宪制做强硬拨准，当后来野心勃勃的欧洲很大一部分，还在黑暗、潮湿的洞穴中忙乎，又为了它们各自的霸权，打得不可开交，甚至闹出"百年战争"这样的神剧，那时，上海洋泾浜，已经作为黄浦江水系的古八泾之一，在江南上海天空下欢快地流淌。

作者已经在上一章里说及了上海骨子里的"似水柔情"特征，江南多峰，上海却几乎无山，上海独多水，多到上海基因里写尽了"水"的密码。远古不说，公元4世纪前，在上海那条由贝壳沙带组成的"岗身"以东，上海的大部分地区还被海水温暖地淹没，假如读者是灵物主义者，你会想象自己的前生就是海水中那条自由游动的鱼吗？地理学家们如此说，岗身存在于公元前7000年至公元前3000年间，它是上海古海岸线，以后，长江三角洲冲积平原不断延伸，上海陆地陡然生长，叫海登斯坦的地理学家据此测算：那时上海，每60年要向大海推进一英里，速度够快的了，读者你信还是不信？

就在这片沮洳处处、野草丛生的泥地上，自然造化，加上无法解释、无法破译的远古力量，让上海产生了数不胜数的浜、泾、塘，以至今日的我们，不是还与肇嘉浜、漕河泾、蒲汇塘朝夕相处？比浜、泾、塘有更大影响力的古上海三条江，分别叫娄江、吴淞江、东江，江南古人早就感慨系之，"三江既入，震泽底定"。

一个老城厢，方圆也就几平方公里，就有方浜、肇嘉浜两条干流，干流上就有54座桥，至于次一级的小河浜，诸如侯家浜、黑桥浜、乔家浜、薛家浜，那就数不过来啦！所以说上海姓"水"，所以说上海原住民的性格中有水的柔婉，洋泾浜自然而然地流在上海大史中。

大明年代，大臣夏元吉主导，工匠叶宗行操作，一条叫范家浜的河流与黄浦有了打通，此举意义多重：一、决定了黄浦江的应运而生；二、决定了吴淞口的兴起、南跄浦口的没落；三、决定了洋泾浜被从它身上穿越而过的

洋泾浜划分着英法两家

黄浦江一截两段，东段，叫东洋泾浜；西段，叫西洋泾浜。

东洋泾浜，以黄浦江为边界，一路东去，沿途经过庄家宅、盛家行等10多个自然村落，最后汇入洋泾镇的洋泾港，结束作为一条独立河流的存在。

乾隆年间，东洋泾浜给浦东乡民以灌溉的恩赐，给商贾以通航的便利，那时的东洋泾浜，河面有一定宽度。以后，如同青浦青龙港，因了河道不断变窄，河泥不断增多，最终，彻底淤塞的东洋泾浜不再具备河流的特征，它从上海大史里悲哀地消失，它终究不是时间这个伟大对手的敌手。

西洋泾浜却依然故我地优哉游哉。

它宽有数十米，一头与黄浦江相通，另一头，向西流去，直到相遇周泾、北长浜，才与上海这两条小河亲切地浑然一体。

西洋泾浜上（下面都叫作洋泾浜），至少在整个明代，河水潺潺而过，却不见任何一座木桥，所谓的"野渡无人舟自横"。

要到西风东渐，不速之客带着他们通商、发财、成就豪横人生的梦想来到苏松太道管辖的上海，洋泾浜，方才有了桥，更准确点说，有了九座桥。它们由东而西地一路排开去，分别叫作：外洋泾桥、二洋泾桥、三洋泾桥、三茅阁桥、带钩桥、泰勒氏桥（后叫郑家木桥）、东新桥、西新桥、北八仙桥，其中的三茅阁桥算是一个异数，它的历史，是跳脱了不速之客到来的1843年。

九座桥跨越洋泾浜，勾连时常同床异梦的英、法两个租界，又交通着农业文明的城厢与工业文明的夷场，它们若有灵，无疑会看见河边有过的浓黑硝烟、飞溅血液以及震破天空的杀伐之声，也会目睹两岸不时出现的倨傲的大班、嗫嚅的露天通事和放眼看世界的秉笔华士,某种意义上,洋泾浜上九桥的百年历史,正是江南上海转型为都会上海的一个说明,那是生生的一部"从蝶变而巨变、经激荡而激昂、感痛楚而痛醒"的上海大史。

我们先从三茅阁桥说起。

刚才说了,它的故事要从清代说起。

先有一座三茅阁,又叫延真观,建于明代永乐六年(1408),唐姓里人捐出土地,建造此庙,祀奉三茅真君。哪三茅真君?乃汉代修道成仙的大茅君茅盈、二茅君茅固、三茅君茅衷,三位成为道教茅山派祖师爷。到清代,乾隆年间,此庙得以重修,焕然一新,神采飞扬。

咸丰三年,即1853年,上海县境发生前所未有的暴动,广东人、福建人的一部分,让这片因泥滩堆积而成陆地的温顺土地竟也荡漾起血腥气息,让上海人从来平庸无奇的个性,因这次造反,竟也激烈、凶猛起来。正是在不顾一切的"造反文化"中,三茅阁毁于兵燹。之后,有姓名不详的西方人将道观所在地用银子购买下来,而对这座被毁坏的庙宇始终念念不忘的上海士绅,出资在老北门内穿心街重修庙宇,然供奉的已不是三茅真君,而是对全体上海人更有意义的春申君了。

三茅阁桥,始建于康熙年间。满清初时,你若居住城厢内,不时出入北门,头眼瞥见的,赫赫然便是三茅阁,除此之外,此地再无夺人眼球的景观,三茅阁拿来用作桥名,妥帖得很哩!

桥成那段日子,杀人如麻的八骑铁甲已收起他们沾满血光的刀剑,正向被他们的暴力征服了的那个伟大文明虚心学习,康熙大帝深知儒教文化的博大精深,这文化值得满人们顶礼膜拜。

三茅阁桥就这样在上海星空下兀自端立,桥上,来来往往既有达官贵人,也有贩夫走卒,一定也有充满了传奇色彩的男女。开埠后,此桥意义倍增,盖因它是上海县城前往英国租界的唯一通道,换句话说,上海士绅或黎民百姓倘若打定主意欲去夷场,考察那北市与南市究竟有多少不同,不经此桥,休作此想。

1853年9月,当小刀会将士们将上海县城全面占领,且准备与南京方向的太平天国有所勾连,上海道台吴健彰格外惊慌失措,建议英帝国领事总馆,为阻挡小刀会进入上海租界,宜速速将此桥拆掉,再不拆,恐要连累你夷人了啊,到时悔之晚矣!

1854年,英国人拆了此桥。

现在,我们可以想象小刀会将士们站在城头极目四顾时,洋泾浜一水横陈,三茅阁桥已荡然无存。眺望上海北方,那里有夷场,滩路上有洋房,麦家圈有建筑,教堂街有教堂,那里,还应有对小刀会抱有相当同情心的伟烈亚力、雒魏林,为医治小刀会众伤员,雒魏林多次进入城厢,施展救死扶伤绝技,此君真是一言难尽啊!除此之外,那里还有荒野、泥路、滩地,还有坑坑洼洼上踯躅的野鸟,还有萧索、沉寂、紧张、凶险。

三茅阁桥要到1855年后方才重建,那时,年初二拼死一搏的小刀会死士,突围中,已作鸟兽散也。他们的领袖人物刘丽川,被清将贺大胜、韦友瑶杀死在上海西郊虹桥一带,两人还在刘的身上搜出"招讨大元帅"和"受命贵天"两枚大印;那时,陈阿林去向不明,他曾与刘丽川约定南京石头城见,但突围之后,人们再也没见到这个洋行马夫出身的造反者。之后始终流传两种说法,均无法确证:其一,当夜突围,他保住了一条性命。随后,隐姓埋名上海租界多年,直到这波萧杀风声彻底平息后,方才偷偷摸摸地(不知易容没有)前往新加坡,在那里做起生意,对之前的造反事业讳莫如深。其二,那夜晚,他逃向租界,在大马路或四马路中藏匿起来。多少年后,有人在英租界里见到改头换面的他,他已是某条石库门里弄的大房东,小日子过得有滋有味,显然完全遗忘了他曾经血风腥雨的岁月。所有这些,三茅阁桥均看在眼里、记在心里。

洋泾浜上第二桥建于1847年,一座老桥,似乎无名;之后,经传教士泰勒氏之手,又建新桥,叫作泰勒氏桥,又以后,叫郑家木桥。

老桥建成之年,满清帝国与女王帝国的头场战争已经打完,结果完败。庞大却纸老虎般的满清帝国不得不开放了它的五个口岸,西方文化借此昂然而入中华大地,并有剧烈冲撞、凶猛对峙以及最终融为一体——口岸上海有了海派文化,尽管道光临死也没看到这个文化,即使看到了,他也誓不认同。

老桥为何叫作泰勒氏桥呢?

1848年,巴富尔们到上海已有五年,拉锯战后签订的《上海土地章程》也有三年,之前,风帆船早就载来虔诚的英国圣公会传教士,他们由巴达维亚转道至上海。接着,美国卫斯理宗也不甘人后,那年,卫斯理宗美国南方监理会差遣两位传教士远渡重洋,来到口岸上海,他们叫秦佑、叫泰勒。

泰勒在海洋上度过的那些日子可说不堪忍受,然他的内心充满了对主的热爱，这份热爱让他克服了海浪颠簸、跋涉枯燥和风暴来临前的恐怖，上帝的福音要传播至龙的土地上，为了这个使命，他没法不狂热。1848年4月24日，于美国波士顿启航的他，在该年9月20日抵达上海。

泰勒氏先住在王家码头的一间平房里，不久，在今日广东路与福建中路（后来的郑家木桥边上）购得一块土地，造房建堂。1850年，咸丰元年，教堂建成，取名福音堂。之后，为方便老城厢信徒前来福音堂礼拜，泰勒牧师又出资修建一座木桥，在信徒们的嘴里，它叫泰勒氏桥。

小刀会暴动，泰勒氏桥成为焦点，盖因这座桥上，有手提小刀、头缠红巾的小刀会将士踏过，他们与绿营兵的激战，让租界西方人看了心惊肉跳，于是乎，此桥便在造反者与镇压者的双重怒火里而被毁掉了。

1863年12月28日，此桥重新开通，那时，卫斯里宗的监理会已派出新人林乐知，而泰勒亦作别上海，重建之桥理所当然不再叫泰勒氏桥，人们唤它作郑家木桥。

叫郑家木桥，也是上海大史中一页。

满清帝国的上海地方政府发现，1853年揭竿而起的上海造反者，相当一部分来自小东门与大东门之间的咸瓜街，且陈姓、郑姓特别多。"陈、郑两姓，必怀异心，头有反骨"，基于这判断，上海衙门做了一个强硬决定，将密布于咸瓜街的陈姓、郑姓男女，一个不留地赶向福建中路这一带，让咸瓜街再不成为暴动土壤。1863年，在原先泰勒氏桥地基上，新木桥建造而成，为图方便，也是对四周环境有个呼应，木桥唤作郑家木桥，君不见，木桥四周的居住者，不都是咸瓜街那里强迁而来的人们吗？倒也贴切。

后来，这里有让上海大史郁闷的问题产生：郑家木桥两块，聚集起数不胜数的下三滥人物，有大小流氓，有不法歹徒，有黑道高手，有帮派枭雄，在英美、法国、满清三家都不管辖的这方区域，这些家伙白昼交易鸦片，夜深策划抢劫，或"剥猪猡"，或"抛顶宫"，总之目无王法、无恶不作，这座桥，就此成为人人唯恐避之不及的罪恶之桥。更有甚者，上海好人家的家长若要教训自己小囡，会说出这样一句咒语，"再不听话，让侬去做郑家木桥小瘪三"。此话真有力道，每每小囡听了，立马一个乖乖姿态，再不敢跟家长、邻里胡搅蛮缠。

郑家木桥上，出了无数个邪门恶人，其中有个叫小丁香的，在此扬名立万。让人大为诧异，小丁香竟然还被上海人用歌曲传唱，"正月梅花阵阵

香,四海名扬小丁香。在帮兄弟都晓得,出门常带小家生"。

"家生",上海方言,或者说上海俚语,即北方语言中的"家伙"也,或者,死士手中的凶器也!但凶器前加一个"小"字,读者认为会是何种东西?一把小刀?一支小勃郎宁手枪?一小包撒出去让人见风而亡的毒药?这个问题可以由小丁香来回答,问题是小丁香早就死翘翘,很久很久以前,在苏州,他被满清帝国的捕头一举捕杀。

若从上海大史中的黑帮小史来看,郑家木桥绝对算精彩一章。

在那里,有过光绪十八年(1892)进入法租界捕房,后来当上捕房督察长的黄金荣先生。黄先生过人一等的本领在于善于利用郑家木桥为非作歹的小瘪三,即丁顺华、程子卿等人,通过他们,黄先生得到了很大帮助,于是,真真假假、虚虚实实;翻手作云、覆手为雨;传递情报、出卖同党;明修栈道、暗度陈仓,日后黄先生一举登上上海大舞台,此地是他一试身手之处。

郑家木桥出身、在上海滩混成世面的还有:杜月笙师父陈世昌、国民党警备司令部谍报处处长徐福生、七十六号警卫大队长吴世宝的师父季云卿,不一而足。此外,刚才提到的程子卿,少年时代,就是郑家木桥上"抛顶宫"好手、"剥猪猡"的高手,终日惹是生非,长年坏事干尽。然日后,经青帮大佬黄金荣精心调教,转入法租界捕房,天长地久,竟然当起捕房督察长。那时的程子卿,早已跳脱之前混迹郑家木桥时的不堪形象,一举成为上海滩心思缜密、手段毒辣的牛人。他经历过的一件最牛逼事情我叙述如下——

1921年7月23日那天,得到包打听线报,他穿着一身灰布长衫,硬闯望志路106号那幢石库门建筑。他并不知道,自己有意无意地与未来中国最宏伟的一部大史有所沾边,那天那时,中国共产党正召开她的第一次代表大会,13名来自中国各地的青年精英,正密商着如何推翻一个万恶的旧世界并创造一个幸福的新世界。

日后,程子卿这样解释过他当时行为:对参与中共一大的所有人员,某种意义上,他做了保护。首先,他拖延了时间,让与会者得以尽快转移;其次,当他再次率领法租界警察将望志路106号团团包围,作为巡捕房头目,他有意对留下来的李汉俊、陈公博没有多加盘问,更没有对已经离开但还在上海的人们发起追捕。

事实究竟如何呢？有一点是清楚的，1949年之后，当中国共产党建立了她的政权，程子卿没有被为难。

洋泾浜上第三座桥，有一个让人一听就不会忘记的名字：打狗桥。

是打狗桥，对的，不是带钩桥。

此桥建在三茅阁桥以西，具体位置在今日山东中路，也就是说，当你从老城厢出来，跨过打狗桥，再步行一阵，便会进入麦家圈。在那里，你会与麦都思、伟烈亚力、慕维廉们相遇，兴许，江南第一才子王韬和他的死党蒋剑人还会对你打着招呼！

打狗桥北面，当年叫庙街；打狗桥南面，当年叫施政路，木桥建于1863年，那时，城厢上海唯有19世纪的暮气沉沉，而租界上海，则已有奔向20世纪的生气勃勃，当年的桥名可不难听，它叫施政路桥，为何此桥后来会被冠以打狗桥这样粗俗之名？

此处荒凉，遍地野草，这毫无疑问；因了荒凉、荒芜甚至荒蛮，因此聚拢起无数条野狗，它们穿梭往来，反复出没，时而狂吠，时而撕咬，如同我们人类的某些人般始终争斗不息，这同样毫无疑问；问题为何这里竟然会吸引着数以十计、百计野狗？又是什么东西让这些低等生物竞相来此，以满足它们吞噬、啃咬的贪婪心理？作者有个猜想：1862年，上海暴发特大瘟疫，酷烈程度不亚于今日新冠病毒肆虐，有历史学家得出死亡者"高达一百万"的骇人听闻数字。倘若事实果真如此，那么，上海知县根本无法应对随时随地倒毙的亡者，不得不将来不及填埋的尸体暂时扔在洋泾浜此处，这便招引得野狗们疯狂前来，在死尸身上放肆地啃咬！即便瘟疫已去，尸体亦无，然野狗们的低等智力让它们仍然啸聚于此，妄想能够重现昔日在大堆死尸上活蹦乱跳、纵情咬噬的那番狂欢。当然，这些仅是作者的一个猜测，读者不可当真。

上海地区从来不缺文人，而文人又从来讲究一个雅字。打狗桥，打狗桥，叫来总是不雅，不仅不雅，简直粗俗得很，于是，有不知姓名的文人，将桥名改了一下，打狗桥便成了带钩桥，两字一换，立马优雅无比、古意盎然，让人生出无尽遐想。这说法，虽然无法给予确证，但联想到南市那里曾经有过狗肉弄，后来也在文人雅士的呼唤中变做了"钩玉弄"，两者之间不是极为相似吗？

说了康熙年代的三茅阁桥、咸丰年间的泰勒氏桥以及同治时期的打狗桥，现在，要向读者介绍洋泾浜上另外三座桥，与上述三桥有不同，这三桥

均系法国人所建,是法兰西帝国亦是法兰西第三共和国特使们来到口岸上海后的所作所为。

先说外洋泾桥。

1856年3月25日,在后来洋泾浜与黄浦江的交汇之地,有一座木桥跨过了洋泾浜,连接起了两个租界:英租界与法租界。此桥位于任何一个老上海人都耳熟能详的中山东一路与中山东二路相交处,由南向北,跨过此桥,那年份,最早来到上海的法国人,比如利名洋行的雷米、施密特,他们可以沿着滩路,走向即将诞生或已经诞生的韦尔斯桥。

一部上海大史,无法跳脱苏州河、苏州河上的韦尔斯桥,这座由怡和洋行大班韦尔斯精心打造的木桥,连接了苏州河两岸,又后来,变身作外白渡桥,让有轨电车由桥上"叮当"作响而过,又在桥堍两边涌现起经典建筑——礼查饭店、俄罗斯领事馆、英国领事馆、新天安堂——让上海至今还激动不已。

或许巧合,或许必然,洋泾浜上,那个年份,法国人主导的桥梁也跨越而过,全长23米,桥面宽有10米,公董局出资,中国营造商承建,木桥材料并非取自本地,或许上海当地的木材实在不堪大用,法国人从新加坡进口了木材,为此花去了2000银元。

那年3月,外洋泾桥建成,建桥费用一半由法租界租地人承担,另一半则由上海衙门承担。该桥建成后,在它北堍,英租界地域,出现了英商亚细亚火油公司,在它南堍,法租界地域,则有法商汇理银行,沿浜向西,还有公安、泰安等栈房。

也就10年不到一点时间,随着租界上海日益获得了现代性,外洋泾桥上,交通繁忙,车辆不断,在马车、独轮车、东洋车频繁通过下,木质桥梁不堪重负;桥下呢?大小船只或进浜、或出江,来来往往,热闹非凡,但因此处洋泾浜宽也不过30米,两船交会,让无可让,避无可避,碰撞木桥便成家常便饭,此桥因此百孔千疮。时间正是人类最大的敌手啊,木质桥梁尤其不经时间侵蚀和蹂躏,如同苏州河上的韦尔斯桥,也就六年时间,已四处朽烂,外洋泾桥也同样命运。1874年,公董局与工部局做了商议,决定将木桥改为铁桥,要到19世纪80年代,两家想法才真正实现——木头的外洋泾桥换成了铁桥,显而易见,此桥建造得相当典雅华美,富有法国人从来的气质。必须补充一句,外白渡桥换作全钢结构要再过20多年,那时,因了全钢结构的大桥出现，上海大史也添加了绚烂一笔。

二洋泾桥情况又如何？

此桥，关于它的具体建造年份至今还相当模糊，《近代上海大事记》如此记载，"1873年11月4日有报告请修四川路之洋泾桥"，那么，可以审慎地理解为，此桥建造年份或许与外洋泾桥基本相当。

可以确定：因了二洋泾桥的建造，今日四川中路与四川南路有了连接，当然，两条道路的称呼，起自1945年后，19世纪70年代可不会如此叫唤。

这桥的重要性很快凸显，当年，法租界比英美租界要孱弱得多，不设常备军来保护，一旦有事，靠的是英国军队，"此桥可以让英国士兵迅速地到达出事地点"，这是对法租界历史有发言权的法国专家们所说。

公董局收到修桥报告后，显然有点郁闷，因了报告指出，"木质年久损坏，急需重修，计银1320两"。

这笔银两，对囊中空空如也的公董局来说，不啻一个天文数字，他们发愁如何向法国租地人解释，并要地主们掏出钱来。

三洋泾桥建造于1876年，那年，两个租界都将进入19世纪80年代，上海腾飞且有加速的年代。

三洋泾桥建造在今日江西路口，当年，桥北，英美租界，有道路叫江西路，江西路之前叫教堂街；桥南，叫帕蒂路，叫吉祥街，法国人喜欢用同胞的姓名来命名上海道路，无论帕蒂或霞飞，无论宝昌或巨籁达。这点上，他们与英国人截然不同，更无法比拟麦华陀，此君用中国省份、中国城市的名字来命名英美租界中区的条条大道，间接地表现着他对中国文化的尊重。而法国人，以他们从来的傲慢，不屑于他们文化之外的任何文化。当然也有例外，比如朱葆三路、孔子路、麟桂路和善钟路，这都可以看作有时他们也知道如何收敛起自己的傲慢。

《近代上海大事记》记载，"1883年6月6日，英法租界之三洋泾桥于去年经工部局、公董局核议改建铁桥，业已竣工。桥边设两铁管，以通自来水"。三洋泾桥附近，沿岸，船只常驻，樯桅林立；陆地上，店铺密布，鳞次栉比，一切皆非等闲。

说了以上三桥，洋泾浜上，还有三桥要说，它们是：东新桥、西新桥和八仙桥，它们也都与一部上海伟大的蝶变历史密切相关。

东新桥原称新桥，由于紧傍着它的桥身，洋泾浜上又出现了第八桥，

法租界当局便在"新桥"上冠一个"东",在几乎同时期诞生的桥上冠一个"西",于是这条短短但神奇的小河上,便有了东新桥与西新桥的叫法。

一个叫劳雷的法国租地人造了东新桥。关于劳雷先生,究竟何方神圣,上海大史、小史都没有留下片言只语,亦无蛛丝马迹可寻,很是郁闷。东新桥的具体造桥年份因而相当模糊。

东新桥南接浙江南路,这条道路,早先称作东新桥大街;北连浙江中路,这条道路早先称作浙江路。此处,有个特点,它系一个交通枢纽,法国人方面,法商运营的二路、十路有轨电车;英国人方面,也有三路、五路有轨电车,交通之发达、之繁忙,无可比拟,当然,这都是后来的事情,民国之事。

东新桥这里,百业辐辏、商贾云集,有伊斯兰教的清真寺,上海人叫它为外国寺;有吴淞庄姓开办的中鑫茶楼,茶客之多,完全可以比拟当年黄浦江边的凌云阁、洋泾浜旁的丽水台和苏州河畔的玉茗楼,由此可见吴淞来的庄某人,也是上海滩潮起潮涌的弄潮儿中的一个,是要给100个赞的;这里还有剧场、油厂、皮革店、纸扎店,不一而足。想当年,多少赤手空拳的华人,倘若够年轻、够野心、够欲望,受了他人恣惠,或者自己原本就有一腔天大的野心、欲望,由中国四面八方前来上海,一头扎进大都会这方人间烟火炽烈之地,为平凡人生日夜奔走,誓言要做成一个人上人,誓言宁成鸡头、不成凤尾。作者猜想:当他们于人生漫长的搏斗途中,腹中空空、饥肠辘辘,是否会在东新桥顶顶出名的小吃店"老半斋"做一个停留,来上一碗闻名遐迩的雪菜烩面?

西新桥的建桥历史不详,只知它建在洋泾浜即将告别的那个时间节点,便是晚清已去,民国新临。桥南,连通自来火行西街,桥北,连接广西路。西新桥对上海大史的其中一番意义在于桥边曾有一家自来火行,1866年,法租界终于也告别了油灯时代,进入煤气路灯时代,法租界的那派光明能量皆来自这家自来火行。

最后,一个重量级角色上场,它就是洋泾浜上九座桥中的重中之重——八仙桥。

八仙桥是个大概念,这个大概念指代着后来上海最繁华的一个区域,囊括的物理空间有大世界、八仙桥菜场、恩派亚大戏院等,八仙桥的意义在于它与自己周边环境的反复互动:环境因桥而生成,桥又因环境而出名。

八仙桥名称缘何而来？上海这个区域，难道真有八仙曾经盘桓过？对后面这个问题，答案当然只有否定；而名称由来，应该与西方列强秉持的帝国主义意识形态有关，也与上海原住民民族主义情绪日渐高涨、对此有一个强力反拨有关。

《楔子》中，读者应该记得，作者曾有写道，1860年8月，法国远征军在鲁昂第二师师长蒙托邦将军率领下，在北京通州八里桥一地，将僧格林沁3万蒙古骑兵精锐尽数打垮，这一仗彻底断了咸丰皇帝念想，也让《北京条约》黏附于《天津条约》一边成为铁定事实。

法皇对蒙托邦大加赞赏，恩赐"八里桥伯爵"这个名头于他身上，蒙托邦一定心潮澎湃，但是否涕泗滂沱我们无从知晓，也无意知晓。

消息传到口岸上海，法国领事馆自然一片欢腾，想着要将蒙托邦将军的丰功伟绩在上海法租界有个铭记，毕竟，法国远征军不久前曾在上海停留，蒙托邦将军更在雷米大宅里盘桓日久，那蒙托邦的光荣不就是上海法租界的光荣么？与此同时，如此铭记，亦是对始终心怀不满的华人群体有个震慑：看你们还敢对我法兰西心怀不满、始终想着蠢蠢欲动么？

1865年，云南南路刚刚辟筑而成，法租界当局便将这条新路命名为八里桥街，用意不说自明；同年度，法租界公董局董事会做出决议，在此造桥，两年后，当洋泾浜上有了第九座桥，法租界当局就堂而皇之地将此桥正式叫作"八里桥"。

有人对此很买账，也有人对此极不买账。

终日奔走"夷场"的买办们很买账，从遥远的长江上游而来，对租界生活充满了奇思异想的青年移民很买账；不买账者多半为生于斯、长于斯，深受儒教文化熏陶、充满了民族主义情感的愤青们，简洁地说，王韬、蒋剑人、管嗣复之辈应在不买账之列，还可加上宁波帮大佬，肯定还有四明公所事件中瞪大愤怒之眼、血气方刚的宁波后生们，他们有意将"八里桥"误读成"八仙桥"，他们才"不鸟"蒙托邦或他的那些丘八们呢，纪念你蒙托邦，不就是侮辱我大中华吗？僧格林沁确实败了，蒙古骑兵确实被打垮了，但中华民族不会败，中华文化永放光芒！

八仙桥？八仙桥与张果老、铁拐李等八大仙没有任何关系。

读者还须知道这一点：八仙桥不止一座，它由四座桥构成，谓之北八仙桥、老八仙桥、中八仙桥、南八仙桥。四桥位置如下：北八仙桥跨过洋泾

浜，河的南岸便是那条著名的八里桥路，斗转星移，160年之后，这路就叫云南南路了。老八仙桥居于北长浜边，你可以说它跨了周泾，也可以说它跨了寺浜，总之，它与洋泾浜似乎没有了关系。中八仙桥、南八仙桥，它们跨越周泾，与洋泾浜肯定无关，但话又不能这么说，那条周泾不就混合了来自洋泾浜的水源么？

时光荏苒，法租界全盛期来到的1917年，上海人口中念念有词的八仙桥，早已不指桥，而表达着一个区域的概念，地理上说，八仙桥的东边边界为云南路，至多加上广西路，南边边界淮海路，西边边界龙门路、普安路，北边边界延安路，由此围合而成的区域，正是丰富多彩到你一言难尽的"八仙桥"。

那里，商店星罗棋布，剧院交相辉映，更兼吃、喝、嫖、赌，要什么有什么，真可谓百业杂陈，鱼龙混杂，市廛热烈，红男绿女，在不奢华也不简陋的社会氛围中，喷射着中产阶级欲望、小市民梦想。

设想，20世纪20年代的某个上午或下午，有属于上海新阶层的一对新婚夫妇，从勒菲德路、贝勒路相交处出发，施施然地走过太平桥，经过恒茂里，擦过恩派亚大戏院，目的地八仙桥。

上海滩正时行旗袍，女子也要做一身，便拉扯着男子进了八仙桥一地赫赫有名的布店"协大祥"。布店里，女子反反复复地挑选了好一阵，终于买下了那块让她心满意足的布料，想到自己水蛇般腰肢将裹一身曼妙的旗袍，想到婀娜在勒菲德路梧桐树下的自己将不可方物，将收获数不过来的"羡慕嫉妒恨"的目光，她的嘴角便洋溢开来笑意。

那日，在八仙桥的"鹤鸣"商店，两人还各买了一双皮鞋，又在八仙桥的"老人和"美美地吃了顿午餐，随后，两人各分东西，男子要去八仙桥"西湖"浴室搓个背，女子则要在八仙桥的"月宫"做个时髦发式。两人约定，下午4点，八仙桥恩派亚大戏院门口碰头，那里，正上映最新的好莱坞电影，"今朝不看，阿拉白来八仙桥了"，女子说，她有上海嗲妹妹的口吻。

女子娇嗔，男子唯喏，上海滩20世纪20年代生态画像之一种。读者，这可以是我们共同的想象，这也可以是上海滩发生的一幅真实画面。

八仙桥，有上海人无法忘却的剧院文化。那里有恩派亚大戏院，有黄金大戏院，有南京大戏院，有恒雅甬剧场，顶顶要紧的当属大世界，那里，日日夜夜讲述着上海滩精彩纷呈的故事，时时刻刻演绎着法租界杀机四伏的传奇，故事中的人物先有黄楚九、经润三、经三娘娘、雷士德；继有张澹如、甘司

在上海现代化中消失的洋泾浜

东、刘半农、虞洽卿,最后在法租界巡捕房督察长黄金荣的软硬兼施下,黄楚九纵然一代精英,也只能"恨杀长江不向西"了,此便是传奇中的一种。

1915年,八仙桥区域如火如荼、日新月异,洋泾浜已被整体填没,彻底地消失于城市变动不居的版图中。是时间,更是上海现代化的原因,让这条河流逐年减低流量,而淤积的污泥却与日俱增,某些河段,已如1912年被填没的上海城濠,仅仅作为上海新市民的垃圾场而存在。洋泾浜成了舟船不行、疏浚白搭、常年散发浓郁臭气的地方。上海为她的都市化、城市化、现代化付出了代价,它让江南清澈的河流变成了一条臭水浜,严重地威胁着上海市民的健康,首当其冲感到威胁的是法租界的法人、公共租界的英美人,近代文明的认知,使得他们不能容忍反卫生、反健康的东西存在。

1914年,洋泾浜填没工程启动,1915年,此工程完成,所花费用大约为20万银两,在填没后的洋泾浜上面,产生了一条路,当年叫爱多亚路,今日叫延安东路。

法英两国向来不和,一切客气仅是表面文章,别人同床异梦,他们在上海,并不同床,梦就更做不到一块。但这一回,法国人给足了英国人的面子,为何?却原来:洋泾浜北岸是公共租界,南岸是法租界,填没此浜,新起路名必须能够两者兼顾。1907年,英王爱德华访问法国,打破了常规,在欢迎他的宴会上,他用法语向主人致辞,他的情商超高。法国人牢牢地记住了这个细节,在远东上海,他们将这条新辟的道路取名爱多亚路,是以法兰西第三共和国的名义对不列颠王国做的致敬。

第二节
中西之桥：露天通事与秉笔华士

他们，读者且注意，他们不是法国人，他们全是华人。

他们是最早也是最积极地与英国人、法国人打交道的华人。

他们出没之所，有作者刚才向读者叙述的地方：洋泾浜两岸，换句话说，即九座桥边上。

但为了对上海大史保持时刻的崇敬，对"上海蝶变"这个非凡事实有绝对的尊重，作者必须指出，九座桥中，他们出没最早的应该是三茅阁桥、带钩桥与郑家木桥，出没最多的理当为外洋泾桥、二洋泾桥和三洋泾桥，至于当一部上海大史在时光湍流中，被冲激到了19世纪初与20世纪初，西新桥边，他们的身影已经日渐淡薄，借用一个古代汉语，他们开始"日渐式微"。

他们的个体几乎无人知晓，真正的籍籍无名，如尘埃、如烟气。我们只知他们的其中几个，是被唤作"松江白菜""麻皮阿春""香水乌龟"。

但他们的整体，是有一个名称，叫作"通事"。

在中国这部更其澎湃的历史中，他们有着自己文化意义上的祖辈，祖辈的称呼之一为"舌人"，这个说法相当形象，他们吃的是开口饭，首先需要口舌伶俐，其次必须对异国语言略有通晓，所有这些都离不开那张嘴，嘴中的那条三寸不烂之舌。后来，他们便被统一在一个称呼下，这称呼文雅了起来，唤作"通事"。

若以租界早期居住有500个华人这数字做对比，他们的人数算得少而又少，若以全部四乡移民加江南上海原住民的数字做对比，他们简直就是茫茫大海中的一根针了。上海文人葛元煦（后一章将详细介绍他）在《沪游杂记》中对他们说过一通话，作者摘引如下：

> 洋船水手登岸，人地生疏。有曾谙习西语无业之人，沿江守候，跟随指引。遇有买卖则代论价值，于中取利。因衣多露肘，无室无家，故以"露天通事"名之。若辈自为一业，有三十六人之例，如多一人，必致争殴。

作者很尊敬这位葛先生，对他的《沪游杂记》亦有一定的膜拜之意，

"露天通事"不再露肘了

但对他的"三十六人"说法，不以为然。事实上，"露天通事"不下数以百计，甚至可以更多一点，只不过，无论正史、野史，都不屑谈论他们。

现在，读者知道了他们的正式称谓，没错，正是露天通事。

19世纪40年代，当上海开埠，但江南为之花容失色、道台为之草木皆兵、移民们为之愤愤不平而原住民为之惴惴不安，我们的露天通事却仿佛吃了豹子胆、藏了定海神针，蹲伏、守候、觊觎在黄浦滩头，双眼放出狼眼一般的光芒，紧紧盯着从远洋过来的夷国大轮，逐一地数着从船上下来的男男女女，要以"舌人"的身份，为这些鬼子、鬼子婆娘做翻译、做导游，同时，自然少不了赚取每日的生活费。

露天通事每日的收获其实寒碜，也就一些碎花银而已。以后，他们中运气好的，一日确有赚取百十来块龙洋或鹰洋的，但那不是泛泛之辈，且是晚清年间以后的事。19世纪40年代，他们还只能叫花子般地在泥滩上讨生活，要不然，葛先生也不会挖苦他们"衣多露肘"，更不会直言"无室无家"。

在租界上海，或在城厢里面，他们的行径招致许多攻讦，还处于普遍排外阶段的上海城乡士大夫们，看西方人，自然有"非我族类，其心必异"的心态，普通平头，看那些外国来的家伙，不是明着叫一声"鬼子"（反正鬼子也听不懂"鬼子"的称呼），便是偷偷地啐地上一口，十分不屑。但看着跟在西方人身后屁颠屁颠的露天通事，士大夫只给一个"无耻之尤"的评语，平头百姓更是直白地叫上一声：去你的鬼子走狗！

某种意义上，露天通事的现状有点悲惨。

读到这里，有心的读者会发问：作者，那请告诉我露天通事的翻译水平

究竟如何?

作者的回答是:相当搭僵。

露天通事的来源基本两种:其一,之前在上海,西方蕃菜馆或西方大班家中的仆役,也可以叫西崽。其二,之前在广东,随着五口通商,跟随洋行大班同来"北方上海"的华人通事。这里顺便说开去,租界上海,首批华人冒险家皆来自广东,这与康熙大帝当年奉行中国沿海口岸全部"海禁"唯留广州一口有关,与广州十三行有关,当然,也与广东人向来的剽悍、勇猛、好斗、冒险、尚武有关。君不见,三元里,不是有那么多不怕死的广东人吗?君不见,两广总督叶名琛,即使被巴夏礼们绑架到了印度殖民地加尔各答,并在那里默默死去,不也存一个视死如归的信念吗?到了上海,这些广东后生为何与老东家一刀两断,毅然决然地在黄浦滩、洋泾浜做一个"露肘、露天"的通事,这已不再是一个社会学的问题,而是一个小说选题了,这里不表。但可以清楚一点,之前的他们并没接受过正规的英语教育,也就略通一点日常口语,要说英语水平,与后来从"广方言馆""英华书馆"毕业的正规生相差何止一个百里?他们能讲的,是也只能是"洋泾浜英语"也!与此同时,"洋泾浜英语"错乱地成熟,海派文化乖谬地哺育。

虽然,一部上海大史几乎没有露天通事的叙事,以至他们这些人成了"永远隐身的存在者",但他们对"上海蝶变"这个伟大事实,却是不容置疑的创造者。

那是因为,任何新文化的发生,它都必须遵循如下的规律:先是制度、器物、观念、意识形态的带入,接着是人的接受与人的排斥,又以后是人排斥后的接受,人接受后的更新、创造。

开埠后的上海,露天通事可以说是最先接触并接受西方人的华人之一,与道台、知县不同,与儒生、乡绅两样,与江南苍生、上海百姓也不穿一条裤子,因了平凡的功利目的驱使,他们直接地迎向不速之客,没有踌躇、不存疑虑,更产生不出丝毫的对抗,仅凭自己的本能,深刻地意识到这些来自未知世界的男男女女,这些红毛鬼子,将决定今日世界的一切。在这个意义上,日后上海获得了她伟大的现代性,未来的海派文化完成了它的一路演化,全都有赖于人们头脑中产生出的"上海意识",那么,这个暧昧不清的人群正是上海意识的始作俑者。

洋泾浜,华洋在此分界,华洋又在此交汇,露天通事施展身手,唯利是

西儒与秉笔华士相濡以沫

图，沟通着东西方，孕育、成熟着"洋泾浜英语"，而他们中最杰出者，超越自我，蝶变、蜕变，日后成为人见人爱的洋场买办，这也是露天通事的历史价值之一种。

一部上海蝶变史，在民间，洋泾浜边的"露天通事"应该算作西方人和西方文化的最早接受者之一，基于他们的价值观念、人生态度，对来自西方的器物、制度或意识形态，不会去做分辨和思索，如此，就没有过"思想的痛苦折磨"。与此同时，与"露天通事"站在时代同一起跑线上的，还有另外一些华人，西方传教士给予他们"秉笔华士"称呼，后来，费正清般的西方东方学大师们改称他们为"口岸知识分子"，感觉上，后者比前者好听得多。他们与西方文化的接触、试探乃至相当程度的接受，虽是必然，过程却又意味深长。

"秉笔华士"全都集中在上海麦家圈，那地方，与洋泾浜近在咫尺。

因了他们主动或半主动地结交西方人，更准确地说来，结交着西方传教士，又主动或半主动地配合着西方传教士传播着中西文化，他们堪称"划时代人物"，怎么评价也不为过。然而，从坚定地拒绝接受西方文化的道台、儒生、乡绅们的视角来看，他们成了中国文化罪恶滔天的叛徒，而在目不识丁但抗夷血液照样沸腾的百姓心里，他们成了洋鬼子手下的卑微"洋奴"，与露天通事毫无差别。

会毫无差别吗？

1852年某日，也可以表述为咸丰初年某日。

有两人，一个是已成秉笔华士的王韬，带着还不曾秉笔华士的李善兰，

跨过带钩桥,紧赶慢赶地进入离桥堍不远的麦家圈。过桥瞬间,他们对时而清澈、时而浑浊的洋泾浜投了一瞥吗?读者说会吗?

他们赶着去麦家圈会"西儒"。

请注意,他们两人,前者对上帝、耶稣、福音什么的并无兴趣,后者则完全没有兴趣,他们将前来上海的传教士统称作"西儒",对两人来说,儒教至高无上,孔子伟大神圣,所谓的西方宗教也就是西方的儒教而已。

那天,两人将要相会的西儒不是麦家圈老大麦都思,也不是裨治文、合信、雒维林、慕维廉,而是伟烈亚力先生。

王韬认识伟烈亚力不下四年,海宁人李善兰则不然,但他欣慕这个对欧几里得有特别研究的西方人,他自己也是欧几里得超级粉,此番特意从浙江赶来,王韬乐意做两人的桥梁。

1815年,伟烈亚力出生在伦敦。

出生那年,伦敦正被它日益凶猛的工业革命搞得乌烟瘴气,无论空气,还是在这场革命中纷纷破产了的男女,一切都很灰暗,这招致后来英国伟大的小说家查尔·狄更斯的愤怒指责,也招致了马克思、恩格斯这两颗全欧洲睿智头脑的深刻分析和批判。

伟烈亚力并非土生土长的伦敦人,他祖籍苏格兰,1789年,父亲从荒芜一片、阴气沉沉的苏格兰高地来到伦敦,做个注定要被时光淘洗的小颜料商人,对此,父亲心安理得,父亲本就没有要做圆桌骑士的任何妄念。伟烈亚力不同,在伦敦切尔西中学读书时,在书本上邂逅了欧几里得,在折服古希腊伟大数学家强大思辨力的同时,他渴望着要为欧几里得做些什么,这似乎成了他的宿命。

某日,伦敦一家旧书摊,伟烈亚力淘到一本法国人写的关于汉语的读物,一下子,他的内心仿佛被闪电划亮,一发而不可收拾地迷上了汉语,更多了一个执念:一定要前往那个遥远而神秘的国度!

汉学家理雅各遂了伟烈亚力的心愿。

1846年,上海英租界,麦都思正营造着麦家圈,雒魏林也在上海县城外开出了中国医馆,一切都在未定之数,聚拢在英租界的那些传教士已迫不及待,他们赶着策划"上海文理学会",目的明确:传播东西方文化。所谓西方文化,首先指西方神学,其次才是西方文学、西方科学;所谓东方文化,特指东方文学、东方名教,至于东方科学这一项,传教士眼里并不存在。

理雅各返回伦敦，为上海文理学会招募人才，人才必须满足两个条件：首先精通西方文学、科技；其次，他还必须是个理想主义者。对啊，唯有理想主义者方愿意义无反顾地踏上前往东方的漫长路途，这一路而去，你不会如渣甸、颠底般发财，还要吃上许许多多的苦，你能承受吗？

不屑做个平庸不堪的颜料商人的伟烈亚力与理想主义者的理雅各一拍即合。

那年，伟烈亚力31岁，美好的后青春岁月啊！他有满腔热血，有始终燃烧着的荷尔蒙。东方在他梦中萦绕不去，心里，偷偷地，他还有一个愿望，如果能够与未婚妻双双前往中国，在那个国度里完婚，这会有多美好！

抵达上海后，无论语言天赋还是科技素养，伟烈亚力都让理雅各激赏不已，麦家圈老大麦都思也有同感。很快，伟烈亚力成了墨海书馆主任，负责书籍印刷、出版。那时，有点好笑，印刷书籍的动力竟然来自一头勤勤恳恳的老黄牛，要到后来，蒸汽机才替代了累成一摊泥的它。

19世纪50年代，麦家圈，有墨海书馆，有仁济医馆，麦都思正颇为自得地享受着"墨海老人"的称呼。麦家圈里还云集着来自英、美的新教传教士，他们是雒维林、慕维廉、合信、艾约瑟、理雅各、伟烈亚力、裨治文等。傅兰雅还没到达，要等到19世纪翻到60年代这一页，江南制造总局有了翻译馆，上海史才会在高昌庙不远处，目睹傅兰雅姗姗登场。

现在，叙述的魔棒指向王韬、李善兰进入麦家圈那一刻。刹那间，麦都思为防备租界混混们而豢养的十几条大狼狗一起吠叫起来，王韬老客，见多不怪，李善兰应该胆战心惊，读者你尽可以自由想象。

随后一幕，画面如下：两人见到等候已久的伟烈亚力，以19世纪50年代中华之礼，相互致敬，好一阵寒暄，尽管客套，却也客气。

李善兰颇为激动，脸庞上浮现起拜见师长的仰望神情。

李善兰出身诗礼人家，先祖可上溯至南宋汴梁人李伯翼，一个何其遥远的年代啊！

他自幼天赋异禀，所读诗书，达到过目不忘，与"少赋不羁之才"的太史公有得一拼。九岁那年，他偶然读到中国古代数学名著《九章算术》，与伟烈亚力完全一样，被闪电划过内心，就此迷上数学。14岁那年，这个节点又与伟烈亚力相仿，李善兰自学欧几里得的《几何原本》，他手捧的，正是数百年前、明代阁老徐光启与意大利耶稣会会士利玛窦共同翻译的那个读本，一至六卷。从此后，李善兰在数学上的造诣日益精深，关于算学在精神

秉笔华士之李善兰

世界卷起的旋涡，绝非晚清人所能想象，更非他们所能企及，即便才情横溢，常作风花雪月咏叹的才子佳人，也会困惑他的精神幻想。

不过，那时的李善兰还是中国文化的循规蹈矩者，奉父命，那年前往杭州府参加乡试，结果大败而归。他很沮丧，然沮丧一阵子，便释怀。他不是王韬，不会像王韬那样，因中举不成好一阵抽风。对自己，他有正确认识，"于辞章训诂之学，虽皆涉猎，然好之总不及算学，故于算学用心极深"。

李善兰并非矫情地接受了现实，他诚实地沿着自己的心爱之路扬长而去。在杭州逗留期间，落第才子相继购买了李冶的《测圆海镜》、戴震的《勾股割圆记》等算学名作，他将它们带回了家，他要好好地研究一番。他是否曾跃跃欲试杭州勾栏、曲房，于寻花问柳中一消心头那股郁闷之气，这个不得而知，说起来，晚清才子谁又不好这一口？这本就是晚清文化。

1840年，第一次鸦片战争爆发，列强肆虐满清帝国这个现实，让李善兰认识到，"呜呼，今欧罗巴各国日益强盛，为中国边患。推原其故，制器精也，推原制器之精，算学明也"。

幸亏他在乡试中大败而归，与其时崇拜儒教、追求功名的知识分子迥然有异，李善兰没有天真地认为只要中国儒教发威，就可以抵挡洋鬼子的"船坚炮利"了。他已经意识到西方文化对中国传统文化产生并将继续产生的"破坏性作用"，中国若要与西方列强有势均力敌的对抗，不发展自己的科技，一切免谈。科学救国理念便于此时在李善兰头脑里盘旋，虽说一切还很模糊。

1845年后，嘉兴，李善兰设馆授徒。

其间，他经常与江浙一带学者，如顾观光、张文虎、汪日桢等密切往来，切磋数学问题，自己也有《方圆阐幽》《弧矢启秘》《四元解》等著作问世。

转眼到了1852年，李善兰听说上海有个租界，租界里有个麦家圈，麦家圈里有个墨海书馆，而墨海书馆里有不少秉笔华士，还有不少西儒，西儒中有伟烈亚力。他知道伟烈亚力与他者不同，他者唯求福音传播，如此结果，不将毁我中华名教？他李善兰一时无法苟同。伟烈亚力则倾心于西方科学传播，在算学上，学问尤精。多年来，算学中的一个圆弧问题始终困扰着李善兰，这回，他下定决心，从嘉兴一路赶来，墨海书馆中要当面讨教伟烈亚力。

李善兰带上箱箧，箱箧中装有他已经出版的几本著作，权作送给伟烈亚力的礼物。赶到上海后，他联系上了王韬，并讲明自己的来意，王韬自然一百个愿意做两人的桥梁。

麦家圈墨海书馆里，当两人拱手作礼时，有旁人无法感受的那份默契，数个时辰下来，伟烈亚力已对李善兰刮目相看，李善兰则对伟烈亚力钦佩有加。

那时，一个主意浮上伟烈亚力心头，墨海书馆还有多少事情要做啊，这些事情，光靠已有的西方传教士和秉笔华士无法做完，还无法做好！墨海书馆需要更多秉笔华士，尤其是如李善兰般对数学有理解、有创见的秉笔华士，万千华人中，此君属于凤毛麟角、奇珍异宝，倘若他愿意留在麦家圈，那有多好！伟烈亚力也是爽快，将想法直言相告了李善兰。

李善兰有犹豫、踌躇，他不得不犹豫、踌躇啊！他来上海租界，存的仅是一份向伟烈亚力讨教算学的心思，可没想过要留在麦家圈做什么秉笔华士！在嘉兴，他有学馆，学馆里有好多学生，他有许多事情要做！由此，对伟烈亚力的热情相邀，他无从作答。

不过，李善兰最终还是同意了伟烈亚力的要求。首先，他清楚偌大中国哪里再去寻找第二个伟烈亚力？其次，他更清楚墨海书馆薪水的威慑力，每月有高达一二百两的银子！想想一个穷酸秀才，一年才有几两银子来补助生活？

一不小心，李善兰在租界上海居住了整10年。

作为一名秉笔华士，在"夷场"，他与西方传教士的合作可说再无人可出其右。

数百年前，徐光启与利玛窦合作翻译了欧几里得的《几何原本》前六卷，种种原因，事情没有进行下去，《几何原本》的后九卷，一直等着新人来翻译。现在，新人出现——李善兰和伟烈亚力——两人齐心协力，全力以

赴地翻译了后九卷《几何原本》，徐光启、利玛窦的未竟事业，有了传人，此举也填补了中国数学史的空白。

之后，李善兰与伟烈亚力还合作翻译了《谈天》18卷、《代数学》13卷、《代微积拾级》18卷，其中的《代微积拾级》，让中国人有了微积分概念，它堪称中国数学史上的一个路标，意义怎样估价都不为高。

李善兰还在大展身手，与艾约瑟合作，翻译了《重学》20卷；与韦廉臣合作，翻译了《植物学》。

不过，170年前的李善兰，并不清楚自己所做事情的价值和意义，他无法将目光穿透历史烟尘看到未来，这让他一度脱离了自身轨道，如同一个小天体，他被另外引力吸引，逃逸的、到另外的星系轨道。

1860年，李善兰前往江苏巡抚徐有壬帐幕下充当幕僚。

晚清社会中终究还有许多世俗之物在诱惑他，做个出色的幕僚，让巡抚、总督倚他为干城，一展平生的济世之才，与此同时，让男儿豪情得以充分发挥，进而出将入相，创不世之功勋，算学研究怎么与其比拟？况且，算学研究，白昼面对冷雨敲窗，夜晚苦熬焚膏继晷，即便有重大收获，唯有明月清风知晓，仅与流水落花分享，与世隔绝、孑然一人，如此之苦、之累、之悲，不是个中人怎么体察？

人性意义上，历史当能理解李善兰的这次逃逸，幸好，命运没让华夏中国去收获一名巡抚帐幕中的幕僚，最终还是收获了一名跨时代的数学家、天文学家、力学家、翻译家。

那年，"长毛"作乱，苏州城破。惊慌失措的满清官员四下逃窜，李善兰也不例外，兵荒马乱中将自己一口箱箧丢失，而箱箧中，有他的种种上书、禀文，自以为是的治世高论、平天下妙策。他连连跺脚，冲天号啕，痛不欲生，无法自制。但自此以后，李善兰彻底断了出仕念想，"绝意时事"，两耳不闻窗外事，一心只求数学解，再无反悔，矢志不渝。

1861年秋，两江总督曾国藩为自强运动而推波助澜，欲在长江边安庆府筹备一家军械所，曾大人邀请了化学家徐寿、数学家华蘅芳前来主持，也聘请了李善兰，李善兰则向曾大人推荐了数学怪才张文虎、张斯桂等。

又过去了四年，李善兰向曾大人提出要求，希望重印《几何原本》《则古昔斋算学》等书，曾国藩二话不说，欣然同意，那时，李鸿章欣然资助李善兰重印《重学》，两位洋务运动大腕，中国近代史最具前瞻意识的大人物，均认可李善兰。

那以后,李善兰好运不断、仕途畅通,他始料不及。

1866年,广东巡抚郭嵩焘上书清廷,保举李善兰担任京师同文馆天文算学馆总教席,他首次获得七品衔。时光年轮转到1882年时,他已获三品衔,京师"名公巨卿,皆折节与之交,声誉益噪"。

李善兰,这个麦家圈出身的秉笔华士以自己国学底蕴、算学天赋,在传播中西文化上,为自己争得了独特地位,所有这些,任何人都抢他不走。多少年后,历史大风将数不胜数的二品、一品大员吹得无影无踪,他的身姿却在星空下岿然不动,如同铜浇铁铸,永远不倒。

李善兰的同好,那个一眼看中他并怂恿他成为又一个秉笔华士的伟烈亚力,在满清帝国大地上又有怎样一段跋涉?

有兴趣于上海近代史的读者不应忽视下面这个细节——

1854年,雒魏林与伟烈亚力两人,曾跨过三茅阁桥,走入北门,在杀机四伏的上海老城厢豫园点春堂,与小刀会头目之一的陈阿林有过一次关键交谈。若干历史学家将这次交谈冠以"劝诱"说明,仿佛伟烈亚力们包藏着什么天大祸心。作者却以为,这与劝诱全然无关,两人跨过三茅阁桥、进入北门时,内心有着的不过是对生命的高尚同情。

1857年,伟烈亚力创办《六合丛刊》,专门用来向满清帝国介绍宗教、科学、文化和新闻学;1867年,又创办英文季刊《远东释疑》,向在上海的西方人介绍中国历史、宗教和语言,他在中西文化的传通上,毫不松懈。

1877年,伟烈亚力63岁,由于年事渐高,双目又几近失明,他不得不离开中国,离开这片贡献了他全部青春、绝大部分生命的土地。

回到伦敦后,他长年卧床,直至1887年去世。那时,他所热爱的中国,即将跨入新的10年;他所热爱的城市上海,即将开埠50年;他所结交的"秉笔华士",如王韬,也从大灾难中脱转身来,征得李鸿章默许,于吴淞江边栖息,继续着东西方文化的传播。

伟烈亚力缠绵床榻的日子里,是否会蓦然想起1848年的某个情景?他与王韬在墨海书馆里讨论问题,王韬突然发问:"西方自古以来有多少位天文学家?"

听闻此言,伟烈亚力长身而起,立马取出英国天文学家赫歇尔的著作《天文浅说》,一边情不自禁地开讲起来,一边,王韬听着,用毛笔迅速地做着

记录。他一讲,整10天;王韬呢,一记,也是10天,结果,墨海书馆出版了他们两人合作的中文作品《西国天学源流》……

1887年某日,当他即将告别这个世界的时候,伟烈亚力眼前会缓慢地浮现起王韬的脸庞吗,"这个秉笔华士,真正了不起啊"……

秉笔华士,还有蒋敦复、管嗣复。

蒋敦复,字剑人,海上名人中的奇才。

他的身世相当诡异,自幼有神童之称,所谓的"13岁就读毕13部儒家经典",时人评价他有这样八个字:生性旷达,落拓不羁。

1842年,中英战争进入尾声,天朝帝国在近代史上首次留下卑微一笔。蒋敦复在江南草庐实在看不下去,书生意气的他,奋笔上书,给两江总督牛鉴献计献策,却因言辞过于激烈,刺痛当权者,牛鉴们又没雅量,急令衙门捕头捕拿这个无法无天的家伙,不得已,蒋敦复躲进月浦净信寺,辫子剪了,香火灼了,僧袍穿了,法名妙尘,直到牛鉴被褫夺了两江总督大权,方才走出净信寺,还俗于世,就此浪迹天涯。

相遇王韬,蒋敦复进入墨海书馆,成为一名秉笔华士,留有最大功绩:与传教士慕维廉合作翻译历史书籍《大英国志》。

慕维廉存了一点私心,《大英国志》出版时只著自己名字,而将"大江南北无以抗手"的奇才蒋敦复有意漏掉,这让蒋不爽,让王韬为其大呼不平。

后来,上海江湖传说"海天三友""海上三奇士",三友也好、三奇士也罢,皆有蒋敦复的份。但蒋时运始终不济,他的才华没有被那个昏暗的时代认识,更不要说展现了。豫园湖心亭中的宛在轩中,他常以茶代酒,或对酒当歌,痛饮痛哭中,甚至会抽出随身带着的佩剑迎风一阵乱劈乱砍,遗憾,所砍所劈的终究只是空气,而不是活生生的敌人,他终究做不成"醉里挑灯看剑"的辛弃疾。

秉笔华士中,蒋敦复早逝,他生于1808年,殁于1867年,红颜薄命,才子短寿。

管嗣复也是异数。

他是江苏上元人,父亲系桐城派重要骨干人物,家学渊源,天赋异禀,早早中了秀才。

1853年,洪秀全的造反大军攻占石头城,他被困在城内,太平军本有罗致他的意思,但他不从,伺机逃出,这段经历之惊险,撕心裂肺。

在无锡，他巧遇传教士艾约瑟，一番交谈后，双方的感觉，犹如李善兰相见伟烈亚力。管嗣复随同艾约瑟来到上海，进入墨海书馆，也做一名秉笔华士。

管嗣复让人记取的是与合信合作翻译西医著作三部，分别为《西医略论》《内科新说》和《妇婴新说》，他是中国西医史空白的填补者。

1861年，他与传教士裨治文合作翻译了《联邦志略》，但他的文化立场由下面一个细节可以确信：教会请他参与翻译《旧约圣经》，他坚定地拒绝，他对裨治文说，"终生不译彼教中书，以显悖圣人"。

他很坚决，作为儒教文化的捍卫者，他牢牢守住不叛中华名教这根底线。这样，他让王韬们感到尴尬了，后者曾如此狂呼，"知我者当为我痛哭流涕"，管嗣复应该算作"不知王韬者"了。

某种意义上，在管嗣复看似迂腐的言行背后，彰显着这个民族曾经最可自傲的死士精神，没有这种死士精神，这个民族就永远只配三流。

第三节
洋泾浜边又来华士,高昌庙附近喜见傅兰雅

继续"秉笔华士"主题。

要讲以下三位:徐寿、华蘅芳与傅兰雅,前两位是华人,后一位来自英国肯特郡海斯小城,英格兰人。

秉笔华士之徐寿

秉笔华士之华蘅芳

秉笔西儒之傅兰雅

化学家徐寿、数学家华蘅芳也算秉笔华士吗?没错。但两位与王韬、李善兰又大有不同。不同一,他们秉笔的空间并非墨海书馆,而在江南制造总局翻译馆;不同二,早在1861年,两位就被满清帝国最具才干的两江大臣曾国藩看中,在安庆内军械所开始让历史铭记的自强事业,那时,王韬正因功名失败而怒发冲冠,而杀气腾腾,李善兰还在墨海书馆里埋头苦干。说到傅兰雅有何不同,我看不出傅兰雅与伟烈亚力之间的差异,相同点倒还真不少:同样热爱中国文化,同样渴望中西交融,同样有一种狂热——尽管不是传教士的狂热——甘愿将自己献上理想主义祭台。

19世纪50年代,租界夜晚,更夫们还敲着竹筒宣示时刻。

某日,有两人,出了北门,沿洋泾浜稍走一段,跨过三茅阁桥,径直走进麦家圈的墨海书馆,十几条大狼狗大概也用吠叫作为欢迎之礼。

其时,中国大地上有多个算学小圈子(据说都为了测算满清帝国何时灭亡而诞生），他们将李善兰看作半人半神，徐寿从老家无锡出发，一路风尘，还拖上比他小15岁的老乡华蘅芳，为了一睹心中偶像，一慰挥之不去的渴念。

嘉庆二十三年，即1818年，徐寿出生于江苏无锡。

徐家世居无锡，终年在江南大田里劳作，满清帝国中数以亿兆计黎民苍生中的一个，历史不留履痕。

徐寿父亲似乎成为家族中第一个读书人，遗憾早早去世；母亲亦在徐寿17岁那年溘然离开人间。

徐寿并非天生一个化学家，嘉庆、道光年间，他"尝一应童子试"，结果，大败而归，徒生烦恼、怨怼、沮丧，他没有如小说家在《儒林外史》里塑造的那位范进般不屈不挠，一怒之下，"弃之"，决意不走狗屁功名路。这一点上，他与李善兰十分相像，不过多纠缠于困惑终生的问题里，而是顺着心田流出的自然之水顺流而下。他要在探究自然界中种种现象而非书写八股文中证明自己，他认为，这个世界上，唯有经世致用的学问，才是实学、真学。

徐寿迈出的第一步，将《诗经》《禹贡》中的山川、物产逐一记录，在《春秋》《汉书》《水经注》中，关注古今地理的种种变化。

命运湍流将他蓦然冲向老乡华蘅芳身边，是宿命，亦是必然。

说来有些蹊跷。

那日，徐寿去县城一个富户家修理七弦琴，家道中落，少年徐寿不得不以修理农具、乐器为生。埋首修理时，不曾想到当地举人华翼纶也站在一旁观看，还在心里生出了点感佩，觉得面前这个小伙子堪称可造之才，何不邀请他来自己家中与华蘅芳兄弟俩相识呢？

跟随华举人，来到华府，徐寿立马知道华家两兄弟也对"举业"不感兴趣，精神始终漫游于数学世界。那以后，三人时常相见，有切磋，有探讨，无关风月，不解风情，却自我满足，自我沉醉。时日一久，徐寿对数学、天文历法、物理、音律、医学、矿学兴趣日浓，而将乐器修理之类抛到爪哇国去了。

华蘅芳呢？

道光十三年生人，即1833年，小徐寿15岁，与徐寿最大不同，他生来世代宦门背景，生活境遇富足而优渥。还有一点幸运至极，举人父亲，与传统

的中国知识分子截然不同，开明通达，对儿子不要求、更不强求，你不想走功名之路吗，可以；你不读圣贤之书只迷算学吗，也没什么不好。由此，10岁那年，华蘅芳已开读中国古代算经，20岁前，更完成了《周髀算经》《九章算术》《孙子算经》《张丘建算经》《测圆海镜》等经典算学著作的阅读且有自己心得。

22岁那年，举人父亲将徐寿领入家中，华蘅芳与徐寿尽管年龄悬殊，但一见如故，相见恨晚，唯愿立马金兰换帖，永结同好。及至26岁那年，徐寿作图，华蘅芳作文，两人同心协力写出第一本数学著作《抛物线说》，距离两人走进墨海书馆那日已有六年。

两人前往墨海书馆拜见共同的偶像李善兰，很自然，也很必然。

且说那日，李善兰在墨海书馆热情地接待了两位。李善兰何等人物，一番话下来，早已掂出面前两位斤两，这两个无锡人可不在"小粉丝层次"上啊，于算学有自己的学术见解，对数学中的一些问题，会有不同的质疑，英雄相惜的意气在李善兰心里顿然生成。

随后，双方就此别过，白云苍狗，四季轮回。

一个疑问作者就此提出：李善兰为何不立刻将两人挽留在墨海书馆做个秉笔华士？作者这么推断：这两位，自幼放弃功名，转身八股，国文底子有可能打得不够扎实，至少，较之李善兰逊色不少，更遑论比拟王韬、蒋敦复、管嗣复等才子、狂生了。要做秉笔华士，这可不是件轻而易举的事！

那两位，别过李善兰，在租界上海逛了许久。他们购买了许多书籍（自然墨海书馆出版），也购买了一些物理仪器（会是什么仪器呢），在老城厢，他们转悠了许久，无锡可没有豫园，没有文庙，没有湖心亭。他们深入虹桥那一带了吗？曲巷深院，粉墙黛瓦，半掩木门后，时不时会有一张江南俏脸应声而出，花花世界中的鸳鸯蝴蝶，谁人不爱？谁个不怜？倘若他们轻叩木门，入院去听一曲靡靡之音，冷峻的历史亦会心一笑。

之后，徐寿独自来过上海一次，这一回，他读到了墨海书馆刚出版的合信译作《博物新编》，书里介绍的氧气、氮气等一系列化学知识，让他宛如开了天眼，有发现新大陆般的狂喜，而且，当他将自己的大名镌刻在上海城墙上，当他在名人大辞典中的主要称谓是化学家而不是数学家，都与因精神错乱而不幸去世的英国人合信有深切关系。

那时，有一股两人不知的历史湍流正奔腾而来，且注定要将他们挟持而去，这股湍流叫自强运动，湍流中浮现而出安庆内军械所。

1861年，距离石头城破还有三年，江南大营、江北大营时而将南京围得水泄不通，时而又被天国军队冲得松松垮垮，自称上帝儿子的那个狂人却很笃定地在深宫大院里与他的后宫佳丽逐一调情，卖弄风情。笃定自有底气，虽说江南、江北大营还在威胁石头城，但爱将李秀成，不仅在1860年一鼓作气地拿下了常州、无锡、苏州，成立了拱卫天国的苏福省，又于1861年11月，千难万险后攻克了浙江杭州，逼迫浙江巡抚王有龄，不得不在痛哭流涕后，以一死来报效少不更事的皇上。

那年份，满清帝国与太平天国间的角力还没分出高低，不过，总有人能够透过历史烟云而看到未来，晚清最杰出的政治精英的曾国藩，就有如此超前意识，他发出邀请函，请来名不见经传的徐寿、华蘅芳，他需要两个中国近现代准科学家为他的兵工厂——军械所——制造枪炮和炸弹，西方人之所以能够在华夏中国耀武扬威、不可一世，还不是仗着他们的军舰、大炮、后膛枪吗？倘若我大清朝也能制造这些东西，何惧之有？而洪杨之乱之所以猖獗多年，至今还挑战、威胁着我大清朝，不也仗着我们没有更多的枪炮、炸弹，将他们一举歼灭吗？

是谁为曾国藩大人推荐他俩，李善兰也，曾大人自己对他俩的评语也摆在台面上："研精器数，博涉多通。"

徐寿之所以招之即去，与1860年发生的一件事情密切相关。

那年，太平天国将士们正在李秀成带领下，横扫苏南大部分地区，阵势如入无人之境。

一日，两个"长毛"闯进徐寿家里，对徐寿提出想要银元。

徐寿不给，心想，天底下哪有这样的道理，我与你们非亲非故，凭什么要给你们银元？再说，你"长毛"烧杀抢掠，已到了无恶不作程度，我就是有银元也不会给你们！

两"长毛"见强索不成，不由恼羞成怒，其中一个拔出刀来，对着徐寿后颈部就是一刀砍去。还幸亏刀子钝了点，要不然，就这一刀，徐寿便已颈项分离。但这一刀也够凶猛的了，但见徐寿后颈部处鲜血飞溅，那根满清人视作命根子的辫子，刹那间也被斩成两断。侥幸的是，两个"长毛"没继续施出毒手，徐寿捡回命一条。

自此以后，徐寿的立场就坚定不移了。

1862年3月,江南桃红柳绿、烟气迷离,多情诗人正吟咏"天下三分明月夜,二分无赖是扬州",两位到了安庆。

接下来几年,他们做了多件让满清帝国高层深感满意的事情,其中"黄鹄号"轮船制造,让人铭记。

放在今天,这条小船着实不算什么,长度仅55华尺,载重量25吨。试航那天,黄鹄号抖擞精神,时速16里,14小时里行驰了225里,一鼓作气,破浪来去。

诚实地说来,此船"中国制造"有点名不副实,船上最主要部件,如主轴、锅炉及气缸配件之铁购自外洋。但要求如果宽松,它应算满清帝国制造的第一条使用蒸汽动力的轮船了,两江总督为此乐不可支,"长毛"还没剿灭,天下还不太平,乘坐黄鹄号上,参与着全程试航,他笑口常开,仿佛从此后便可以寄情山水、笑傲江湖。

曾大人欣赏徐、华两位不言而喻,伟大的圣贤能让中华民族拥有自己的信仰、理想、操守、品格,却无法抵挡夷狄们林明顿步枪射来的子弹、阿姆斯特朗大炮发来的重磅炮弹,抵挡夷狄,还须有千百个徐寿、华蘅芳。

紫禁城那里也欢欣鼓舞了一阵,少不更事的同治,在两宫太后指点下,赐给徐寿匾额一块,上面赫然六个大字——天下第一巧匠。

徐寿可以理解地飘飘然了,黄鹄号建成不久,他趁热打铁,给曾大人上书,有四点建议:其一,开煤炼铁;其二,自造大炮;其三,操练水师;其四,翻译西书。

徐寿说错了没有,一点没说错,徐寿有眼光吗,他太有眼光了。问题在于他上书时机不对,曾大人读了条陈,掷给徐寿"不得要领"的训斥,他要徐寿安心造船,不要妄议其他事情。更难听的话曾国藩还没说出,若要议论这些事情,官阶至少要到道台、巡抚,你徐寿,充其量一个能工巧匠,怎么不掂掂自己的分量?

时光在长江奔涌中有节奏而去,中国大势,在如此节奏中又产生了众多变局。

1864年7月19日,在炸城的猛烈爆破声中,曾国藩大军蜂拥而进石头城,石头城上空,响彻着狂乱的呐喊声、凄厉的哭诉声,上帝之子洪秀全见大势已去,也是一个狠角色,这年5月30日,吞金而亡。满清帝国就此逃过了本应属于它的断命大劫,侥幸续上命的它,渴望满血复活,且痴心妄想着康乾盛世，如此背景下，1865年9月20日，曾国藩规划的江南制造总局问世。

江南制造总局堪称安庆内军械所的逻辑发展，不过，由于格局、规模和所引进项目——"工作母机"——的先进，自此以后就当仁不让地成为满清帝国的路标型企业，罕有所匹。

它的诞生，首先应归功于丁日昌的敏锐，紧接着，李鸿章发挥了他的睿智，最终拿主意的当然是曾国藩，其时，他已节制、操控着中国东南四省，两江总督是名，四省总督是实。又三年后，曾大人深得"鬼子六"与他两位嫂嫂的信任，更以直隶总督身份担负起京畿保卫工作。要知道自顺治率领他见佛杀佛的马队踏平中华大地以来，这个岗位从来都是满人担任，汉人？满清朝怎么会放心诡计多端的汉人来担任此职？由此可见，在帝国顶层心目中，曾国藩除了能干，还获得了绝对的信任。

1867年，江南制造总局从虹口迁入城南高昌庙，一年后，制造总局又多出了一个翻译馆。

翻译馆，徐寿推动而成。

两年前，徐寿的建言被曾大人批得一文不值，但他个人始终没忘建言中的第四点——翻译西书。中国要崛起，要赶上列强，首要做的事情就是将他人的好东西先拿将来！踩在洋人的肩膀上前进，事半功倍！

上一年，他对江南制造总局会办沈宝靖建言，"设一便考西学之法，至能中西艺术相颉颃""将西国要书译出，不独自增识见，并可刊印传播，以便国人尽知"。

事情最终还得曾国藩点头，而曾大人此时正在剿灭捻军的前线，皇恩浩荡，他不全力以赴，难道在家坐看云起？不过，以他从来的广阔视野，这些年来，他并没遗漏花华圣经书房、徐汇公学、清心书院，更不会遗漏江南制造总局，总局若开设"翻译馆"，诚然好事，大好事，"盖翻译一事，系制造之根本"，与两年前他自己的观点相比，判若两人，这才是真正精英的做派，人免不了短视，而能够克服自己的短视，便拥有历史向度的长视。

曾国藩点名，徐寿任江南制造总局翻译馆会办。

徐寿走马上任，为"翻译格致化学制造各书"，分设"提调一人，口译二人，笔述三人，校对图画四人"，基于他对西儒们从来的尊崇和热爱，他高价聘请了伟烈亚力、傅兰雅、玛高温、林乐知、金楷理等人，若要翻译，他们每人都是绝对主力。

曾经的秉笔华士与当年有恩于他们的西儒们重逢于高昌庙附近,真是感怀万千,一时却又"无语凝噎"。

西儒中有一位新人,他抵达上海,却没进麦家圈,属于别的西人圈子。他叫傅兰雅,倘若无他,江南制造总局翻译馆便失去近一半意义,如此主要角色还须赶紧向读者介绍。

先确定一点:出生于1839年的傅兰雅,与早他15年前来中国的伟烈亚力相当"同质",对传教,两人都没多少兴趣,说事业心,两人都致力于东西方文明、文化的强力传播,当然,西方文明、文化对东方的传播比例上更大一点。这样说吧,傅兰雅是19世纪60年代的伟烈亚力,而伟烈亚力则是1840年的傅兰雅。

国人这样描述这个英国人,"他喜欢身着中国官服,喜欢操一口纯正的汉语,喜欢骑马,喜欢读古典话本小说,喜欢和中国文人们一起饮酒作乐"。如此说来,他对上海,不不,他对中国,对中国文化有特殊感情,对了,作为对他的回报,他是仅有的几位被满清帝国宠幸的西方人,他的顶戴上有显示三品官衔的那颗珠子。

1839年,甫一出生的傅兰雅,除了啼哭,什么都无法确定,牧师父亲帮他确定了所有。

父亲是英格兰小镇上的一名传教士,你在英国小说或英国电影,如《德伯家的苔丝》里总会看见他们,匆匆一瞥,擦肩而过。然这个牧师眼界不一般,他关注的不是眼皮底下的鸡毛蒜皮事情,他关注东方,对前往中国传教有莫名兴趣。我心想,他有些类似当年十字军东征时期的勃艮底法国农民,虽然穷得上顿没了下顿,但一旦听闻教皇传令,二话不说,迅速穿上破破烂烂的十字长袍,即便家里没宝剑、没盔甲、没战马,也会在肩膀上扛一根粗木棍,匆匆忙忙赶上大部队,向着耶路撒冷方向狂热而去。

小傅兰雅紧跟亢奋的父亲,不时前往小镇报告会。

报告人多半刚从中国归来,有商人,也有传教士,他们对满清中国的描述其实相当离谱,不过,远在9000公里之外的英格兰小镇,有谁会在乎报告中种种细节失真?至少傅兰雅父亲不会在乎,傅兰雅想在乎也在乎不了,他完全沉浸在报告人营造的远东中国的氛围中,多少年后,他在自传中坦承自己的少年情怀:"在我的孩提时代,没有什么东西能比阅读我千方百计搞到的有关中国的书,更令我愉快。我太想去中国了,因而同学们给我一个绰号'中国迷'。"

中国迷得偿心愿于1861年。

那年,他在伦敦海伯雷师范学院甫一毕业,马上递上申请,坐上海船,经反复颠簸,落地在南中国香港,担任一所教会学校——圣保罗书院——的教员。

闲暇时分,他徒步登上香港岛最高处,看着烟云氤氲的南中国海面,他知道,父亲虽然不能如愿来中国传教,但他内心中的向往,让儿子来完成,岂非一件大美之事吗?

在中国,最初七年,傅兰雅无声无息。这很正常,他必须先认识他面前的陌生文化,还必须熟悉这里的社会环境,对了,他要加紧学会这个国家的语言,上层社会与下层社会的语言,幸好,他跟所有前来中国的传教士、汉学家一样,不乏语言天赋。

他做过圣保罗书院院长,做过北京同文馆英语教习,做过上海英华学堂校长,一连串的教育家身份,让他日渐熟悉着这片土地。

在上海,他驾驭着天书般的汉语,与他的学生——20来个中国商人的儿子——厮混一起,20来个学生中有个叫郑观应,此君后来有骇世惊俗的《盛世危言》著述,这是他始料不及的。

没有人知道傅兰雅的野心可以用"勃勃"来形容。但暂时,他还无法让上海知道他的内心有凌驾一切的梦想!

1865年,傅兰雅有机会崭露头角了,上海教会团让他主编字林洋行的中文报纸《上海新报》。

"我的汉语水平,以及人们传说的我掌握各种土话的超凡能力,还有我的文笔,我作为一份发行量最大的中国报纸的主编,理应使我具有高人一等的地位……我在中国已经闻名遐迩,这恰好是不少比我能力强的人想得到而无缘得到的东西",傅兰雅踌躇满志地直面自己内心,他对传教,缺乏杨格非般的狂热,但对改造中国,改变远东土地上的一切,却激情洋溢。在《上海新报》上,他克制不住地撰写许多社论,很热情地提出建议:"政府应该让大部分中国学生花三年时间学习外语,然后送他们前往欧洲大学留学。"

建议很前瞻,很切题,但人们,主要是满清帝国上海官员却不这样认为。以国家利益的名义,他们警惕着傅兰雅之类洋鬼子们建议背后的真实用意,如此心理类同李鸿章、沈葆桢们对待吴淞铁路的建造,中国的事中国人自会管,傅兰雅你算老几?怎么也轮不到你信口雌黄!

历史记载他因为自己在《上海新报》上频繁发声而丢掉了主编饭碗,具

体细节不详。

1868年，江南制造总局翻译馆正式成立，春天时分，徐寿将聘书交到傅兰雅手中，傅兰雅感觉到命运转机，内心又激流奔涌起来。

高昌庙附近，傅兰雅租了一所中国式院落，每天，他雇轿夫上班，还在家里安装了一台天文望远镜，每每夜晚，对浩瀚星空观看许久，他的这个举动，成为19世纪60年代末的海上逸事，被人口头传播许久。

傅兰雅很快乐、很得意、很自傲。"我现在开始做我想做的事情了。我从来就喜欢科学，但一直未找到时间和机会研究它。担任中国政府的科技著作翻译官，这是我一生中最愉快的职业。它受人尊敬，无比光荣，而且有用。这是我的人生新纪元。"

江南制造局翻译馆，西儒傅兰雅，一待就是28年，他为这个职业贡献了几乎所有。

与徐寿、华蘅芳合作，他们总共完成的科技著作翻译，有113种，涉及学科为数学、物理、化学、化工、矿冶、机械工程、医学、农学、测绘地图、军事兵工，如此等等。寻常读者未必有全部知晓的兴趣，我这里引用一段文字，以飨寻常读者——

> 这些大量的译著，有的是对有关学科的首次系统介绍，有的则为已翻译介绍过的学科提供了新的较好的译本。比如，《决疑数学》是介绍概率论的第一个中译本；《代数学》和《微积溯源》是比李善兰和伟烈亚力的有关译著内容更为丰富、译笔更为流畅的译作。J.廷德尔的《声学》和H.诺德的《电学》是最早、最全面系统介绍声学和电学知识的译著。他与徐寿翻译了多种化学著作，其中D.A.韦尔斯的《化学鉴原》是最早的无机化学译著之一……

人们对他使用了"绝无仅有、独此一家"的定义，"在当时西方科技知识输入中国的历史进程中，没有任何外国人比他做得更多，甚至也很少有中国人比他做得更多"。确实，无人可以与之比肩他的热忱、心血和献身。

刚才已经说过，由于对满清帝国有很大贡献，傅兰雅获三品顶戴赏赐，他帽子上的那颗蓝色珠子，在上海暗夜中长久地闪烁光芒。

1874年，为中国科技进步，傅兰雅与麦华陀一起，在上海创办了格致书院，还主编了《格致汇编》，所有这些，都是傅兰雅理念的呈现：中国必须富强，而富强路径，也许唯一路径，就是要让科技发达。作者在"上海往事之三"《十个人的上海前夜》中对格致书院已有介绍，这里不再赘述。

格致书院会集的精英中，有不少来自当年洋泾浜边的墨海书院，他们中有李善兰、徐寿、华蘅芳，也有伟烈亚力、林乐知、傅兰雅，后来还有王韬，傅兰雅找上王韬，让他担任格致书院掌院，即今日校长一职。

还要插上一句，为格致书院，傅兰雅与徐寿搞僵，在充满偏见的历史学家眼中，傅兰雅成了不怀好意的家伙。我认为不是。我还认为，只要是人，就有人的弱点和缺陷，它们都是人性中的一部分。而如果他是真英雄，那么，无论有多少弱点和缺陷，他胸腔里跳动的永远是一颗英雄心。

1895年夏日，傅兰雅来中国已经34年，他的思想发生了巨变，我指的是他不再坚持"唯科技论"，美好的科技也需要人来接受，而倘若人性过于卑微，科技也无济于事。大概在如此思想推动下，傅兰雅在上海影响最大的《申报》上刊登了一则"求著时新小说"启事，他个人掏出银元，用来奖励写出好小说的作者，他的好小说标准，必须对中国社会的三个弊端——鸦片、时文和缠足——给予抨击，并有救治方法。

傅兰雅先生在《中国纪事》中明确了催生好小说的用意："一个写得好的故事会对大众的心灵发挥永久而巨大的影响，这方面的例子很多，但可能没有一部能与《汤姆叔叔的小屋》在唤起人们反抗奴隶制度方面相媲美。中国现在最需要的是一个故事，或一系列故事，描写上扣人心弦，真实地反映生活，揭露政府不能或不愿抵制的到处猖獗的重大积弊——鸦片、缠足和时文……只有最令人激动的情绪，通过最有效的图像化语言表达赤裸裸，才会有赖上帝的佑护达到这一目标。无疑，中国人愿意并有足够的能力写出这样的书，如果我们能够找到他们的话。"

傅兰雅找到了吗？当然找到了。不过，他们不会是鲁迅、茅盾、巴金，他们也许是日后的鸳鸯蝴蝶派，日后的包笑天、徐枕亚、张恨水、周瘦鹃、李涵秋。

还有一个细节颇有意思。2006年，傅兰雅发起新小说后的111年，美国加州伯克莱分校东亚图书馆有过一次搬迁，人们无意中发现了一个箱子，箱子里装着的就是当年傅兰雅征集小说后所收到的全部稿件，傅兰雅将这些稿件带往了美国，那里面会有后来成名的鸳鸯蝴蝶派作家的作品吗？

结束小说征文，傅兰雅终于启程前往美国，他去探望自己的第二任太太，他计划在美国先住上五个月，随后，再折返中国。中国啊中国，那可是让他难分难舍的国度！但计划因了一个意外而改变，美国加州大学慕名前

来，聘请他担任大学的东方语言文学教授，始料不及，却满心欢喜，这个聘请充分满足了他内心一直想要的骄傲，他这一生要的就是这份骄傲！傅兰雅戛然而止了在中国上海35年的生活，他留在美国担任东方文化、语言、文学的教授了。

不过，中国依然在他的心里，上海也依然在他的心里。

1915年，教育家黄炎培访问美国，途中，来到加州傅兰雅的家。

一阵寒暄后，傅兰雅对黄炎培说了如下一席话："我几十年生活在上海，全靠中国人民养我，我必须想一个办法报答中国人民。我看，中国学校种类已经很多了，有一种学校中国还没有，就是盲童学校，因此我已经让我的儿子专门学习盲童教育，现在他已经毕业了，先生能否帮助带他到中国去办一所盲童学校？"

黄炎培很感动，中国人民，当然也很感动。

不久，傅兰雅捐款6万两银元，在上海创办了中国第一所盲童学校，学校设在上海曹家渡，工部局越界筑路后扩展的上海租界，也是上只角与下只角交替的区域。

1928年，傅兰雅在美国去世。中国上海用《申报》上的300字新闻做了回应。中国很冷漠吗？上海也很冷漠吗？也许可以这样理解，五卅运动之后，南京国民政府的旗帜上写着赫赫然的民族主义，自孙中山先生提出三民主义后，民族主义就一直写在国民党的旗帜上，而傅兰雅，一个英国人，有可能成为民族主义者讨伐的对象，即使是心理讨伐。

傅兰雅会怎么想？或许他早有预感，回顾他在中国上海35年生涯时，他对外人使用了"南柯一梦"这个成语，如同中国最伟大的文人，在生命渐逝之时，总有浮生如梦的感受，他同样，有深刻的空虚、空洞和空幻，他没有对后来的历史隐瞒自己的沮丧之情，他用了"上当受骗"这个对上海颇为不恭的说法。

傅兰雅上了谁的当？受了哪种骗？难道他后悔自己少年时代起就做的"中国梦"吗？倘若是，那么，没有中国梦的傅兰雅，他的生命会是什么？又能是什么？

作者在上述两小节里简略地写了六个秉笔华士——王韬、李善兰、蒋敦复、管嗣复、徐寿、华蘅芳——而其实远不止这六位。

这群体，19世纪50年代，不会少于60个；19世纪70年代，有可能是600

个人，仅在江南制造总局翻译馆里，有名有姓的就有59人，更不要说散落在上海各地对西学有格外敏感的人士，他们或许并非秉笔华士，却深刻地理解到，一种撕裂着旧文明、旧文化的新文明、新文化正不可阻挡地到来，这些人中有南汇张文虎、仁和龚考拱、上海乔重禧、归安张南坪、阳湖周韬甫等。

基于"时代"和"人性"的种种原因，许多秉笔华士或主动地隐藏在历史的帷幕后，或被动地被文化霸权所遮蔽，忍气吞声也好，愤愤不平也罢，后来者无从知道一二。

他们全系19世纪生人，最早出生于嘉庆年间，最晚去世于光绪年间，在归依科学文明之前，他们也曾幻想过科举成功，鸿胪传唱，人生好不欢喜和得意，也因此，一度蹒跚在功名之路上。然而，森严的人生阶梯上，他们攀爬到的最高点也就秀才这个层级，日后成为中国一代数学大师的李善兰、一代化学大家的徐寿，不是中举不了，便是没有秀才功名，一旦路上偶遇鸣锣开道的知府、县令，不得不如一条野狗般跪倒在乡村泥地上，直到官府队伍咋咋呼呼消失在田野尽头，方能够站起屈辱不堪的身子。但所谓的功名怎么可能掩盖住他们的价值光芒？仅就狂士蒋敦复那部跌宕起伏、波澜壮阔的人生史，县试、乡试、会试、殿试佐证得了吗？

他们痛苦、悲凉地经历了19世纪40年代初和50年代末那两场东西方之战，目睹着《南京条约》《天津条约》《北京条约》的签订，感受着中华民族在每次战争后的深重灾难，这让他们有意无意地寻找着民族拯救的路径，寻找着遭受西方文化深重压力后的那个精神出口。

自然而然，他们进入了墨海书馆，进入了江南制造总局翻译馆，他们与西方汉学家、科学家的紧密合作译书，可以看作中国文化对西方文化的积极回应，也可以看作他们是后来海派文化的先驱者，是海上男女向着现代性进化的真正一环，假如不说第一环的话。

作为19世纪的异数，也作为东西方文化的桥梁，他们触摸、传播西方文化的举动被大部分国人所不齿，遭少部分儒生所痛斥，在儒教文化捍卫者的眼里，他们不过是一小撮"中国文化叛徒"而已，背负着"洋鬼子卵翼下的洋奴才"罪名，他们为自己的长夜行路，付出了惨重的代价。

但历史自有进程，城市依然蝶变，人性继续进化，还有文化。

先有露天通事，继而有秉笔华士，他们都堪称上海最早主动接受西方文化的上海人士，后者更是积极传播西方文化的上海先驱。不过，还有比这

两个人群在上海蝶变史中扮演着更重大的角色,他们切进上海生活的深度,以及囊括上海生活的广度,让他们在提炼一种充满了现代性的"上海意识"中,占有着时代先机;而在促成海派文化的最终形成中,塑造着自己的引领者形象。

他们就是买办。

这样,我将带着亲爱的读者,一起愉快地进入下一章节。

第五章

买办

第一节
穆炳元:"洋泾浜买办"只讲"洋泾浜英语"

19世纪40年代,洋泾浜边出现了一个奇人,他叫穆炳元,如假包换的宁波人。换句话说,此君有宁波人的胆气,亦有宁波人的"活络头子",智商一流,胆商超一流,情商更是超超一流。说起他,读者,你我先要回到一场酷烈的定海之战。

定海之战打过两回。

首次,道光二十年,1840年7月5日。

战争实在过于短促,从开始到结束,仅仅九分钟。

九分钟?对的,一点没错,这宇宙中一瞬中的一瞬,女王帝国的一艘战列舰、三艘巡洋舰合成的火力,熔铸了前膛火炮里的毁灭性能量,满清帝国的定海守备军片刻间便被摧毁殆尽。

定海不是后来天津边上的白河,满清帝国在此的军事力量本就十分孱弱。然我定海知县姚怀强、总兵张朝发,前者投井自尽,后者战死炮台,以不同的死亡方式,表示了个体意义上的决绝,也在中华民族一部悲惨壮烈的殉难史上,写下一笔:崖山跳海之后,谁说中华无人?!

第二次,道光二十一年,1841年9月26日。

与头次相比,打得绝对残酷、绝对激烈。

六天六夜,满清帝国三总兵王锡朋、郑国鸿、葛云飞誓死不退,欲与定海炮台共存亡。然总兵们还是没有想到,这是高维与低维两个完全不同世界的交战,如此悬殊的维度,总兵们除了怀有决死一战的信念,没有任何东西凭仗。战争结束,打扫战场时,收拾满清帝国士兵的尸体,高达5600具,真正的尸横遍野;与此对照,英国方面仅有两具尸体,再加27个伤号,冷兵器与热兵器的酷烈差异,让我中华民族痛不欲生,让我大清帝国号啕长哭。

那时那刻,本小节主角悲悲戚戚上场。

穆炳元来自浙江省宁波府定海县,然定海志里没有他"生卒年月"记载,这与他出生前的寒门陋族绝对有关,他的祖上非簪缨之家,亦不是耕读世家,怎么记载?到得后来,他"操业买办",时至今日,即作者写作此书的

中英之战的英国舰队

2022年元月，这个职业，亦未必能获得全社会一致的正面评价，当年穆炳元，一个家徒四壁的穷光蛋，一个洋鬼子手下的洋奴才，定海县志怎会将他放入其中？

还有一个关键问题，满清帝国定海守备军一员的穆炳元，战争结束后，侥幸没死在英国人的开花弹上，却成了一名英军俘虏；又侥幸地没有被英国士兵就地射杀，而留他在战列舰、巡洋舰上做着杂役之事。

问题来了。

穆炳元没有如姚知县、葛云飞般以死报国，他贪生怕死，他信奉"好死不如赖活"的无赖哲学，以岳武穆般的英雄史视角来看，苟且偷生的穆炳元，注定要被绑在历史的耻辱柱上，即便后来他成为上海大史上的第一个买办，又该如何被传扬？被记取？

我却认为：穆炳元，定海农家的一个孩子，舟山水面上疲疲沓沓的一名满清水兵，做不成陆秀夫那样的决绝跳海，那不奇怪，因为他本就是个平凡苍生，而平凡，通常就注定了必然偷生。换个视角，倘若他的苟且亦能在后来的历史中带来一些东西，那么，对他这个个体来说，早早地牺牲或许并非最好的选择，我们伟大的太史公不是也没提前"壮烈"吗，即便他裤裆下的那两颗生命之丸被耻辱地割去。

现在，我们目睹在英国远征军的军舰上，穆炳元正忙乎着。

他做了些什么？应该干尽了人世间的所有杂事吧？然而，他与另外一些满清俘虏又有所不同。

首先，他读过几年私塾，这让他的头脑比一字不识的定海渔民、宁波山民多了几分条理和逻辑；其次，他很勤快，一洗满清绿营官兵懒惰无能的印象，让英国官兵有可能刮目相看；再次，他的天资有过人之处，一个细节佐证，很短的时间，他就学会了英语中的口语（当然不会推敲英语语法），他与英国人的交流比其他俘虏畅顺得多，英国官兵会这样说，"这个中国小子，倒有两下子啊"；最后，他有人生很重要的一样东西——运气，英国军舰上，他偶遇了一个英国人，这个英国人让他卑微的命运有了转机，这情景，颇似容闳遇上耶鲁大学来中国的布郎牧师，颇似吕岳泉上海滩巧遇英国保险公司大班穆勒，他开始如鱼得水，为此，"头脑灵活的穆炳元顺便还学到了英国人做生意的方法和技巧"。

1842年6月16日，第一次鸦片战争中的又一场局部战争——吴淞炮台之战。

女王军队再次以"船坚炮利"这个前工业社会的巨大优势，不费吹灰之力打垮了农业社会的满清帝国上海守军，上海大史记住了悲壮的陈化成老英雄，上海城隍庙里多了一位万民敬仰的神祇，但阻挡不了英国人攻陷上海，19日那天，英军趾高气扬地开进上海县城。

英军上校司令官孟德高默走在头里，身后，紧跟着1000名士兵，狭窄的大街上推搡着看热闹的华人，眼尖者发现英军队伍中一张亚洲人的脸庞，他就是中国宁波定海人穆炳元。

上校司令官贴出了安民告示。驻扎县城，他吩咐手下去城里大冰厂搬取冰块，他还对县城缙绅勒索了14.5千英镑（这可不是一笔小数字），他做出所有的决定，这些决定被付诸实施，穆炳元都在场，上校先生需要穆炳元做翻译，将他的意思，不，将他的意志强加给这座城市。穆炳元是否有些得意？即使是个蹩脚翻译，终究还是翻译，他有自己的独特价值了啊，这价值不再体现在定海田野，也不再体现在舟山海面，它体现在洋人与国人之间，他自己不成了一座桥梁吗？扮演着"通事"角色的他，有房住，也不露肘，他比那些在洋泾浜边无头苍蝇般扑腾的家伙要嘚瑟得多。那时，他还不会想到"买办"这个词语，但隐约地，感觉到了人生有新方向。夜深人静时，他或许会想到"汉奸"这个词语，且有些战栗，但我相信，他不会过多纠缠，他的精神世界本就不同于王韬他们。

停泊于南京下关海面"康华丽号"船舱中，后生的我们都看到了一张横构图大照，东方人与西方人围坐一张大桌，桌上摆放的不是亲密，而是屈辱。大照里，没有穆炳元那张脸，他不够资格进入画面，但那张照片说明了《南京条约》的诞生，而这个条约却与他有密不可分的关系。随着履约，巴

富尔们先到来,接着麦都思、雒维林们的到来,又紧接着,小颠地、韦伯、沙逊、韦尔斯、金能亨以及敏体尼、爱棠、雷米们陆续来到。那些年里,穆炳元正式接受了英国商人的雇用,成为上海开埠后第一个买办,上海大史一般也叫他作"上海新买办鼻祖"。

穆炳元在上海滩牛逼了起来,"他包揽了中英在上海的一切外贸交易,特别是时常担任大宗交易的中间人。穆炳元还收洋货运往宁波和浙东其他地方,也曾到过汉口、九江、牛庄、烟台等地从事商业活动","无论何人有大宗交易,必央穆为之居间"。

上述两个说法,是他在开埠后的上海的基本形象,基于对任何上海滩的成功人士都不可避免的那种夸饰,读者尽可以对"包揽"这个动词存自己的疑虑,但相信穆先生距离"包揽"也不差多少。

11家英美商行,23个长驻上海的英美商人,丝绸、茶叶、瓷器,绝对还不能漏了鸦片,穆炳元忙不过来,这个宁波人的脑筋实在灵光,他开始洪门开香堂般收起徒弟,要将自己的若干买办经验——面授,其中的窍门则看对象或密藏于心或和盘托出。他不是21世纪的人文主义者,他是19世纪的唯利是图主义者,明确自己的人生终极目标就是鹰洋或银元。为此,他毫不客气地在自己的徒弟身上提成,这可没有什么不好意思,他面授了机宜,理当得到回报。如此这般,穆炳元财富日涨夜大,他成了19世纪40年代上海滩最大的富豪。

倘若对他培养"买办徒弟"这个举动做一分析,可否说他间接地催生了宁波帮的崛起?那些初步懂得英语、懂得贸易窍门的宁波小子,日后将成为推动上海经济的主要动力之一,从中络绎不绝地会冒出徐润、唐廷枢、席正甫、叶澄衷、朱葆三、虞洽卿等名角高手。

其时,随着租界扩大,随着原来长驻港澳、南洋的众多洋行陆续地在上海开设出分行,买办或准买办的行情日渐看好,但成为一名买办或准买办的首要条件就是能说一口哪怕不正宗的英语,这个条件不具备,你也就不要谈买办或不买办了。

上面一章,我已向读者描述过"露天通事"的大致形象,这里,再向读者复述一下,想来读者也不会有多大意见——

且看上海滩这些三脚猫翻译,整日价晃荡在洋泾浜两侧,隔着小河,卖力至极地操着一口洋泾浜英文上场,直到某西方大班与某中国商人就某生意达成一致意见，方才擦一把汗水涔涔的额头，小心翼翼地将两方递过来的碎银放进怀里，径直走入北门，去过自己的快活生活！

露天通事说的英语极不标准，先不讲语法，英语读音里又带有中国各地的乡音，再则中文、英文混糅、夹杂，总之错误百出，让人笑话。不过，即便如此，还是受到大家欢迎。至少，蹩脚的英语加上说话者努力添加的肢体语言，所传递的意思够西方大班、东方商贾的理解、领悟那就可以了。也因此，洋泾浜边乃至整个英租界、美租界都大行其道，四处响彻着露天通事们嘈杂的洋泾浜英语声，到后来，文书往来上也有洋泾浜英语，英文中间夹杂许多中文部首，中文里面充满ABCD。

我们已知"露天通事"中广东人独多，同理，因洋泾浜英文而深受其益的，应是广东香山人。

比如叫方举赞的广东农民，15岁那年，便来到19世纪50年代的上海租界，在美租界的沿江码头做个打铁学徒。以后，通过美国人开办的老船坞中叫方帝的工头，逐渐腔调起来。方举赞与方帝，同为香山人，想来两人都会一口洋泾浜英语，尤其方帝，他若不会洋泾浜英语，怎么与美国人杜那普交流？等到方举赞的儿子方逸侣成长起来，自然不必维持在洋泾浜英语这个低层面上，也因此，后来，小方做成德国禅臣洋行买办，可以断定，他操的是一口流利的正宗英语。

又比如，1853年，徐润前来上海，青春年少，行走天涯，两袖清风，一腔豪情，也是香山人士。19岁，他上堂帮账，算半个账房先生；24岁，他升任主账，正宗账房先生了，这说明什么？说明一，他的智商有超越大班们的期待；说明二，他的手脚特别清爽，自然而然，青年徐润不久后做成副买办，香山来的农家小子，必然将洋泾浜英语说得很溜，不溜，做什么买办？

洋泾浜英语，最初发音用广东一地作为标准，上海滩独多广东人嘛！接着，宁波人来了，来势凶猛，声气汹汹，洋泾浜英语就以宁波口音为主了，谁有意见？谁能阻挡？

于是，我们的穆炳元先生再次上场。

定海战役中能死里逃生的人，一定福星高照，而不列颠帝国士兵的前膛枪口下躲过一劫的人，注定要在历史上留一笔了。穆炳元也许不如方举赞般有中国伟大工匠的创建，也无李善兰、徐寿、华蘅芳那般有渊博的国文底蕴，但他有一种至今上海人都称羡不已、只恨老天不给的素质和特征，那就

是"头子活络"。走在洋泾浜边,无论三茅阁桥还是带钩桥,他都听到了露天通事们吵吵闹闹的洋泾浜英语声,声音触发联想,联想中的他脑洞大开,一个主意浮上心头。不久,他开办了一个速成英语培训班,课堂上,别出心裁地将英语变成了宁波话的顺口溜(也有人认为这段顺口溜为洋人查理斯·李兰德编写),我呈现如下——

来叫克姆(COME)去叫戈(GO),一元洋钱混淘箩(ONE DOLLAR),廿四铜板吞得福(TWENTY FOUR),是叫也司(YES)勿叫拿(NO)。翘梯翘梯喝杯茶(HAVE TEA),雪堂雪堂请侬坐(SIT DOWN),红头阿三开泼度(KEEP DOOR),自家兄弟勃拉茶(BROTHER),爷叫发茶娘卖茶(FATHER / MOTHER),丈人阿爸发音落(FATHER IN IAW)。

注意,顺口溜必须用宁波读音,而不是国语读音,这样,你才能真切体会到发端于洋泾浜边的这种英语的全部妙趣。

之后,几乎所有宁波人都会说洋泾浜英语了,这里的"所有"是特指,不包含宁波的苦力,而是那些意识到上海生活有家乡生活无法比拟优势的宁波人,这些宁波人开始有了一点梦想,梦想还不大,而且,他们中许多人对梦想成真还充满了疑惑。有媒体这样指出,"上海为通商大埠,西人之处者最多,华人类多效其所为。其制造灵巧不能学,乃学其浅近者,效其语言,而语言仍微有不同之处,俗谓之洋泾浜语。"

接着,出现了六个宁波人,分别叫作冯泽夫、张宝楚、冯对山、尹紫芳、郑久也、姜敦五,六位有与穆炳元可以一拼的"头子活络",脑筋转得飞快,紧赶慢赶地制作了一本以宁波话为读音的英文速成手册,名为《英话注解》,里面收了洋泾浜英语单词共700个左右,比如,将英语Matches(火柴)翻译作"袜乞史",将英语Tea(茶叶)翻译作"梯",将英语Cup(杯子)翻译作"克泼",将英语Small(小)翻译作"史毛而",700单词又分门别类,计有银数、洋数、五金、出口、进口、天文、地理、时令等40门类。

《英话注解》等同于一本口语版的英文教材,即便你完全不懂英语,亦能在最短时间里掌握英语的对话技巧。又由于宁波话与上海话有许多接近处,不是宁波人也能读懂《英话注解》。

速成手册类似词典,在工具书这层意义上,洋泾浜英语正式宣告诞生。

冯先生等六个宁波人在这上面捞到了怎样一票,这个恐怕除了他们自

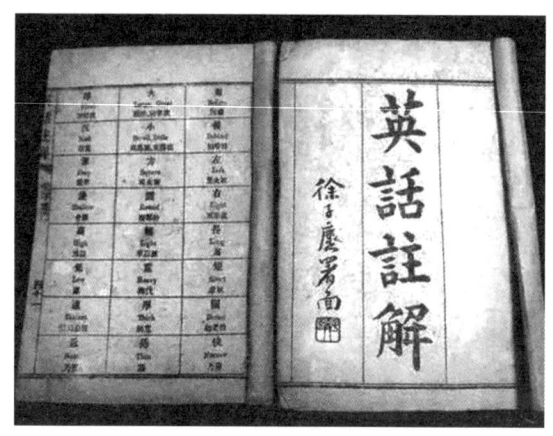

《英话注解》里收的尽是洋泾浜英文

己,只有天知道。但"捞"这个动词,很符合他们的身心,很海派、很俚俗、很卑微,不过,冯泽夫会如此辩解,上海滩上讨生活,原就很卑微、很俚俗,这就叫海派。

想来穆炳元会同意他们的观点,但后来的上海大史呢?百川归海的那些激越岁月中苦斗的英雄呢?它和他们会同意这个观点吗?

一切还在酝酿,还在生成,还在发生。

第二节
徐润与唐廷枢：我不做永远的"小三子"

穆炳元堪称上海滩第一个买办，但他不是上海滩第一号买办，第一号买办自有其人，他叫徐润，也捎带上唐廷枢。

他们三人都是"敢为天下先的吃螃蟹者"，只不过，后两位与前一位，大有不同，截然不同。

1838年某天，徐润出生在中国南方之南的香山北岭村，字润立，号雨之，出生时的背景与普通的香山农民不可比拟。

徐润先祖为河南陈留人，中国文化的伟大腹地。宋末，蒙古铁骑驾驭着战马极其恐怖地杀向中原时，先祖深知不妙，若再贪恋家乡一草一木，项上那颗人头就只能成为蒙古野兽们训练剑术的草靶，便举家南迁，再次上演"衣冠南渡"一幕，最有文化的河南人来到最蛮荒的南方边地香山。

徐润的曾祖父、祖父、父亲都是"诰赠荣禄大夫"，"诰赠"没有多少实际意义，但作为荣誉，至少说明徐氏曾经大族，有过"要风有风、要雨有雨"的光鲜、粲然日子。

乾隆、嘉庆、道光年间，十三行驻地广州，中外贸易你来我往。香山一地，商贾云集，是满清帝国中仅有几处因海岸而得益的场域，有文士如此形容，"枫树敦庞，人心厚懿，士气腾茂，农谷丰登，商贾往来之繁，鱼盐居积之富，迨有过之而无不及"。

中英第一次战争开打前，广州，1826年，有西方商人76位，洋行四家；1837年，有西方商人213位，有洋行18家，增速加快。中英战争开打、结束，《南京条约》签订，外商就如过江之鲫了，主办"夷务"的买办，在广州张目皆是，买办中，香山人占了一大半，徐润的伯父徐钰亭，经多年卖力，已成宝顺洋行买办，与颠地们相交甚欢。

上海开埠，英国居留地中，宝顺洋行系最早租地者，拿到一号地契。徐买办跟随大班来到上海，用他带着浓重香山口音的广东版英语，开始了宝顺洋行在长江口上的种种生意，生意里少不了一本万利的鸦片。

1853年，徐润15岁，跟着徐买办之弟徐荣村，乘坐英国风帆船，一路晃

大买办徐润

荡抵达上海。

徐荣村先让徐润去苏州读书,但陌生文化,让香山徐润招架不住,在苏州书院里读了几个月,便落荒而逃,只身回到上海徐家。

见此状况,徐荣村倒也没有强迫侄儿非有功名不可,徐买办更是识人无数,对徐润做了一番仔细观察,建议道:要不先在宝顺洋行里当个学徒,视情况而定。

也只能这样了,也只有这样了。不然,徐润还有什么地方可去?总不见得再乘坐风帆船回老家,让耻笑跟随一辈子?

既然学徒,自然什么都得做,好在每月也有10个"本洋"慰藉,10个本洋啊,与在黄浦江码头边打铁的香山兄弟们,比如方举赞、孙英德们相比,他的日子不知要好过多少!

少年徐润拜了许多师父(不知是否烧过红烛高香),华人师父为曾寄圃,西人师父有看丝师韦伯、看茶师西麦。宝顺洋行与沙逊洋行不同,小颠地来到上海后,基本废去当年在广州与钦差大臣林则徐关系呈针锋相对的鸦片生意,目光更多投射到了满清帝国华南地区的丝和茶叶上,这两样东西西方贵族们特别青睐,满清帝国也因此可以挣得许多白银。

历史没有留下徐润学艺的具体细节,但他确实聪明伶俐,只消几个时辰,便能将看丝的种种诀窍学到手;又天生我才,几乎不费任何工夫,只是"惊鸿一瞥",好茶叶、歹茶叶便尽收眼底。由此,他个人事业一路飙升:先上堂帮账,不久,接任主账,再以后,那是1861年,这个操着一口洋泾浜英语的香山小子,因调度有方、巧加经营,已让宝顺洋行的生意"实一时之盛",我不知,他的买办伯父,明里叫好当儿,暗里是否生出丝丝妒意?

徐润不简单,够聪明伶俐,够"头子活络",还够"轧苗头",够"拎

得清",许多事,他看在眼里、听在耳里、想在心里,时机未到,却不轻易吐露,也是一个心计深沉的主。

某日,宝顺洋行的新、老两大班正坐殖民地建筑的二楼长廊,看江喝茶、谈天说地。

老大班要回国,新大班要上位,交接之际,新大班谦虚求教,老大班也不吝赐教,送香茶前来的徐润刚巧将两人的话听了个分明。

老大班韦伯说,上海这个地方,以后市区肯定会大大扩张,宝顺洋行若能下大决心,做这个房地产生意,准保稳赚不赔,万无一失。我建议,租界的中心区域,洋行有多少钱就花多少钱,买它最多的地,一定发最大的财。

新大班听着,一边频频颔首,不知真的听进心里了吗?

徐润句句入耳、字字入心,退下去的他,心里还咀嚼了几番。夜晚,躺在床上,他还偷偷地想着这事。不过,其时他只是一个香山穷小子,宝顺洋行里打点零杂工,手里能有几锭银两、几块银元?那上海土地,与他没有丝毫的关系。但他暗自起誓:努力挣钱,慢慢积累,总有一天,看我徐润扬眉吐气,扬名立万!

几年过去了,当秉笔华士们还在墨海书馆里努力译书,为中西文化传通做一块无名铺路石,而凭着超常聪明,徐润已做上了宝顺洋行的买办,尽管薪水还不足以投机土地,但买几间房子绰绰有余了。

徐润的第一幢房子与徐荣村合资购买,地点系洋泾浜边上的余庆里,今日大世界左右,建筑类型为租界中正日长夜大的第一代石库门,他小小年纪,也就20多岁,却在租界上海扎下根,心里,他为自己点赞。

此房,花了他48000银两,19世纪60年代,绝对一笔巨款,由此可见,一下子能拿出这么多银两,宝顺洋行大班对徐小买办还真的不薄。

没多久,苏州河边的二摆渡口,他和朋友合伙,又买了一所宅院,附带上几亩荒地。这又要花去他多少银两?没有记载。宝顺洋行这些年,折腾出名堂的徐润,牢牢记住了大班韦伯的话。

紧接着,徐润迎来考验。

同治二年,即1862年,李秀成来势汹汹,成千上万面军旗,将日头也要遮蔽,马蹄踩踏后升腾起的尘土,让上海大好晴天被搅得杀气阵阵,英租界里不时响起凄厉至极的叫喊:"'长——毛'——来——啦!"

随着叫喊声,马路上到处是发狂般奔跑的男女,他们没有主见、毫无目标地奔走着，不知自己要逃向哪里、去向何方，只是盲目地跟随着人流，倘若读者能目睹他们那张张骇怕至极的脸，就可清楚地知道他们的内心里装着人生末日。

徐润的叔叔同样胆战心惊，内心崩坍了一般，他声音颤抖地对徐润说，我们将余庆里的房子卖了吧！然卖了后去干什么呢？徐荣村没有说。他只想逃难，但1862年，他能逃到哪里去？江苏南部，已是"长毛"天下，浙江大半，也在李秀成的掌控中，逃回香山，请问，船家在哪里？又如何联系上船家？即便联系上了船家，一路上侥幸躲过了"长毛"，但躲得过四处流窜的土匪、草寇吗？最最要紧的是，这么些年来在上海的苦斗就这么一下子结束了？两人密商，结果，徐润坚持不卖房，还劝说叔叔不卖房，"千万、千万不要卖房"！

徐润为何如此执意？这个唯有天知地知。他不是上海道台吴煦，不是上海大买办杨坊，不是女王帝国驻上海领事巴夏礼，同样不是日后将让李秀成吃足苦头的洋枪队头目华尔、戈登，他并非清楚"上海会防"概念已经出笼，更没有远见李秀成将在这概念下止戈罢兵。大概他有直觉，这一回李秀成攻不进租界，余庆里房子也不会在战火中消失。那么，假设李秀成一举攻进租界呢？李秀成不是已发布公告了吗？凡洋商人家的门上都要贴上他认可的布条，他徐润并非洋商，"长毛"若到，玉石俱焚啊！不过，问题在于徐润不作如此设想，徐润买办后来成为上海滩独一无二大买办的关节点就在于此，倘若那时，他听从叔叔建议，沉不住气地一路向南逃窜，上海大史将没有徐润姓名，他只是千百万条丧家之犬中的一条而已。

徐润坚定，唐廷枢坚强。

唐廷枢，1832年出生在广东香山，号景星。

他与徐润同在一个县，然而，19世纪，仅仅只隔一座大山，此生便常常"鸡犬之声相闻，老死不相往来"状，他们谁也不认识谁，很正常。

两人区别相当大，唐廷枢天生就注定了买办的命。

却原来，唐在出生那日，父亲已在香港布朗医生家里听差了。

这个布朗先生，毋庸置疑的中国近代史上传播西方文明的大使者。作者在《十个人的上海前夜》中已写到他，耶鲁大学甫一毕业，便热血沸腾地前来中国，于香港马礼逊学堂担任教师。他有梦想，这梦想便是为中国人民福祉贡献自己微薄的力量，具体则用西式教育让中国孩子都能成才。他颇为相

大买办唐廷枢

似传教士却又不是传教士。日后,他将香山人容闳带回美国,让容闳读完耶鲁本科,归来祖国,在满清帝国那部狼烟四起的历史中扮演了一个弥赛亚角色。

唐廷枢虽不具备徐润"诰命荣禄大夫"的阔大、空幻背景,却如傅兰雅般,在降临那刻,已因父亲的想法而被定义人生。具体做法听来有些悬乎:唐父将自己三个儿子全都"抵押"给香港基督教教会,一押八年;教会方面呢,给予唐父的回报:唐家三个小子的教育、食宿全部免费。听差先生没有喜极而泣,但也喜出望外,他打定主意要让唐家后代接受教育,唯有读书才能改变命运,但以他一个洋人家里仆佣身份,无论如何也做不到让三个儿子全去读书,如今,三个儿子都可以去洋学堂听课了!他能不喜?

在布朗先生耳提面命下,唐廷枢接受了整六年西式教育,他后来之所以能操一口正宗而非洋泾浜英语,因这六年对正宗英语的反复习得。日后,当唐廷枢回溯往事,会发现,布郎先生是自己生命中的第一个恩人,因为正是他,让自己少年时代的目光,与4亿中国苦难的苍生迥然不同,他的精神世界里,浮现的不再是香港、澳门、香山的景致,某种意义上,他与亚历山大、圣殿骑士、萨拉丁都有了联结。

春去秋来,流水时光,因妻子生病,布郎先生要回美国,容闳跟随去了,黄宽也跟随去了,唐廷枢没去,他若去,生命会有别样的一番光彩吗?应该是。

16岁的他,先在香港一家拍卖行做个小伙计,他与西方人日夜厮混,得过夷人的赏赐,也吃过夷人的"火腿","火腿"上来,他会愤怒不堪,但想来不会将对方当作一种意识形态来仇恨。

这时，一种才华让他受益匪浅，那就是他能将英语说得很溜，这使得熟悉他的西方人惊诧不已，私下里如此评价唐廷枢，"说起英语就像英国人一样"。

这评价够高了，19世纪40年代，香港能有几个唐廷枢？他被香港政府巡理厅看中，担任一名专职翻译。对了，那时候，你若用上海"露天通事"标准来与他做比较，会发现，他的英文、英语水平，比之上海"露天通事"不知要好上多少倍，他的发音，系正宗美音啊！唐父很骄傲，布朗家听差没有想到儿子会有如此出息，既有虎子当有虎父！

19世纪50年代末，还是因了他在英文、英语上的独门秘技，上海海关聘请他担任海关高级翻译，他毫不迟疑，"拍马而去"，这才叫作天公开眼，助我小唐！

上海正进入它第一波成长期，在美国作家赫塞的眼里，如此"成长"堪称疯狂，符合百多年后中国某房地产评论家的理论：野蛮生长。

那时上海的进出口贸易，撑竿跳般向上直蹿，洋货海潮般涌来，大量丝绸、茶叶、瓷器也紧赶慢赶地运向西方，说句夸张的话，白银正堵塞着上海港航道。上海"夷场"，人人都想着发财，也似乎人人都能够发财。关键在于，不像早些年，小混混尾随买办身后扔去大小不一的土块，即使小混混，仿佛也拥有了对洋奴鄙夷的权利；而今的上海已见钱眼开，你若有钱，便是英雄，管你是买办还是不买办。然从广东洋行转道而来的诸多买办，他们至多皮钦语水平，洋行大班不得不四下打听，上海租界中哪个华人能将英语说得满室生香？日子一久，他们打听到了唐廷枢，听说这个广东香山汉子，英语水平已达到天花乱坠的高度！前来唐廷枢办公室，即便大班，眼神中也有膜拜光彩，唐廷枢颇有点今日网红感觉了。

膜拜者的表情又提醒了唐廷枢，与穆炳元同样，他这人天生机敏，对周遭世界有敏锐感受，还善于将感受化作一种思路和一种方法。手中的翻译活儿当然不能放，业余时间他编写了一部书，书名《英语集全》，共六卷，体例有天文地理、日常生活、工商业、官制、国防、买办问答，收录了6000多词语、短语和简单句子。

与冯泽夫们的《英话注解》相比，若说内涵，《英语集全》不知胜前书多少，700单词能与6000词语相颉颃吗？又其时，云集上海的大买办皆为广东人，还没宁波人的份，唐先生用家乡方言写成此书，读音充满了家乡感觉，南国天高，木棉香浓。

1861年，经同乡怡和洋行买办林钦介绍，唐廷枢加入怡和洋行，代理洋行在整个长江流域生意，两年后，他正式成为洋行买办。

唐廷枢为怡和洋行赚了大钱，若细说，不是一节，而是一章，这里只说一个棉花收购故事。

那年，美国爆发南北战争，棉花出口急剧下降，有些地方，棉花烂在田里，也不运向码头，炮火连天，谁还在乎棉花等劳什子事情？英国人慌了、急了、发虎跳了，他们将宝押在中国人的身上，我要棉花！我要棉花！我要棉花！而按照商业的血腥规律：哪里有需要，哪里就有暴利。上海棉花价格，极短时间内，从一担棉花银9两8钱，涨到26两，整整三倍，没的商量。

唐廷枢反应够快，立即开出修华号棉行，以每担16两银子为怡和洋行收购了大量棉花，头子活络的他为怡和洋行每担棉花省了10两银子，大量、超大量的棉花又省了多少钱呢？不知道他如何做到这一点，但他就是做到了，怡和大班为此激赏不已，发出话来，"唐景星现在是站在我们的鞋上"。

站在鞋上总有站在鞋上的理由和目的，怡和洋行因此给唐廷枢的佣金是全部交易量百分之三，设若100万银两，就是3万银两，还不要忘了"花红"，花红有可能比佣金还要高，倘若怡和大班那时正心血来潮，又倘若他刚刚喝了半瓶威士忌而思潮翻滚，突然想到自己的买办竟然如此出色，怡和不笼络这人才，难道让宝顺笼络？让旗昌笼络？让沙逊笼络？

唐廷枢在买办的康庄大道上一路狂奔，他还有许多事情要做，首先为怡和而做，这是必需的；其次为自己而做，这是自然的；随后，他才会与自己挚友徐润相会轮船招商局，他任总办，徐润任会办。

回转徐润身上，宝顺洋行的徐润。

与唐廷枢异曲同工，身为宝顺洋行的买办，徐润暗度陈仓起来，与人合伙开了家"绍祥"商号，专事收购内地茶叶、生丝等。收购好，转手再卖给上海各洋行，最大客户为宝顺。如此一来，宝顺有了稳定货源，他徐润赚取大笔差价，银两、银元源源不断地进入徐家保险柜。可以这么说，还在为宝顺洋行打工时，徐润已暗生异心，1867年的世界金融危机让他名正言顺地自立门户。

却原来，那年全世界都被经济危机波及，已融入世界经济一环的上海，无法避免经济混乱，进入上海的第一家洋行——小颠地的宝顺洋行——就此破产，大班们不得不打包回老家安度晚年。宝顺大买办徐润则早有准备，这边宝顺洋行关门,那边"宝源祥茶栈"开张,还不止一个茶栈,湖南、湖北都有分号,形成了一个跨省互通的茶叶网络。

随着白银与茶叶的轮回交换,上海滩,徐润的影响日益扩大,而今,出现在公众面前的他,不再是那个小心翼翼的宝顺买办,而是不甘人后的茶叶大商贾。正此时,他与怡和洋行买办唐廷枢开始合作。两人本是同乡人,又都是买办,一番寒暄后,心领神会,一拍即合,当下,联手创办了茶叶公所。其时,上海茶叶出口量占全中国三分之二,宝源祥茶栈一家,为上海地区出口茶叶的最大茶栈,徐润俨然茶商领袖。上海人读《水浒传》读多了,叫徐润为茶叶大王。

19世纪60年代结束,徐润声名再度鹊起,让他真正雄霸一方的是地产生意,他可从来没有忘记韦伯临走时对新大班的提醒啊!

当年上海,屡试不爽这样一个发家、发财、发达秘诀:若想在上海成功、大成功、特大成功,双脚必须站在"土地投机"上,唯一铁律,没有之二。

开埠后,凡上海特大成功者莫不佐证这规律,比如将上海未来看作狗屁不值的英国商人史密斯,比如后来以自己大仁大爱而让中国刮目相看的雷士德,比如以六个银元出发人生最终做成上海滩首富的欧司•爱•哈同,比如用罪恶的鸦片贸易在上海血腥生长的沙逊和家族第三代,无不都将土地当作至高筹码,最终书写起上海史上特大暴发户这一页。

土地、土地、土地,投机、投机、投机,在土地上投资,再用投机方式收回土地投资,循环往复,决不中止,银子与洋元,逐浪而起,香山寒门终成上海显门和贵门。

徐润土地投机的运作方法一般如下:首先,通过种种渠道,先期打听到工部局对租界上海的规划、布局,方向,这样做时,显然有不少灰色操作,至于怎样一个灰色操作法,读者自由想象,太阳底下还有什么新鲜事呢;其次,很有魄力地将长着野草、到处坑洼的目标地块一一买下,大成功者的"搏性"就此凸显,毕竟,送出去真金白银,换回来的只是野狗有兴趣光顾的地块,小商人怎会有如此的手笔?徐润一掷千金,毫不踟躇,你在一边为他惊诧、为他担心,他却在心里暗笑你,"燕雀安知鸿鹄之志";最后,比拼忍耐力。他要等待,等待合适时机抛售土地。对的,这等待或许相当漫长,可能一年,可能五年,可能十来年。工部局都市开发官员的头颈不是他能按住的,工部局的开发遵循着商业规律,只有在某地某处的土地价值开始体现

时，工部局才会下开发的那个决心。茶叶公所，或者，老城隍庙湖心亭，他与好友唐廷枢喝着明前茶，也可能是明后茶。他不急，好整以暇。在虎狼出没的上海租界，你要急了，摆明了提早被人吃掉；你若沉得住气，金色秋天迟早会来到你的身边。

终于时机到达，徐润当机立断，土地高价抛出，所谓高价，决非100两银子换成150两或200两银子，他要自己看中且经过等待的那些地块，100两银子换作300两银子，也许500两银子，甚至1000两银子。什么叫投机呢？投机便是悬崖行走，剃刀飞掠，最终，换一个人间天堂。

19世纪80年代前期，当满清帝国与法兰西第三共和国的那次战争将打而未打之际，徐润在房地产上投入白银200多万两，他的斩获可由下面数据确证：未建房屋的土地2900亩，已建房屋的土地320余亩，已建房屋中，洋房50多幢，石库门建筑2000多间，每年，他只须收收租金、坐享其成的白银，就有122980余两。未建与已建两项相加，价值2236940银两。这个不算完，徐润还有轮船招商局股票48万股、开平煤矿股票15万股，股价银两426912两。

早在1862年，历史就记载了上海滩买办徐大亨，该年，徐润与其他五买办合做银元生意，两天里卖出银元六七百万；1863年，他与人合做棉花出口生意，垫付购买棉花资金2000万银两以上。

到19世纪80年代，徐润总资产已到达320万两白银这个高点，《北华捷报》给他做了估算，他一人拥有的资产相当于30万农民一年的收入。在这个视角上，卡尔·马克思与他亲爱的战友撰写《共产党宣言》有它的历史必然性；洪秀全和他的太平军从广西金田出发有它的社会现实性；而某个年轻人，在深信了"阶级斗争"的观点，怀藏一把长柄利刃，誓要贪婪无度的徐润去阴曹地府会会阎王，也有他思维上的合理性。

但徐润，就这样成为上海滩说一不二的富翁了。一个问题由此产生：他徐润就永远这样地一帆风顺？他就"直挂风帆济沧海"了？

徐润是人，从香山到上海的广东人，洋行学徒后满世界捞金钱的买办，他一路春风，马蹄欢疾，可以归因智商过人，却也运气太好。然而，智商再高，他无法算出历史运行的轨迹，运气再好，也会有突然背运时候。

1883年，中法战争爆发，让徐润猝不及防。

是年夏秋之际，法国军舰开抵吴淞口，发出话来，即将要攻打江南制造总局，开埠40年的上海，这一下子彻底乱了，真正地陷于巨大的恐慌旋涡中，而在不可思议的恐惧中，民生必需品(几乎所有)的价格都在暴涨，商品(也几乎所有)的价格都在暴跌，每个钱庄都挤满了消息灵通的上海人，兑换风潮涌动，市面上，银根急剧收紧。据说，那时的上海，市面上现银只有100万两，也有专家研究下来，说现银只有38万两。

正其时，指东打西、无往不胜的徐润必须归还香港火烛银行一笔欠款，也就20万两白银。正常情况，对拥有上百万甚至上千万两白银身价的他来说，20万两白银毛毛雨也，不费他眼皮多抬一抬。然命运让他撞上非常时期，每家钱庄自身难保，人人捂住自己口袋，20万两银子，竟然似有200万两的沉重，而还款日子说到就到，以他在上海滩上的地位，即便拖上一个时辰，也是莫大耻辱。

摸爬滚打上海滩30多年来，徐润深深感谢英国人教会他的许多东西，比如如何看丝、看茶叶，比如如何在上海滩发大财、发横财，但顶顶重要的是，英国人教会了他一个商人、大商人、伟大商人应该具有怎样的契约精神，所谓白纸黑字、诚信为上，所谓一诺千金、斩钉截铁。为20万两即将到期的白银，他四处奔走，简直到疯狂程度，但看来、实际上也是一无所获。战争即将爆发，上海阵阵旋涡，历史的节骨眼上，悲欢离合中无人会出手相救，即便你大名叫徐润。

万般无奈下，只有走"卖地"这座独木桥。

苏州河三摆渡口(今日上海虹口区河南路桥的北堍)，徐润早就购买了一块地且放了许久，他要高价，不，不，要超高价出售。这地块，他酝酿多年、谋划多时，无须风水先生，他的慧眼一眼洞穿了这地块在未来岁月中的潜力。但当他的喉咙被命运残酷地扼住的时候，还会想着这地块未来将为他带来多少白银吗？唯一的事情是必须将火烛公司20万两白银在限定时间前归还，唯一重要的是他要保住自己在上海滩的赫赫名声，倘若上海滩竟然流传开"徐润无法偿还欠款"的风言风语，那么，他不但唾弃了买办文化中的契约精神，也将中国传统商业文化中的观念——有借有还，再借不难——给毁坏了，这是决然不能发生的事情，他徐润，从来并且永远会是上海滩最讲信义的徐润！

看着上海无尽的星空，他跺脚了吗？这个作者不知，只知一个事实：他将宝地卖给了吃人不吐骨头的沙逊洋行，换回9万两白银，区区9万两白银就让犹太佬夺走了土地，这些家伙真他妈辣手啊！然徐润怨不得雅克•沙逊，

你不也有吃人不吐骨头的时候？仁爱者，怎会终生与商贾为伍？

插上一句，这块地，沙逊洋行在它上面造起许多幢石库门建筑，19世纪80年代起，尤其马关条约后，西方人在上海堂而皇之开厂，新阶层渐次产生，他们独赞石库门空间。又以后，石库门被推倒，河滨公寓建起，上海滩有了最大的单体公寓，沙逊家族第三代传人维克多·沙逊干了件大事。

那场危机，让徐润失去的不只是三摆渡口的那块宝地，他失去了所有正处在投机状态而没有变现的土地。

1883年11月21日，徐润召集他的债权人，语调黯然地宣布自己已处于破产状态，他价值223万两白银的地产加价值982530两白银股权，将抵充252万两白银债务。他将近3000亩还没有建房的土地就以白菜价出售了，购买这些白菜价土地的其中一人，有后来对他频频使坏的盛宣怀，这是上海阴谋又一个。

暂时，徐润度过了自己人生的大危机，1884年的春天将要来临了。

买办徐润知道自己受了命运的狠狠一击，但与千万两白银瞬间消失、彻底破产的胡雪岩相比，他的疼痛却要轻得多。他不信自己的好日子就此结束，不信未来还会有更倒霉的事等着他。而事实上，未来，确实还有更坏的事情在等着宝顺洋行买办出身的上海大商贾。不过，刚刚度过人生大劫的他，回忆起上个10年，他与好友唐廷枢受直隶总督李鸿章委托，同心协力开办轮船招商局，回忆起两人那时如何地意气风发，将奄奄一息的轮船招商局打理得井井有条、生机无限，他不会去预构未来的倒霉事情。

因了棉花收购，唐廷枢让怡和洋行发了大财，怡和大班对这个中国买办赞不绝口，1863年到1873年，唐担任着怡和洋行总买办，将近10年，犹如新婚夫妻，他与怡和洋行两情相悦，蜜月漫长，双方各得其所，怡和获巨利，唐获大利，一一叙述他们的获利项目，读者会不胜其烦，概括一下，有以下这些项目——

其一，怡和洋行与唐廷枢合作投资10万银两，创办了一个当铺，每年获利36%；

其二，唐廷枢建议，怡和洋行同意，创办保险行，唐为此拥有十分之一股份，成为上海滩罕见的洋行股东；

其三，唐廷枢建议，投资淮盐运销，怡和洋行即刻同意；

其四，唐廷枢为怡和洋行开辟了上海至福州的轮船航线，又让怡和洋行代理华商轮船飞龙号、南浔号、罗拿号的业务，这样，洋行全年又有5%佣金收入；以及，收购茶叶、开辟南洋航运、经营房地产、食糖、大米、开矿等项目。

问题永远存在，问题永远会发生。香山唐廷枢已然变身上海唐廷枢，岂会永远地寄人篱下？甘心做洋人"小三子"？他的野心比他获得的佣金要大十倍乃至百倍。买办，即便成为怡和洋行总买办，如此身份依然无法满足他内心黑洞般的欲望，他有了一些超越契约精神的举动，这在他个人的历史白墙上布上了黑斑、霉点，但符合买办始终不变的正常人性。

具体来说，他悄悄地挪用了怡和洋行库款，数字不大不小，8万银两，为了尽快达成自己目标，他想着走捷径，弯道超车，即使大买办照样不清不爽。

洋行经理约翰生对唐廷枢之前的"公私不分"早已心怀疑虑，我怡和洋行聘你唐廷枢做总买办，你拿了怡和高佣金、高花红，理当一心一意于我洋行。都说你在外面开了许多店铺，买办之外，还做唐家生意，这便是一心二用了，也是对我洋行不忠了；又到处传说你的财富日长夜大，很神奇也很诡异，不合常情，这里会有什么猫腻？怡和洋行又是否做了你的冤大头？

私下里，约翰生查唐廷枢的账，结果让他大吃一惊，在唐廷枢收存的一笔怡和洋行到期庄票中，95000两白银，唐拿去贴现8万两。

约翰生恶从胆边生，怒从心头起，却又不便当场发作，对怡和洋行来说，这个唐着实重要，现在与唐"翻毛腔"，吃大亏的是怡和而不是他唐廷枢。

此事似乎不了了之，但人的眼睛、神色和口气无法长久地瞒过他人，约翰生也好，怡和洋行大班机昔也罢，在与唐廷枢的交往中，都情不自禁地将自己的真情实感泄露不少，唐廷枢本就聪明过人，他感觉到了一种压力。

这个微妙时期，双方都有割袍分手想法，只等一个时机。时机果然到来，它源于直隶总督李鸿章对唐廷枢的邀请，事情要从轮船招商局说起。

1872年，北京恭亲王、慈禧、文祥等顶层人物与封疆大臣曾国藩、李鸿章、左宗棠等人共同推进的自强运动，已有新路径，在此背景下，李鸿章发起成立了满清帝国第一个官督民办企业，谓之轮船招商局。它的重要意义在于：既是中国近代史上第一家轮船运输企业，亦是中国第一家近代民用企业。所谓官督民办，企业由商人出资，政府只是监督，盈亏全归商办，与官无涉，这家企业最初设在洋泾浜边的永安街。

对官督民办企业，政治家有政治家眼光，李鸿章在给同治皇帝的《试办招商轮船折》中，如此说道，"冀为中土开此风气，渐收利权""庶是我内

江外海之利不至为洋人尽占,其关系于国计民生者,实非浅鲜"。

同治皇帝立即同意了李鸿章的提议,他的同意自然得到了两宫太后的支持,西宫太后欣赏李鸿章更甚于曾国藩,她认为李是满清王朝的真正栋梁。

轮船招商局甫一成立,便陷于四面楚歌中。

英、美轮船公司先给予轮船招商局以凌厉压力,基于商战中你死我活的定律,他们有理由要将这家中华轮船公司置于死地;实际管理者、沙船世家的朱其昂,又因缺乏与洋商竞争经验,显得相对无能,半年下来,与洋公司的恶斗不仅没占上风,眼见的开办公司的4万两白银已落花流水而去,轮船招商局的命运也就可想而知了,除了分崩离析还有什么?

北洋大臣、直隶总督李鸿章的脸色挂不住了,这家企业由他极力促成,官督商办的创意由他提出,而今仅仅运作半年就面临土崩瓦解,这不是存心要他李鸿章好看吗?

在此关节点上,出来了盛宣怀,他对李鸿章进言,若要拯救轮船招商公司于危难中,非得有人出来不可,能人一直在我中华,他就是上海怡和总买办唐廷枢。理由有三:其一,唐有钱,在怡和洋行做了10年总买办的他,早已积累起巨额资金,一旦上位,他的资金立刻可以拨付给轮船招商局用于输血,让其重新焕发生机;其二,他有威望,多年来,在华商中,他已有广泛的人脉,具有极强的号召力,此君登高一呼,相信立刻一呼百应,无论优秀人才或社会资金,皆会纷至沓来;其三,他有经验,轮船招商局之所以处处被动、一事无成,皆因总办、会办都不熟悉洋务,对洋人的出牌套路十分陌生,因此屡战而屡败。唐则不然,数十年的买办生涯,对洋务早已了如指掌,只要他主掌公司大权,定能轻车熟路,知己知彼;举重若轻,十战九胜!

听完盛宣怀的分析,李鸿章主意拿定,轮船招商局,就这个唐廷枢了!

唐廷枢这里二话不说,当下便与怡和洋行做了一个永远告别,再不承受洋人们的不满、愤懑兼而有之的眼神。他大步流星地赶向李鸿章大幕,那里,李鸿章正襟危坐,那里,还有面露微笑的盛宣怀,微笑里充满了对唐的信任。

后来的历史对唐廷枢这次跳槽给予了极高评价,"这就相当于现在放弃跨国集团中国总经理身份来接管新成立的生死未卜的民族企业,因为他有一颗爱国的心,有使民族工业强大起来的意志"。公正地说,他确有爱国之心,让民族工业强大起来也是其愿望之一,不过,倘若当时没有怡和洋行大班对他疑虑重重这层主要原因，恐怕他不会快捷地答应李鸿章的邀请，更不会立马走人。是人，总是复杂的，人的选择从来有多重因素。

接着，正如盛宣怀的断言，唐廷枢出的第一张牌，就是让能人加入，这能人，第一位便是曾与他一起创立茶叶公所的徐润；他打的第二张牌，筹集资金，输血公司。唐果然富有人格魅力，无多时，所筹集的股本已高达47万银两，其中，密友徐润一人就投入数十万。入不敷出的轮船招商局渐趋稳定，风雨飘摇的人心有了安定，这些是再出发的基础。

很快，唐廷枢便让轮船招商局扭亏为盈，又以后，一枝独秀。这里，少不了总办他的阴谋阳谋，也少不了会办徐润的三十六计，自然，还有当断则断、破釜沉舟的那份商战意志。有个细节可以佐证：1876年，唐廷枢看出中国航运的一个机遇，但前提必须大资金投入，他向李鸿章提出了自己充满野心的想法：用222万两白银，将英商旗昌轮船公司一举买下，做个干净利落吞并。他担心李鸿章会有犹豫，不承想，天生一颗大心脏的李鸿章满口答应，就这样，唐廷枢开了一个先河：吞并洋商轮船公司。

此举成功实施，轮船招商局一下子拥有30多条大船，远洋航运也就应声而起，公司的轮船现在可以开到美国旧金山、英国伦敦等港口。自那以后，轮船招商局端的是八面威风，而唐廷枢的胆略、才干获得满清帝国高层一致的交口称颂，李鸿章对唐评论，"定章之善，立法之详"，刘坤一亦有话，"立于不败之地"，他们还一致认为，"招商局必不可少此人"。

唐廷枢人生最华彩篇章并非轮船招商局，他一生鏖战商海，创建企业47家，尤为惊心动魄的有开平煤矿创办，就中困厄与波澜，岂是三言两语可以说清？与他密友徐润完全不同，他去世那日，13国列强降半旗向他致哀，而天纵豪情的李鸿章也为此扼腕叹息，"中国可以没有李鸿章，不可没有唐廷枢"。

倘若唐廷枢地下有灵，他会不会这样反躬自问：他这一生所获得的荣光，与怡和洋行是否密不可分？换句话说，没有10年买办生涯，又哪来后来在洋务运动中的大展身手？他之所以部分地完成了魏源的"以夷制夷"梦想，归根结底，不还是拜怡和大班约翰生、机昔所赐？没有他们，何来商战高手唐廷枢？又拜高尚的布郎先生所赐，没有他，又哪来一个东西互通、远远超越"洋泾浜英语"的唐廷枢？

第三节
席正甫：洞庭湖后生脱胎换骨

再讲一个买办。

但就不讲广东买办郑观应了，此君绕过了所有买办必然掉入的那个销金窟，用《盛世危言》而独自攀爬至中华民族的思想高峰，听来匪夷所思，却是事实。

要向读者介绍一个江南买办，他出生在美丽的洞庭湖畔，大名席正甫，他在买办事业上的成功，让上海租界买办呈现了三足鼎立：首先广东帮，其次宁波帮，还有江苏帮。

洞庭商帮，自明代中叶起，驰名江南。在苏州东山，有个汉子，大名翁篷，他做贩卖布匹生意，有很大市面。人们如此赞美他，"非翁少山布勿衣勿被"。还可以印证小说高手冯梦龙在《醒世恒言》中的一段话，"太湖中七十二峰，唯有洞庭两山最大，东洞庭曰东山，西洞庭曰西山……两山之人，善于货殖，八方四路，去为商为贾，所以江湖有个口号，叫作'钻天洞庭'。"

1838年，席正甫出生在苏州洞庭东山，他有大户人家背景。

先人，叫席端樊、席端攀，正是冯梦龙所说的"善于货殖"人家。先人有格言留给席氏家族，"不去科举，即去商场；不去读书，就去经营"。席家累世虽然没有做成簪缨人家，但良田无数，佣仆云集，席家东园更有过很堂皇一页：康熙南巡到了东山，席启寓代表地方士绅迎驾，皇帝陛下居住之地便在席家东园，皇恩浩荡，弹眼入睛。

席正甫，名素贵，弟兄四人，他老二，租界上海人早有断言：老二最滑头、也最聪明。

出世后，4岁丧母，13岁丧父，家道严重中落。小席来到人世间，眼前虽然有"烟笼寒水月笼沙"的美景，然而他，衣仅能蔽体，食从无精细，洞庭湖的诗情画意断然不会让他产生"云想衣裳花想容"的美妙意象。

又来了杀气腾腾的"长毛"，19世纪50年代前中期，他们沿着浩荡长江，一路顺流而下，大开杀戒，满清昏庸无能的绿营兵无不丢盔弃甲，庄严的佛寺、美妙的宝塔又全在摧毁之列，大户人家、名门望族，更是全都陷于妻离子散、家破人亡之境地。

1857年，席正甫19岁，境况窘迫的他，本不属于要被"长毛"消灭的那个阶级，但基于对"长毛"的骇怕，他逃离了山清水秀的洞庭东山，一路紧赶慢赶，投奔已在上海开出一家小钱庄的舅舅，做了个小伙计，每日，重复的事情无非擦桌、洗碗、倒夜壶。

然三年下来，他有显著进步，皆因头子活络。

小钱庄里，虽然只是个卑微的跑腿，却如徐润般睁大双眼，竖起两耳，观六路、听八方，将钱庄白天里所遭遇、所发生的种种事情，事情的要点、难点、平衡点，全都观察细微、思忖周全。夜晚，当其他小伙计早心无挂碍地一觉睡到爪哇国去，他转辗反侧，对白天生活做反复揣摩，有意无意地为未来做着准备。

三年后，22岁的席正甫自筹资金开出了一家小钱庄，他可不甘心只做一个白天擦桌子、晚上倒夜壶的苏南人，他要试试水。

小钱庄开得不错，人们络绎不绝地前来，尤其洞庭东山人，全都乐意将自己的公房钱、私房钱存在他这里。原因有二：首先，他明白钱庄一进一出，自己赚取的只能是适度利润，即便薄利，即便自己有再强的私欲，也须控制在某个平衡点上；其次，他与生俱来的善良让人产生好感和信任感，客客气气、和风细雨，呈现着中国文化和气生财的美好意象。

席正甫很快发现，上海商人一半以上皆来自广东，他的钱庄若能让广东人也当成自己的保险柜，那自己的事业便有奔头了。但要让广东人走进他的钱庄且再不离开，首要的是沟通，离开语言，会有沟通吗？想清楚这一点，他就专门下苦工夫去学了粤语。

之后，每当有广东人进门，席正甫第一时间将广东话递将上去，让对方在略感惊诧中先有一点好感。一番广东话交谈下来，通常来说，对方在感情上便会"自动缴械"，接着的事情就简单了：广东兄弟们纷纷捧上自己在这个泥滩上挣得的血汗钱，将它们存于这家似乎能舒缓他们不时产生着乡愁的钱庄。

除了粤语，席正甫还苦学英语（应该是洋泾浜英语），虽然一段时间并没派上用场，但他不是功利之人，他知道，许多事情都会自然发生，但在事情发生前，必须先做好准备。

1866年，命运果然发生转折。

经沈二园介绍，他与汇丰银行买办王槐山挂上钩，充当起王的"跑街"。

王槐山本人之前也是个跑街者，了不起的他，竟然跑出汇丰银行买办这个大身份。然19世纪60年代，买办也好、跑街也罢，在租界上海华人社会里，身份还挺"下贱"，"为洋鬼子跑街，你人格哪去了啊？"何况，那时英美两租界已经合并，道路纵横，地域宽广，即便不算越界筑路地方，街的宽度与长度也够你跑的。席正甫依赖什么？除了两条腿，还有一颗梦想的心，对了，他还可以依赖一下颜值，看过他照片的人都知道，仅就颜值而言，他比徐润、唐廷枢要高出许多个百分点，这是一张唯有江南山水滋养出来的俊秀之脸，如此脸庞，上海男女都会喜欢，尤其天生浪漫的女性，甚至会有不自觉的暗恋，这点于他的跑街生涯有莫大帮助，跑街的关键点、紧要处，不在于你一天跑了多少条马路，即便你十二时辰只跑一条路，若遇上对的人，就够幸福一阵子了！

日子，在席正甫的跑街生涯中悄然而过。

王槐山的眼睛"毒"得很，他眼中的席正甫正日渐老练，虽然修为还没臻于化境，但内功已然强大，上海大码头可以单打独斗了，若有舞台，要让他铿锵上场。

时机有利于跑街人，其时，租界社会里，一部分反应特别敏捷的新市民已在"跑街"这名词后加上了"先生"后缀，这份职业开始悄然地被人尊重。四五十年之后，20世纪20年代，公共租界，从霞飞路的淮海坊或者勒菲德路的瑞华坊走出的女人们，对自己儿子最称心的定位之一，就是做个跑街先生，"跑街先生好啊，钞票赚得木老老啊"。

1874年某日，王槐山唤来席正甫，要席代表他，前往天津，协助天津汇丰银行，与满清帝国大员进行大宗银两的商借谈判。

席正甫听着，先猛吃一惊，我一个小跑街，代表得了您大买办吗？

难怪席正甫忐忑不安，他的谈判对手可是北洋大臣李鸿章的亲信们啊！他一下子就站在了历史聚光灯下，怎会自然？最终，带着喜忧参半心情，带着王槐山的嘱托，他来到天津。

没有人知道席正甫靠什么渡过了心理难关，谈判桌前，他镇定心神，集中思绪，将多年跑街生涯积攒的功力做着努力发挥，在与对方的对话、周旋、拉锯后，最终达成了满清帝国与汇丰银行关于福建、台湾的海防借款协议。协议有以下三个要点：一、满清帝国答应以盐税作为担保；二、年息8厘，这是汇丰银行有史以来借款的最高利息；三、借期10年。

这个协议在理论上让三方获得各自所需。汇丰银行，开了政治贷款先声，自此以后，它与满清帝国顶层始终保持着紧密关系，政治贷款的高额利息让银行获利颇丰，银行就此摆脱了之前的窘境；满清帝国呢，大笔借款暂时缓解了帝国早就捉襟见肘的经济状况，让帝国的国防力量瞬间得到增强，虽说后来有历史学家用"饮鸩止渴"来定义此事；席正甫，就不用多说了，此番谈判不仅淬炼了他的胆气、才智，亦因席的贡献而让汇丰银行付出大笔花红，之后，坐上了王槐山自愿礼让的总买办位子。

打这后，满清大人物——李鸿章、左宗棠——都对席正甫刮目相看，他们慢慢明白，满清王朝需要的笔笔巨额贷款，都与这个眉清目秀的苏州东山人须臾分不开，笼络这个家伙还用多加考虑吗？

李鸿章的反应极快，他上书朝廷，提议同治皇帝给席正甫品尝一下当官的滋味，同治一口答应，李鸿章办事他放心，朕的兴趣主要还在八大胡同里的种种美景、胜景啊！

汇丰银行总买办头上因此多出一项二品衔红顶花翎，不过，席正甫也就重大节日戴上这顶官帽过过瘾而已，他明白，东山人家，即便大户，终究货殖出身，于官场文化隔膜、陌生，官场这个江湖他可玩不来，他还是做好自己的买办！

那以后，席正甫风光无限、一时无两。

他满足了满清帝国提出的17次借款要求，汇丰银行的生意日益红火。

他是上海滩无以计数的小钱庄巴结、奉承、阿谀的头号对象。小钱庄的庄主也不会只做冤大头，他们的算盘拨拉得精：先向外商银行借上一笔款子，随后，将这笔款子以高利贷形式逐一贷给大小商号，小钱庄攒足其中差价。外商银行已经不少，但最大买办唯一席正甫，若想汇丰银行放出借款，没有他的签字、盖章，事情注定难以成功，因此，绑定席买办，是全体小钱庄主全力以赴的事情。一时间，上海滩上，席正甫炙手可热、人人追捧，举凡钱业、银楼、典当、金号，个个要求他成为自家股东，做不成股东，也要托他介绍某个不是人才的人才在自己身边，总而言之，与席正甫搭上哪怕丁点关系，都成为小钱庄庄主的人生大幸！

席正甫没有放过这个千载难逢的时机，他广交朋友，推荐能人，照顾亲友，编织网络，仅举一例，其时上海共有34家外商银行，由席氏家族担任买办的竟有17人之多，一个上海滩，席家出了17个买办，这股势力，谁敢匹敌？

通常来说,盛极必衰,荣后必枯,大红大紫于租界上海,全身而退者少,身败名裂者多。席家却破了此例,席家三代都为汇丰买办,东西双方,相安无事,稳步发展。他本人,艰辛起步,荣耀结束,在上海"四大买办"中,若说最终命运,席正甫最为完美,徐润、郑观应都望尘莫及,即便唐廷枢,虽有13个西方国家为他去世降下半旗,但被盛宣怀颇怀恶意地踢出轮船招商局一事,似乎也印证了他的人生终究还是无法比拟席正甫。

席正甫之所以圆满落幕,首先得益于为人诚信。有人性,便难免卑微,他不可能不犯人性意义上的错误,然而,数十年买办生涯,汇丰银行大班们对他信任有加,这说明他的操守基本无可挑剔,仅凭这点,常人就难以做到。领他进入买办大门的"师父"王槐山,这上面就差了许多。更重要一点,在汇丰,师父王槐山教了他,汇丰大班指点了他,虽然少有这方面的记载,然汇丰文化,终究将他熔铸,并让他脱胎换骨,其他不说,洋行用契约精神作为商场意识形态的核心,他们的自律和承诺,是古典的骑士,是现代的绅士,诚实地说,仅就这一点,中国商场的大小商人便罕有所匹。席正甫应该庆幸自己是在汇丰银行而不是在李鸿章的幕府中终其一生,他也应该庆幸自己是个"吃螃蟹人",它彻底地改变了洞庭湖后生的人生轨迹。

上海买办,不会从穆炳元开始,也不会到席正甫结束。

上海两租界,买办先遭移民们唾弃,继而被移民们羡慕,又进而让移民们大加妒忌了,只要你活得过于快活,往往总会有人妒忌,人性就是如此。20世纪60年代,李鸿章对左宗棠悻悻地说,"沪上舍此巨富,无从着手",巨富指的就是买办,既然让其时的江苏巡抚也"无从着手",他们的"巨大财富"对李鸿章而言又意味着什么?

对上海滩上的大小买办来说,1862年堪称分水岭。

那年,史家精确分析:香山人徐润24岁,报捐光禄寺署正,次年加捐员外郎和花翎,他与叔叔共同经营着宝顺洋行的几千万两生意,春风得意,一时无两;香山人郑观应,那年20岁,也在宝顺洋行做着买办,主管生丝进出口与轮船揽载,被史家冠以"头角峥嵘";香山人唐廷枢,已经当上怡和洋行的兼职买办,代理该行长江一线的贸易事务,次年正式上位该行买办,掌管该行金库;香山人容闳,美国归来,倒是无可奈何地寄于宝顺洋行 之下,以"买办"身份委屈万分地终日奔波于上海、浙江、安徽、湖南、江西。

江苏、浙江买办出名的有上海道台吴煦,有拿出大笔银子来买团练、搞会防的杨坊；湖州人陈竹林的巨大财产可以买下租界的一半地皮；镇海人叶澄衷该年22岁，在虹口开设了顺记五金洋杂货号，他有两个学生意伙计，其时还未出道，后来成为大买办的王铭槐与朱葆三；东山人沈二园已在上海站稳身子，他的外甥席正甫，22岁，正学着成为一个买办。不能忘了杭州人胡雪岩，因买办而在上海发大财，后来一次垫付资金2000万两白银，如此角色，神鬼吃惊。

买办在上海横空出世，意义与秉笔华士又大为不同。

精神层面上，秉笔华士虽然表面上被现代性的西方文化完全压倒，但他们从来没有放弃自己的精神独立性、精神批判性，管嗣复只是一例，无以计数的秉笔华士内心都活着一个管嗣复。

买办在精神层面上，对西方文化不具任何批判性，他若有这样的批判性，也就打定主意不买办了，如容闳、如郑观应，既然有"操业近粗鄙"的价值判断，他迟早会跳脱这个大酱缸的。上海滩上的成功买办，无不从佣金、花红积累起步，中经财富博弈上的诡计多端，偶尔也来一手坑蒙拐骗，或者碰触买办必须遵守的红线、底线，长袖善舞，纵横捭阖，最终在财富层面上达到一览众山小的境地，让始终高人一头的西方大班也要妒忌不已。

有洋商如此抱怨，"这些仆人竟逐渐地变成了主人""外商仍须依赖买办，而买办已不需要依赖外商了"，他们视买办为阻力，欲要摧毁"买办制度"。家里堆积着如山般白银、鹰洋的上海买办，他们的财富让过去的主人明显不悦，嫉妒在心了。大班与买办之间的关系微妙了起来，新的斗争正在历史岔路口上生成。不过，还要再过数十年，当上海史翻到19世纪与20世纪交替期间，当民族主义不仅作为一种思想盘旋在买办头脑中，还作为一面旗帜，被他们或真心或假意地扛起在马路上，那时，才会出现买办与他们雇主间真正的剑拔弩张。到那时，还有多少个买办会严肃地思考这个问题：西方雇主究竟教会了他们什么？他们自身的成长与西方雇主又有着多少深切关系？

时间还早。但要来的终究会来到。后来，当上海人普遍地拥有了"上海意识"，当上海在不断的现代性后进入了她的"黄金十年"，并最终诞生了深刻地影响着上海人全体的新文化，即海派文化，那时，上海大小买办或许将深思起自己的"吃蟹者"形象，并意识到，倘若没有自身的脱胎换骨，新文化又怎样地破土而出？

第六章

洋场

第一节
黄懋材的《沪游胜记》，葛元煦的《沪游杂记》

江南来了夷人，夷人设了夷场，江南为此而发生巨变。然以历史长时段的目光看，江南变化亘古以来就不曾间断。

放之于江南，夷场也就巴掌大一小块，英国人那里，最初也就830亩；法国人也好不到哪里去，986亩。江南，它是个囊括了多少亩土地的浩瀚空间？

说到夷人，英国居留地里，1846年，才百人左右，到了1866年，5000左右，然江南一地，又有多少千、多少万的血气方刚、生生死死的苍生百姓？

也因此，江南文化傲然于世，不曾被消灭也不可能被消灭。一个例子很具说服力：租界上海有大批量的打上西方文化烙印的石库门建筑，上海四郊，尤其南汇、奉贤、金山等冲击滩地上，遍布着从悠远历史中走来的民居，原住民称其为绞圈房子，它们在日光、星空下端立，仿佛可以直到永远；又仿佛与石库门做着对峙。

然变化终究到来，转型无可阻挡，除了露天通事、秉笔华士和大小买办，19世纪60-70年代，这20年间，租界上海，居住着的寻常江南上海人、平凡的新老移民，面对数不胜数的夷场器物，逐渐地消解了敌意，放弃了妒忌，排解了鄙夷，先半推半就、继而全心全意地将它们接受下来，在心理上，他们对自己面前这个洋货充塞、洋腔响亮、光怪陆离、眼花缭乱的世界做着调适，不自觉地，他们有了拥抱夷场的愿望，只因为那20年的现实情状，让他们不得不暂时地将愿望藏之内心深处。

读者先来认识这个晚清男子。

中国大历史典籍上，此君籍籍无名，江南人中，也不是出类拔萃之辈，因了他在被费正清们称作"东西方文化激烈碰撞的开放口岸"里，写有一篇《沪游胜记》，有心的后生者记住了此君。

江西上高人，大名黄懋材，字豪伯。

他做过一个小官，七品知县，在等级森严的帝国官僚结构中，此官职只能用末流形容，留着长辫子的苍生百姓，常会在这官职前配上"芝麻绿豆"这个定语。

此君精通地理测量学，有作品留存于今，如《西徼水道》《游历刍言》

等,有一件事算牛,满清帝国4亿中国人里,他头一个踏上印度土地。

1866年,黄懋材先生风尘仆仆而来。

时间:丙寅三月初六,1866年4月20日,黄先生自南昌章门登舟,过吴城,越浔阳,十九抵婺源,木船调换成铁壳大轮船,黄先生为此给船东另加一笔交通费,银子10两。同治年间,这不是小数字,寻常苍生,那年月的每日生活也就"三四十文"打发了,一两银子可换1500文。

将话头适当扯开:那年代,公子若坐船从上海到苏州,3两银子;小姐若坐两人抬小轿城厢内兜风,每肩28文,若出城门,去往老闸、新闸,每肩56文;买办若从城厢里赶向制造局,每肩120文,包一个全天,两轿夫加一顶蓝呢轿子,170文。若是工匠,每天工钱50文上下,一周工作六天,若登"丽水台"三楼茶楼,一周工钱可品名楼茶水还加一锡壶小酒。那时,厨师每月工钱3200文,2两银子上下,身价超过工匠、轿夫许多。话头再转回黄先生身上。

两天后,丙寅三月二十一,黄先生抵达上海,一路辛苦。

甫一抵达,黄先生视野中便出现了以下景象——

> 沪上本商贩会集之区,自道光末年,西番阑入以来,海舶洋艘,八方辐辏,而财赋殷繁,风俗侈靡,冠绝东南矣。

黄先生悠闲地自小东门吊桥走出,他的视线被左侧景象深深吸引,他看到了西方人的租界,不过,黄先生使用了紫禁城大佬们的语言"番商租地"。一个"番"字,将远自三皇五帝时中华民族对一切"非我族类"的蔑视淋漓尽致地宣泄,"东夷、南蛮、北戎、西狄",番商不过是上述野蛮人中的一种而已。不过,黄先生的视觉与他的观念发生了差异,他真实地记录下夷人居住的环境,他发现,用碎石铺就的马路,不仅可供三四辆马车通行,下雨天,亦无泥淖之苦,番商租地看来很有研究啊——

> 迤北而西,延袤十余里,为番商租地,俗称为夷场。洋楼耸峙,高入云霄,八面窗棂,玻璃五色,铁栏铅瓦,玉扇铜环,其中街衢弄巷,纵横交错,久于其地者,亦易迷所向。取中华省会大镇之名,分识道里,街路甚宽广,可容三四马车并驰。地上用碎石铺平,虽久雨,无泥淖之患。

黄先生不识其时女王帝国驻上海领事麦华陀先生,如认识,他会与后者交流一下番地道路的命名原则吧？为何南北用省份？东西却用城市？黄先生继续自己的观察，基本不带偏见，他没被自己的知县身份所桎梏，他对番人治下的区域变化，有骨子里的赞叹——

> 夷场人口稠密，凡赁夷屋者，房租而外，另有月捐，即有摊棚子及测字星卜之流，每月收捐银洋二三元不等；以故薪桂米珠，凡日用所需之物，其价较他地贵数倍。迤东为法人租界，正北为英租界，迤西为美人租界，自此至吴淞口，五十里，道途皆俱为夷人所买，休治车路甚平整。沿黄浦一带江岸，用大木植桩，贯穿铁条，排列十余里，广数丈。其码头恰与轮船相当；可用马车连运货物到轮船，不用驳船也。

黄先生对西方领事做派有隐隐赞赏，虽然，对领事仍然使用了"酋长"称呼，又见出先生骨子里的不屑：非华夏的夷人，终究停留在神农氏、共公氏的年代里。但太西诸国的官员，出外不带护卫，仅此一点，他不得不为之拍案。

> 各番酋长则有总领事、副领事之目。其巡逻街市者曰巡捕，手持短赤棒。中外交涉事件则在会审公堂，中委员及外酋同听之；华人不法，照华律科罪；番人不法，亦自治以本国之律。酋长出入，未见有仪卫；闻太西诸国，自王后大臣而外，俱无仪从，出外与平民无异。

黄先生继续观察，他看到了教堂，董家渡的圣方济各·沙勿略堂，江西中路边的圣三一教堂，苏州河里摆渡桥边的救主堂。

黄先生也看到了大小戏园，三雅园、满庭芳、丹桂茶园，对他来说，如此空间最能撩拨内心，唤醒文化感受，掀动情感波澜。

黄先生还目睹了19世纪60年代上海人在租界里玩花的雅兴，兰花，尤其朱兰，上海人甚为膜拜。

黄先生是否漫步而上虹桥，去了"上海平康里"，长弄短巷、庭院深深，听书寓深情一曲，看长三婀娜起舞，与幺二把酒言欢，半梦半醒，似真似幻，宽衣解带之间感受生命的浅吟低唱，先生没说，我们不得随意联想。

> 城内外建礼拜堂不一而足，华人进教者匪鲜。每日午后讲约，众人环坐听之。七日为礼拜期，一日安息日，农工商贾，俱辍其业。
> 夷场大小戏园，共有三十余所，或男串，或女串，或男女合串。文班则聚美轩、三雅园最著，武班则丹桂轩、满庭芳为盛，园中层楼长庑，结采铺茵。肃客

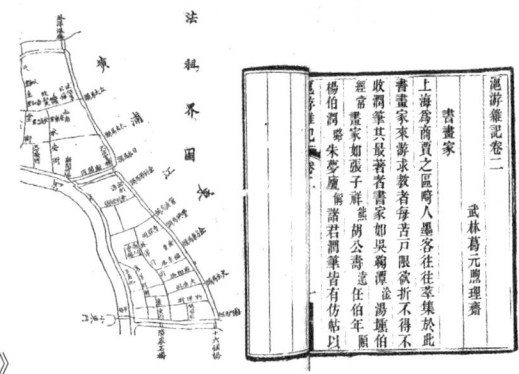

葛元煦的《沪游杂记》

而入者曰案马，伶俐宛转、善伺人意。

沪上人家善养兰。每年四月初间，为兰花会于豫园。园在城隍殿后，一曰内园，有延清楼、湖心阁诸胜，茶房酒肆，及庙前东西二街，摆列兰畹俱满，名香异种，角胜争奇，士女游观杂沓，每至午夜方散。唯朱兰最贵，亲朋相为贺。

黄先生没有忘了对夷人的跑马做一番描写。先生写得细致，不过，少写华人观看时的情状，仅着力于春日马会刻画，显然，他对马的兴趣大于对上海人的兴趣。

四月初五至初七，西番为跑马会，于城西二里许圈地数顷为马埒，周围树以木栅，栅外浚沟，番人番妇，则于圈内建高台观之，相与置金钱赌胜负。每数骑并发，衣五色服为识别，追风蹑电，亦壮观也。至末日，则演跳沟跳圈之戏，沟广数丈，纵马跃而过之；以纸为圈，人行马上，行至圈下，忽耸身而起，以首触破纸圈而逾之，仍立马上如故，凡连跳十数圈而后止。

黄先生不会也不可能去往马场玩上一票。

1866年，西方人傲慢、自大、狂妄，有些人甚至十分凶恶。对普通华人，他们不屑一顾，视作草芥。那是1840年与1860年这两场战争带给他们的自负。他们不许任何一个华人进入自家领地（道台是个例外），他们自恃拥有最好的生活方式，这生活方式只在他们的圈子中传播。故此，我们的黄先生只能在木栅外远眺，有时偷看。

随后，他离开上海。对了，内心里，他叫租界上海为番地、为夷场。内心里，对这个上海，他故意不显尊重，尽管流露出部分羡慕。带着复杂而矛盾的心理，他踏上了回江西的归家之路。他酷爱仗剑走天涯（不知带了剑了没有），他有点类似明代那个"大丈夫当朝碧海而暮苍梧"的徐霞客。

今日的我们之所以记住黄先生，乃他写了《沪游胜记》这段文字，真实地记录了江南上海在租界这方地域的最初嬗变，尽管不全面，更不详尽，1866年，他的所有缺陷都是可以理解的。

租界上海的蝶变还刚刚开始，西方人，给上海带来了贸易规则，却还没有带来工业文化，除了露天通事、秉笔华士和将生意看作比生命更为重要的大小买办，两个租界10万以上的华人，还没有对他们居住的地域产生感情，尤其是那些移民，更谈不上深厚感情了。移民中的大部分男女，心心念念回归被太平天国死士们蹂躏的故乡，而上海原住民，对西方人没有多少好感，双方都有厌恶、不满和冷漠，更有年轻、激情、狂热的"鼎革者"，一腔热血地想着要操起番鬼的后膛枪，给番鬼来上致命一击。

记录更周全、更详尽的人来了。

那时的夷场里，长居着黄懋材般的一个华人，他瞪大了黄先生般的观察之眼，对"北里上海"，有更深入、更细腻、更精到的描述，当他将自己的观察之书出版时，已是19世纪70年代的中期，他对租界上海的描述，为其争得了名声。

先生姓葛，大名葛元煦，他的目击、观察和某种程度的思考都留在《沪游杂记》这本书里。

与黄懋材同样，于上海大史，葛先生也籍籍无名，所以，后生的我们既不知他的生年，也不知他的殁日，唯知此君浙江杭州人，家里藏有许多书画，少年时就工篆、隶。人生一世，草木一秋，有一点极为难得，他轻易不与任何人做应酬，不知葛先生的"不轻易"会是怎样一个标准？葛先生家境不差，葛先生也颇具天分，倘若葛先生没在功名路上多有斩获，他个人虽遗憾，但中国科举制度更不幸。

李秀成死士们的刀锋将葛元煦逼来上海，他一头扎进租界，春秋轮回，光阴匆匆，耳濡目染中积累了不少心得，"余游上海十五年矣。寓庐属在洋场，耳目所及，见闻遂夥。因思此邦自互市以来，繁华景象日甚一日，停车者踵相接，入市者目几眩……来游之人，中朝则十有八省，外洋则二十有四国"，某日，葛先生突发奇想，决定写本书出来，为馈赠中外友人，也给自己后世留名。

大体说来，葛先生的观察与黄先生同多异少；所异处，皆在细部。刚才说了，1866年，黄先生抵达上海，转了一圈就走，观察属于大而无当；葛先

生于1860年避难上海,一住10多年,观察细致入微,当在情理之中。一个重大的、决定性的区别在于:1866年的黄先生,将上海租界还蔑称为"夷场",而葛先生为他著作开宗明义,"洋场"称呼响响亮亮,一字之差,两者有天壤之别,虽说真正的洋场似乎应该建立在19世纪90年代。

上海租界,西方器物文化,葛先生感受很多、很深。

不说马路、阴沟、阴井、道旁树木,他还看到水龙会、制造局、博物院、轮船招商局;看到照相、电报、火轮车、自来风扇、煤气灯、火油灯;看到了西洋马车(不是亨司美那种)、东洋车、脚踏车、大自鸣钟、午正炮、荷兰水和柠檬水,所有这些,正是1866年至1876年这十年间在上海北里陆陆续续展示,下面,挑选葛先生眼中的西方器物,以飨读者——

> 西人水龙会每年夏秋间举行一次,是夜齐集浦滩,各水龙排定次序。居前者为灭火龙,另扎一纸龙置车上,中烛以火,旁悬五彩琉璃灯。其后十余车装如前式,间以花炮、火球、火镜、火子及西人音乐,光怪陆离,耀人耳目。来观者人如潮涌。昔人所谓"嘘气成云,挥汗成雨"者,不是过也。嗣以出会后必有火警,故不复迎赛,仅以浦滩上演习放水之法云。

水龙会可以看作19世纪60年代的上海大众游戏。水龙,平日用于消防,假日里,供上海正蝶变的新移民一乐。今日,读者很难理解何为"花炮、火球",什么又是"火镜、火子"?但对170年以前的上海人来说,这没任何关系,正因为"光怪陆离",方有云集观赏的价值,上海人对水龙会的兴趣,有"人如潮涌"的证明,看来,如此盛况也仅"春秋跑马大赛"可以比拟了。

> 西人马车有双轮、四轮者,有一马、两马者。其式随意构造,宜雨宜晴,各尽其妙。近来华人设税车厂,驰驱半日,价约银洋两饼。贾客倡家往往税坐游行,近则沿黄浦、绕马路,远则至徐家汇、静安寺。然不及西人车坚马驯,往往失事。
> 东洋车,双轮旁转,前支两木系一小横木,一人挽而曳之。人以价廉,随地雇坐。然疾走须防脱轮,妇女乘坐,亦有从后窃取首饰者。

开埠还刚20年,西洋马车进入上海,与中国轿子形成大街上的一道独特风景。乘坐者,葛先生说得分明,"贾客倡家"也。所谓"贾客",两种人:其一,从宝顺洋行、怡和洋行走出来的大班,或者买办如徐润、唐廷枢、席正甫之辈。其二,本地已赚得盆满钵满的富商大贾;所谓倡家,妓女也,说得好听点,妓家风月中的可人儿;说得难听一点,人尽可夫的女人。

上述两种，为上海西洋马车的尝鲜者，也是上海时髦的推动者、海派生活的弄潮者。及至20世纪20年代，上海开出女子公共浴室，活色生香地跳入大池的，亦是日夜宽衣解带、黑白忙个不停的"北里脂粉"，但一部海派文化小史，又怎么少得了她们这些颠覆传统妇道的赶潮儿？

东洋车亦如此，不过，车上除长三、么二，还多小家碧玉、大家闺秀，不再让北里脂粉独美。东洋车不如西洋马车招摇过市，它洋溢着日常气息，动力来自汗流浃背的拉车夫，虽说，两个特大轮子发出的"辚辚"声响也焕发时尚气息。

> 钟设法租界工部局（应是公董局），离地八九丈，高出楼顶，势若孤峰。四面置针盘一，报时报刻，远近咸闻。丙子夏修造，改低约二丈。仅用针盘一面，制较狭小。城南董家渡天主堂亦有大自鸣钟，较此则又稍低矣。
> 西人设兵舶于黄歇浦。逢礼拜一、五准十二点钟，放炮一声，响传数里，以便校对钟表。

大自鸣钟，在《沪游脞记》中，黄先生忽略掉了，理论上，那刻它在法租界已高悬于上海半市民头上了。久居上海的葛先生注意到了，他理解，这个西洋器物来到，让上海半市民改变了对时间的掌控方式。道光、咸丰、同治年间，江南人只知十二时辰，但如何确切地知道午时过了五分之一呢？农民唯有观日头，其他各界也只能以燃香作为判断。而今，生活在洋泾浜两岸的男女，只须对法租界那口大自鸣钟看上一眼，时间于他们就没有任何一点疑惑了。至于黄浦江战列舰上正午时分传来的那阵阵"轰轰隆隆"的炮声，让浦东、浦西的上海原住民明白，那刻，他们正处在午时与未时交替之间。

西方器物文化，《沪游杂记》一书举不胜举，西方制度文化，葛先生的表述同样敏锐和犀利。

他看到了"租界例禁"，看到了领事公馆、会审公堂、会捕局、巡捕房、工部局，在维护租界秩序或租界运转角度上，他还看到了房捐、包打听以及租界地保，"租界禁例"，我们之前已经说过，这里再略微讲一下：西方人将他们理解的城市文化带给了江南上海，仔细读罢，发现没有大的不妥，江南上海若要生长，若要从长江边的小县城生长为未来世界第六大都会，整个过程不仅需要禁例，而且必须禁例。上述禁例于江南上海人，于长江流域新移民会有一些痛苦，百分之百地实施，便要向自己从来的生活习惯做痛苦的斗争，试想，那垃圾，他们从来不就随意倾倒吗？那道旁小便，他们

不是从来就如此随意吗？至于"讲茶"、买卖私酒和野味，这些不都是他们从来的文化吗？

> 会审公堂为办理中外交涉事务而设，租界中凡小窃斗殴等事，由巡捕房解堂审理。一在法界领事公署，逢礼拜二、四、六，委员与法国领事会审；一在英界大马路西，即洋泾浜理事公廨。除礼拜日外，每日委员与英、美二国领事会审。若人命及军徒各案，仍照定例移县办理。

会审公堂，后来叫会审公廨，事关中西司法权的一个机构，于19世纪60年代后期设立。

后来，当杭州人葛元煦去了天国，上海大史对他的《沪游杂记》做着大幅度的现实改写，他不会想到，被民族主义冲天怒火完全吞噬的上海，情感激荡，湍流咆哮，会审公廨成为上海民族主义者发泄愤怒的一个出口。

> 租界房屋，工部局估值抽捐。以房价之底昂定捐数之多寡，每值百元捐洋八元。分四季收取，作租界各项工程并一切善举之用。从前尚有路灯、垃圾等捐，今已并入房捐矣。

租界房捐是西方人制定的城市规则之一，这就如同他们制定的城市建筑规则一样。而且，一般来说，租界房捐体现了西方的民主精神：有地产与没有地产的，房屋恢宏与房屋简陋的，都有严格区分，相当公平。当然，生活在两租界中的华人，他们不会感到房捐公平，这是个问题，也确实是个问题。

精神层面上，葛先生持有中国士大夫立场，江南情怀，无可挑剔。

他满怀深情地描述了上海地区的种种寺庙，从武圣宫到春申侯祠，从青莲庵、一粟庵到施庙、黄婆庵，以及静安寺、龙华寺、红庙、城隍庙，一一道来，语多含情。而对洋人建立的任何一座教堂，他几乎只字不提，唯一在竹枝词里，他用28字轻描淡写地说及。显然，对上帝、耶稣、福音、拯救、原罪、忏悔等他完全不屑，他保持着中国传统知识分子的文化立场，强硬的、不可更改的立场，如此决绝，也体现在"租界地保"一例上。

19世纪的中国知识分子基本相同一点（无论有无功名），葛先生特别用情处在"南朝金粉、北里胭脂"。在这上面，中国知识分子总有他们始终如一的传统，妓家风月也好，欢场儿女也罢，他们从中获得情感满足，也能释放自己的审美和欲望，这是他们的文化，葛先生信奉这种文化。

之前有过叙述，因了小刀会起事，也因了太平天国逼近上海，上海城厢中众多妓家纷纷窜向洋泾浜北岸。葛先生兴奋曲房密室中的缠绵情愫，也激动粉墙黛瓦中的玄妙丝弦，倘若他能活到2022年的今天，倘若作者询问葛先生："究竟何为海派文化？"想来他定会毫不踌躇地回答，发生在老城厢也是园、洋泾浜北岸的种种花事、艳情、春风一度，理所当然都属于海派文化，倘若没有上述这些，海派文化不就苍白许多？

就不展开葛先生对妓家风月描述的激情了，《沪游杂记》里有诗、有词，皆用来传递他多情而绵密的心思，呈现着同治光绪年间租界上海的觥筹爱欲、花香情事——

摆酒
大小排当围翠袖，泥客猜拳，肯遣良宵负。醉棹觥船忘夜漏，华灯重点笙歌又。
如此名花如此酒，如此欢场，几辈能消受。却笑玉山颓倒后，酣眠压得罗裳绉。
青楼
帘卷香风，著粉施朱夕照中。秋水双波动，勾引多情种。咚，酒绿与灯红，请君入瓮。帐卧销金，直把金销送。君看露水恩情总是空。

也有叫袁翔甫的，写《望江南》，置身洋场，感怀万千，且无忠于儒教的乡绅愤慨，也无满清帝国上海地方官员的假意不屑，单纯地表达着自己对租界文化的倾倒与赞美——

申江好，铁厂最清奇。自古公输无此巧，其中灵妙有谁知？从此废公师。
申江好，行乐易忘归。处处珠围兼翠绕，家家燕瘦又环肥。金尽手犹挥。
申江好，巧绝火轮船。转磨制同灯走马，登程疾似箭离弦。万里往来便。
申江好，书馆姓名标。屏却须眉重巾帼，只谈弦索不笙箫。暮暮又朝朝。

《沪游脞记》也好，《沪游杂记》也罢，两书皆传递了西风东渐带给上海移民的震荡。

人，自他从生那时那刻起，便被文化所桎梏，即便目不识丁者，亦如此。移民们耳濡目染的是租界情景，租界文化。

作者设想某移民恰好做着宝顺洋行韦伯的马车夫。

他赶的是洋人带来的二轮或四轮马车，听的是洋人说的正宗或洋泾浜英语，进出的是洋人居住的外廊式建筑，又随同一起出没巴洛克、哥特式教堂，每天，他看到雪白酥胸的洋妇穿着曳地长裙来回走动，听到大班午膳、晚膳时让刀叉、汤勺发

出的清脆之声，他还会蓦然耳闻每周一的中午，停泊于黄浦江上的军舰发出的"轰隆"炮声，一开始，这炮声让他心惊肉跳，脑海、眼前刹那间会浮起人头飞旋的画面，或杀气腾腾的蔽天烟尘……时间一久，也就习惯，那颗心不再紧张跳动，他知道，这不过是午时与未时的交换时刻。某天，他突然意识到，自己对洋人的心理发生了变化，没有了从前的隐隐不满、气愤，他开始产生了一点好感，倘若某日他的大班主人因一时心血来潮，赏了他两个西班牙本洋，这好感就会如潮涌动。

我设想的这个移民，不是虚构。此君正是生活在上海租界中数以十万计移民的缩影。一切就这样悄然发生，洋人，不再被叫作"鬼子"，夷场，也似乎应该叫作洋场？对万千大众来说，这是最初的一步。

不过，伺候韦伯先生的那位马车夫，他还不可能从自己的生活出发去创造新文化，生活于他的现实意义只是：活着，并且活得好一点。

一切尚在酝酿，所有还在发酵，有意无意，似是而非，蝶变本就是一个必然与偶然联姻的微妙过程。

第二节
米拉的东洋车，夷场的亨司美马车，洋场的有轨电车

当租界上海还被道台子民恨恨不平地叫作夷场时，轿子，是也只能是满清帝国上海区域的主要交通工具之一，其他还有马车、独轮车。

轿子的历史由来已久，久远到已无法确切地清楚它的来龙去脉了。

中国，原始轿子产生在夏朝初期，《尚书·益稷》中有这么一句，"予乘四载，虽山刊木"，"四载"之一有轿子。

轿子真正风行起来在柔弱多情的宋朝。

西方也流行轿子，从古罗马时代一直到17世纪欧洲，在欧洲发明弹簧坐垫马车之前，轿子始终称雄欧洲。

江南上海，轿子被叫作肩舆，肩上抬的车子。

抬轿子的人，他们由坐轿子的人来决定。上海道台这层级，可以雇用八个轿夫，正所谓"八抬大轿"也；上海知县呢，抬父母官的轿夫就只有四人了；低于知县这层面，如果坚持不骑马、不步行，他与脑后垂辫的万千苍生很小的区别，两人抬轿送他上路。

江南一地，名门大族、富贵人家，在他们三进、五进乃至七进的四合院中，倒座房里会设"轿厅"，轿厅里专放轿子，一顶、两顶甚至更多顶，视主人财力、趣味而定。

理论上，一排倒座房的其中一间，还住专职轿夫两名。

出门时，一家之主通常坐蓝呢包裹大轿，女眷坐精致、纤丽的小轿，轿帘有讲究，秋冬季节用厚呢、皮毛做就，春夏时节，用薄如蝉翼的绸缎制作，夫人、小妾或少奶奶，一袭披风，满头珠翠，掀开轿帘，轿厢上施施然坐下，然放下轿帘时，不忘瞥一眼老城厢诸般风景。之后，安坐轿厢，似乎目不斜视，其实心猿意马。

被叫作夷场的那些年月，你若长年在城厢公干，去往东门、南门、西门、北门，时不时会撞上"丧轿"，它通体都被白布蒙着，可以想见，坐在白布包裹得严严实实的那位，心情犹如白布般凄凉；也会邂逅"法轿"，那里坐着一位犯了弥天大罪而不得赦免的满清官员，虽然已是犯罪之身，但之

夷场改称洋场，外滩尽多时髦女

前是帝国官员，即便前往阎王殿还被允许坐轿，你若看得清楚，罪犯坐的轿子已没有顶盖（顶盖已被刚正不阿的衙役一股脑儿掀掉了），这就意味着，不久后，此君的头颅也将如轿子顶盖般被掀掉；你还会瞥见"飞轿"从身边闪电而过，闪电仅仅比喻，其实是两个轿夫将脚步迈得接近了蒙古矮脚马，没错，他们赶着去出"堂差"，话说得严密点，是坐飞轿的小女子，不久前刚收下一张小红笺，她急切地要去应堂差，两个轿夫只恨不能脚下安两个风火轮。风月场中的秀女，堪称城厢中的名媛，轿帘前挂着"明月书寓"风灯格外引人注目，城厢中善于妒忌的上海男人咬牙切齿地诅咒，"你这个骚东西，怎么不来我家唱一出？盼你唱到半时噎得半死"；最后，城厢中还可以看见花轿，轿帘上绣着"凤穿牡丹""福禄鸳鸯"，坐在花轿中系即将开始新人生的良家女儿（晚清规矩，寡妇再嫁不能坐花轿），她那张娇嫩无比的脸被红布覆盖着，她很紧张、不安，却也激动、喜悦，心情常会从轿子内溢出，让与花轿擦肩而过的路人，内心也甜蜜起来，一种祝福油然而生。

城厢中，有时你会遇见一顶特别的轿子，轿子载了伤寒名医张聋彭，只要瞥见这顶轿子在城厢中穿行，便是张名医出诊了，救死扶伤，悬壶济世，城厢里的真正传奇。在东洋车没有出现于上海时，轿子是最主要的交通工具，租界、城厢皆如此。

露天通事不坐轿，秉笔华士常坐轿，至于大小买办，家里轿厅中早就备好了轿子，还不止一顶。

要来的终于来了，那时夷场还是夷场，但洋场开始风起青萍。

19世纪70年代，具体来说，租界上海引进了一个"宝物"，也可以说引进了并不"淫巧"的一样"奇技"，对转型着的上海社会，对蝶变着的上海市民生活方式，发生着影响，它就是"东洋车"。

引进人叫米拉，法国人。

还在1873年，此君（也有翻译作梅纳）雄心勃勃地向法租界公董局、公共租界工部局提出了一个计划，要求"在两租界设立手拉小车客运服务机构"，时限为10年。米拉胃口不小，野心亦颇大，然10年后又将怎样？是否已暗暗想好了如英国巨商史密斯般打点细软，扬长而去？不得而知。

法租界当局同意了他的设想。

一年后，米拉将东洋车引进了上海，总共300辆，投资不算少了，遗憾的是我无法向读者提供每辆东洋车的价格，50两银子，或100两银子？

上海大史没有留下米拉的更多信息，他来自法国哪里？之前何等营生？有一点基本不会错，此君应该属于前来上海开始冒险生涯的第二代，雷米、施密特们之后，斯比文、盘腾们之前。米拉长得何等模样、生活何等方式我们也一无所知，神龙见首不见尾的米拉，才不在乎上海史对他将做如何叙述，他成立了一个公司，公董局对这公司核发了照会，米拉凭借着引进的东洋车可以做他美妙的生意了，而上海半旧半新的居民，生活在公共租界、法租界、老城厢，都将东洋车看在眼里，喜在心里，跃跃欲试，拉风感觉。

东洋车究竟妙在何方？

1870年，日本明治三年，蕞尔小国将它发明。

在历史学家强调的确证意义上，东洋车的发明还无定论。一种说法：三个日本人发明，他们是高山助幸、泉要助理、铃木德次郎；另一种说法，发明人乃美国皮匠高勃尔。

发明者有两种说法，东洋车的特征却只有一种：它的两只轮子特别高大，轮子木制，外面又包裹铁皮，一路滚去，"辚辚"声大作，一片哗然中又很招摇过市，因为靠人的手腕拖拉，东洋车也叫作"腕车"。

租界上海，时髦风气渐开，民间已经悄然流行起光绪年间的"生活方式六宗罪"，坊间那些招蜂引蝶的纨绔子，对东洋车可来劲了！

但是，一段时间下来，因了经营不善，米拉的公司破了产，300辆东洋车的购买款打着流水漂；随300辆东洋车一起渡海而来的东洋人，同样做苦力，却比码头上苦熬日子的那些华人更加难对付，眼见的他们要将米拉包围，讨一个"生活无着落、你看着办"的说法。谁也无法保证他们会不会如同当年大名手下的武士，或者如同当年横行海上的倭寇后代，动起怒来，你

死我活的武士道精神骤然发作?

米拉见势不妙,为躲债,更为躲避东洋人,一个脚底抹油,溜之大吉了。有传说,他去往海参崴,是否终老那个地方,天知道。

租界上海为此人心浮动、声气汹汹,颇有点1848年山东水手在青浦庙前街造出的氛围。

头一个问题:米拉雇用了那么多东洋人来拉东洋车,如今他逃之夭夭、无影无踪,谁出头给东洋人一个交代?第二个问题:300辆越洋而来的东洋车,皆木制,外包铁皮,马路上拉动,一路"铿铿锵锵",虽新奇、威风、弹眼入睛,然时间一长,审美疲劳,租界路面又被铁轮子滚压得斑驳陆离、伤痕累累,东洋车声就不再悦耳,简直很噪音,让工部局、公董局很不爽。第三个问题:东洋车的车身宽大,坐上两人绰绰有余,租界上海便生出如此风景:一辆东洋车飞过,拉车苦力汗流浃背、气喘如牛,车上,一男一女并肩而坐,男子,多半富商,女子,多半花妓,一路上,打情骂俏,调情嬉笑,莺语浪声,这就引出了一个风化问题。工部局、公董局理论上不会多言,然租界10万以上的苦寒移民怎么想?头脑里始终盘旋着"男女授受不亲"的士绅又怎么想?19世纪70年代,租界上海没有张园、徐园,没有过车山、电气屋、电光影戏,更没有男女相拥怀里"蓬嚓嚓"的交际舞,一句话,远没有后来上海的种种时髦、种种摩登。男女同坐一辆东洋车,一路绝尘而去,虚情假意也好,真情实意也罢,总之,你情我浓,送暖偎寒,让上海道台、上海知县、上海众多儒生,内心里充满了鄙夷和愤慨,为之不齿,东洋车被上纲上线到社会风气这个高度。

晚清时节,风化问题仍是社会问题,工部局也好,公董局也罢,一心想着搞好与上海道关系,便听懂了上海道的抱怨。他们逐渐明白,这上海,不是19世纪40年代的上海,也不同于19世纪60年代的上海,白种人之前的趾高气扬、自命不凡,多少要收敛一下。君不见,1870年,天津教案事件,数十个白种人被暴民们一举扔进熊熊燃烧的火堆中,烧成一具具骷髅,如此惨状,上海不能重演啊!

为此,东洋车做着结构大调整,首先,大改车身,让东洋车变小、变窄,仅容一人,车子行过,再无飞短流长;其次,东洋车的铁皮轮子改作橡皮轮子,如此一来,不闻铁皮与煤渣路、石子路摩擦时的那番讨厌至极的"铿锵"声响,路面还能完好无损、一平如镜。工部局、公董局颇为满意,上海道、上海士绅频频颔首，一切都开始风和日丽起来。

此事上，除了法国米拉，谁又做了"吃蟹人"？

改造东洋车，找不到中国人，只知有一家公司出了大力，叫"日通"，或许日人所开（东洋车本就日人发明，日人来做改造，顺理成章），公司开在泥城桥的桥堍下，改造中又发明了"钢丝胶皮轮三弯式车"，也因此，伟大的老舍先生对此描绘道，"弓子软得颤悠悠，连车把都微微地动弹，铜活地道，雨布大帘，双灯，细脖大铜喇叭"。

此车后来南北通用了，1882年，传入天津，1886年，传入北京，天津人叫"胶皮"，北京人叫"洋车"。北京人在中华地域，总是不同，1900年，北方义和团起事，誓灭罪恶的洋鬼子，激荡年代，判断只有一个，北京一地的洋车尽数毁去，因了它是"洋人物品"。

在上海，东洋车大改造，接着，不叫东洋车，叫黄包车，盖因车身由之前的墨黑涂成嫩黄，包车前面加一个黄，自有道理。

拉黄包车的车夫，与扛轿子的轿夫有相似之处，都是穷到极点的晚清男子，为生活而透支着躯体中的全部活力，青春年少时，还能追风般地为生活奔跑，老了，跑不快了，拉不动了，随着荷尔蒙的消失殆尽，他们也消失在晚霞夕晖中，仿佛从没存在。

但他们中会有人，还不少，有过如下念想：买上一辆车，捐上一个照会，雇上个把人，自己也尝尝做车行老板的滋味。然现实残酷，自始至终他们都买不起一辆车子，也捐不起一张照会，每日里无可奈何地走向中间商永隆公司、亨利公司等车行。偌大上海，如此车行不下千家，规模、格局大有区别，有的车行仅仅数辆黄包车，有的车行，却武装了几十辆。当日，出租给某车夫，某车夫须付清当日租金，随后，某车夫拼尽全力，追风赶日，归还车子时，将当日所得，与车行做理论上的五五分成。车行稳赚不赔，车夫这就难说了，倘若刚巧碰上暴雨、狂风、飞雪天气，他就稳赔不赚了。当然亦有特别出色的黄包车夫，靠自己的力气、脚头和飞快的身手，渐渐积攒下了一些钱，买上一辆半新不旧的黄包车，又去工部局、公董局捐上一张照会，再花些银子将车子整修一新，车身上还添加些小装饰，每日，固定住几个主顾，有余力，再拉上一些散客，一天生意下来，玉茗楼做次客相信完全没有问题。

正规的车行管这种黄包车为"野鸡包车"，如此称呼表明车行的妒忌心

大发了。车行与车行总要竞争，风水又常会轮流转动，旧车夫会变成新车行老板，旧车行老板则有可能一落千丈成为新车夫。这里的诸般故事，值得作家大写特写，北方老舍因此有《骆驼祥子》问世，老舍因此永生不朽。

黄包车的美好时代从民国初年开始，那时，夷场已蝶变成了洋场，在此起彼伏的民族主义大潮中，黄包车大运到来。

1921年，租界上海的黄包车已有8388辆，到了1931年，达到58005辆，抗战前夕，1937年初，租界上海拥有黄包车高达8万辆之巨，以两个人一辆黄包车计，加上车行等人员，上海有将近20万人以此为生，让人惊叹一大声。

夷场交通中，早于东洋车起步于上海滩的有马车，而当马车有了它的极品"亨司美"马车后，夷场正缓慢地转换成了洋场。那时，租界上海的洋人或与洋人来往密切的男女，开始坐上华丽的四轮马车，前往龙华、沪西等地兜风玩乐。

四轮马车很早便从西方输送到中国。读者须知，当年英国乔治国王赠送满清帝国乾隆大帝的其中一份礼物便是一辆晶光锃亮的四轮马车。惜此车被乾隆大帝漫不经心地丢在圆明园的一角，直到1860年，格兰特率领的英国远征军一把恶火烧掉了全部建筑，随着滚滚浓烟，那辆四轮马车也化作了尘埃。

在北京，要到晚清末年，一二品大员，才敢在紫禁城四周乘坐四轮马车招摇过市，北京总是北京，皇城根下谁敢造次？

租界上海则大为不同。

皇帝也好，军机大臣也罢，没人多管长江口上那两块小飞地上的种种夷事。道台、知县还有所忌惮，买办、巨贾们则随心所欲，纷纷自备四轮马车，四处转悠，八方兜风，百无禁忌，我行我素，真叫"天高皇帝远，老子也称王"。

最初，四轮马车与东洋车如出一辙，四个大木轮也用铁皮包裹，响声大作时，威风固然威风，颠簸也着实颠簸，让坐者的享受感去了大半。一俟亨司美马车驰骋上海滩，四个马车轮子全如东洋车般换上橡皮轮子，一路驭风奔去，那才叫快意人生。

大凡购买亨司美马车者，所用马匹，少有矮脚蒙古马，皆阿拉伯高头大马，马鞍下还一律披着锦绣毯子，马头上戴着一顶竹笠，马的耳朵会从竹笠两个小孔中钻出，看上去煞有情趣。

坐亨司美马车的，不外乎这样两种人：西方大班与华人大户。

而驾驶亨司美马车的，通常也是这样两种人：一、为洋人大班、华人大户驾车的华人马车夫；二、华人大户家中的纨绔少年郎。

先说为洋大班驾车的华人马车夫。因了亨司美马车，他们通常不是坐在马车前，而是站在马车后的踏板上。这些马车夫，穿戴相当怪异，出于调侃、游戏等心理，洋大班让自家马车夫穿上了玫瑰紫箭衣，箭衣上有黄绸镶边；还让马车夫头戴一顶缨帽，帽子呈玫瑰紫色，缨儿却是黄色，相当显目。洋大班出门，大马路、二马路、三马路……一路疾行，他们得意扬扬地看到，路上华人纷纷驻足，正为自己的两匹骏马不断喝彩，也对自己马车夫的装束感到惊诧，坐在亨司美马车上的他们因此咧嘴微笑，脸容里分明有着鄙夷的神色。

为华人大户驾车的马车夫呢，他们的穿着没有洋大班马车夫般的离奇古怪，不过，他们也是东家的门面，这就要求他们的穿着不说挺挺括括，至少清清爽爽，此外，虽说他们干得还是底层人的活，但东家对他们也有要求：与寻常苦力相比，他们必须更年轻、更健康甚至更英俊，总之，这些马车夫拿着较高的月薪，有着较好的自我感觉，还时不时地，在上海滩闹出勾搭东家小妾比翼双飞的情色故事，让一边"杭育、杭育"叫着的苦力们张大嘴巴，心想，"如此好事怎么没有摊到我的头上"？

也有不是马车夫的驾车人，如纨绔少年郎。

站亨司美马车后踏板上的他们，先唤马儿出了美楼华屋，一手拉马缰，一手执马鞭，未见手轻扬，已闻空中响鞭声，两匹受过严格训练的阿拉伯马儿，应声而动，在一阵急如骤雨的马蹄声中，亨司美马车已沿着绿茵夹道的静安寺路向西狂奔，到张园、愚园处，少年郎有意让亨司美马车绕着两个园子兜了一大圈，一路上，见穿着弓鞋、婀娜而去的烟花女子，便发一阵长啸，脸上，有得意、有炫耀、有自负，总之，含金钥匙出世的富家子弟，将情绪全都清清楚楚写在眉宇间。不过，即便少年郎再张狂、再放纵，却都清楚一点，快马加鞭时，千万不可超过前头驰着的洋人马车，不然，等待他的就是大笔罚款。19世纪中后期，洋人正是如此傲慢而嚣张，无论工部局还是公董局，对华人的歧视仍然根深蒂固，他们将上海看作一块与江南完全脱离的"飞地"，在这个飞地上，洋人永远高华人一等，甚至不止一等。

"快车金四"不应列入富家的纨绔少年郎之列，他是富家，是上海滩四下传扬开来的神奇之人。

此君系洋行买办，外表，相貌堂堂、气宇轩昂；出手，十分阔绰、格局宏大，总之，男人的两样好东西他全占了。

他有一辆亨司美马车，他喜欢驾车，尤其喜欢驾快车。常常，他会驾着亨司美马车沿四马路行去，即便超速，路上巡捕也不管他（是否用一包白锡包香烟搞定了他们），快要驶过"一枝香""万家春"等茶楼时，楼上的时髦阿妹早倚着栏杆等着他的到来，随着一阵急骤的马蹄声，但见金四一手牵缰，一手挥鞭，口中还发出清朗长啸，好一个风流倜傥的弄潮儿！当金四堪堪经过阿妹们的茶楼，说时迟，那时快，数个茉莉花球已从二楼掷进了他的马车，他扬首、微笑、举鞭，空中传出一声马鞭脆响，算是对楼上时髦女的回应，马鞭声还未消失，亨司美马车已风驰电掣地跑出老远。

有意思的是他的女儿，"其女蕙云，美丰仪，好男装，好驶快车如其父，骑姿尤胜。每出，少年有如蜂蝶，随其后不舍。蕙云辄举鞭掣之，有呼痛者，蕙云则疾鞭更掣之，以此人称为亨司美公主"。

金四与亨司美公主，好一个洋场中的传奇故事。

上海租界，气象多变，日渐多彩，世纪末，女子开始崭露头角，且崭露头角的不再是回眸一笑百媚生的烟花女。

众多富家女，因了生活优渥、父母疼爱，再加上进了洋学堂，接受了种种西方文化，她们在上海大街上也一展自己的矫健身姿，尽管蕙云般驾快车的不多，然不少在上海天空下已挥出随心所欲的一鞭，鞭声是她们登上人生大小舞台前的心声，不久，上海滩将布满她们娇宠的身影。

随着亨司美马车走俏上海滩，这让华洋两方成功人士都为能购买一辆这样的马车而自夸，只要是公馆级别的人家，必备马房，一辆亨司美马车，通常三四个人忙着打理。

私人马车行情如此看涨，引发了公共马车业勃兴，马车行生意，19世纪末日益地兴旺起来。租界上海一下子多出了许多家马车行，著名的有"龙飞"，稍微著名的有"公大""公和""协大""时发"等。与黄包车同样，马车也可以出租，包亨司美一个月，需60大洋；包亨司美一整天，一个大洋。洋人就不说了，有些银洋钿的上海人家，即便没有马车房也不打紧，碰上岁时节令，都会雇上一辆亨司美马车去龙华寺一边看绚烂桃花，这成了他们生活方式的一种。遇有丧事，也会雇上亨司美马车载客送殡。

上海的好赌女人，便在黄包车、亨司美马车盛行年代，如过江之鲫地于洋场层出不穷起来。

其时,跑马厅已成为上海滩第一赌窝。

开埠50年后,洋人整体依然如同1843年以来的那般嚣张,即便为他们赚取了大笔银洋的买办,在心里,他们仍有不屑,更不要说与他们在经济、贸易、文化上毫无瓜葛的华人了。19世纪60年代跑马厅开出后,他们不准任何一个华人进入(道台除外),但上海滩好赌的男人与女人,却生着法子想要进入这个空间,群马奔腾的壮观景象实在过于刺激,他们血脉贲张地渴望押中最快捷的那匹,从而完全或部分地改变自己的人生。无法进入跑马厅并不妨碍他们赌博,他们在马场四周放着的板凳上坐下,隔着马场围栏看骏马飞驰,并在私下里相互对赌,赌注下得不大,一二银洋而已,但这赌注,于一穷二白的他们,也是很大一笔数字了。另外,板凳不可能白坐,坐一人,付三个或四个铜元,放板凳的那位心里也牵挂着那些白花花银洋也。

也有稍微铺张一点的,多半是女子,广义的风尘女子。她们或者是人老珠黄的当年书寓,或者是声名鹊起的惠乐里神女,先上"龙飞",对马行老板开口雇一辆亨司美马车,一个大洋就可换来马车兜风,如此快活哪里可得?随后,坐上马车,沿大马路来到跑马厅边上,倘若刚好遇上跑马厅有大赛,她们在马车上也会下注,相互对赌,银子、银洋面前,再无姐妹情分,只有你输我赢。倘若马场无赛,她们便吩咐马车夫围着跑马厅兜起圈子,400多亩的大空间,完整地兜上一圈也要用上若干辰光,一路上看不尽上海滩的日新月异,多好!多惬意!

跑马厅赶上春秋大赛,围着跑马厅的亨司美马车足有三四百辆!真正的盛况空前。

花无百日红,人无千日好。

轿子退场,黄包车、马车上场;亨司美马车歇搁,汽车亮相,黄包车,则陪着汽车喜度、苦度上海滩的日日夜夜。

夷场告别,十里洋场赫然展开,象征物并非东洋车、黄包车,亦非亨司美马车,而是汽车。

时间在1901年,一个叫李恩时的匈牙利人将汽车从欧洲输入上海,两辆。之前两年,1899年,公共租界向西做一次超常规模的扩张,33053亩地域,对830亩地域做了一个历史性连接。

两辆汽车,一辆由宁波巨商周湘云买下,另一辆,犹太富商欧司爱•哈

同购入。周湘云的照会是上海一号,哈同照会只能屈居第二了。

坊间流传一种说法:哈同对自己的"上海二号"很不爽,通过中间人,与周湘云商量将两张照会互换一下,当然,不会白白互换,这个道理犹太人最明白。不过,周不答应,怎么可能答应呢?一号与二号,一字之差,天上地下。于是哈同使坏,大概雇用了上海滩许多流氓、瘪三,只要周的车子开出,便一哄而上,让周的车子驶不上马路,长此以往,周有车也等于没车。周不再开车出门,他可不想与流氓、瘪三纠缠一起,但他是宁波人,自有宁波人宁为玉碎、不为瓦全的那股脾气,"我的牌照就是烂掉,也不会给哈同侬这只洋场赤佬"!

这是坊间传说,不可当真,倘若里面有那年代民族主义高涨后的愤怒抹黑,就更当不了真。

1910年,国际公共租界管理者工部局如梦方醒,意识到对汽车这玩意儿有点忽略了,开始有了管理或控制的要求,便发放起了牌照。

周湘云的汽车尽管深藏于家,但依然不会改变"上海一号"拥有者的现实;上海二号现在归某个犹太商人所有,姓名不详(难道哈同将自己的牌照卖给了他);上海三号为马立斯;上海四号才是哈同。

之后,盛宣怀第四子叫盛泽丞,花出重金,说服哈同,买下了他的"上海四号"牌照;盛宣怀第七子,盛萍丞买了77号,而青帮老大杜月笙,汽车号码为"7777",那时,上海已进入相当成熟的"十里洋场"时代。上海小史没有记载黄金荣的汽车号码,张啸林也同样,或许,他们并不在意这些,他们在意的是自家仓库中究竟能放多少烟土。

谁是上海滩头一个坐汽车者呢?

一种说法是杭州人叶少吾。

叶君的父亲是杭州大名士叶浩吾。靠着父亲余荫,他终日如"穿条鱼"般游动在上海平康北里,举凡花间柳巷、娼寮妓馆,一一地浏览了遍,你不得不佩服此君身体健朗,荷尔蒙着实旺盛,书寓、长三、么二,来一个灭一个,只是不知他对咸水妹、野鸡有多少体会,而那个不堪入目的钉棚,他又有多少深切了解?对他,名士父亲一声长叹,"如此浪荡,成何体统"?

他有幽默感,索性将自己叫作"浪荡男儿",自信心十足。

此君倒是颇具才情,写过《上海之维新党》小说,也做过《中外日报》编辑,他于汽车首坐,并非如周湘云般买来一辆藏之深院,而是借了某洋人好友的车子，在上海滩大肆招摇，这让众多妒忌者恨恨不平了起来，好你个叶少吾，仰洋人鼻息，灭中华威风，着实可恶！

问题是：叶少吾真的算得上第一个坐汽车的上海人吗？倘若是，那么，周湘云怎么算？也因此，这样的问题不想也罢。

民国初年，汽车在洋场跑得欢，虽然还没安上计程表，但计程的概念已经有了。其时，著名的计程车公司为"云飞"和"祥生"，相对著名的还有"利利"，当利利公司被浦江大潮一举卷没后，有了"银色"。

其时，你若尝鲜要坐计程车兜风，价格只有三种：其一，计时；其二，计程；其三，包日。20分钟计时，大洋一元，小账二角。

只是不知，倘若计程，没有计程表，这个车程又如何计？还是得计时吧？

与小汽车同步在上海滩推出的，却是有轨电车。

1908年初，英商上海电车公司在正式开通有轨电车之前，先聘请白尔电车公司试行，并在上海主要马路显目处张贴大幅宣传画，以期先声夺人。

1908年3月5日。

公共租界上，人山人海，万人空巷。

人们站在黄浦滩路、南京东路、静安寺路，万头攒动，议论纷纷。少顷，他们全都瞪大了双眼，不少人张大嘴巴看着一个庞然大物向他们开来，又离他们而去，伴随着庞然大物一来一去，有阵阵相当悦耳的"叮叮当当"声音传出，在上海清晨空气中经久不散，余音袅袅。

那日，电车上总共有24位乘客，一半华人，一半洋人，华人中有上海滩已扬名立万的朱葆三、虞洽卿等人，都是大亨，都有前瞻眼光、非凡心胸。

"这个就是有轨电车啊？"

"就是这个家伙，结棍伐？"

"结棍！结棍！"

"敢不敢坐？"

"不敢，不敢，要触电的，有可能死人的。"

"那他们现在怎么敢坐？"

"他们不一样，他们命大、命好、命贵，我们小民，没有这个福气，还是在家老老实实吃一碗老米饭吧！"

人们交头接耳，言不由衷，不知所措，不胜惊诧，总之，百感分明交集了起来。

次日,《申报》上刊出电车开行广告:

> 英美租界电车由外洋泾桥起至静安寺一带之车,准于二月初三日开行开车。时刻并价目列左:头车每日早晨五点半、末车每日夜间十一点半,由外洋泾桥开行,每五分钟或十分钟开车一次。头等每站洋五分,二等每站洋三分,续加每站洋二分。一站,黄浦滩总会或礼查往泥城浜;二站,泥城浜往卡德路爱文义路;三站,卡德路爱文义路往静安寺。

这是上海大史中铿锵一页,从这天起,上海公共交通史开了先河,最重要的是,上海人的生活方式发生了剧变。

1路有轨电车系英商电车公司制造,始发点外滩上海总会,沿途经南京路、静安寺路、卡德路、爱文义路、赫德路、愚园路,最后,抵达静安寺,全长6公里左右,12华里,于是,这个横穿租界上海精华地域的庞然大物,有意无意地制造了一个概念:十里洋场。从上海总会到静安寺,没错,10华里多。巴富尔们应该开怀大笑了,自1843年起,他们有他们的含辛茹苦,他们有他们的筚路蓝缕,他们有他们的痛不欲生,而今,1路有轨电车穿越的区域,是对他们来到远东上海的回报,也是象征。

紧接着,法租界也出现了上述一幕,只是鉴于法租界没有公共租界的规模和格局,轰动效应稍逊一筹,但人头攒动、摩肩接踵也是必然的。

那天,1908年5月4日,法租界举行有轨电车的通车仪式,法国方面相当重视,法国领事馆方面派了代表,公董局方面更是大佬云集,华人方面无疑也有众多精英人物出现,陆伯鸿先生没有不出现的理由。

电车始发于千船竞发的十六铺,沿霞飞路,一路向西,直到善钟路(今日常熟路),方告结束。再以后,当上海进入到它的"黄金十年",这条电车线路延伸到了徐家汇,下了电车的乘客,可以遥望高耸入云的哥特式圣伊纳爵教堂,也可以依稀眺望到徐氏家族云集的镇落,那时,法华泾、李漎泾和浦汇塘,这"三水"还在徐家大院门前汇集,河水平缓,波光闪烁,上面跳跃着上海古老岁月、古老记忆。

有轨电车在租界上海一路"叮当"而去时,亨司美马车逐渐淡出了洋场,只是不知当年上海滩华人中第一辆亨司美马车主人史量才先生如何一个滋味?黄包车肯定也黯然失色许多,但它可没有随着电车登场而黯然销魂,作为汽车、电车的辅助,后来岁月中,它甚至有一个极为疯狂的扩张,到20

世纪40年代，它的体量已经高达30万辆了，一个过于庞大也过于恐怖的数字。上海人没有嫌弃黄包车，与拥挤在电车车厢中有时狼狈不堪的情景相比，坐在黄包车上，"脚跷黄天霸"的身姿，平添几分平民潇洒。

那些天，我指的是有轨电车刚刚通行的日子里，忙坏了意大利摄影家阿·劳罗先生，他来上海，刚巧撞上有轨电车登场上海滩这一历史节点，敏感的他一路跟随，将1路有轨电车整个行驰过程逐一拍摄下来，还制作了短片，叫《上海第一辆电车行驰》。

随后，阿·劳罗先生将短片提供给了雷玛斯，让老雷在他的维多利亚大戏院做了首次放映。放映那日，距离老雷成为上海滩"电影之王"还遥不可及，不过，有了铁皮屋、维多利亚大戏院的他，也告别了四马路"青莲阁"底楼狼狈不堪的日子，他也用不着为租这个小小空间，而违心地与青莲阁老板娘频频调情了。

看起来一切都很美妙，英商、法商推出了欧洲文化中的一种——有轨电车，铁制的庞然大物吸引了全体上海人（租界上海人、城厢上海人）的眼球，而做着有轨电车这门生意的那些英国人、法国人，赚得盆满钵满，如此美事，谁会不趋之如鹜呢？比马车远远来得便宜，从上海总会到静安寺，也就区区几个铜板；比黄包车来得快捷、安全；沿途又可以尽情观看上海的种种风景，上海西去，那静安寺路，柳树成行，绿荫遍地，张园漂亮至极的"安垲弟"高楼赫然在目，就是不知"四大金刚"今安在？她们仍然妩媚万分吗？她们照旧柳目如丝、谈笑风生吗？倘若是，那些乘客，何不跳下电车，与她们在安垲弟的小方桌前，一述年来多少往事，以及多少"苦淹留"的心情。

但这只是其时历史的一种虚构性描述，其时生活还有一种非虚构描述，上海人不买有轨电车的账。

十里洋场已经初具规模，有轨电车叮叮当当响个不停，但车子上空空如也，上海人不坐这个电车，一个字"怕"，另外两个字"怕电"。电车、电车，这个有电的车，怎么能坐，一旦"发格"起来，还不是"死翘翘"啊！上海人中的文人，将竹枝词即刻跟了上来："铁线纵横铁轨铺，几如地网与天罗。电车初试人都怕，说是将来肇祸多。"

不算好词，但说穿了上海人的心理。自1865年，在上海道台怂恿下，川沙的那部分上海乡民一鼓作气地将雷诺先生277根电线杆连根拔起，上海人与电就有点过不去。尽管，40多年过去了，其时的上海道台不会也不可能再

做忐恚，洋务运动不就是要将西方的"奇技淫巧"为我大清朝所用吗？

门可罗雀，这可急坏了英商、法商。

他们先想出了一招：雇来一批无业游民，穿上统一的蓝短衫、蓝短裤，坐上电车，来来回回地看着上海一路风景。报酬也有，为电车公司坐车，每日三角。无业游民乐开怀了，不出钱坐电车，每日又有三角钱进账，此等美事不做还做什么？

上海人看在眼里，想在心里：这电车似乎很安全嘛，看那些上海小瘪三，不是坐着很舒坦、很乐惠嘛！他们的心动了几下。

英商、法商又想了一招：上海人中大多数生来不就爱贪个小便宜？现在，小便宜来了，有牙粉、有牙刷、有香皂、有花露水，你若坐车，唾手可得其中一份。坐车人也就花了两个铜板，有车乘，有风景看，还有花露水或香皂肥皂白拿，此等美事你上哪里找？

在上海，任何事情推进都不会一蹴而就，但这个上海好在，任何时髦，上海人都会赶。在最初的胆怯、犹豫、过虑之后，上海人终于跳上了这辆有轨电车，风物随眼而过，美景接踵而至，上海有此盛世，中西日渐融合。

1913年8月，那陆伯鸿，也在城厢地面上推动了有轨电车的开行。

到20年代末期，上海已有有轨电车22条，其中英商11条，法商7条，华商4条。通车区域：东至杨树浦，南起高昌庙，西抵徐家汇，北达静安寺。

好一个十里洋场，丁当之声不绝，有轨电车呼啸而来，驭风而去。

不过，世界之大，无奇不有，总有人会站出来表示自己的不满。

皖南有名士叫王钟麒的，在《神州日报》上写了文章，对电车做了激烈的反对，主要观点两种：其一，洋人借有轨电车这个怪物搜刮贫民的薄利；其二，马车夫的生机被剥夺。

他的言论让英商大班极为不满，大概与工部局有了什么密议，拿着木棍的巡捕房巡捕即刻出动，要将王名士拘捕归案。王名士见势不妙，赶紧一走了之，回了自己皖南老家，从此再也不踏足这洋场一寸一厘。

王名士或许有些过激，也有些泥古，便生出了如上是非。但英商电车公司的大班们，在1908年当儿，心里，对华人的歧视确实存在，只是不似道光、咸丰、同治年间那样的飞扬跋扈、不可一世，深藏在心里而已。但一些细节还是将这样的心理透露了出来，比如电车就设头等与二等这样两等，头等，专供洋人乘坐，与你华人无关，华人乘车，请君自上二等。如此设置，让激烈或平缓的民族主义者都无法容忍,这就好比无法容忍华人不能进公家花园、不能进跑马厅、不能进上海总会。大班们忘记了一个基本事实:上海乃江南土地,江南属于我大中华,即便夷场渐变洋场,且已有十里,然"十里洋场"还不是安在我中华江南的土地上吗?

第三节
电灯、电话、自来水，夷场新鲜事儿多

回眸19世纪60、70、80这三个十年，会发现，被满清帝国视作"奇技淫巧"的西方器物，因了工部局、公董局的有意为之，正陆续地引入租界上海，又以第三个10年，即80年代为甚。如此文化背景下，有这样的上海人，虽与儒教文化相距甚远，终其一生做不到"腹有诗书气自华"，但因了敏感、聪明和头子活络，便成了与露天通事、秉笔华士、大小买办同又不同的"吃螃蟹者"，比如将米拉的黄包车用作在夷场放手一搏的苦力们，他们亦在一部"上海蝶变"的叙事中，留下了各自故事，亦为海派文化的形成，留下了自己的一撇、一捺。

不过，19世纪的那30年，敢为天下先的"吃蟹者"毕竟少数。大量"吃蟹人"的涌现，还需要时代的那股伟大推力，19世纪90年代后，当江南上海缓慢却坚定地转型为都市上海，当新意识形态——民族主义——剧烈地覆盖着上海人（从腰缠万贯的买办到一文不名的苦力）全体，当新移民咄咄逼人地行走在上海大码头上，而曾经的"洋鬼子"逐渐地放低了身段，那时，"吃蟹人"方如雨后春笋，层出不穷。

上海蝶变，海派文化的生成，先还仰仗于冒险家们的慧目，他们的视野中，已展现着开埠20多年的上海气象，他们还要更多气象、更多景物，他们原就将这块"飞地"当作自己的禁脔，也看作自家的园地。

19世纪60年代，公共租界最重要的一次西方工业文化引进，乃煤气也。

事情原委如下：1861年，叫史密斯的西方大班，从澳大利亚写信给上海工部局，一五一十地说了引进煤气对于城市照明的重要。此君当属上海滩上的出类拔萃之辈，仅仅远见卓识这一项，就当得起城市精英的称呼。

接着的城市精英叫C.J.金，西方大班，通过租界上海英文报纸《航运商业日报》，向全社会集资，更准确说来是向纳税人呼吁，随着10万两白银的到来，大英自来火房也就应运而生，C.J.金为自来火房的董事长。

煤气厂设在苏州河边，南岸的泥城浜以东。

1865年的11月1日，大英自来火房向租界纳税人正式供气，58只煤气表，理论上有58个用气单位，其中39户为家庭。

头上这盏灯,让新移民好不惊奇

大英自来火房还在浙江路到外滩这一段的南京路上,安装了10盏路灯,做了一次19世纪的公益广告。

该年度12月8日,10盏公共煤气路灯将光亮投射在南京路上时,一时满城空巷、景象热烈,正艰苦地脱胎换骨的上海移民、原住民,惊讶得合不拢嘴,好事文人舞文弄墨:"西域移来不夜城,自来火较月光明。"

与煤油灯相比,煤气灯清洁、便利,光亮度为前者六倍,也因此,"初设仅有路灯,继即行栈、铺面、茶酒戏馆,以及住屋无不用之",公共租界、法租界的主要街道、洋行、茶楼、戏园及一部分住宅都安装上了煤气灯,殷实且思想开明的华商也紧紧跟上,申请安装煤气灯。

煤气灯的"革命性"意义毋庸置疑,它让租界上海告别了煤油灯,更告别了江南上海的豆油灯,从此以后,公共租界变得水晶般明亮,不夜城上海,迈出第一步。

与此同时,守护江南文化魂魄之一的老城厢,还墨黑一团。

墨黑一团,有人忍得下,有人看不惯。忍得下的是上海城厢百姓,看不惯的是上海城厢士绅。

1872年,没有放弃儒教然双眼已看向变化世界的上海士绅们,在美查先生投资主办的《申报》上,刊登一则启事,大意要华界居民为改善自己的居住环境,"尽自己一份义务,捐资设立路灯"。士绅们心里一定这样想:你公共租界有的东西,我华界为何不能有?

启事登出半年后,有人站了出来,站立者乃上海士绅钟应南也,十分遗憾的是作者花了许多工夫,想要向读者稍微详细地说说这个"吃蟹人",然

除了一个姓名，一无所有。不过，上海大史确证了他的"率先捐资"，也确证了他是这件事上头一个"吃蟹人"！

不久，群起效尤，达百余人；又后来，1873年8月，华界的南市地区，亮起了街灯，街灯不多，也就数十盏，有"布灯未遍，捐资未敷"的憾事，但墨黑一团的华界告别了豆油灯光岁月，迈向了灯火通明的煤气灯时代，这总归是一件好事，也总归是一件美事。

细究19世纪80年代，这10年，对开埠后的上海来说，有着特别重要的意义：它转折了上海，也分水岭了上海，它加速了上海，也现代性了上海。那10年的头几年，西方工业文化继续涌入，它们是这样三个重器：电灯、电话和自来水。

1882年，大班立德尔宣布上海电光公司正式成立。7月26日，亚热带上海最炎热的时候，电光公司向公共租界居民开始供应照明用电，一开始，工部局整个地盘，也就区区15盏弧光灯，但这15盏弧光灯将煤气灯直接打趴下，一盏弧光灯的亮度有2000支光。

C.J.金们大吃一惊，直觉电灯出现将置煤气灯于死地。大英自来火房紧急行动，想出种种方法来阻挡电灯来袭：比如提高煤气质量从而提高照明亮度，比如加快改造、延伸输送煤气的管网，比如连续多次降低煤气收费，开初几回合，大英自来火房居然不输给电光公司，甚至还占得先机。但营销终究无法代替科学，随着金属丝替代了碳丝，随着电动机技术日趋成熟，到1935年，公共租界的照明全都使用电灯，煤气照明便只有一声长叹，退出上海历史舞台，"此去经年，应是良辰好景虚设。便纵有千种风情，更与何人说"？

就不说电话了，说一说自来水。

1883年的8月1日，租界上海通了自来水，江南的井水依然还是井水，苏州河的河水依然还是河水，然先是1865年的煤气，随后是1865年的电报、1874年的铁路（尽管夭折），再以后是1881年的电灯、1882年的电话，现在是1883年的自来水，曾经的江南上海，逐渐洗去了农耕文化的意味，而与前工业社会开始紧密勾连。大转型即刻到来，新文化也由远而近，一切都是不可避免，虽说一切同样变动不居。

1843年以前，巴富尔们没有抵达，道台上海的生活用水基本来自河水。河水其实不错，可以说相当洁净，盖因没有任何工业污染，西方文化与现代文明永远是一把双刃剑。其时，黄浦江为水源之一，苏州河是另一个水源，上海原住民更青睐苏州河。

1843年11月17日，西方人来了。西方人比东方人可考究得多，尽管水源也来自上海的一江一河，但对挑夫送来的江水、河水，往往先投入水缸，又加上明矾反复搅拌，待水中杂质充分沉淀后再使用，烦是烦了点，但明显卫生。租界中的鸦片烟馆，用水更为考究，他们派出专门的水船装运太湖水，也有如美国旗昌洋行，外滩一地开凿了一口深达78米的水井，供洋行大小职员使用，据说，这是上海第一口深井。

工部局第一任卫生官叫爱德华·亨德森，他第一个提出了建造新式自来水厂的建议，工部局也对未来可能的自来水水源做着探寻。

1870年，工部局卫生处在黄浦江、苏州河和淀山湖这三个不同区域内选取了12个取水点收集水样，并送往伦敦进行水质检验，检验结果表明，12个取水点的水质全都优于同时代的英国泰晤士河的河水水质，这说明，江南吴越文化轻笼中的上海，它的清澈有着历史渊源。

1883年8月1日，这是上海史的一个关节点：满清国北洋通商大臣李鸿章来到上海，他选择去英商杨树浦自来水厂参观，那日，他兴致颇高地开启了引水闸门，就在清国重臣打开水龙头的一刹那，杨树浦自来水厂向当时的公共租界、法租界以及静安寺以东越界筑路后获得的地段开始供水，每天供水量为3698立方米。

那么，由西方大班们将西方工业文化逐一引入、传播中，华人中又有哪些"吃蟹人"呢？

李平书应算一个。

1883年，刚刚离开龙门书院的李平书，那年立春，与朋友姚安谷悄悄地参观英商杨树浦自来水厂。一番考察下来，李平书感慨"西人构思之巧，制器之精，任事之勇"，不由得萌生了一个想法，在苏州河的二摆渡口附近，租赁一个房子，要将这"干净、清洁、卫生"的自来水，引入华界。朋友姚谷安对此建议很赞同，两人便"设局"，承销法租界和城厢用水。李平书还在报纸上著文鼓吹，《自来水有益于人说》介绍了他在格致书院的显微镜下所看到的四种水：矾清水、煮熟之水、沙滤水和自来水。

第二年，李平书上书上海道邵友濂，申请自设水管，将自来水引入华界，在交界处设置水表，以便计数付款。

上海道邵友濂，儒教忠实的捍卫者，江南文化热情的推崇者，西方文化无情的拒绝者。1884年，西方人来上海已40年，他的内心，依然将租界称作

夷场,将西餐叫作番菜,将非我族类的英法人叫作"鬼子"。前次,租界电灯光大放光明,将外滩、南京路照得一如白昼,他却发出"电灯有患"的通告饬令会审公廨查明租界内点用电灯的华商,"开单禀候核夺",邵道台将来自西方的任何东西,无论它是电报、铁路,还是电灯、电话,都看作"奇技淫巧"!对自来水,他算是网开一面,李平书的申请,他给了同意,但立刻,他上任台湾的布政使,李平书的想法也就打水漂也!

李平书没有做成"吃蟹人",罪在他生活的那个时代,罪在人们看西方文化的眼光和心理。

19世纪80年代和90年代,无以计数的"吃蟹人"的肉体虽已产生,但他们的精神远没成熟,"吃蟹人"完整而大量的产生,还须时间魔盘转上好多圈。

不过,在人头攒动的"夷场",一切已不再处于静止状态,一切正暗流涌动。西方器物,赫然在目,撩人心旌;西方文化,润物无声,当春发生。国家层面,有变局形成,百姓层级,有生活影响,点点滴滴,方方面面,此起彼伏,潮涨潮退,那些眼尖心灵者,如黄懋材、如葛元煦,早在19世纪六七十年代,便有目睹,有心动,还有记载。

第四节
沈炳根做出皮鞋，洋场男女各有衣品

再次回到19世纪70年代。

头脑最灵活、视野最开阔、思想最先进的华人里，已经出现了钟应南、郑良裕、湖州丝商、"发昌先生"等一批吃蟹人。

这里还有一人，他叫沈炳根，有想法、有创意、有智慧，即便皇家翰林编修馆也为之赞叹，"他让国人的鞋子开始分出左右脚，还做出第一双国产皮鞋"，在我的眼里，他正是头子活络、妙到叫绝的"吃蟹人"，新文化浩茫长卷中理应有他一章。

沈炳根系上海原住民，世居浦东。

还在九岁那年，天公不作美，父亲、母亲皆离他而去，他在痛不欲生中，被隔壁邻居收养。

邻居既非士绅，亦非官宦人家，也就一个平平常常的小皮匠，有文字说，吴皮匠将小作坊开在延安东路，这显然笔误，同治年代，哪来延安东路，应该在洋泾浜边才对，不过洋泾浜左岸还是右岸？洋泾浜上第几桥？这个无考，松江府志、上海县志的编撰者谁会在乎一个小皮匠的小摊头？

同治年间，华人脚下除了布鞋便是草鞋，当然还有官靴，就是没有皮鞋。洋人都穿皮鞋，大班、副理以及码头上下来的水手，他们穿着皮鞋在上海泥滩上大大咧咧走来，时常会走到沈皮匠的小摊头前，要求补个鞋帮，或钉一个鞋掌。沈皮匠做着这些活儿时，小炳根在一边琢磨，天长日久，水滴石穿，小炳根有过人的聪明，一下子开了窍，对洋人脚上的这双皮鞋有自己的感受和理解，皮鞋上的修缮、保养的技艺都有掌握，他只等天公开眼，让他在这上面展露身手。

皇天不负有心人，沈炳根等来机缘。

其一，养父吴皮匠一早退出了"皮匠江湖"，将小作坊（小摊头已鸟枪换炮了）传给了沈炳根，沈炳根千谢万谢，不忘养父的大恩大德，同时又有初做作坊主的那份兴奋和快感。其二，那日，沈炳根巧遇一个俄国水手，他修好了水手脚上的皮鞋，也许活儿"挺刮"，俄国水手多说了几句，让沈炳

根知道，水手的兄长也是个鞋匠，那时正在经商卖鞋。俄国水手建议：你有这么好的修皮鞋身手，何不与我兄弟联手，你做皮鞋，我兄长在俄国买卖，大家来赚卢布和戈比？

沈炳根听后，当下吐三个字："太好啦！"

自从九岁那年跟着吴皮匠，勤学苦练加时时钻研，直到相逢这个俄国水手，这些年来，沈炳根在修补、保养皮鞋上的功力，已臻炉火纯青，与养父相比，恐怕"青出于蓝而胜于蓝"。他暗存一个心愿，自己这一辈子，可不能停留在养父的高度，超越这高度，就必须做双皮鞋出来。俄国水手在他背上推了一大把，让他向着这条路快步而去。

整个做鞋过程恐怕本书读者没有多少胃口知晓，我就跳过不说了，读者只须知道下面几个细节就可以了：其一，他从南京路上的洋行买来"牛津鞋"用作制鞋的"模板"；其二，皮鞋制作最要紧的是鞋楦，他想方设法地将鞋楦做了出来；其三，当皮鞋初见成效但模样还很"搭僵"，他便反复修改，甚至推倒从来，怀着"不到黄河心不死"的信念，一点点接近自制皮鞋的完美点。

1876年，满清帝国的光绪二年，亦是李鸿章大人将西方大班所建的吴淞铁路一举购下又一举拆毁的年份，洋泾浜边的小皮匠沈炳根制作出了一双几近完美的皮鞋，它可称为中华第一双皮鞋，区分了左右脚，之前华人穿的布鞋，可不需要区分左右脚。

之后就简单了，沈炳根的皮鞋远销俄罗斯，口碑、业绩相当好，生意的成功，让小皮匠也"蝶变"成了皮鞋商，他在法租界溪口路开了永兴皮鞋公司，据说，"在民国初年，'永兴皮鞋'一个月的销量可以达到1000多双"，真的还是假的？

不幸的是，因了一战爆发，沈炳根与俄国经销商失去了联系，他的仓库里积压了本应该运往俄罗斯的大量皮鞋，而制作这些皮鞋的资金，皆来自他借贷的钱庄，沈炳根赌得太大了，他的资金链一下子断掉了。

债主们天天上门讨债，他天天敷衍、日日应付，心力交瘁，神经几到撕裂程度。他唯有自杀一条路，除此之外，他还有什么生路呢？

上海的一代皮鞋巧匠沈炳根吞金而亡，他选择用死来逃避生的艰难，他将最终的答案留给他不需要知道的那个世界。

我们不知沈炳根是否结婚？是否育子？是否在自杀前，将后事料理得一干二净?上海大史记住了:19世纪70年代中期,小皮匠沈炳根做出了中国第一双左右脚的皮鞋,中西交融又多了一点,海派叙事又多了一篇,对了,"吃蟹人"也又多了一个。

还在小皮匠沈炳根不屈不挠制作出中华第一双皮鞋,租界上海也进入了光绪二年,且广泛流行开描述上海人腔调的那杆标尺,即所谓"六不可"——

> 衣服不可不华丽,不可不坐肩舆,不可狎么二妓,不可肴馔不贵,不可没有顶戴,戏园中不可居于末座

1876年的上海人"六不可"中,居头位的是"衣服不可不华丽",换句话说,倘若衣服普普通通,既不时髦也不精致,那么,先就失去了在夷场行走的资格,更不要说在夷场的扬名立万。

不知不觉,生活在夷场的新移民,经西风反复吹拂,经西方器物反复浸淫,经西方思想反复熏陶,最重要的,经与西方人的不断接触、不断摩擦又不断和好,已经进入社会转型、进化的新阶段。诚然,"以衣取人"古已有之,并非夷场独创。但是,在上海夷场转变为上海洋场的1876年,此风越演越烈。租界上海,这个特殊的口岸里,生活或蛰伏于中的上海新人,情不自禁地发展起"功利第一、享乐第一"的新市民精神,他们追求的生活方式新风格,可以用下面六字来表述:西式、时髦、挥霍。

这个"他们"指哪些人?

男子指商人、学生;女子指欢场女。

没错,正是商人、欢场女加上新世纪开始如雨后春笋的学生,这三个迥然有异的社会群体,成为上海生活方式新风格的创建者,也是新文化助产士。

新风格由头上开始。

之前,上海还没有夷场时,男子头上所戴的不外乎这样两种帽子:官帽与便帽,便帽也叫小帽。

官帽,道台、知县以及衙门中一干喽啰所戴,官帽有两种,暖帽,用于冬春两季;凉帽,用于夏秋两季。

所谓暖帽,帽檐黑色,中间有红色帽纬。帽子质地有缎、有呢、有珠呢、有皮毛,特别昂贵的还有貂皮,不过,并非任何一个官员都可以随意

地"顶戴"貂皮帽子,它是满清帝国高级官员方能享受的福利,这就好比即使你是江南的名门望族,也不能在自家围墙上随心所欲地放上一条大龙,你若违反帝国的这条规定,就不用怀疑自己项上头颅准时被摘掉。

晚清,暖帽哪天换作凉帽,不由戴帽人说了算,地方衙门自会颁布换帽日期,自说自话将头上帽子换了,毫无疑问亦是一宗罪,会被视作有僭越的大嫌疑!

官帽很多也有趣,比如顶珠。

一品官员的顶珠为红宝石,二品官员为珊瑚,三品官员为蓝宝石,四品官员为青金石,五品官员为水晶,六品官员为砗磲,七品官员为素金,八品用阴文镂花金,九品官员为阳文镂花金。如此说来,当年,在上海,一度担任江苏巡抚的李鸿章,从二品,帽子顶上那颗珠子至少蓝宝石,也可能是珊瑚;而当年上海道台丁日昌,顶上那颗玩意儿铁定青金石了,至于各位上海知县们,也就只能用阳文镂花金来显示自己的存在,九品以下的上海衙门捕头、师爷们,虽然在城厢中游动时也各有各的威风,不过,终究属于不入流人物,头上确定一无所有。

官帽上还有一种讲究,拖在官帽后那根长长的孔雀毛,它叫翎枝。

翎枝有蓝翎与花翎区别,蓝翎完全不能比拟花翎,而花翎,又分单眼花翎、双眼花翎、三眼花翎。满清帝国的官儿,倘若顶戴上有一根三眼花翎,那么,他在满清朝的地位就不用多说了,非王公即大臣;倘若种种原因,脑后的那根三眼花翎被满清皇帝一怒拔去,那就意味着他这辈子的官场游戏玩儿完了。

租界上海,当夷场还只是夷场的时候,碎石子铺好的马路上,你不可能见到坐在八人抬大轿中的"顶戴花翎",即便帽子上缀有水晶、砗磲、素金珠子的官儿,他们对夷场也唯恐避之不及,因此鲜有所见。夷场里,独多"顶戴"便帽、小帽的人物,他们脸色惶惶、眉头紧蹙、脚步匆匆,为讨一份生活,进而讨一份好生活,一刻不停,他们,买办或跑街。

他们头上戴的小帽、便帽又叫瓜皮帽或六合帽。

瓜皮帽不是满清帝国的创制,它形成在明初。由六块黑缎子、黑绒布连缀而成,底边,又镶一条一寸多宽的小檐,模样宛如半个西瓜,于是得名瓜皮帽。诞生同时,有一个很政治性称谓,叫"六合一统帽"。天、地、东、西、南、北,此为六合,六块黑缎对应了六合,而六合一统,不就是我大明皇朝么，妙哉！快哉！

清兵入关，大肆杀戮，最终一统我中华天下。

其时，满清老幼都喜欢戴称为"帽头儿"的帽子，上尖下宽，有檐、无檐，顶上还有一个丝绒结成的大疙瘩，看上去与六合一统帽颇相似。

坐稳了江山的满清皇朝发出了命令，无论满汉，人人脑后留辫，个个头上戴"帽头儿"。汉人中有特别血性和特别不怕血腥的，在"留辫"上，与满清帝国做着殊死对抗，但对这顶"帽头儿"，却平静地接受了。这里的缘由在于，它让壮士们想到了汉人曾经的大好河山；让苍生怀念起明代的美好生活，他们将"帽头儿"巧妙地改成了瓜皮帽，两者本来就十分相像！

自此以后，瓜皮帽便成为华人，尤其商贾们的标配，他们日日夜夜地奔走于夷场中，人头攒动，含辛茹苦。

瓜皮小帽，通常黑色，夹里用红布，基本单层，也有用竹丝为胎。瓜皮帽顶的结子，有珊瑚，有水晶，或者蓝色、血色的料珠。

瓜皮小帽有硬胎、软胎两种，硬胎无法折叠，软胎却可以。

瓜皮小帽的帽饰，或一粒红宝石，或一块绿碧霞，绚丽而夺目。乾嘉年间，尤其流行如此冒饰，到了晚清，此风更烈，环顾夷场，但见林林总总的上海汉子，一顶小帽的额前正中，点缀着一块优雅的碧霞玉，他们大步流星，只为追赶四季轮回的时光。

由此可见，江南上海，官帽呈现权势男人的风景，瓜皮帽则是商贾男子的夷场景致。但到了晚清末，上海条条马路上，男子装束进入了中西合璧阶段，时髦的饰品，如眼镜、如怀表、如烟嘴、如文明棍、如鸭舌帽、如礼帽，成为上海时髦男人的喜好，几乎同时，商贾们头上戴起西式铜盆礼帽，瓜皮帽便如明日黄花般地压在樟木箱的箱底。

西式礼帽通常为圆顶，下有一圈帽檐。质地，冬季用黑色毛呢，夏天用白色草帽绠。顶部常有凹陷，颜色多为黑、白、灰、青、蓝、褐等，草帽则多为白色、米黄色。

那时，上海男人还时髦戴鸭舌帽、罗宋帽。

"顶戴"如此，上下身又如何？

上海男子奔走于夷场中，主体依然商贾，或许露天通事的儿辈，或许跑街先生的后代，或者本身就是买办。内心里，对夷场，他们的感觉早有质变，对夷人，渐生好感，更不会在心里偷骂一声"鬼子"，他们明白，自己若想有

个美好人生,唯有在夷场里才能实现,洋人也是人嘛,他们常常是高人!

出入夷场的他们,穿单袍、夹袍和棉袍。

单袍,又称大褂。初期,长袍又肥又大,长可及地面,无领,穿时,须别加领衣,俗称"一裹圆"。到晚清,肥大长袍演变成短瘦长袍,并且加上立领,大襟遮住部分称"掩襟"。初时,长袍没有口袋。到民国,气象日新,其中之一,长袍掩襟上普遍安有一个口袋,用于盛放手绢等小物品。掩襟上没有口袋的那些日子,夷场男子若去三雅园等处欣赏戏剧,或上徐园里品赏髦儿戏,总有些小物品要随身带上,又不能抓在手里,通常左袖口内是存物之处。也因此,他快步而去时,必须时刻提醒自己的左手不能下垂,小心翼翼者,更会将右手始终提着左袖管。

夷场生活中,长袍是"脸面"说明,通常用作礼服,重大节庆日子时的必备之物。最贵重的长袍叫蟒袍,长袍的颜色不定,老者喜欢深色,蓝色为多,酱色次之,年轻人则穿嫩一点的颜色,中间开衩的袍子,叫箭衣。

长袍的面料一般两种:毛料长袍(哔叽长袍),绸缎长袍。

长袍外面有马褂,衣长至脐,袖仅遮肘。

晚清末期,内穿长袍、长衫,外套黑色暗花纹对襟马褂,是那时期上海人(商贾为主)最主流的着装,如此风格,既文雅端庄,亦显得气定神闲,行走夷场时,显出满清风格;穿梭洋场间,表达着中华气质。

民国十八年(1929),南京国民政府公布了《服制条例》,将蓝长袍、黑马褂列为"国民礼服",长袍与马褂的搭配,中国风得到肯定与继承。上海男士,头戴西式铜盆礼帽,一身精致至极的长袍马褂,脚下一双锃亮的蓝棠皮鞋(可惜不是沈炳根亲制),如此扮装,活脱脱一幅海上男女演进海派文化的生动画面。

男士如此,上海女子又怎样?

"称女子为娥眉,以裙衩代妇人,由来久矣"。

披风是晚清行走夷场的上海女子标配,色彩有天青色、元青色两种,对襟,长可及膝。披风的两个袖子,十分宽大,很飘逸的那种。披风的料子,一般用的是蓝色缎子,披风上还绣了五彩,开放着许多花朵,斑斓绚丽得很。

晚清有规矩,未出嫁的小姐不能穿披风。

洋场女子还爱红裙,尤其上海少妇们。裙子有百裥。

裙子面料,富裕人家,有绸缎、有丝织品,普通人家,面料只用土布了。上海好人家的闺女，从13岁那年起，从早晨起床到晚上熄灯，始终穿裙在身，不穿裙子而见客、待客，是很严重的失礼举止，要受到长者的谴责。

一些酷爱时髦、着力显摆的女子，百裥裙上还有各色绣花飘带，飘带配以夹里。更有甚者，在飘带顶端，装上一个小金铃，一路走去，叮当声不断，一片清脆，余音袅袅，既悦耳又悦目，好一幅晚清与民国交替期的上海风情画面，那里可想而知地埋伏着多少百媚千娇的洋场故事。

脱夷场、入洋场，袄子定然少不了，皮袄或夹袄，都姓"袄"也。如果料子只用纱，那就不叫袄而叫衫了。

夷场或洋场，还有确定无疑的事情：烟花丛中的名妓艳娼断然不许穿着裙子。也因此，无论入也是园考花榜的书寓，或在虹桥唐家弄侍酒的长三，抑或倚着四马路青莲阁二楼廊柱向"快马金四"扔出绣球的么二，全都身穿长裤，脚着弓鞋，度过亮丽复黯淡的一天。

说到烟花女子、欢场女儿，必须强调，在上海经由夷场而蜕变作洋场这一壮阔历程中，她们与商贾同样是新时髦的引领人，也是新风格的创造者。其时上海媒体如此说道，"此邦（指上海）之人狃于习尚，唯时之从，一若非时不可以为人，非极时不可以胜人。于是妓女则曰时髦，梨园竞尚时调，闺阁均效时装，甚至握管文人亦各改头易面，口谈时务以欺世。"

时髦这词，古意表示一时的英俊之士，晚清时，曾被借代为妓女，现在，名妓们再次改造这词，让它具有了新语义，推动了晚清的种种"时髦"，又以后，让这时髦直奔民国的摩登而去，所有这些，都拜上海名妓所赐。

比如，能够与巨商胡雪岩、画家胡公寿并称的北里艳花胡宝玉。

为了在口说洋泾浜英语、熟悉西方生活方式的各路买办中间周旋，她不在乎妓界书寓、长三与咸水妹间门户森严的等级界限，主动结识咸水妹，与她们同游玩、同兜风，从她们口中学习英语。咸水妹的穿着装扮本与苏帮、扬帮、杭帮花国女截然不同，后者通常很不屑前者，胡宝玉却不以为然，她学咸水妹剪了额前刘海，供公子逍遥的寓所，布置成西方式样，所有家具都用西式，墙壁，裱上了银光纸，地上铺上五彩绒毯，夏日，有来自西洋的电扇缓缓吹拂，所谓的凉生一室，冬日，则置办外国火炉，满室温暖。床用西式，不用中式帐幔，是上海西式房间的开创者，穷奢极美。

当香烟还没有在上海流行开来时，妓家中都用水烟敬客。那水烟，铜质，有细绳拴着。胡宝玉别出心裁，用银链子代细绳，用流苏穗代铜扣，这

一招,之后上海妓家场所全都效尤,这个空间出没的男女都觉精致华美,品相极好。

当上海人还不熟悉西式服装时,40过后,胡宝玉退居房后,当起老鸨,经她一手训练的雏鸡如胡玉梅等,个个楚楚动人、曼妙无比,那胡宝玉,见老熟客,还会出来招呼,她一身西式男装,英姿勃发,那时髦劲儿,上海妓家竞相仿效,不知这个弄潮儿是否还戴了顶西式鸭舌帽?倘若戴了,谁又会说三道四呢?

上海名妓,个个堪称时髦领袖,而上海良家女子,虽然视名妓们生活方式为敝履,但对她们的种种时髦,却唯恐追之不及,有记者这样说,"在20年前,良家与妓女犹有分别,今则一衣一饰妓女任意倡率,花样翻新。良家即从而步其后尘,唯恐稍有不合,必使一肌一容尽态极妍,使见者莫辨其为良为妓而后已。"

还可以说说学生这一社会群体。

1905年,理论上,软禁中的光绪皇帝发出了废除科举制的上谕,中国近代历史又翻过悲喜交加的一页。

功名之路正式宣布中止,一代青年男女或毕业于自强运动中兴建的准现代学校,或从传教士创办的教会学校长廊中走出,或在多年留学后从海外归来故乡,上海洋场,他们的身影比比皆是。

他们一身洋装、西服、西裤、领带,让人刮目相看;他们中男性都剪了脑后那根油腻不堪的辫子,女性全都放开了天足,不再以"三寸金莲"而沾沾自喜,无论男女,还以鼻梁上架着一副眼镜而自命不凡。

他们对时髦的理解与商贾、与名妓又大有不同,他们不是去追逐时髦,他们本身就是时髦。

> 沪上私设各学堂诸生之浮躁飞扬者,亦往往去辫改装,以示矫同立异,甚至有身穿华衣而头戴西帽者,有足穿西履蹀躞于洋场十里中者。其为人也大都趾高气扬,目空侪辈。

一个非常有趣的事实:其时,即便在洋场中以时髦而著称的上海名妓、北里女儿,也都纷纷向新人们看齐,学他们的英气勃发,效他们的洋派十足,在自己的头上,竟然戴上了一顶鸭舌帽,鼻梁上也架一副墨晶眼镜,内心里,她们对洋学堂的男女学生,有不少的膜拜。

四季交替，日月轮回，时髦反复，方死又生。

在夷场，上海女子不时与西方女子邂逅，擦肩而过那瞬间，目睹穿着巴瑟尔式、克里诺林式裙裾的西方贵妇的丰姿美态，心中不免暗生羡慕。到后来，自然而然地产生了对西方贵妇的模仿，于是藏起披风、斗篷，而在自家大橱里挂起了西式的女装大衣。

西式女装大衣风气一开，即成热潮。先是红帮裁缝为主导的女装公司如争先恐后地应运而生，在静安寺路、同孚路，有云裳、鸿翔等一流时装公司的出现，霞飞路、四马路、湖北路上也林林总总，并不鲜见。

女装大衣流行，先在冬季。上海，那些零下五摄氏度的日子，若有一件大衣裹身，既暖和又时髦，温暖美好。以后，有专门在春秋两季穿着的夹大衣，又随后，有了乍暖还寒的单大衣，以及春风沉醉的晚上仪态万方的绸大衣。

大衣用料，说来也有趣，一是自家男人用不上的高贵皮货——灰背、紫貂——被自家女人拿去，交给云裳、鸿翔，让专家师傅做成冬季御寒而奢华的大衣。也有人很用心地从异国买来皮货，诸如俄国灰背、美国紫貂、德国兔皮，这些奇珍异兽的皮毛成为上海阔太太的抢手货。那时，一件黄狼皮大衣，须用银洋一万元方可购买到手，试想，日日夜夜在公和永缫丝厂滚烫开水中捞取蚕茧的女工，她们对发生在"鸿翔"的这一幕，将作何感想？

但这就是租界上海，这就是十里洋场，这就是明灭不定、变动不居的19世纪与20世纪的交替岁月。上海夷场变化成了洋场，上海时髦女也将蝶变为摩登女。她们衣服上的摆线会短短长长，她们的审美趣味更将反反复复，她们中鲜有人会明白：纵然今日貌美如花，却难挡明日骨瘦如柴。

当19世纪与人类无声告别，20世纪悄然来临，在上海，对西方文化做出积极接受并做一定程度改造的"吃蟹人"已数不胜数，那时候，在他们的头脑里、血液中、细胞间，"上海意识"已然渗透，且从最初的潜意识变化成显意识，这上海意识是新文化的核心构成，但它走在了新文化彻底形成的前面。

第七章

时髦

第一节
张叔和：东方的风雅，西方的时髦

时间熔铸着文化，空间催生着意识。

19世纪80年代，上海由夷场转换为洋场，尽管"十里洋场"的说法还要到世纪末才出现。

但下三个10年，即19世纪90年代、20世纪乃至20世纪头10年，上海可以用"时髦年代"所概括，那时候，与后来的摩登年代，虽还没有近在咫尺，却距离不远。

时髦文化登堂入室，它正是后来上海新文化的一部分，新文化还没有清晰而完整地呈现，然纵观那些时髦的先行者，他们头脑里已经逐渐形成了"新意识"，他们走在了新文化前面。

可以断定：新意识发生于前，随后，才有全面诞生的新文化。

如此新意识可以称为"上海意识"，它至少表达着三个向度：首先是包容，其次是唯新，最后是机变。而在小市民社会中，还有着"扎苗头""拎得清"以及"上海滩上的三碗面"说法，它们同样是上海意识的一部分，不过是比较草根的那一部分。

秉持上海意识的人们，不同于露天通事、秉笔华士、大小买办，也不同于由中国大地四方而来的新移民，他们中的一部分，社会身份可用"中国乡绅"来表示，但这个表示并不精确，与中国乡绅这称呼平行的，还有一个称呼，曰：热心洋务的中华精英，两个称呼都重要，由此可以观照他们的内心。

我这就开始本章叙事。

1850年，道光三十年。

无锡，一个后来诞生了中国民间四大家族之首"荣氏家族"的地方，那年，诞生了一个江南生命，这生命，因了创造出"中国第一个市民公共空间"而进入上海大史，他叫张鸿禄，字叔和，晚清文化特征之一，大名常常不被称呼，四周人士叫他为张叔和。

1867年，张叔和17岁，那年他只身前来上海，基本可以归入第一代华人冒险家之列，不过，考虑到无锡与上海也就200多里地，其时租界上海，

在"上海先生"（美国作家霍塞的称呼）推动下，已度过了李秀成带来的危机、19世纪60年代的世界性金融危机，正铆足劲向着19世纪70年代冲刺，模范租界虽未见影踪，然气象已颇显神采，张叔和的冒险家成色便略显不足了。

租界上海，张叔和赚了不少银子，由于他不属于上海大史中顶级"显贵"，我们不知他的第一桶金掘至哪里？明显的事实，他腰包鼓起，保险柜子里也堆积着银元，这促发了他内心中的一点小小野心，他用银光闪闪的银子捐了个官，广东候补道。即便不靠功名而获官职，然以金钱运作而有此官衔，张叔和还是大喜过往，有官做，总是大好事。

1880年，张叔和30岁，那年，他前往中堂大人李鸿章着力谋划的轮船招商局"帮办"事务，第二年，正式委任为帮办，俨然进入此局四大帮办之列，其他三位还用得着多说吗？徐润、唐廷枢、郑观应，清一色香山人，清一色广东帮，他一个江南无锡人，得以跻身这个小圈子，张公有几刷子哩！

这个时间节点，张叔和想着要给自己的人生有更美好的规划，他要造个园子，一、用来给母亲养老；二、也可以给自己放松心情，张叔和的这些想法，与富可敌国的扬州盐商或告老归乡的二三品官宦同样，大家都存着如此心思。

张叔和看中了一个地方，那地方有两条马路，一条叫静安寺路（今日叫南京西路），一条叫同孚路（今日叫石门一路），静安寺路之南、同孚路之西，有个小花园，占地20来亩，园主英国人格农，第一代前来远东淘金的冒险家。1882年，此君念想家乡，决定作别上海，踏上归途前，他欲将在租界上海积攒的所有东西做个清理，该带走的带走，应放弃的放弃，他的小花园自然在放弃之列，得知这个消息，张叔和找上格农，将小花园买了下来。

格农消失在上海小史帷幕之后，此书不表。诚实地说，一部上海小史，有过多少个格农般冒险家，他们小有成就，颇有斩获，人生谢幕前，先与租界上海道一声再见，随后，于浩茫无际的宇宙里化作一粒微小的原子，遁入无边无际的深空。

继续叙说张叔和的花园。

20来亩大小，格局说大不大，说小也不小了，试做比较，曾经名列上海三大名园之一的豫园，30亩面积；忝列"沪北十景"的徐园，区区3亩面积；黄浦滩头的西式"公家花园"，面积的精确数据为"30亩4分7厘3毫"；20来亩的张家花园，虽小于豫园、公家花园，却大大超过之后的徐园，张叔和内心的得意、兴奋可以感觉。孝子的他，想着要将格农先生的庭院好好拾掇，让母亲大人在晚春落红、深秋降霜的环境里颐养天年。但正在此时，一个意外发生，张叔和的母亲溘然长逝！

在晚清，人的寿命着实短促；而世世代代，人的寿命并非自己掌控。

张叔和遭受着极为沉重的打击，有暗无天日的感觉。母亲，是他精神世界中最重要的一部分，他迄今为止努力的很大一部分，理论上、实际上都是为了母亲，如今母亲走了，他的身体仿佛也被抽掉了什么，空空如也、昏昏沉沉，终日不知所措，沉浸在暗无天日的氛围里。

日子如流水般过去，生活却始终黯淡无光，张叔和在万念俱灰中做了个冒失决定：卖了园子。如果说睹物思人，思人则伤人，那么，卖掉园子正符合心理学上的选择性回避。

这一步真的迈出去，上海大史里断不会有"张氏味莼园"传奇，张叔和就与所有无名氏一样，在时间湍流中被冲击得不知去向。

有朋友劝阻着伤心欲绝的他，好朋友姓什么、名什么、表字什么，全都无法确证。

时间总是最好的良药，渐渐地，张叔和从丧母之痛中回转过来，作为轮船招商局的会办，他有许多大事要做，不能让自己长时间地坠入悲情旋涡；作为一个在租界上海打拼多年且成绩斐然的无锡商人，他的野心、欲望也能够再次被唤醒，不久，当年格农花园边，他再购置了40来亩土地，一心要做个上海滩最大的花园主。

现在，张家花园的面积有了62亩，它的位置如下：东面，同孚路，南面，威海卫路，西面，慕尔鸣路（今茂名北路），北面，斜桥路（今吴江路），62亩的花园，要再过30年左右，才会被300亩的哈同花园超越。

张叔和找来好友袁祖志，让袁兄给花园取个名字。

简单地说一下袁祖志。

浙江杭州人，清代大诗人袁枚的孙子，擅长诗文。

他的兄长便是袁祖德，上海县知县。咸丰三年（1853），小刀会起事，袁知县正在文庙中祭拜，刘丽川、陈阿林们水泊梁山般"呐喊声"，杀将而出，一刀砍了袁知县的脑袋，还将鲜血淋淋的脑袋挂在上海北门箭垛上，用来吓唬百姓、震慑四方。兄长被杀时，袁祖志正好就在一边，想来他的内心有何等样的惊怖、愤慨，常常噩梦连天。

之后,袁公做过《新报》主编,与四大买办之一的唐廷枢游历欧美,有《谈瀛录》《出洋须知》著作问世,上海大史中次要角色之一。

张叔和找上他,他自然很乐意,稍一思索,给出花园名字——张氏味莼园。

江南上海,袁祖志称得上一个中西文化都有涉猎的人物,于中学,更为渊博,深感士大夫们的情感、心绪和审美,膜拜着东晋名士张翰。

张翰,吴郡吴县人,大名鼎鼎的张良后裔,吴国大鸿胪张俨之子。

此君,"有清才,善属文",个性放纵不羁,时人比之阮籍,号"江东步兵"。因身受亡国之痛,不愿卷入晋室八王之乱,佯狂避世,借口秋天乍起,思念家乡的莼羹、鲈鱼脍,辞官回了家,他留给后世的名言是:"人生贵得适意尔,何能羁宦数千里以要名爵!"

他还有美妙的诗歌流传给了后来的人们:

> 秋风起兮木叶飞,吴江水兮鲈正肥。三千里兮家未归,恨难禁兮仰天悲。

袁祖志深受张翰"莼鲈之思"影响,取名张氏味莼园,可以看作致敬张翰,亦愿望如此敬意也能被张叔和接受、继承。

1885年,租界上海还在中法战争激起的金融风潮中摇摆,张氏味莼园对外免费开放了。偌大上海,租界或城厢,公园极少,即便有园子,都是私家空间,外人无法分享其中这杯美羹。公家花园,只开放给盎格鲁•撒克逊人,公家并不姓公;徐园属于海宁达人徐鸿逵,即便有"上海士大夫安乐窝"之称,受宠的也只是极少数文人雅士;豫园,潘家的一代名园,从未姓公。到19世纪80年代,也仅是糖业、布业、豆米业诸公所据点,春日看花、秋时戏水的也仅公所高雅人士而已;愚园算例外,有竹木亭台之胜,又难得畜养种种动物,士女如云、游人如织,可惜愚园格局过小。开敞、阔大的张氏味莼园,对外开放,这着实乐坏了上海各界人士,一时间,公园门口,马车排成长龙,马车上下者,有达官贵人,有富商壮贾,有才子佳人,还有欢场女儿,书寓、长三、幺二,全都嘈嘈切切地赶着要来这方妙地,"园中芳草如绣,碧桃初开,听那黄鹂儿一声声,好像叫出江南春意"。

张叔和终究是个商贾人士,见前来公园玩赏的男女络绎不绝,转念一想,便有了收费念头。为此,工于心计的他先找了个借口,"惟间有一种无知女妪,往往任情攀折,随意摘取。花既缘辞树而不鲜,果亦因离枝而莫顾。匠役因此前功尽弃,得奖无门,提出辞职。主人不得已,特发此告白,为花乞命",在这个借口掩饰下,张氏味莼园不再免费开放,入花园者,每人收取入园费一角,明明白白,堂而皇之,旁人也不能说三道四。

转眼过去了七年。

这七年,于张叔和,波峰浪谷,危机重重,生机盎然。

危机在于,因了他与李中堂的密切关系,他与徐润一起,遭受到依附于清流派张之洞的盛宣怀攻讦,1885年,在"亏空局款"的罪过中,被逐出轮船招商局,会办职务自然一同剥夺,不啻沉重打击。

生机在于,1892年,他出巨资,请来有恒洋行的英国建筑设计师,设计并建造了一幢堪称巨厦的建筑,它就是名噪一时的"安垲弟"。

虽然没有这幢大洋房高度上的确切数据,但可以肯定,"安垲弟"的那座"望楼",俨然1892年上海制高点。来这里,少不了上望楼,拾级登顶,放眼四望,可以纵览上海东西南北风景,登望楼看沪景,因此成为上海人生活方式的一种。又因"安垲弟"格局恢宏,仅一个大厅便可容纳千人,日后,这里成为上海最大的公共舞厅。

其时的张叔和不会想到日后海派文化这词,但上海大史里他注定是个角色。当初购买和记洋行大班格农的花园,看中的便是花园里中西两方的文化印记。1892年再造花园,他张叔和请来景斯美设计"安垲弟",这个做法充满了象征性。

随着"安垲弟"诞生,张叔和让张园更多地充满了西方色彩,偌大上海,再没有一个地方拥有如此之多的西方器物,再没有了。一一细说,没有必要,这里先说大概,再挑选若干例子。

先说大概,19世纪90年代以来,张园内遍布西方文化,弹子房、抛球场、电气屋、脚踏车、过山车、照相馆、电影场、舞厅、西餐厅;又遍布东方文化,书场、滩簧、髦儿戏、茶楼、饭馆、擂台、花会、焰火会,还有中西混糅的动物场。真所谓国粹洋货,中西合璧,你中有我,我中有你,这空间,海派文化,已不是风起青萍,可曰蔚为大观。

再说细部。

花会花事,堪称张园特色之一。张园草坪开阔,风景优美,在上海,没有之二。张叔和花大钱雇用花匠,栽培了许多奇花异卉、古树名木,让人观后拍手称快、连连叫绝。他很在意洋人的花会。张园没有开放前,洋人每年上海春秋两季,都会在徐家汇一地举行花会,各家捧出盆花前来参赛,随

后进行评定,优胜者,带上一份奖励欣然回家。张园开放后,张叔和邀请洋人来公园里举办花会。花会举办那天,园内高挂各国彩旗,参赛花的品种,数以百计,满园芬芳,目不暇接,令人沉醉。前来观看的华人,更是万头攒动,摩肩接踵,如潮汹涌。如此中西同欢的盛况,1843年巴富尔到达时不可想象,1865年电报线杆被连根掀起时更不可能出现,这江南、这上海,究竟发生了什么?

1897年,在张园,张叔和推出自家花会。花会上,上海市民目睹了他从世界各地引进的菊花数十种,据说,"其花身之茂,高逾丈外,每株放花蕊多至百余,大若巨盆,娇艳夺目",牛逼的事情还有,为了这次花会,他不惜重金,聘请来日本的莳花高手,让他们扎就各种人物走兽,看上去惟妙惟肖、栩栩如生,让上海三界大街上,都在说及他的大名。

不过,这就惹恼了清流派,还让光绪皇帝也为之惊动,"上谕刘坤一奏前办上海招商局(帮办)、广东候补道张鸿禄因亏空局款,被参革职开复,仍在上海起造花园,聚集游人,日事征逐,声名甚劣,实属行止卑鄙,有玷官箴。张鸿禄著即革职,勒令回籍,不准逗留上海,以正官邪。"

光绪皇帝要张叔和滚回他的无锡东门含锡桥,但张叔和才"不鸟"他!不是张叔和长了个虎豹之胆,而是他有靠山李鸿章,满清王朝中流砥柱,这让张叔和有恃而无恐。

照相馆开进张园,亦是张园特色之一。

1839年8月19日,法国人达盖尔向世界宣布他发明了摄影。数年后,法国人儒勒·依蒂耶将照相机带入中国,此君工作于中国海关。

极少的中国人能够接触到照相机,对千万华人来说,照相机和它的产品,仍是一种匪夷所思的东西,不算"奇技淫巧",却颠倒人生,无法理解。

张叔和有他的包容心,还在"安垲弟"大洋房耸立前,已将照相引入张园。

当时上海,已有多家照相馆,然全是室内摄影,人工绘制的布景,呆板、僵滞,毫无生气。1888年秋季,光霁轩在张园里开张,在它这里照相,你可以登亭台、傍假山、偎百花、临汪池,一句话,园林背景是它优势。赶时髦的上海人急着前来,跃跃欲试。

1891年,也是秋天时节,又一家照相馆在张园开张,它叫柳风阁。与光霁轩异曲同工,打的也是"园林照相"这张牌,不过,它有自己创意:备好了各色古装服饰,尤其着力于女子古装,让那些内心渴望成为柳如是、董小宛或花木兰的近代上海女子，在快门按下那瞬间，心理上产生极大满足。

之后，还有多家照相馆来到张园，头脑灵活的张叔和与其时上海最有名的"宝记"有商业合作：拆账分成，两造各得其所。

在张园，无以计数的男女都被照相这个西方舶来品迷住，他们好不惊喜地站在照相机面前，并在底片上留下了形象，这些男女中，甚至包括了孙中山、黄兴般的革命家，也包括着张元济、郑孝胥般的社会名流、遗老遗少。

张园还有让上海市民惊喜、惊奇的事情，比如最初的电影。

租界上海有老冶客孙宝暄，光绪二十三年五月初五，即1897年6月4日那天，他前去张园，看了场电影，此君不忘在他的《忘山庐日记》中津津乐道——

> 夜，诣味莼园。览电光影戏。观者蚁聚，俄，群灯熄，白布间映车马人物变动如生，极奇。能作水腾烟起，使人忘其为幻影。

在最时髦的上海人嘴里，电影被叫作"电光影戏"，孙宝暄便是这样一个时髦人。

这里对他稍做介绍。

此君生于1874年，殁于1924年，满清帝国邮传部的一个官员，作为跨世纪的上海人，他的《忘山庐日记》可以进入上海小史，日记价值虽比不得葛元煦的《沪游杂记》，但对整体上海进入19世纪最后10年与新世纪最初10年，他的描述有相当的意义。作为一个倜傥风流的上海冶客，他记录了上海文人诗酒风流的生活，也对影响着上海人的精神历程、内心世界的种种西方文化有自己解读。尤为可贵的是，当李鸿章奉懿旨抓捕康、梁反党时，孙宝暄怒而发声："我是康党！"

> 江南大捕革命党，缇骑四出，往往希图厚赏，并无辜者罗织之，冤死无算。为丛驱雀，为渊驱鱼。

上述是老冶客在光绪三十三年(1907)正月二十六日的一则记载，老冶客也会变作革命者，上海大史中比比皆是。不过，孙宝暄更多的人生体验属于老冶客，他对西方器物的惊喜和惊奇，反映了那时已弥散开来的社会心理，这为未来的新文化打下了坚实的桩基。

张园，租界上海新空间，有意无意地，酝酿、发酵着新文化的那坛美

酒,然"美酒"可不轻易得以品尝。时近新世纪,张园虽然再次取消了入园必须售票这个规定,然踏足这里,兜里若不装满本洋、鹰洋,休想快意人生、时髦岁月。且看张园价目表——

  一碗茶,两角;一碗鱼刺,八角;安垲弟书场,每人六角;海天胜处滩黄,每人二、三角;弹子房租大木弹一盘,两角;租小象牙弹一盘,两角五分;铁线架,欲打者一角;抛球场,租地一方,每月十五元;外国戏,座位上等三角、中等两角、下等一角;照相,光霁院主人在院开设,四寸六角,六寸一元,八寸两元,十二寸四元;出售外国花,如石兰红、美人粉,数角至一元数角不等;包租安垲弟,一日价四五十元,茶房另给十五元,夜加电灯费十二元,礼拜日酌加租价,如事关公益,亦可酌减。

  上海市民是个大概念,从张元济般名流到孙宝暄般冶客,从李伯元般才子到蝼蚁般寻常万千百姓,而事实上,能进入张园且频繁出没者,只会是以下三种人物:一、商人、买办;二、文人、报人;三、北里艳女。

  北里艳女最喜安垲弟一楼的早、晚茶。

  那时张园,已经流传开这样的话,"凡天下人过上海者,莫不游宴其间",游宴其间干什么?还不是两件人见人喜、我想我欢的事情:喝张园之茶,吃四马路之酒。

  张园的茶,与北里金粉有关;四马路之酒,则彻底平康胭脂了。

  想象如下情景——

  世纪交替的那些日子,晚清人起床、梳洗,搭上自备或马路上兜生意的马车(不是亨司美也可以的),急切赶向张园,安垲弟一楼,张张摆放得妥帖的桌椅,正等着他们前去就座呢。

  他们去喝张园早茶吗?然也。

  但他们那么急着要赶去,只为喝上一杯西湖龙井或洞庭碧螺春吗?这不合乎逻辑。却原来,上海的一流文人、末流才子,想会的是"四大金刚"。

  不要误会,可不是庙宇里张牙舞爪的那四位,而是媚眼如丝、勾魂摄魄的四个名妓,芳名:林黛玉、陆兰芬、金小宝、张书玉。

  为读者,简略地介绍一下四大金刚。

  林黛玉,原名陆金宝,上海练塘人氏。从原名可以看出家境一般、文化寻常,原名里寄寓着父、母亲的焦灼渴望。

  父亲泥水匠,母亲农妇,似乎颇有姿色,因了这份姿色,基因的遗传让后来的陆金宝在上海花国选举中，一举当上"总统"，成为红极一时名姬，不过，那是后来的事情。

10岁，陆金宝成为李姓皮匠童养媳，之后，李皮匠放过了陆金宝，小金宝与自己姿色尚可的母亲前往上海谋生，这是她们人生中的第一次赌博。

接着发生的事情可以是整一个长篇内容：陆金宝成为上海巨族杨家女仆，因了同为女仆朱某的怂恿，陆金宝离开杨家，在租界上海"延师学艺"，一年后，陆金宝艺成，成为上海书寓中一个。但不久，为一笔巨款，"悬标福州路"，在"一支香"里相逢叫张岭梅的富商，将她"破瓜"，那年，陆金宝才13岁。但"破瓜"所获巨款大部分落到曾经女仆朱某人手中，朱某人怕被陆金宝母亲知晓，要分掉巨款大部分，便带着陆金宝前往天津。

天津归来上海，陆金宝终于摆脱朱某人，正式张榜接客，以新形象示人，并取名林黛玉。据说她十分崇拜上海名妓胡宝玉，知道胡宝玉一时名气甚至可以与胡雪岩、胡公寿相提并论，这是何等荣耀之事啊！取花名林黛玉，一要学习前辈胡宝玉，二要做一个艳史留名的林黛玉。

那以后，林黛玉的故事仍然扣人心弦。

她投书张彪，她让南汇县令万分尴尬，她甚至主动提出要做两江总督端方的侍妾，她与丹桂茶园名伶李春来暗度陈仓，她无所不用其极，用尽、使足了自己如脂如膏的那身白肉，有人这样阿谀上海滩的林妹妹，"眉毛粉黛，一双大眼水波流动，鹅蛋秀脸，红唇性感，身着粉红绸缎旗袍，三曲身材，下裾高开，一双玉腿秀长健美，白皙诱人"，在上海花榜的十六佳丽中，她排名第八，"以韵胜"。

另外三金刚，其一，陆兰芬，原姓赵，苏州人氏，生年不详，或许有意隐瞒。初入烟花丛中，榜名胡月娥。她不如林黛玉风头十足，因此也没林的那份龌龊，当她将自己的全部托付给王姓恩公后，从此便闭门谢客。

其二，金小宝，苏州人，生于1873年，性聪慧，通翰墨，因家道中落，坠入风尘。1896年，与母亲同来上海，挂牌惠秀里，名士富商，争相前往，负一时之盛名。就才艺言，金小宝远胜林、陆，个性独立特行，心高气傲，"风韵体态，雅近上流"，不是在俗世染缸中反复打滚的林黛玉们可比拟。最传奇的是与女校教员陆达权的故事：暗恋陆教员，又资助陆教员东瀛留学，最终，与陆教员好事成双，她也脱离了欲海、苦海。

其三，张书玉，苏北人。父亲沙船舵工，母亲嗜好鸦片，因父亲早逝，

母亲一早将张书玉典押至宝善街"百花里",榜名王月仙。有上海巨商为她花了巨款赎身,但绸庄老板命运不济,"匆匆花草,三春先谢增人愁",张书玉不得不再次走入烟花地,名字改为张书玉。就其全部人生来说,张书玉高过林、陆,她的结局相似于金小宝。张书玉有女人的执着,金小宝有女人的傲气,她们的个性成为各自保护伞,虽然游戏人生,但懂得最后的人生尊重。花样百出的林黛玉、陆兰芬,却在穷困潦倒中结束生命。

不过,所有这些全都是后来的结局。

1897年,张园,那些早晨,风流才子们正等着她们,双眼放电,心情激动,只盼望四大金刚之一能在擦拭一净的桌子前坐下,能一睹她们的芳容,算是才子们天大面子。

可以想象,倘若四大金刚同来,林黛玉一定笑意盈盈,内心里不断掂着对方分量;陆兰芬谈笑风生,尽管话语中尽多虚情假意;金小宝不动声色,眉眼间冷若冰霜;张书玉,除了百无聊赖,不会再有任何感情了。她的世界本不在早茶上,龙井茶再香,与她何干?

小说家李伯元又是《游戏报》主编,这个采花圣手,多次主持上海名妓的花榜评比,所谓四大金刚一说,便是他某次主持的结果。他曾在张园安垲弟门口,亲自派发《游戏报》,报上有他的文笔,力推四大金刚。用他的话来说,"以其每至夕阳西下时,与陆兰芬、金小宝、张书玉,在张园安垲弟洋房门口品茗"。

他没有写到林黛玉,这说明两人素来不和吗?

采花圣手与上海名妓喝茶不在早晨而在傍晚,这是怪事;采花圣手将他与名妓们的交往写进长篇《官场现形记》中,这是趣事。

四大金刚与当年的书寓们相比,退步"木老老"了。她们全都远离了丝竹的清丽、洞箫的幽远和书画的典雅,但她们乘坐亨司美马车,在租界上海招摇过市,穿着奇装异服在张园满不在乎地抛头露面,享受时髦,又让自己成为一种时髦,这本身说明的不正是不断演进的新市民人性、不断蝶变的海派文化吗?

创建了张园这个时髦空间的张叔和对此又会作何感想?他与四大金刚有过深切攀谈吗?四个女人中的哪一个曾让他神思恍惚呢?

第二节
徐鸿逵在玩电影，雷玛斯想建"帝国"

时髦之后，有更时髦；时尚之后，有更时尚。

张园之后，说徐园；张叔和之后，说徐鸿逵。还要对读者说说雷玛斯，西班牙人，欧洲冒险家，与第一代冒险家——大班们——大有不同，他从社会底层一路爬上来，冒险经历便格外艰辛。

1882年，无锡人张叔和刚将格农先生的花园买下，正琢磨着如何为母亲大人打造中西合璧的花园，徐园，在徐鸿逵打磨下，已然成形，地址在今日浙江北路天潼路814弄43支弄。

徐鸿逵，浙江海宁人，早期人生与张叔和如出一辙，都非簪缨之家，都没享受到祖上多少余荫，都不满足自己的农家生活，都有晚清华人中佼佼者必具的欲望和野心，来上海，都持之以恒地努力，也都有超人一等的手段、手腕，便都在开埠50年后的租界上海颇具格局，最后，与张叔和相同，徐鸿逵也深受中国传统意识形态——儒教文化——的浸染，虽无"莼鲈之思"，却对自然、对山林有很高的期许，徐鸿逵之曾孙徐希博先生在《徐园之兴衰》中如此解读自己的先祖："曾祖棣山公，清末在沪经营丝蚕业，若干年后，渐渐步入沪上富贾之列。自入商海，过于辛勤，体力日衰。听从一位医友之劝，每日上午问事，下午休闲养生。就在闸北唐家弄购空地三亩余，堆土垒石为山，挖沟引水为溪，种花植树，建阁筑亭，遂建成一传统式的私家花园。此后每天下午在园内自娱养身，身体日见健朗。该园虽取名'双清别墅'，但人们说到它时称为徐园。"

以空间大小论，徐园无法比拟张园，然区区3亩地上，因了徐鸿逵的精心打造，园内，绿树成荫，花木扶苏，举凡亭、堂、榭、阁、斋、泉、石等也都一应俱全，颇具江南园林的那派风情。

徐鸿逵打造私家园林时，晚清上海万象更新，无论以名流自居的士大夫还是转眼便阔起来的富商们，都热衷前往诸腔杂陈的茶园看戏，也或者在家中设堂会以作雅听。老城厢里，1851年创办的"三雅园"，应算最早的营业性戏院，顺便插一句，由于戏院特殊性——三教九流会集——容易滋生事

端，创办者的身份就皆为衙门捕头，哪个地痞流氓想借戏院兴风作浪，立马抓进衙门大牢，严惩不贷。

那以后，丹桂、金桂、天仙、大观这四家遂成上海滩四大京班茶园，引得北京城诸多大腕、名角竞相南下上海，每当夜幕降临、华灯初上，各家戏园的门前车马纷陈、绮罗云集，煞是兴旺。又由于晚清文人骚客热衷于上海的种种变化，竹枝词对此有表达，像煞有介事的"沪北十景"评说也是表达一种，那时，"去丹桂园观剧"被评为"十景之首"，而去"徐园游览"也忝列十景。

徐园算牛了。

1887年，徐园对外开放，门票一角，与张园相同。

购票入园者，在徐园戏台前，可观看昆曲、髦儿戏等，当然，名伶如谭鑫培、孙彩珠们不会在这个小场子登台亮相，同理，人们也无福欣赏到三庆班武行头的连台好戏《宁武关》《阳平关》等，徐园场子，想必南下名花旦想九霄、名小生小金红、名小丑马飞珠、名青衫水上漂等也不会来此处表演，但同治年间，金桂轩由丑角李毛儿开创的"髦儿戏"，在光绪十二年（1886）的徐园里，你会一一看到，不过，出演髦儿戏的不是苏州的白菊花姐妹，也不是热演《打花鼓》《打樱桃》的女伶林小旦，那都是后来事情，徐园里出演髦儿戏的女伶，多半才艺平平，但对观色重于听戏的人们来说，有色足矣。

在徐园，若逢元宵夜，便可见各色烟火花炮在鸿印轩（徐鸿奎斋号）前燃放，瞬间，火树银花，满目生辉，精彩至极。

一年一度的菊花会上，沪上骚人墨客更是结伴来游，他们借花抒情，各逞其能，斗酒赋诗，寻欢作乐中体会醉生梦死的快感。

1889年，热爱书画的徐鸿逵成立了"徐园书画会"，其时盛名在外的海派书画名家朱梦庐、任伯年、虚谷、蒲华都来此雅集。

某日，任伯年来徐园会友，兴致所至，拿笔欲作画，不慎将一滴焦墨掉在了纸上，只见他微微一愣，旋即，不假思索地作起画来，似有神助，转瞬之间，一幅猫图已跃然纸上。他在此画上郑重其事地加盖印章，并如此落款：光绪己丑正月廿五日徐园第一集。棣山先生为之一笑，山阴任伯年。

与张园相比，从开张那日起，徐园便洋溢开一股浓郁的中华风情，它撩拨着传统士人的雅兴、雅趣，应算一处纯中国式园林。

卢米埃尔兄弟创造了一个"幻象空间"

但也不尽然,徐园在上海出名,徐鸿逵能进入上海大史,有一件事不得不提:在那个空间,有着西方电影的首次放映,这是徐园对后来上海的意义所在。

1895年12月28日,在远离上海徐园的法国巴黎卡普辛路14号地下室的印度沙龙中,里昂青年实业家卢米埃尔两兄弟为他们邀请来的巴黎名流们放映了《墙》《婴孩喝汤》《工厂大门》以及《火车进站》等影片。影片很短,只有一分钟长度。影片也几乎没有什么内容,只是日常生活的瞬间记录。不过,那天巴黎男女看着卢米埃尔兄弟放映的电影,他们成了划时代历史的见证者:自此以后,电影便进入了人类生活,这种非同寻常的大众娱乐形式将疯魔这颗星球的芸芸众生。

仅仅半年多时间,上海徐园对卢米埃尔兄弟的发明做了回应。

1896年(光绪二十二年)6月上旬,徐鸿逵在得知卢米埃尔两兄弟的发明后,海宁富商兴致勃勃地向法国方面定购放映机一台,不久,手摇放映机来到上海,一同到达的还有10盘35毫米拷贝,每个拷贝可放电影三至五分钟。

6月30日,海上富商在"天潼路814弄43支弄的厢房里,将西洋戏放给了亲友们看",它堪称电影在中国的"处女放",相信那天在徐园看过《火车进站》的上海市民,惊诧程度更胜巴黎男女一筹,诚实地说,其时的上海移民,头脑尽管已有扩展但还没有足够扩展,他们中许多人仍然疑惑着煤气、火车、电话、电灯,自然更无法理解这个电光影戏。

对电影在徐园首次播放这个说法,存有多方质疑。

礼查饭店(今日浦江饭店),1897年5月22日,美国商人库克来饭店放映了电影,四次,票价一元。6月4日,移向张园。有人认为,这是上海播放

电影的开始。

张园亦鸣不平,1897年6月4日,张园推出的电光影戏应算中国历史上的第一次,老冶客孙宝煊的《忘山庐》可做证明,有文字,有真相。

还有另一种说法,1896年8月11日,法国商人在徐园"又一村"茶楼里放映了"西洋影戏",这说法来自最严肃的文献。

说法很多,都为争"中国首次",唯有一点共同:无论怎样,在19世纪即将结束时电影进入了中国,与照相机不同,照相机由法国人带进中国,而电影是一个热爱"奇技"且完全不排斥"淫巧"的海宁人,将来自西方、妙不可言的这个玩意儿带入上海。

自此之后,去徐园看电影成为上海部分才子佳人的消遣和时髦。倘若查阅《申报》,你会发现1900年10月21日徐园还刊有广告,"今有英、美、法活动影戏运来上海,仍假本园十二楼上开演",影片有《马房失火》等14部短片。唯有一点让人疑惑:何为徐园十二楼?

另外一点也要说明,直到1909年,中国才有戏曲电影《定军山》的拍摄。

回忆有时充满误读的风险,不过,814弄43支弄一位103岁老太太的回忆,我们多半可以确信。在她的记忆中,当时放映电影的地方就在徐园43支弄4号里,她说当年的徐园犹如城隍庙、大世界,这说法未免夸张。

于电影,徐鸿逵是个玩票者。

很不幸,某日,有戚姓朋友请他喝春酒,他去了,喝得酣畅,心情愉悦,归来路上,听着马车一路"辚辚"作响,感受马车奔驰时那阵阵晃荡,意兴高蹈,忘了将车门关紧,蓦然间,从马车上跌落在地,后不治身亡。悲剧发生那年,他才58岁。

后来,徐园还在上海大史中有过这样一笔:1913年,国民党精英宋教仁被暗杀,南社同人集体于徐园哀祭;1916年9月30日,孙中山先生来徐园慰问华侨讨袁敢死队,众心激荡。徐园见证了"两次革命"那面招展的大旗,也见证了民国部分精英与袁世凯的誓不两立。

说完徐鸿逵,要说雷玛斯。

来自菲律宾的雷玛斯与徐鸿逵不同,他于电影,不是玩票,而是搏命,如果成功,三呼万岁;倘若失败,滚蛋回家。也因此,当徐鸿逵于花前月下观看电影时,他则在福州路"青莲阁"底楼,汗流浃背地拼尽全力,声嘶力竭地怂恿每个路过的华人都能在放映机前停留,结果,老天倒也眷顾这个两袖清风的西班牙人,让他在上海留下一个大惊喜。

雷玛斯创建了一个电影帝国

雷玛斯故事要从1898年说起。

那年，美国与西班牙爆发了"美西之战"，战争结束，西班牙人全体被逐出菲律宾，雷玛斯是其中一员。其时，他可以回转故乡马德里，也可以勇闯远东新世界，在菲律宾的西班牙人圈子里，他多次听人说起过上海，那座遍地都有黄金的城市，那座对白人十分谦恭的城市，热血一涌，他就奔上海而来，不过数年后，仍然洋装瘪三一个。

我将他算作闯荡上海的第三代冒险家，倘若小颠地、渣甸、伊莱亚斯•沙逊为第一代，雷士德、马立斯、赛斯•马勒、哈同为第二代，那么，19世纪与20世纪相交前来上海的雷玛斯，应该为第三代。这里顺便再说一句，邬达克、赉安们应该为第四代，自然还有那些在上海出生并成长的洋人，如埃利克•马勒、嘉道理的两个儿子，他们同样也为第四代冒险家。

那些年，那些日子，雷玛斯在租界上海四处游走，面有菜色，无精打采，现状提不起他丝毫兴趣，他后悔前来远东这块飞地了吗？有可能。他埋怨菲律宾西班牙人社交圈流传的尽是上海废话了吗？完全有可能。在大马路、二马路、三马路、四马路上，他目睹的不是黄金而是工蜂般忙碌不停的华人苦力，联想到自己也是这样一只西方工蜂，唯有连声哀叹。华人苦力拉着黄包车向前飞、扛着大包迈开腿，他们至少还有回家的方向，他呢，他这只工蜂却毫无方向，不，不，他不像工蜂，更像一只无头苍蝇，上海无黄金，世上无桃源。

不过，人人都有转运时刻。

1903年某日，上海大街上，他偶遇伦加白先生，一番交谈后，他的两个眼球瞪圆了，却原来对方是哥伦布后裔，那伟大的哥伦布啊！接着，他的眼珠更射出数道光来，却原来，"哥伦布后裔"1896年来上海淘金，苦熬多

年,奔走于福州路异平茶楼、乍浦路跑冰场、湖北路"金谷香"番菜馆,至今的人生依旧在挣扎中,身边除一台老旧放映机外加若干拷贝,一无所有。哥伦布后裔不想再在冒险家乐园里苦熬下去了,他准备回国。上帝注定让他遇见雷玛斯,老乡见老乡,两眼泪汪汪啊!他决定在回国前将放映机连同拷贝全都白送给老乡啦,除了白送一台放映机,伦加白还赠予雷玛斯500元,这是上海小史中的一种说法。上海小史还有另一种说法:他用白菜价将自己的破玩意儿卖给了雷玛斯,自己再走人。

两种说法,读者自己选择一个,要我选择,我选后者,伦加白没有理由白送东西给雷玛斯,除非雷玛斯答应了伦加白什么,那会是什么?接过伦加白的放映机和拷贝,雷玛斯决意试试运气,他不信自己的人生会终日无光。

一开始皆不顺,无论虹口乍浦路跑冰场还是同安居茶楼,观看者寥寥无几,生意黯淡至极。

他不死心,死心也就不是雷玛斯了,他另选了个地方,现在是公共租界四马路上的"青莲阁茶楼",在这里,他放映短片,时间为1903年7月21日。

青莲阁茶楼,上下有两层,与当年丽水台相比,少了一层,但就生意而言,与丽水台却有一拼。原因简单,那时的上海已经进入开埠后第50年,19世纪50年代怎么比拟19世纪90年代?

青莲阁一楼,有个小型游乐场,里面有卖艺的、有杂耍的、有唱曲的、有做摊贩的,大概还有算命、卜卦的。

青莲阁二楼,是个大茶室,12张八仙桌,理论上,一张八仙桌坐八个人,12张就是96人,百来人的茶座,规模不算小了。二楼,不仅品茗,你还能吸烟,大烟、鸦片。1860年的《天津条约》规定了鸦片贸易的合法性,同时间接宣布了抽鸦片者的合法性,当西方鸦片商人张开了他的血盆大口,满清帝国不仅流失了白银,还葬送了它部分子民的身体健康。

青莲阁二楼还独多这样两种人:上海流氓与上海妓女。

民国新锐导演如此描写,"实则是个藏污纳垢之处,大小流氓三五成群,有的坐台饮茶,目观四处,有的穿插人间,耳听八方。日日夜夜,风雨无阻"。

也有民国漫画家如此刻画,"四马路是妓女的世界。洁身自好的人,最好不要去。但到四马路青莲阁去吃茶看妓女,倒是安全的"。

在这样一个沉渣泛起而又生气勃勃的地方,雷玛斯感觉良好,他预感自己的这次投机会有回报。

1904年7月，雷玛斯在青莲阁底楼的楼梯旁，租赁了一小间房子，房间里挂一大块白布，白布上会出现上海人认为很噱头的电光影戏，房间里还摆着几张条凳，每次坐满20人，他便开始放映。

甫一开始，雷玛斯焦头烂额，毫无本钱的他，不可能雇人，一人两手，独当四面：要去法国百代唱片公司搬运拷贝，要收取门票，要放映电影，还要在青莲阁底楼对着四马路大声吆喝，他的洋泾浜英语震得上海人耳朵发烫，所有这一切的结果：他在每个观看电光影戏的上海人身上，仅仅收回三个铜板（也有说是30个铜板），无论3个还是30个，都挑战着他的欲望和野心，要知道，其时上海，一两白银可换1500个铜板，生意做得暗无天日啊！

雷玛斯很有忍耐力地坚守在"青莲阁"，他也不得不捍卫自己的忍耐力。而生意，竟鬼使神差地好起来了，好到人头攒动，好到人满为患，这下，租界当局不由有些惊慌，唯恐闹出什么事端，对这个来自西班牙的冒险家便下了道禁止放映电影的命令。

雷玛斯犹如当头挨了重重一棒，即将的转运再次推迟，但他不想就此给自己的上海冒险画上句号，更何况，青莲阁的电影放映，已让他小小赚了一票。1908年，囊中有些丰盈起来的雷玛斯看中了乍浦路388号地基，在这上面，他用铁皮围合成一个空间，里面差强人意地坐上250人，他们围坐着观看雷玛斯放映的影片，它叫《龙巢》。

那是1908年12月22日，上海即将进入她最凛冽的寒冬，不知坐在铁房子中观片的上海人是否冷得连连打战了？后来，他们称这里为"铁房子"，铁皮包裹的房子，想想也寒冷啊！

同年度，在四川路与海宁路口，雷玛斯委托西班牙建筑设计师阿贝拉多·拉恩富特设计、建造了维多利亚外国戏院，与铁房子相比，它要正规得多，也因此，作为上海第一家正式电影院它载入了上海小史。

1912年6月，维多利亚外国戏院在《申报》上刊出电影广告，电影夜晚9点放映（上海人的夜饭开始吃得晚了么），包厢1元5角；特等1元2角；头等1元；二等7角，看一场电影相当昂贵，要知道，其时，一个黄包车夫，一个月在上海大街拼命拉客奔跑，也就2银元与5银元之间。

"忘记过去就意味着背叛"，顺便说一下，雷玛斯并没有忘记他的铁皮房，1918年，第一次世界大战进入尾声，上海进入她第一个黄金年代，雷

玛斯彻底改建了这个空间，砖木结构代替了之前的铁皮材质，座位增加到710个，新辟观众休息室，暖气设备也安装妥当，对了，电影院也有了正式名字，叫虹口大戏院。雷玛斯没有忘记自己的人生福地，他正是从这里起步的。还必须向读者说明一下，亦有另外一种说法，虹口大戏院并非铁皮屋传承，它之前似乎是日本人造的"东京活动影戏院"，哪个说法更接近历史事实呢？

打这以后，雷玛斯福星高照，一帆风顺。

1914年，雷玛斯再次委托西班亚建筑师老乡在静安寺路127号，设计、建造了夏令配克大戏院，该影院有座位1000余个，开创了上海早期电影院的奢华之风，到1929年2月，该电影院还拥有有声电影放映装置，这在远东是首家，无论日本还是香港，其时还都无法作此念想，更无法望上海项背。

1921年，霞飞路85号又有了恩派亚大戏院，孕育者雷玛斯。为了吸引上海市民前来观影，雷玛斯祭出这么一招：戏院门口张挂起大幅照片，戏院门口还让穿红戴绿的印度人吹吹打打，景观奇异，煞是热闹。

之后，老雷还拥有"万国""卡德"等电影院，他一人掌控着六家电影院，并在六家影院中推广了"联合院线"，它们共同进退，荣辱与共。这样，老雷就基本占据了上海电影院的半壁江山。

这还没有完，到1923年，雷玛斯成立了"雷玛斯游艺公司"，他干起电影拍摄活儿，有《糊涂警察》《孽海潮》等影片摄制完成。一时间，盛名在外，风头无两。

"口衔雪茄，西装笔挺，皮鞋光亮，完全绅士风度，但眉目之间，流气隐约可见，好一个强盗扮书生"，这是当时民国导演对雷玛斯的形容，如此形容多少有点失真，不必完全当真，但"完全绅士风度"的雷玛斯，在上海滩冒险确实大获全胜，20世纪20年代中期，他当仁不让成为电影界的"上海王"。

老雷再也不复当年在租界上海讨生活的窘迫、拮据和狼狈，20年工夫，他在上海滩做成一个传奇，现在，老雷要享受生活了，他建了两个豪宅。

1916年，而今的南京西路702号，老雷建造了一个私宅，设计师还是那个西班牙老乡阿贝拉多·拉恩富特，看来此君深得老雷欢心，老雷乐意将自己的许多建筑单子发给他来做。这幢住宅整体形制、局部细节以及美学特征，都相似于后来建造在多伦路的那幢，非常奇特。一年后，老雷将私宅转卖给美国一家汽车销售公司。

紧接着，便有了多伦路那幢充满了伊斯兰风格的建筑，单看建筑形制，似乎也不让人为之心动，然而在它内部空间，锦砖、彩色玻璃、马赛克立面以及连拱木窗，每个细节都极具心思，精雕细刻，绚烂无比，极富上海滩的豪宅做派。

与盎格鲁·撒克逊人不同，西班牙老雷，出生在曾被阿拉伯人长时间统治的伊比利亚半岛，那里深受阿拉伯文化影响，无论建筑还是生活方式，也因此，如果说老雷不在意上海滩其时主流的古典主义建筑美学风格，而钟情于伊斯兰文化萦回其间的空间，确为必然而富于逻辑的审美反映。

老雷这个豪宅，之后，住进日本海军陆战队司令部成员，也成为胡宗南西安绥靖公署的驻沪办事处，最后，它被叫作"孔公馆"，成为南京国民政府时代的"四大家族"之一孔祥熙的下榻之地。

1926年至1927年间，雷玛斯突如其来地将他欣欣向荣的电影王国做了解体，掉头而去，回转故乡马德里。在那里，余兴不减地又建造了一家叫RIALTO的剧院，作为对上海冒险生涯的隐性纪念。

雷玛斯为什么急流勇退？这里面充满了蹊跷，有多种说法都指向他突然人间蒸发的隐秘动机，有人指出，1922年，他电影王国中的经理古藤倍被暗杀是主要原因，但这种推测还没有被上海大史确证，只是上海小史中的一个花絮。但倘若读者能够联想到匈牙利建筑设计师拉斯洛·邬达克于1947年的神秘出走，再回想起法国建筑设计师赉安在1946年的怪异失踪，所有这些便都可以理解了。

上海这个大码头，生机盎然，杀机四伏；无奇不有，凶险万分。

对了，禀告读者，那位曾为老雷设计了夏令配克大戏院、维多利亚大戏院、雷玛斯住宅的西班牙建筑师拉恩富特，因肺部感染而客死上海，他的遗体被安葬在基督徒公墓，时间1931年12月。那时，上海将迎来它天堂与地狱交相叠加的岁月，天堂，即上海有了它的第一个黄金时期；地狱，日本国驻上海的陆战军将用自己的野蛮暴力，完全摧毁掉万商云集的闸北市廛，让苏州河沿岸布满数不胜数的棚户区，让上海悲愤填膺，让闸北痛哭流涕。

结束这一小节前再说上几句。

1925年，上海有140家电影公司，20世纪30年代，上海有44家电影院，80%的中国电影出自上海，上海电影院的座位数占全国四分之一强，若以每家电影院每夜放映一场电影计算，每个夜晚进入电影院的上海男女不下

南京大戏院,华人也跻身电影圈

于4万人。

从徐家花园中的《火车来了》,到福州路青莲阁里百代公司的种种短片,再到20世纪30年代上海人对电影的集体膜拜,电影生活,不容置疑地,成为比"跑马生活""舞厅生活""西餐生活"覆盖面更为广阔、频度更为密集的上海市民生活。

4万名左右的上海新市民每个夜晚沉浸在卢米埃尔发明的新玩意儿中,他们把观看电影作为自己醉心的娱乐方式,也逐渐地演化成他们的生活方式之一,因为那时,租界上海早已从当年大部分华人避之唯恐不及的番场、夷场,蝶变成了人人争先恐后想要进入的洋场、欢场,洋场可冒险,欢场可发财,洋场有时髦,欢场有时尚:最新思想、最新观念、最新服饰、最新做派,通过电影,他们熟悉了好莱坞,熟悉了秀兰·邓波儿、费雯·丽。

"电光影戏"尽管也来自西方,但这次时髦却具有了完全的正当性。

它与跑马时髦不同,主流社会的价值观念中,赌博从来让人不齿,即便赌博方式换作阿拉伯高头大马,但本质没有改变,依然你争我夺的厮杀而已!它与舞厅时髦也不同,舞厅生活有让晚清人瞠目结舌、让民国人欲说还休的曼妙,但男女间相抱相拥,于中国传统文化"男女授受不亲"终究是个挑战,思想开明者不在话下,思想保守者颇多腹议。唯有电影,老少皆宜,男女统吃,赚人眼泪,让人感奋,上海新市民从中取之不尽的思想、美学、人物命运、异国风光种种资源,而他们中的狂热分子,在对电影明星的激情崇拜中,间接地杀死了阮玲玉那般才华横溢但感情脆弱的电影人。

20世纪30年代的上海电影生活,不再是徐鸿逵们的玩票,也不再是伦加白、雷玛斯们的生意,以西方器具,它装入了上海华人们的思想、情感和心灵,后来,进入上海大史中有蔡楚生的《都会的早晨》和《渔光曲》,有费穆的《城市之夜》和《香雪海》,还有柳中浩、柳中亮的《民族的火花》《十步芳草》和《湖上春痕》,当然,不可忘了华人中最为耀眼的明星——阮玲玉、赵丹和周璇等。

　　海派文化,至此,洋洋大观。

第三节
洋场跳舞厅：春风沉醉，翩然起舞

夷场有跑马，夷场有番菜，夷场有教堂。

洋场有张叔和的张园，张园里有过山车、照相馆、电气屋、安垲弟，还有妩媚至极的"四大金刚"；洋场还有唐家弄的徐园，徐园中有徐鸿逵玩票的电光影戏，电光影戏中催生着上海人的新观念、新审美和新梦想。

夷场蝶变作洋场，夷场中的男女蜕变成半新半旧的上海人，如此蝶变、蜕变，不会一蹴而就，它还与某个空间有关，空间叫舞厅，旧人转变成半新不旧的人，它也起着至关重要的作用。说得直白点，舞厅是口大染缸，上海人跳入前，还心口不一地信奉"男女授受不亲"，上海人跳入又出离后，凤凰涅槃，人人重生。却原来，生活可以如此地肌肤相亲，生命可以如此地优美旋转，最后，一切可以时髦复时髦，如同自己相拥着的那个伴儿，身上"行头"时时更新，真正的妙不可言。

西方舞厅，东方舞客，时髦男女，海派文化，演绎者口中的上海小史。

1850年11月，英租界里有过上海地区的首次交际舞会，地点哪里？参加者都有谁？专家也只能语焉不详，如此说法便充满了历史的不确定性，姑妄听之。

时光魔盘倏尔一转，1863年，当盎格鲁·撒克逊兄弟们决定在上海租界地面更紧密地团结起来，公共租界的滩路上，英国总会里有了上海地区最早的舞厅。

这个说法相对靠谱，至少，我们有了一个地理坐标——英国总会——其实，我们还不能忘记外白渡桥对岸的礼查饭店，那空间，也有舞厅。

如此想象不会有错：在英国总会，在礼查饭店，1863年，上海刚刚摆脱了李秀成死士的威胁，上海还没遭遇1866年的伦敦金融危机，早在欧洲公共舞厅中广泛流传的舞蹈——英国快步舞、布鲁斯舞，美国狐步舞、波士顿华尔兹舞——被西方冒险家们兴高采烈地演绎着。

就不说他们的具体姓名了，事实上，也做不到一一说出，反正少不了那些洋行大班和他们的雇员，少不了两家领事馆的成员，不会有法国人，也不可能有传教士。

与最初的跑马文化、番菜文化同样，它只是小圈子游戏，西方人在他们封闭的空间里寻欢作乐，拒华人于千里之外。整体上海人对此闻所未闻，极少部分能够进入洋行的上海人——买办与佣仆——他们在一边观看，也许没有看懂，或许感到好笑，联想起自己文化中的"跳神"，他们便稀里糊涂地将西方人的交际舞称为"跳戏"。

跳戏？是的，19世纪60年代，上海，交际舞被说成跳戏。

融合需要空间，需要不同的人进入这个空间，反复逗留、时刻浸淫，这些都是新文化发生的首要条件，不过，与跑马生活不同，这番中西融合来得还算早。

1901年，礼查饭店给它在上海的林林总总的客户发去邀请函，告知人们：饭店将举办一场交谊舞会，先生、小姐若有兴趣，敬请前来参加，饭店方不胜荣幸。

英国人、美国人、法国人、德国人、意大利人竞相参加，还应该有华人，即将成为上海经济主要推动力的华人。

"礼查饭店举办的舞会，是我国第一场交谊舞会，它促进人们了解交谊舞文化"，这话说得一点没错。

随后是张叔和花巨资打造的"安垲弟"（Arcadia Hall），所谓的"世外桃源"，它的大厅里落成了上海第一家营业性舞厅，吸引着晚清富商、才子、市民进入其间，在"安垲弟"舞厅里，他们先小心翼翼、继而有所放松、再继而摆动自如地感受着"蓬嚓嚓"带来的全新感受，舞曲、舞步、舞伴，所有这些都让他们兴奋异常，仿佛进入一个全新世界。

谁是上海舞厅第一家？礼查与张园又争个不休，人性总是如此。

还不能忘记嘉道理公馆，在它被雕刻、水晶吊灯、大理石地坪装饰起来的那个豪华大厅里，嘉道理先生时常举办家庭舞会，每次，人数不会少于百人，最多一次有400人，尽管，这个说法有点可疑。

1922年，上海立刻要拉开它的"黄金十年"的大幕，这时，新上海市民决定不让西方人专美，在一品香旅社，也学着西方人办起"交际茶舞"，不出售门票，来者皆上海滩达官贵人，上海人开了正式的交谊舞先河。

那年，美籍乐队指挥史密斯先生抵达上海，他对上海人的跳舞，有客观、公正却伤自尊心的表示，"中国人还没有学会西式舞步"。同年度，一

个美国记者,伯奈·贺许说道,"没有爵士乐的上海,就不是上海"。

卡尔登大戏院建成伊始,戏院就附设了舞厅,这应该成为华人最早创办的商业性舞厅。

到20世纪20年代,租界上海已有数十家商业舞厅,著名的为:大中华、巴黎、桃花宫、远东、爵禄、月宫、凤凰、大东、东亚、新新、嫦娥、安乐宫、圣爱娜等,它们分布在西藏路、北四川路和南京东路这些地段,此外,在永安百货的顶层,有大东跳舞场,在新新百货五楼,有天堂舞厅,一切都很奢华、很梦幻,每个舞厅,都有说不完的言情故事和迷情故事。

比如,黑猫舞厅,它设在西藏路的巴黎饭店内,舞厅有锦幔天花板,有斑驳陆离的墙壁,有抹了油般光滑的地板,这些都让上海冶客们赞赏不已。黑猫舞厅中有一个头牌舞女,所谓的"花枝乱颤,迷倒众生",小报文人鼓如簧之舌,将她捧为"乱世佳人",只恨自己无法一睹芳泽,口水大概从嘴唇流到了巴黎饭店的地板上了。

20世纪30年代,上海舞厅已高达百家,同一时期,《天津条约》开放的天津口岸,有多少家舞厅?五家。《天津条约》开放的武汉口岸,又有多少家舞厅?三家。香港算牛了吧,很牛的香港也就七家舞厅。这个上海,不可名状,不可方物。那时,仅南京路到延安路这段西藏路,数百米长度,就有高峰、远东、爵禄、逍遥、大新、锅台、米高梅、维也纳八家舞厅,舞厅之密集,舞客之蚁居,舞女之鱼跃,竞争之激烈,全都不可言说。这段西藏路,"懂经"的上海市民叫它为"舞场路",春风沉醉,我心逍遥,男女相拥,翩然起舞。另外,倘若那年代,你有兴趣去朱葆三路转转,自然会看到麇集了众多外国水手的这条马路上也有多家舞厅,尽管舞厅档次与"舞场路"相比,差了不少。

上海舞厅开放时间,通常傍晚5点到午夜12点,有时,为做更多生意,为适应不同舞客,下午1点到5点也会成为舞客的美好时光,这时段推出的"社交茶舞",参与者的社会地位全很普通,学生或文员,但他们乐意在这个空间中感受一下自己还不曾熟悉的暧昧气息。

20世纪30年代末,日本人已发动了第二次对中国之战,正虎视眈眈准备冲进国际公共租界,那时,上海有舞女1600多名,有人计算过,一个舞女一晚上如相伴三位舞者,那么,上海每个夜晚舞蹈者将是5000人,加上自带舞伴,总计有7000人至8000人,与看电影的40000人相比,少了许多,毕竟,进舞会的开销完全不同于看电影，它可奢侈得很哩！

一流舞厅，比如丽都、维也纳，一元一本，每本只有三张舞票。一张舞票允许邀请舞女伴舞一次，一本也就三次，跳得兴起，跳得别有所图，就必须再购一本、两本；二流舞厅亦一元一本，不过，一本里放五张舞票，可邀请舞女五次；三流舞厅则一本七伴舞，不入流的一本10伴舞或一本15伴舞。舞场老客都是一些有教养、要面子的上海人，踏进舞池，触目所及的舞女无论早已熟悉或面熟陌生，只要搭上，请她伴舞时，决计不好意思只撕一张舞票给她，出手小的，通常多给一张，出手大的，一次伴舞，一本全给，因此老客进舞场，购买舞票，不是5本便是10本。上海生活中总有一些想入非非者，当他们怀拥"乱世佳人"而翩然起舞，为能多闻片刻"乱世佳人"身上洋溢开来的巴黎香水的阵阵幽香，10本舞票算得了什么？还有更显示做派和腔调的，为请到自己心仪的舞女跳舞，先会开一瓶10个银元的上好香槟。舞场规矩，被邀舞女，从这瓶香槟里可以有10%至20%提成，既然喝了人家香槟，又拿了人家提成，自然再不好意思回绝对方的伴舞邀请，不然，圈子中人要说"侬拎不清"了。一个夜晚下来，舞客钞票一江春水向东流也，不过，来舞场，无论是会"巴黎"的徐小曼，或是搂"桃花宫"的欢笑风，抑或抱"大华"的陈雪莉，既然是舞场老客，不如此开销，还算上海滩白相人吗？小开或老开，总要有"落开"的手面也！

现在，上海那些不夜时刻，舞厅开张，侍者端立，寻常舞女在各自位置上坐定，表面气定神闲，内心却惶惶然然，她们盼望着在即将开始的莺歌燕舞中，那时时照顾自己生意的先生会适时出现，她每月100多个大洋的收入，部分就来自这位先生的定点到达哦！

舞厅侍应生在衣帽间前则笑语盈盈，一一接过舞客上流的大衣、中流的帽子，待到当夜舞会结束后，侍应生又会将舞客大衣、帽子一一交还；与此同时，倘若运气好，倘若舞客刚好心情大佳，他便会获得一个整大洋。又倘若那位不可方物的尤物终于答应与熟舞客前往维也纳咖啡馆品尝一下巴西咖啡，那熟舞客或许会给侍应生两个大洋也不一定。侍应生没有固定工资，小费是他唯一收入。

到20世纪30年代，上海滩舞厅大洗牌，便有了"四大舞厅"一说。

四大舞厅的排列并不统一，完全视说法者的视角而定。这就如同晚清，并非所有书寓都会同意"四大金刚"的这一说法，那个因在天津妓院患上梅

毒而花容失色的林黛玉，先就不会进入众多真才情、真风雅的书寓眼里。

回到四大舞厅，"百乐门、大都会、仙乐斯、丽都"为一说；"百乐门、大都会、仙乐斯、新仙林"再一说；"百乐门、大都会、仙乐斯、爱尔令"又一说，说法不一，有一点相同，排前三位，即百乐门、大都会、仙乐斯，一致公认，无人撼动。

百乐门，1933年建成，出资者湖州出身的上海商人顾联承。

顾氏家族不同凡响，在湖州，早已扬名立万。租界上海，继续生龙活虎，生意做得不是一般的好。他慧眼独具，发现了舞厅是上海经济领域中的投资新热点，一个舞厅，出手70万银两，很豪迈、很气派。

百乐门开张典礼上，南京国民政府上海市长吴铁城到场并发表祝贺词。

《申报》记者更是妙笔生花："玻璃灯塔，光明十里。花岗岩面，庄严富丽。大理石阶，名贵珍异。钢筋栏杆，灵巧新奇。玻璃地板，神炫目迷。弹簧地板，灵活适意。"

这个建筑非常有特色，20世纪30年代上海最流行的ART DECO风格，设计师鲜为人知，乃杨锡镠先生也。杨先生，设计作品不少，不过，诚实地说来，唯有百乐门让他在上海大史中占了一席之地。

号称"远东第一乐府"的百乐门，上海社会一直流传着关于它的种种传奇。传奇之一是弹簧地板，凡会跳舞或准备学着跳舞的男女，尤其是男士，无一不说起弹簧地板的妙处，舞步移动时，微微地起伏，让整个正移动、正旋转的身体，有踏波无痕的感觉，真是妙到毫巅，不可言说。

传奇之二便是舞女，这方空间，走红了多多少少的"上海的风流娘儿"，她们是胡枫、小王莉莉、伍问芝、夏维丹、邹梅琪等。百乐门红舞女的月收入，起板3000银元，高至6000银元，甚至更多，这是个什么概念？以普通舞女做对比，她们的每月收入基本在100元上下浮动；以捧着"金饭碗"的上海某男士做对比，他的月薪也就300银元至500银元，一个红舞女打垮了多少普通舞女，又顶掉了多少只"金饭碗"，让人好不惊诧、好不妒忌。

传奇之三，百乐门，你会目睹到上海滩顶级交际花，比如周叔萍，比如陆小曼，比如唐瑛，她们一个转身、一个滑步，真是惊鸿一瞥、灵魂出窍。

唐瑛毕业于中西女塾，精通英文，会唱昆曲，又会演戏，在卡尔顿大戏院，她用英语演出了《王宝钏》，来到百乐门舞场，人还没有旋转起来，那个亮相，俨然全场焦点，登场华丽，退场华美，无人可及，不可名状。

上海这部小史，自晚清1880年起，凡有沉鱼落雁之貌又积极尝试时髦生活的上海名媛们，通常来说，一段时间内总会充满种种美事，从四大金刚到百乐门舞女，莫不如此，不必妒忌，妒忌也毫无作用。更何况，舞女间做个对比，即便拿着6000大洋月收入的当红舞女，倘若与月收入3万元的超红舞女陈曼丽相比，她们不又将是一番崩溃的心情？

此女如同中国历史上所有名伶、名妓，身世一般，平庸普通，父亲仅是个剃头匠。还在相当幼小的时候，便跟随父母移民日本。在日本，父亲开了一个剃头店，靠手艺做生意，吃得饱，却吃不大好。中日开战后，日本国内强烈排华，他们一家无法在日本立足，不得不回归中国，父亲依然还是靠剃头来养活全家，如此遭际堪称上海20世纪30年代与20世纪40年代所有市民的复写。

陈曼丽的脸蛋说不上倾国倾城，但她有曼妙无比的身段，于舞蹈，又天生具有细腻丰富的感受力，很快地，一举成名，脱颖而出。及至进入百乐门，更是身价百倍，红得发紫，每月收入高达3万银元，她因此住进了豪华公寓，对一个上海舞女来说，算得上成就非凡，她的父亲，想来也再不用剃头了。

接着，她的故事依然遵循着古老法则发展着：一个四川总督的四儿子，人称"刘四父"的看中了她。这个比她大了30岁的男人，一个完全可以做她老爸的男人，以中国实业银行总经理身价，将她包养，她一口允诺，大上30岁不会是问题，只要刘先生始终如一提供给她这样的女人最为渴望的东西就可以了。那些东西当然首先是稳定的金钱，还有固定的美屋、华丽的衣饰、日日的佳肴。当然，即便一个超级拜金的女人，也需要爱的呵护，没有爱，她可以很好地生活下去，然而总会感觉生活里缺少了什么。

刘四父却走上了所有滥情男人的共同道路，他曾被陈曼丽迷住，不过，当陈曼丽被他追求到手，当他看着这个天生尤物夜夜躺在他的身边，任由他肆意把玩，便不由自主地产生出了厌倦感，曾经狂热的激情开始下降，她的身体不再让他兴奋和刺激，比陈大了整30岁的他，需要出门寻找新刺激，唯有新刺激方能激发他新欲望，是的，美貌如花的陈曼丽小姐已经无法让他心跳了。

陈曼丽何许人？她的决绝是天生的。灰姑娘与她的王子断然告别，陈曼丽搬出刘四父提供的华屋，再次回到百乐门舞池中，重操旧业，享受着上海最时髦、最富有、最阔气的男人追逐，她渴望着男人的奉承、阿谀，被有

钱、有势、有地位、有颜值的男人们包围的感觉真是好极了,她乐意用自己生命中的全部风骚、挑逗、撩拨来刺激这些男人,生活就应该这样,每夜寻欢作乐,每夜让10个、20个男人陪伴着她,她要这些东西!

她没想到有两颗子弹正等着她。

一颗射在她的头上,另一颗射在了她的臂膀上,她感觉到了剧烈的疼痛吗?也许来不及感觉了,因为她几乎当场毙命,生命瞬间被毁灭在这个让她星光熠熠的地方。

有许多种说法围绕着她的被杀。

百乐门红舞女之死,最符合故事走向的,乃她因调情而生,又因调情而死。有一个曾被她挑逗过,但又被她抛弃了的男人,用子弹寻回了他卑微的正义。

剃头匠的女儿终究还是坠入人性的黑洞,在百乐门,这不会是最后一个故事。

大沪舞厅的高级舞女金丽娜与棉布业掮客陆亭芳的故事也以喜剧开始、以悲剧收场。

两人舞池相识,一见钟情,坠入爱河,不久同居于八仙桥的龙宫饭店套房,日子过得甜甜蜜蜜,仿佛真能天长地久,真能海枯石烂。

随后,好赌的陆亭芳让金丽娜失望了,两人因此分手。不过,金低估了陆对她的那份变态激情,在不同的时日,陆对金两次泼洒硫酸液,在那些疼痛无比的时刻,那些痛不欲生的日子,金丽娜无法相信自己当初怎么会遇上这样一个恶棍?而陆亭芳,这个上海男人,他对金丽娜的仇恨,也有同样的深切、深刻、深沉。

百乐门之后,排名第二的大都会舞厅赫然上海滩,舞厅由广东商人江耀章所建,时间为1934年。

设计师不详。尽管不详,但凡进入它内部空间的红男绿女,却万分熟悉它的建筑特色:八角形外形,舞厅中央有个罗马式穹顶,顶下有圆形舞池。一眼看去,舞厅内遍布画栋雕梁,古色古香得如同满清王朝的某后宫。大都会诸多硬件也让人称道,诸如停车场、热水汀、冷气、灯光音响设备,以及舞厅休息室。

这个空间也很上海传奇,其中有舞场大班传奇。

大都会舞场大班叫阿郑。阿郑很神奇,一场舞下来,大都会这种档次,不会少于百十来个舞客,只要老客,他都记得一清二楚,他的本事在于知道哪个老客喜欢与哪个舞女相伴，他也知道所有老客私驾车的号码。老客离开欢场，他一早在门口等候，一脸微笑，满面春风，而当老客步出大都会大门，便会发现自己的座驾已在门口等候他了，所有细节无可挑剔，老客不加赞赏便不是真正白相人了。

阿郑要做的事情不只这些。

他要介绍舞女上场，他要监督舞女坐台，他要关注每个舞客，尤其是新来的舞客是否正常地撕票给舞女。他还要不时地去往他家舞厅，比如百乐门，比如新仙林，比如丽都，他去那里不为玩乐，而是要将那里的红舞女挖来。当然，他还要万分小心被那里的舞厅保镖当场痛揍。常常，阿郑还要做一个真正的"皮条"，在舞客与舞女之间搭一座桥梁，让异想天开的舞客与另有所图的舞女有私下约会，当然，他会非常准确地判断两人，尤其是舞客的动机与目的，他所做这些的首要前提，是自己正服务着的舞厅——大都会舞厅——的利益不能有损害。

大都会舞厅，除了阿郑，还有唐乔司·爱琳达达领衔的菲律宾乐队。

唐乔司出生于1905年，在美国受过爵士乐训练，来上海前，曾在加拿大夜总会有过表演。

20世纪30年代初期，唐乔司来到上海，先后在大新舞厅、国泰舞厅、大都会舞厅担任乐队领班和乐人，之后，还去了丽都舞厅。

唐乔司乐队之所以在上海滩相当吃香，乃在于他们是支大型、专业的爵士乐队，某种意义上，规模决定质量。

乐队旋律组包括长笛、小号、长号、萨克斯管以及三把小提琴，节奏组包括小边鼓、大鼓、铙钹、响板和长鼓，还有手风琴和木琴。乐队还有一位歌手，由乐队单簧管乐手洛平担任。唐乔司本人擅长演奏电吉他，还能演奏手风琴、钢琴、鼓和木琴，同时担任乐队指挥和编曲，他属于一专多能类型。

唐乔司乐队演奏时，被舞场老饕认为"有劲，并有十分兴奋的风格"，他们是上海滩能演奏十分纯正爵士乐中的其中一支，甚至可以说是唯一。当唐乔司被称为"爵士乐之王"时，他的号召力，于大都会盛衰便紧密相关了，上海音乐领域的记者如此写道，"唐乔司乐队的号召力真不小呀，来宾们可以说百分之一百地陶醉于他那曼妙的乐声的"，唐乔司乐队为大都会服务的那些日子，大都会保持着全上海舞厅各项指标的头牌，盛况空前的它，风头一时盖过了百乐门，更不要说那些苦苦追赶的二三流舞厅了。之后，种种原因，

唐乔司乐队告别大都会，加盟丽都，"近来大都会营业十分清淡，较之以前有一落千丈之势，其原因为唐乔司乐队脱离而加入丽都伴奏"，没有人可能知道大都会老板内心如何想这事，他是否生了要杀死唐乔司的疯狂念想。唯有一点十分肯定，对一个见多识广、富有修养的舞客来说，他们前往舞厅，不只是艳羡那里红舞女妙不可言的肢体曲线，以及她在伴舞时表现出来的高超技巧，他们还会对其他许多东西提出自己的要求，乐队好坏是这种要求之一，有时，较为偏执的舞客对乐队的要求会盖过某红舞女出场。

排名第三的仙乐斯舞宫，它的产生缘于人类的不满、愤懑和狂妄等情绪。具体说来，因了上海滩大亨维克多·沙逊当年前往百乐门跳舞而招致冷遇，让骄傲无比的他誓要造家同等规模的舞厅与前者一决高下。1935年，模仿美国纽约"仙乐斯舞宫"的样式，上海仙乐斯舞宫同比例地安置在静安寺路444号。

这座舞厅在硬件上，堪与上海最高级的舞厅媲美，它有百乐门般的弹簧地板，有自动调节的灯光，还有全封闭的冷暖空气设备，若论奢华，中央空调是个例子，要知道，1936年，全上海也仅有汇丰银行、大光明电影院有此设备，仙乐斯为第三家，仙乐斯因而很自命不凡地宣称：非但中国无敌，且可独霸远东。

关于这个舞厅的种种故事我就不复述了，太阳底下没有多少新鲜事情。

名列四大舞厅最后的有丽都，有新仙林，有埃尔令，我选择新仙林。

新仙林与大都会正好相向而坐。

上海滩文人孙树芬先生这样回忆当年前往新仙林跳舞的情景，"新仙林由于屋前有一大片花园，占地面积比另外那三家都大，厅内的舞池和座位也比那三家更多"，孙先生言下之意，上海滩四大舞厅，新仙林甚至可以排上头两名，"尤其是在夏季，新仙林还会在室外拉起彩灯开夜公园，既能纳凉喝冷饮，又能跳舞听音乐，所费也不算奢侈，这样自然来者更多"。

截至20世纪30年代末，租界上海，"跳舞"已蔚然成风，成为上海滩趋时男女最为热衷的生活，有人为此感慨："今年上海人的跳舞热，已达沸点，跳舞场之设立，亦如雨后之春笋，滋茁不已。少年淑女竞相学习，颇有不能跳舞，即不能承认为上海人之势。"

"不能跳舞，即不是上海人"，当一种生活演化成生活方式，它的魅力可想而知。舞厅生活是海派文化的最主要说明之一。这不仅因为它来自西方，还因为它被"趋于时髦"的上海男女迅速接受，在男女相拥、随节奏而快速移动舞步的同时，它挑战了旧时文化的种种约定，也彻底地改变了大家闺秀、小家碧玉们的心理状态，它让上海人发生了彻底蝶变，这个时候的上海，已由当初的时髦转向比时髦更时尚的摩登。做一个摩登男子，或者摩登女子，这是那时代上海一切趋时之人的必修课。

不过，有人严重地不同意。

1935年左右，南京国民政府的蒋介石先生，发起了一场打击奢侈生活的"新生活运动"，严禁公务员、大学生进入舞场跳舞，他本是一个儒教文化的崇拜者，那年，他尝试推行一种清教徒文化，也期望能对日益堕落、腐化的社会有一个精神拯救。结果，他失败了。他只有接受这个失败，如同后来，他也只有接受1949年那次更大的失败。

第八章

西进

第一节：
三代石库门，"新阶层"的"上海意识"

这是一个要让读者适当加入自己想象力的夜晚，有点如同作家郁达夫先生所描述的"春风沉醉的晚上"。

1931年某日，春季将尽，夏日欲来，炎热气息还没反复折磨起上海的时髦男女，大街上已然流淌起"巴黎香水"隐隐气息，没错，10多年前仓皇来到上海的白俄们，他们惊魂早定，在霞飞路上开出的香水店，气息似乎可以流淌过法租界的许多条马路。

傍晚，21岁的阿包兴致盎然地走出瑞华坊第四横弄灶披间，一路走去，之后，驻足于贝勒路与勒菲德路口。他站定身子，用手下意识地抚摸了一下自己的培罗蒙西装，西装很挺括，没有一点瑕疵，但他还是有点不放心，探头张望街对面的弄堂口，神情略显紧张。

对面那条里弄叫梅兰坊，那里居住着叫阿芳的一个上海小姐。

阿包等着阿芳，那是他俩的首次约会，说好一同去看电影，当然阿包请客，这不算正式谈恋爱，双方没有把话说透，隐隐约约，闪闪烁烁，这个味道好。

但阿包知道自己与阿芳的差距。

梅兰坊，有浴缸、有抽水马桶，大卫生，属于新式里弄，里面的租客要用"大黄鱼"来"顶"。

瑞华坊，只有抽水马桶，却无浴缸，小卫生，属于半新式里弄，里面的租客只用"小黄鱼"来"顶"就可以了。

阿包在邮政局上班，算是"铁饭碗"，但一个月工资才45个银元。

阿芳在浙江兴业银行工作，她捧的是"金饭碗"，一个月的薪水大概100只老洋。

这便是阿包紧张的道理。

好在，从梅兰坊走出的阿芳笑靥如花，这让他悬着心稍有落定。

两人沿勒菲德路向西走去，他们走过了马浪路、萨坡赛路、吕班路、马思南路、金神父路、迈尔西爱路，在迈尔西爱路，转弯，又经过高乃依路、

环龙路,最后,抵达霞飞路口。

这里,有家刚刚开张不久的电影院,它叫国泰电影院。

"侬带我到这里来啊,其实我早知道了。"阿芳说,抿嘴一笑。

阿包不好意思地笑笑,说:"本来要请侬看《灵肉之门》,不过今天看不到了。"

两人站在街角,凝视国泰电影院,被当时上海刚刚流行起来的这种ART DECO风格正立面完全吸引住了。这个建筑让两人产生了深刻印象——跌落式的空间结构加引人注意的竖向线条——这与上海滩比比皆是的布满塔楼、柱子的建筑完全不同啊!阿包的阿爸是个跑街先生,他对阿包多次说过这个建筑;阿芳的阿爸是银行襄理,一次在麻将桌上也谈起过这幢建筑,还说要带宝贝囡囡去看一场《灵肉之门》。两人不知道建筑是匈牙利人鸿达先生设计,也不知道它的风格与1925年巴黎装饰艺术博览会有关,不过,在这个春天的晚上,他们站在这个建筑面前,喜欢它的立面,喜欢它的形态,感觉到好美。

当两人步入电影院内,阿包的心更加放松,还有很甜蜜的感觉在泛滥,那是因为,阿芳允许他握住她的柔若无骨的小手,还十指相扣……

上述情景发生在20世纪30年代,上海新阶层与ART DECO文化的共情一幕,它说明,上海不仅进入了它的"黄金十年",也说明,具备了上海意识的上海新阶层完全地拥抱起了新文化——海派文化。

一切还须回到1843年开埠之后,回溯到李家庄泥滩上出现了简屋,要知道,阿包的曾祖父一代,正是简屋中的常客。

1853年,也即上海开埠后第十个年头,叫刘丽川的广东香山人,联合福建帮的李咸池、陈阿林等,在上海以小刀会名义起事。要到1855年,刘丽川们的狂野暴动才告失败,这是近现代发生在上海地域上的第一场战争。

另一场战争更为血腥也更为残暴。1860年与1862年,李秀成大军对上海有了三次致命逼近,上海许多名镇,诸如七宝镇、法华镇皆毁于此,李秀成大军刀刃上闪烁的寒光,晃亮了所有人的眼睛。

今日的我们不会对这两次农民暴动(或叫起义)做一个简单的形式逻辑判断,但有一点不会错,两场战争,尤其是太平天国起事,对中国社会结构的破坏是前所未有的,有材料说,太平天国15年的暴动,造成中国丧失了1.2亿男女,仅江南一地,死亡人数便超过2000万以上。

残酷的暴力,在摇撼着满清王朝的同时,也让长江流域广大地域中的名门望族和普通平民魂飞魄散。那时，难民们从中国的四面八方逃向上海租界，他们知道，而今唯有蓝眼高鼻的洋鬼子方能让暴动者有所忌惮，阿包的曾祖父拖家带口，从安庆一地狼狈不堪地逃进租界。

英国租界成为名副其实的难民庇护所。

1853年，英国租界里也就500个左右的华人，1855年，人数陡然升至2万，无疑，因了小刀会暴动的结果。

"当太平天国军势炽盛时，江浙一带富绅巨贾，争趋沪滨，以外侨居留地为安乐土。1860年英美居留地内，华人已达30万，而1862年竟增至50万。此种避难的富豪都不惜以重金获得居留地内一栖之地为万幸。"

1845年的《上海土地章程》（被西方人认为的"上海宪章"）曾经严肃规定，"界内土地，华人之间不得租让，亦不得架造房舍租与华商"，一句话，华洋必须也应该分居！但如此规则，却被野蛮的战争和它所带来的激荡彻底冲垮了。

争先恐后涌入上海租界的八方难民，一贫如洗的，只能在英租界西北部搭起茅棚权作安顿，境况好上一点或两点的，寻来船只置放在黄浦滩或洋泾浜岸上作为自己的住所，一路逃亡但仍有大量细软在身的，便住进了英租界内的简屋，这些人中，便有安庆来的、阿包曾祖父一家数十口。

其时，租界里的英国洋行有着足够的商业嗅觉，它们明白战争让社会动荡，暴力造成人心恐惧，不过，对洋行来说，它也给出了一条新的发大财路径。

各家洋行纷纷开出地产部，在2820亩的租界地域内，大量建造简屋。1854年7月，英租界里，简屋从开始的800幢左右，一下子猛增至8000余幢；法租界也不落后，咸丰三年（1853），仅区区四个华人民居，同治四年（1865），已然出现400幢民居。以高昂租金将简屋租给逃亡中的中国富人，年获利可达30%～40%，只消三四年间，便可收回全部投资，如此暴利，实在是上帝的伟大恩赐啊！

何谓简屋呢？材料上，用的全是木头，形式上，排列采用了西人住宅的毗连形式，这样，有意无意地，它为后来石库门里弄的兴起打下了最初的基础，至于这种建筑的美学风格，当然无从谈起，但难民们要的只是对自己风雨飘摇的人生有个庇护，阿包的曾祖父对此没有任何埋怨。

一晃过去了许多年头，由于简屋全木结构的特点，十分容易着火，也确实着火过多次，让租界当局不胜其烦，为租界安定，公共租界的工部局便将

简屋全部拆除,时至19世纪后半期,如此形式建筑再无法寻觅踪影一二,不过,石库门建筑却在简屋消失的同时,悄然兴起。

何为石库门建筑呢?

石库门受孕于简屋,它从简屋的布局里,获取了生存的独特基因。

它的高度先为一层(第一代),继而二层(第二代),又以后三层(第三代)。它的两扇黑漆厚木大门一般宽为1.4米,高约2.8米,它的大门旁用石头做了一个门框,石头一般用花岗石或宁波红石(砂岩),(石库门一说由此发生),它的门头(第二代石库门后)一般都砌有山花,它的大门上有一副铜环或铁环,敲门不拍打门板,而用铜环点击。

这种住宅的排列借助简屋(也即西方人住宅)的毗连形式,比江南三合院占地省,比欧美式洋房造价低,一经问世,很快流传于上海老城厢内外及近郊一带,以致遍布全市。

历史中最早记载的石库门里弄,系1852年建造在宝善街(今广东路)的公顺里。从19世纪70年代起,到20世纪头10年,这是第一代石库门建筑的全盛期。

石库门建筑进入第二代、第三代,与狼烟四起的中国大变局有关。

1894年,清流派鼓动的中国甲午战争,以大东沟海战北洋水师的彻底溃败而结束。第二年,善于洋务的满清帝国的肱股之臣李鸿章,亲赴日本,以《马关条约》的签订,为中国获得了暂时的喘息时机,但也给自己背上了"丧权辱国"的极大罪名。那个条约中,法理意义上,西方人在中国任何一片土地上都允许开厂了,尽管,仅就上海而言,西方人早在1865年便于苏州河与泥城浜的交界处,开办了工厂——大英自来火房。

1895年,西方人在中国开厂80余家,到1900年,西方人的工厂已经猛增为933家。新的工厂需要新的劳动力,还需要新的管理人员,而后者,却逐渐蝶变为后来租界上海的新阶层。这个新阶层的出现,它决定了上海居住空间的升级换代,也决定了海派文化的基本样貌。

1910年后,在新阶层"刚需"的压力下,上海进入"后石库门时期",第二代、第三代的石库门应运而生。

与第一代石库门相比,第二代石库门的排列比第一代石库门更加整齐,弄堂宽度由之前的4米扩展到5米,单体设计由原来三开间二厢房变化为单开间一厢房或双开间一厢房。建筑细部,比如栏杆、门窗、扶梯、柱头、发券等，全部采用西方建筑细部装饰的处理手法，屋面沿口也安装起了承接雨水的白铁落水管。渔阳里、斯文里、老会乐里为其经典者。

当上海来到20世纪20年代，石库门进入黄金时代，第三代石库门适得其所。现在，垂直向度上，石库门由早先的二层上升到了三层，外立面处理与前也有更多不同，各种山花相继出现，西方古典符号烂漫在石库门正立面，这时，那两个晶光锃亮的铜环肯定没有了，新添加的却有抽水马桶，还有铸铁浴缸，租界居民的生活质量得到了提升，新阶层的一部分开始远离了晚清的马桶，一切有点不可思议。

从安庆仓皇逃难而来的阿包曾祖父一家，发生了惊人的变化。洋泾浜边，曾祖父千辛万苦地开出了一个小钱庄，没有做大，但在泥滩之地算是扎下了根。祖父继承了钱庄，也没做到遐迩闻名，但在安徽帮中有了点名声，父亲因此进了江南工兵学堂，于中西文化的交织有自己的体会。以后，父亲进了刘家大企业，做了经理，兢兢业业，一丝不苟，在上海这个大码头，竟也跻身于二、三流人物中，衣食无忧，时髦也可以有所追逐，更将历年积蓄的数千个银元，购买了瑞华坊第四横弄那幢石库门，一家七口，独门独户，虽然不是钢窗蜡地，但住二层前楼的阿包，进了教会学校，那年，他13岁，一边看着《少年维特之烦恼》，一边心旌荡漾，神思恍惚。

瑞华坊，1923年建成，第三代石库门里弄。高有三层，清水红砖，立面上，山花精美，装饰美妙。内部空间，已有抽水马桶，只是遗憾，没有浴缸。也因此，马路对面的梅兰坊，没有"大黄鱼"就休想"顶"入其中，瑞华坊的档次则低了许多，"小黄鱼"两根足矣。即便如此，居住于此的皆民国生活优裕男女，不乏越剧界的数个二流名角，阿包父亲一家忝列其中。

正此时，上海新阶层再次膨胀，据权威人士统计，20世纪30年代，上海的职员群体，人数已攀升至20万到30万之间，其中细分为行政人员1万～2万人；旧式店员13万～14万人；西方企业职员10万人；中国经济组织职员5万人；此外，就职于教育、广播、医疗、报刊等领域以及自由职业的上海文化界知识分子，人数20万，两者相加共50万人左右。

50万个新阶层男女，分为三个层级，对各自的居住空间有强烈的自我要求。他们中的低层，靠着"大黄鱼""小黄鱼"，一一顶进了梅兰坊、瑞华坊这些第三代石库门；他们中的中层，则享受着独幢第三代石库门的种种妙处，如之前说到的阿包、阿芳两家皆如此；他们中的上层，就离开第三代石

库门,去往第三代石库门升级版——租界上海的新式里弄。

上海新式里弄,由法租界中央区的亚尔培坊为滥觞,陕南村、上方花园、新康花园等则是其中翘楚。

继1853年的小刀会、1862年的太平天国这两场战争之后,上海地区再无大的战争,平安无事了80年,接着,战争又蓄意而至,1932年的"一·二八"、1937年的"八一三",这两场战争对上海进行了肆意的破坏,华界尤为酷烈,数以千计的里弄、数以万计的住宅都在战争烈焰中化为乌有,尽管如此,上海最终度过了它的艰难时刻,截至1949年,上海拥有一二三代石库门里弄9214条(其中新式里弄为十分之一),住宅20万幢,建筑面积达到1937.2万平方米,占上海市民全部住宅面积的57.4%。

三代石库门堪称上海开埠以来最深切地影响上海市民的生活空间,它的早期,庇护着由中国各地逃亡而来的移民;它的中期,成为上海新阶层的成长摇篮;到了它的全盛期,阿包、阿芳那般的蝶变成了上海中产阶级,上海新阶层正式形成,并由此获得了生命的新意识,成为文化的新主体。

生命的新意识就是我多次提及的"上海意识",它是新阶层的精神索引和向导。那么,上海意识究竟有哪些内涵?

我想,首先,它有着新阶层顶礼膜拜的社会现实主义。凡现实的,都是合理的。凡存在的,都是必需的。也因此,早在新阶层胚胎、萌芽期间,这个阶层就没有政治上的任何野心,也不曾尝试要成为旧文化的颠覆者。这个阶层理性地看待自己面前的租界社会,冷静地解读英国大班、法国董事们的隐秘内心,并与之有一个和谐共处。很久很久之前,新阶层就懂得对洋人要"扎苗头",发展到后来,更明白,在上海,若想着成功,首先就必须"拎得清";其次,它有着新阶层趋之如鹜的时髦精神。新阶层个个趋时之徒,他们时髦,他们摩登,他们是上海所有新奇事物的弄潮儿,亦是所有舶来品的尝鲜者,在这一点上,他们完全相似于张叔和、徐鸿逵,或者说是他们精神的继承者。与自己的前辈不同,新阶层有着国际主义者的视野,他们充分意识到,西方器物不仅远远地走在中华民族前面,西方的思想、观念、意识更是极其了不起,西风东渐,绝对之美!即便被人诟病他们的"崇洋媚外",他们依然趋时、依然趋新,时髦不仅成为他们的外在标志,摩登更是他们的精神气质;又其次,它有着新阶层自然而然的包容文化。十里洋场,无奇不有,但新阶层早就见怪不怪了。从他们出生的那天起,他们就被包裹在多元文化的社会氛围中,长大后的他们,深刻地理解到多元文化是这座大都会的本质特征之一，他们便不会用偏狭的目光去看待身外的一切，更不会对他们所无知的事物做出鄙夷。租界上海，于20世纪20年代对白俄们有过一次拯救；于20世纪30年代对犹太难民有过另一次拯救。新阶层不是两次拯救的主体，但他们不歧视、不抗议，一句话，他们不排外，冷静地看待着涌入上海的数以万计流离失所的异国男女，对难民，他们尽其可能地表示着自己的善意，某种意义上，这间接地促成了"海纳百川"这种伟大的上海精神的诞生。

第二节
法租界中央区：海纳百川中的逃难白俄

敏体尼走了，爱棠走了，法租界始终留着，不仅留着，它还要扩张，扩张的唯一之路，便是向西。

原因倒也简单：法租界的北方，隔着一条洋泾浜，那里有着始终同床异梦的英国居留地；法租界的南方，隔着护城河，那里有着终日万分警觉的上海道台们；法租界的东方呢，一条大河不容分说阻挡了它的扩张之路，它唯有向西、向西、向西。

一开始，没有向西，而是向了东。1861年，法租界首次扩展，"靠近黄浦江的边界延伸了650多米，租界面积扩大到59公顷"，它就是法租界第一区——东门区——也称作十六铺区。之后两三年时间，"洋泾浜和北门城墙之间的整个区域具有真正的城市面貌"。

法租界第二区叫麦兰区，公馆马路（后来的金陵东路）成为这个区域中最要紧的一条马路，上海大史中，这条马路的意义可以比拟英租界大马路（后来的南京路），"法以公馆大马路为最"，此外，"兴圣路、吉祥路、紫来路皆商贾荟萃之所"。

1880年至1901年，法国租界之外，法国人围合而成如此一个区域：东至西藏南路，南至太仓路、自忠路，北至金陵西路、洋泾浜，西至重庆南路。强调宪章文化的法国人忘记了宪章文化，他们也学着老对手英国人做派，用越界筑路方式，造成既成事实，理由还相当充足：你上海道不造马路，我公董局来造，让上海变得更像一座大城，不是件大好事吗？至少，你满清帝国的税收可没少拿啊！

越界筑路共有13条，著名的有孟神父路、麦高包禄路，费时20年。法国人很有耐心，这点上，他们与英国人相同，他们知道要建成一座大城，不可能一蹴而就。想想巴黎建造花去了多少时间？仅仅一个卢浮宫，便是800年！耐心加上魄力，方能让某区域发生革命性变化。事实也果然如此，仅就界外这个区域来说，一系列的商业开始产生，尤其活跃的是房地产交易，就中诞生了多少个小哈同、小汉璧礼和小雷士德啊！人们如此形容这个区域,"目前已有一个宽阔的、铺设得很好的道路系统,这个道路系统通往大片适宜于建筑地段,在那里还建造了法国驻军的营房",法军营房指顾家宅花园,以后,这花园被改建成上海大史中鼎鼎大名的法国公园(今日复兴公园)。

1900年,用20年时间开辟而成的越界区域上,法租界第三区之霞飞区部分产生。那时,整个法租界,就人口而言,有华人11万(英美租界为50万),其中法国人为436人,外侨为1476人(英美租界的外侨已有12051人);就面积来说,法租界已有2135亩,快要接近阿礼国为英国人争得的那个地盘。

法租界公董局还没消停,在总董带领下,制订了两次道路规划,一次在1900年,一次在1914年。前一次,修筑了横贯法租界东西的宝昌路(今日淮海路),后一次则修筑了勒菲德路(今日复兴中路)、白赛仲路(今日复兴西路)。随着两次道路规划实施,法租界第三次向西扩张在1914年完成,公董局完全无视着满清帝国地方大员苍凉如水的心情,又与民国第一任枭雄总统袁世凯做了密商,这次西进运动,法租界相继产生了三个新区,即中央区、福煦区、贝当区。

新开辟的法租界新界,地貌变化巨大,景观日渐丰富,而不同人的进入,让新界拥有前所未有的多元文化。

之前,居住于东门区、麦兰区的人们,除了法国第一代冒险家加上富有献身精神的传教士,特多因小刀会起事、太平天国暴动逃难而来的各地移民,他们虽然居住在法租界,却有百般无奈,万般痛苦,内心里常回旋漂泊者的愁绪,时时刻刻想着要返回故乡,故乡的井水再苦涩,也比黄浦江水来得甘甜哦!

中央区的居住者就大为不同了。

无论洋人,或者华人,大凡入住中央区,尤其入住它的精华地段——吕班路以西,亚尔培路以东,福煦路以南,薛华立路、福履理路以北——都是上海大码头成功的捞金者,对自己居住的空间和环境,有着"高逼格要求",他们厌恶东门区、麦兰区的嘈杂,对霞飞区也颇有怨言:产业过度,幽静不够。他们要这样一种居住空间:一幢独立的大洋房,大洋房中有现代社会提供的一切便利——抽水马桶、铸铁浴缸、汽车间、麻将室(假如他是一个华人)以及美好的壁炉(假如他是一个洋人),他们还热望一个美好的庭院,不必哈同花园那种,也没有想过张家花园那种,徐鸿逵那种也奢侈了,他们

想要的仅是居室外一个种满鲜花、果树的空间，它不大不小，但百来平方米起码。庭院外呢？他们也有自己的要求：一条行人稀少的马道，有黄包车经过，却不应该没有独轮车的刺耳声响。还必须有梧桐，至于法国梧桐还是英国悬铃木，这个倒无所谓。这些树木的树冠还须很阔大，树干与树干热恋般地要纠缠一起，夏日到来，一片清凉，冬日中，也可以看到雪花缓缓穿过树枝降落地上。1914年之后的那些岁月中，唯有法租界中央区能满足他们的现世要求。

1900年，法租界侨民622人，有法国人，还有其他国家的男女。

到了1942年，法租界六区的侨民数，公董局有如下精确统计：东门区，83人；麦兰区，773人；霞飞区，1427人；中央区，11945人；福煦区11371人；贝当区，4168人，仔细分析，便会知道，在上海向西这个历史进程中，从东向西，法租界侨民分布数逐渐上升，一直过了中央区，方才梯次下降。

在法租界六个区内，西方来客如此分布：东门区，三个国家；麦兰区，24个国家；霞飞区，27个国家；福煦区，40个国家；贝当区，30个国家，中央区呢，43个国家。那一年，当狂妄而野蛮的日本人还没有打响淞沪战争时，仿佛全世界的侨民都盼望前来法租界中央区做个栖息。43个国家中当然有俄国人，俄国人来自这两个年代：一、沙俄时代；二、苏俄年代。他们的身份也略有不同，被沙俄赶出来的灾民与被"红色恐怖"撵走的难民。

俄国人来上海，有点晚。

1880年，沙皇冷眼一瞥，眼光余角里方有上海口岸，该年，委派雷丁先生担任驻沪编外领事。虽然有了领事，但"编外"安排，说明沙皇俄国极不重视这个地方。

1896年，沙俄总算正眼看上海了，于此年在上海设立了总领事馆，也有一些商务机构陆续产生，它们是大北电报公司、华俄道胜银行、俄国客邮局。俄侨的数量还微乎其微，1895年，28人；1900年，47人，这是英国人在50年前的数字啊！在上海，俄国人谈不上势力，如此小众圈子，文化带入，影响甚微。

沙俄移民于上海日益增加的主要原因，乃邪恶力量作祟，这是上海大史中反复轮回的一种现象。19世纪80年代，俄国犹太人被沙俄大地上反复涌动的反犹狂潮所冲溃，他们出逃俄国，向全世界流放，逋逃之地有巴黎、伦

白俄文化之霞飞路上的俄国女店员

敦、柏林、布拉格、索菲亚,也有人穿越西伯利亚,来到中国北方哈尔滨,继而,再来中国南方口岸上海,"一部分人由于突然而至的恐怖逃走,另一部分人是由于饥荒而逃走,再一部分人是因为邻居的逃走而逃走,因此简单的原因决定了数百万人的命运"。

20世纪头10年的那两场革命——1917年的二月革命和1917年的十月革命——加剧了他们的逃离,大批忠于罗曼诺夫皇朝的男女,向着全世界大规模地溃散而去,上海口岸,压力骤然增加。

1922年12月5日,一个对中华民国没有多大意义的日子,对踏上逃亡不归路的男女,却是一个悲喜交加又前途未卜的日子。

那日,有一条大船,满载着逃离苏维埃俄国的难民,来到了上海。难民们一定如四年前奥匈帝国中尉拉斯洛·邬达克那样地知道,这个世界,除了摩洛哥丹吉尔市,唯有上海口岸不需要任何的上岸签证,便可以在此停留、在此开业、在此度过余生,要想活命,就去上海吧!

大船减速,缓缓地停泊在黄浦江与扬子江相交处,那地方叫吴淞口。

共14条大船,最高指挥官为白俄的斯塔尔克将军。在与红军交战中,将军完败,唯有如同一条落水狗般落荒而走,情形颇似"最高执政"高尔察克将军。其时,白俄们可有两种选择:如果身边细软不少,手头还算宽裕,可以购买一张高价或超高价船票,由海路前往远东各地,或上海,或菲律宾;如果身上一无所有,那么就只能穿越冰雪覆盖、茫茫一片的西伯利亚大地,在海参崴或其他边地寻找一个安身立命之所。

斯塔尔克船队装载的皆做第一种选择的俄国男女,起航时,共有15条大船,行驶到距离上海100海里的地方,突遭海上狂风袭击,巨浪将其中一条大船掀翻,然斯塔尔克将军还是将14条大船靠拢到了吴淞口。

他们想要上岸，但此行前，他们犯了错误：一没告知上海租界当局，二也没有经得北洋黎元洪政府同意。下锚吴淞口，斯塔尔克们等待着中国当局反应：允许上岸？拒绝上岸？他们祈祷上帝这次能听清楚他们的心跳，在与赤色分子激战当儿，上帝将他们忘却了，但他们不能抱怨，上帝之所以暂时遗忘他们，不正是对他们之前骄奢淫逸生活的惩罚吗？

黎元洪政府的回答清晰而清楚："不能上岸。"

民国元勋黎元洪，深知此事非同小可，也深知苏维埃俄国此时对中国的友善，就意识形态而言，满清帝国的前协统，自然应该成为斯塔尔克们的天然同盟者，然而，为了丧魂落魄的逃亡者而去得罪苏俄，实在是件没有必要的事情，功利主义战胜了意识形态。

14条船上，白俄们中有人忍不住了，他们组织起小股登陆，但中国军队将他们的企图无情地粉碎，尽管没有过多为难他们，但很坚定地将他们送回大船："先生们，回船吧，开航吧，上海不接受你们！"

斯塔尔克陷于绝望，14条大船上白俄们陷于绝望，因为船上的粮食已所剩无几，燃煤更是几乎已点滴不剩，继续航行？只有一个痛苦结局：轮船失去动力，大船在海上毫无方向地漂浮，船上男女全部饿死，死神为全体覆上黑色尸布！

幸好，上海地方当局又接到软心肠的黎总统指令，当场认捐两万银元，供给燃煤2000吨、面粉1500袋，但对全体乘客、全体船员，咬定八个大字：请君离开，好自为之。

最后结果是这样的：基于人道主义原则，民国北京政府允许包含700名少年士官生在内的1200人上岸，前提之一，他们中不少人在上海有亲戚可以投靠。至于其他人，请跟随白俄将军斯塔尔克先生，再次起航了吧！

他们的最终目的地，历史存有一种说法：菲律宾马尼拉。不会有人去关心这12条海船的命运，如同没有人会去关心斯塔尔克将军的命运，通常来说，他们的此生再不可能见到涅瓦大街的种种景致了。

一切结束了吗？并不。

1923年3月14日，又一批白俄难民来到上海，人数比上一次要少得多了，180人。这回，他们先在朝鲜元山将俄舰卖掉，转道日本，乘坐"长崎号"来到上海，这一招很灵，他们个个进入上海租界，化身成为上海的不同意象。

一切到此为止了吗？还没有。

1923年9月14日，又是个考验工部局、公董局的上海苦日，两条战舰森严、威武地驶抵吴淞口，毫不踌躇地停泊那里。战舰率领者为远东哥萨克军团首领格列博夫中将，船上载有700名"难民"，他们与斯塔尔克们是同志，与之前难民大不同一点，这700个"难民"全副武装，引弓待发，他们可是彪悍、勇武的哥萨克官兵啊！

黎元洪的海军照例上船检查，一眼瞥去，瞥见格列博夫将军和他全副武装的士兵们，着实吓了一大跳，想来这番检查不仅匆匆，还头皮发麻。

租界当局全权处理了整个事件。

租界当局要求格列博夫立刻降下沙俄三色旗，也立刻交出武器，并要他在48小时后离开上海。

格列博夫对租界当局的回答让人倒抽冷气：不降国旗、不交武器，上海更不走。

租界当局有点傻眼，倘若下决心驱赶这些哥萨克跑路，难免要发生交火，问题是租界当局哪来的交火实力？对方拥有的可是两条炮管黑沉的战列舰啊！

就在租界当局一时无计可施的当儿，格列博夫将军却有行动，他先拿出银两买通了租界当局某官员，以登岸养病为名，让自己的官兵每24人一组，登上上海土地，去法租界休养；又搞定民国政府江苏特派员大人，让他拿出吴淞口沿江的两所房子，借给格列博夫将军和他的部下使用。总之，沙俄将军颇有情商，他至少做到了这一点：事情尽管没有解决，但也就这样不了了之，他的士兵可以轮流上岸休息，上海租界当局也忘记了"48小时后必须离境"的最后通牒，三年，就这样过去了，你不得不承认，格列博夫们有罕见的忍耐力，而民国政府、上海租界当局有罕见的遗忘症。

事情的最终解决再次得益于上海的历史运动，时间总给上海创造出许多不可思议的机会，而上海也总会用它内在力量做出反应，让城市进程变得格外惊悚。

1925年，上海发生五卅运动，中国共产党与中国国民党联手推动着民族主义大潮，他们的大旗上都写下了"驱赶列强、消除租界"的大字，西方人自巴富尔开始至1925年这82年的傲慢者历史，将在那天巡捕房中尉射出的子弹中宣告终结。一年后，1926年7月9日，在南方，一支钢铁洪流不可阻挡

地向北而去,到该年9月,北伐军已攻占汉口,倘若顺流而下,无须多少时间,便可以进逼下游的上海。

上海租界当局一阵手忙脚乱、惊慌失措,工部局、公董局的董事们深刻地感受到这座城市自晚清以降反西方、反列强的怒潮,"黄浦江上出现了穿山甲"的咒语再次出现,而"杀死洋鬼子"的标语也再次出现在租界、上海城厢的白墙上,上海的棺材在子夜是否发出了恐惧的怪叫,这个不得而知,即便没有,那不祥、怪诞、恐怖、惊悚的声响也会响起在洋大人梦乡中吧。他们想要自保,这就如同当年小刀会起事时,卜罗德水兵开到上海泥滩上,如同当年李秀成逼近,使得英法两家放弃中立,与满清帝国上海地方政府联同成立上海会防局,现在,他们也要有所准备,与北伐而来的钢铁洪流有个正面对撞,他们愿望着,这一次,上海依然能像多少年来那样,有苍天恩宠,有上帝庇护,逃脱将要到来的杀伐和杀戮。

租界当局看中了格列博夫和他的哥萨克勇士们,三年来,他们很奇迹地在法租界、在吴淞口沿岸平静地生活着,不扰民、不生事、不喧嚣,素质不同寻常;三年来,更为奇迹的是,他们每日操练不止,从不懈怠,有枕戈待旦的姿态,有赴汤蹈火的精神,如此战士不用,还用谁?

双方终于一拍即合,上海租界当局正式批准格列博夫将军和他的战士们成为上海一员,格列博夫将军和他的战士们则被编入万国义勇团中的俄国义勇队。其时上海怒潮翻卷,社会各界都期待着北伐军的到来,工人罢工、学生游行、洋行中的华人雇员也以民族大义为重,对洋行拂袖而去,上海经济大有瘫痪可能。格列博夫将军向租界当局提出建议,可用白俄难民代替罢工华人,这一招果然有用,白俄难民找到了工作,上海运转不至于停摆,远在北方的白俄难民得知这信息,便大批南下,进入了这座好客、大度的城市,在中国、在远东、在亚洲所有地域中,有哪座城市可以有此等包容力呢?

20世纪20年代,当斯塔尔克14条大船还没有驶到上海附近的海面,租界上海,俄国移民也就400名左右,而当格列博夫中将和他的麾下编入万国义勇队后,租界上海的白俄猛然飙升到一万多人,白俄社区,是除日本社区之外,租界上海第二大移民社区。

白俄要感谢租界上海,庆幸自己在一路逃亡中,在这颗冷酷的地球上,竟然还存有这片热土,让他们忍无可忍的人生获得一个暂栖之地。是的,如同那个伟大的先知摩西,率领着去无可去、死无可死的犹太同胞,狼奔豕突，绝望至极，最后，侥幸地在巴勒斯坦找到一块流着奶和蜜的土地。倘若没有上海，他们多舛的命运无法预卜，他们最后的结局同样无法预卜。

海纳百川，有不得不如此的原因，有一言难尽的内涵。

1920年，租界上海的白俄为210人，仅占法租界侨民总数的6%左右。

1936年，当疯狂的日本军国主义分子即将在北方卢沟桥边打响蓄谋已久的那一枪，法租界的白俄已有11828人了，这数字，占了法租界全部侨民一半以上，其中，法租界中央区有白俄5963人，占租界上海全体白俄一半左右。

白俄应该也必须感谢法国人。与英美租界有所不同，法租界当局对白俄给予极大关照，原因在于，尽管一部欧洲进化史，法俄两国也有过剧烈冲突，1812年拿破仑对俄罗斯帝国发动的征服之战是个证明。但总体说来，法俄关系还是要好过法英关系，法国人绝对不会轻易忘记她与英国人的百年战争。沙皇俄国对法兰西帝国在文化上的彻底膜拜，让法国人给俄国人加了不少印象分，无论宫廷中的舞步，还是贵族们头上戴的发套，无论凡尔赛宫的宏伟建筑抑或法国启蒙思想家的种种言说，都让沙俄学习和跪拜，18世纪沙俄宫殿里，法语是一种时髦，倘若你没有一口流利的法语，那么，即便你有公爵或伯爵头衔，终究是个靠了祖宗余荫的土老帽。也因此，上海口岸，法租界当局对颠沛流离而来的白俄，有相当的热情。

每年，法租界公益慈善会都会拨出巨款用于救助白俄，公董局还明确地指令法租界所有单位要尽最大可能聘用白俄。

法租界，白俄很快就建立起一个特大社区，社区的大致范围：东起吕班路（今重庆南路），西到亚尔培路（今陕西南路），南自勒菲德路（今复兴中路），北到巨籁达路（今巨鹿路），在这个围合而成的空间里，白俄们分别居住在吕班路上的巴黎新村，亚尔培路上的凡尔登花园、陕南村，华龙路上的永业大楼，环龙路上的上海别墅、环龙别墅，霞飞路上的培文公寓、泰山公寓和霞飞坊，还居住在高乃依路、莫里哀路、迈尔西哀路、蒲石路、金神父路中条条新式里弄中。背井离乡的白俄居住者，他们中间有作家、诗人、画家、舞蹈家、歌唱家、音乐家、表演艺术家，他们中许多人都是罗曼诺夫王朝的名流，只是不被布尔什维克所容纳，被迫远离祖国，来到口岸上海。1927年以后，当他们因了对南京国民政府发动的"四·一二"政变有帮凶贡献，南京国民政府与上海租界当局双双批准他们成为上海市民，这样，定居下来的他们，作为俄国文化的载体，不仅带入文化，还让法租界、让广

义上海显得斑斓多姿、光怪陆离。倘若说中西交融后产生了新文化，那么，与江南文化若即若离的白俄文化，也应该是新文化的一部分，尽管只处在边缘地带，不据新文化核心。

1932年，格列博夫中将来到上海已有九个年头，他和自己的麾下因了俄国义勇队的表现，获准成为上海市民也有五个年头，那年的他，内心激动异常，一定时时念切着当年的皇上，也让他想着如何对浩荡皇恩有个回报。他发起了募捐行动，欲在远离彼得堡、远离莫斯科的上海建座教堂，用来纪念被苏维埃行刑队处以死刑的尼古拉二世，也让他们这些漂泊异国他乡的人，苦楚灵魂有个归宿。

募捐相当顺利，募集而来的银元有10万之巨。

格列博夫将军之前已经觅定地块：法租界中央区，那条高乃依路，一边是金神父路，一边是马思南路，对了，圣尼古拉斯教堂就建在这里。格列博夫将军聘请亚历山大·亚龙作为教堂建筑师，后者是白俄，同时又是著名建筑设计师，在听了格列博夫关于建造这座教堂的原委之后，基于他本人对俄国东正教、对尼古拉二世的热爱，决定无偿设计这座未来的圣尼古拉斯教堂。

1932年12月，高乃依路上，白俄中的精英们围拢一起，为新教堂举行一个盛大的奠基仪式，参加仪式的沙俄军官有格列博夫中将、季赫里赫中将、谢尔巴科夫少将、博尔德济洛夫斯基少将、加夫纳少将、亚龙上校等，还有英国驻沪远征军司令、美国驻沪海军司令，以及各国驻沪领事馆的领事。

两年后，亚龙完成了圣尼古拉斯教堂的设计和建造。

1934年3月31日，教堂举行了落成祝圣仪式。

教堂具有纯正的拜占庭风格，平面呈十字形布局，"上置洋葱头形穹隆顶"，大堂内装饰得富丽堂皇，镶嵌着一块用俄文、英文和法文隽刻的教堂名大理石碑。

教堂的体量有些瘦削，因此，若做祷告，一般只能容纳400名左右信徒，若将它用来与法国人建造的圣方济各·沙勿略教堂、圣伊纳爵教堂，或者英国人建造的圣三一教堂相比，确实有点狭小了。然空间尽管不大，也足够白俄们让自己漂泊的灵魂在这方圣地中停留了，有自己深信不疑的上帝在，他们创巨痛深的人生不是因此可以得到某种意义的精神平复吗？

随后，在法租界，白俄们再次拥有了一座教堂，体量与之前那座迥然不同，它叫圣母大堂，坐落在当年亨利路（今日新乐路55号）地基上，这个区

白俄文化之圣母大教堂

域,不再是中央区,而换作福煦区了。

教堂建筑师名叫雅·卢·利霍诺斯,与亚龙相同,他也是沙俄著名建筑设计师,还是画家。

教堂建造于1933年,落成于1936年。

教堂的形制紧凑、浑朴,五个洋葱头般的穹隆顶,标志着清晰无比的俄罗斯风格,当然,也可以说是拜占庭风格。圣母大堂的主穹顶高达35米,它的希腊十字式大厅可以容纳2500名信徒,使得这座教堂就规模而言可以比拟任何一座上海的基督教教堂或天主教教堂了。1936年,它们悠然自得地耸立在法租界天空下,与上帝每日每时都在亲切地对话。那时,一切还相当美好,法国人没有警见日本士兵三八大盖枪上刺刀的闪光,白俄们同样没有意识到后来会有一个孤岛时期的来临,更不会预见英法美公民被强行关进浦东集中营的那种恐怖,谢天谢地,他们是白俄,是日本人暂时还没有宣战的那个国家的弃儿,这样,他们不至于在浦东集中营里与老鼠为伍,但作为欧洲白人中的一种,他们还不时地要担心着自己的命运。

1936年,卢沟桥的枪声还没有震落中国天空中的星星,淞沪会战、南京会战、徐州会战的血液也没有涂满中国白墙,白俄们表情严肃地缓步而入亨利路上的圣母大堂,在它布满墙壁的绘画中,浏览着圣经中的种种故事,思索着迷路、寻觅、拯救和得道。

这两座教堂是白俄们来到上海并逐渐地进入人生高潮时期的产物,不过,最早与俄国人相关的教堂,却与1923年才来到上海的格列博夫中将等人毫不相干。

那是1902年,俄罗斯大地还由罗曼诺夫王朝的最后一任沙皇,尼古拉一世统治着,那时,1905年的屠杀还没进行,列宁们深信不疑的布尔什维克运

动还没多少信仰者,沙皇本人还在冬宫、夏宫中优哉游哉地说着法文,公共租界北河南路43号这块地皮,被俄国传道团出钱买了下来,建成一座砖木结构、有五个洋葱头穹隆顶的教堂,它叫主显堂,又称为闸北俄国礼拜堂。两位沙俄军官出家的东正教修士主持着教堂的宗教活动,他们的狂热应该不下于南格禄们。

白俄,不,不,应该说俄国人带给上海的宗教文化,无论体现在最早的闸北俄国礼拜堂还是体现在之后法租界中央区的圣尼古拉斯教堂、福煕区的圣母大堂,都可以理解为是一种独特的海派文化,即便它们与天主教、基督教很不同,即便它们在江南土地上孤独地生成,但伫立于上海土地上,这不说明了海派文化"多元共生"的基因吗?

法租界中央区,对居住于此的华人来说,时刻影响他们的绝不是圣尼古拉斯教堂、圣母大堂,而是白俄们身体力行的生活文化,这文化,日以继夜地发生在中央区条条新式里弄间,也发生在中央区那条著名的霞飞路上。白俄们才"不鸟"那个霞飞将军呢,他们称大街为涅瓦大街,仿佛这里就是俄国的彼得堡,仿佛马车还在一路驰去并发出"辚辚"声响。

第三节
霞飞路：盛极一时的白俄文化

法租界1914年西进，先后有了中央区、福煦区乃至贝当区，租界上海的文化，除了先前已有英美文化、法国文化，现在又多了一种——俄国文化——也可以称为白俄文化。以后，欧洲那里，阿道夫·希特勒以偷袭波兰开动了他的纳粹主义战车，中欧犹太人大批逃离德国、中欧等地，他们中的一部分，辗转来到上海，许多人在这座口岸城市里暂时栖息，随后继续自己前途未卜的漂泊；也有不少人在公共租界虹口地区定居下来，产生了一个"小维也纳"的美丽神话。

在远东上海，白俄们的心中始终萦绕着涅瓦大街的种种意象，在法租界的一条大街上，他们似乎真实地寻找到了这番意象，这条大街叫作霞飞路（今日淮海中路）。

它横贯整个法租界，全长5500米。一头为敏体尼荫路，另一头为海格路，从东向西，一路而去，上海现代性有了真实说明。

最初辟筑，叫西江路；随后，改名宝昌路，改名原为对叫作宝昌的法国人做着致敬。法国人来自日本一家缫丝厂，他是缫丝专家，转道上海后，多次担任过法租界公董局总董，对法租界扩展和西进，做出十分重要贡献，19世纪的法国人想着要将他名字永远留在远东这块小飞地上。到了新世纪，法租界的头面人物，认为还有一个法国人比之宝昌要更加荣耀一些，因了他在一次世界大战中捍卫了法国荣誉，他叫霞飞。1915年6月，宝昌路更名为霞飞路，1922年，这个法国英雄真的来到上海，亲临大街的更名仪式现场，这一下霞飞路在上海大大出名了。

霞飞路就此成为全上海最具代表性、象征性的一条大街，以自己的风格，能与万头攒动的南京路相抗衡，历经时光流转、岁月沉积、生命轮回。这条大路上，先有法国文化的渗透，后有白俄文化的导入，其中，白俄文化对霞飞路再塑，起到了关键且决定性的作用。

倘若我对霞飞路上的著名商店做个罗列，想来读者不会厌烦吧？

先请读者设想，法租界的某个早晨，或法租界的某个夜晚，有轨电车

正从远处驶来，尽管轰轰隆隆，却也不慌不忙，随着一阵"叮当叮当"的响声，空气被小小地震荡了开来。霞飞路上，行人往来，络绎不绝，却没有南京路上的匆忙、嘈杂、慌乱，他们中会有格列博夫中将先生吗？如果是，那刻他淡定的面容背后，是否有着对祖国深沉而焦虑的思念？有着对他永远不会忘却的尼古拉二世的痛悼和怀念？走在霞飞路上的华人、洋人，都被晨光或夜晚吞没，而那时，面包香味正四周逸开，会是哪家俄国餐厅、西点房、咖啡厅的杰作呢？

现在，读者你也加入了步行者行列，你的前面正走着一对法国情侣，他们甜蜜地窃窃私语，世界于此刻是不存在的，这颗星球上，只有他俩，从宇宙大爆炸到20世纪20年代。你的身后，也蹒跚着两个吉卜赛老人，显然，在这座城市，比较往日他们所经过的欧洲大城小镇，都要更加安逸。至少，这里，没有那种令人极为痛苦的种族差异，这里的人们似乎只在乎财富，除此之外，他们不会在乎你是不是吉卜赛人，那与他们完全无关。

现在，你先看到了乔治照相馆，那是法租界最大、最好的照相馆，你忍不住想去拍张风景照吗？如同你曾经在张园所做的那样？

你看到了马尔济尼亚女帽店，此店的店主是俄国人阿依达·拉宾诺维奇夫人，她是个犹太人，又是个俄国人，她从俄国逃亡到了上海。霞飞路上，她开了这家女帽店，那是租界上海即将进入或已经进入黄金岁月，对上海新阶层来说，女帽成了她们的必选之物，出门戴什么帽子，不仅可以看出你是时髦人或摩登人，还可看出你在这座城市的财富等级。

继续行去，读者就会目睹到霞飞路上的特卡琴科咖啡厅、DDS咖啡厅，不过，允许我暂时先放过它们，我们待会再来。继续向西，就见到了欧罗巴皮鞋公司。此店掌门人是个白俄，他叫图钦斯基。"斯基老兄"售卖的皮鞋，在当时上海，据说不仅最摩登，也最奢华，诚为出入法租界名利场男女无法抵挡之物。有个大胆设想可以提出：当年沈炳根，洋泾浜边开出皮匠铺，稍后又开出皮鞋店，与俄国水手的哥哥联手，所做皮鞋远销莫斯科、彼得堡，由于战争，两人失去了联系，沈炳根为此吞金而亡，俄国人也就此殒命。不承想，他的儿子图钦斯基，前来上海，先做皮鞋生意，也想寻找父亲老友。这个仅是作家我的设想，读者当不得真。

接着，便是巴拉诺夫百货店，白俄所开。店里有棉纺织品，有男女成衣，有床上用品，与它毗邻的，是格利高里·克里巴诺夫的第一西比利亚皮货店分店，那里的大衣，熊皮、裘皮、狼皮、狐狸皮，皆为东西方男女钟情之物，在西风怒号、白雪狂舞的上海腊月，还有比它们更让人们身心俱燃的东西吗？

亲爱的读者，向西而去的霞飞路在你视网膜中理应还印下了何许东西？它们是：信谊大药房、正章机器洗染店、沪江理发室、欧罗巴绸缎店、特卡琴科糖果店、克来孟冰淇淋公司、科涅夫男子用品店，以上商店皆白俄所开。

历史学家严肃地告诉我们：1926年至1928年，也就两三年里，来自乌拉尔山脉以西的白俄们，在霞飞路，竟然开出不同类型、不同用途的店铺100多家。之后，当白俄们将自己的商业事业发展到顶峰时，所开店铺又十倍于此，对的，我没写错，十倍于此，1000多家商店铺陈霞飞路，这数字实在太牛了！

也因此，霞飞路，这条"涅瓦大街"，这个"小彼得堡"，这个"小莫斯科"，白俄记者通过《柴拉报》做出如下描述，真正的顺理成章——

"刚来上海的俄侨第一次漫步在霞飞路上，定会不胜惊讶，赞不绝口，耳边飘荡着亲切熟悉的母语，眼前掠过熟稔的俄文招牌，与身边的同胞擦肩而过，他被这一切感动着。偶尔向一路人问路，用法语支吾着，正不知如何表达时，忽听得那侨民用俄语答话，那一刻简直要发疯啦，抱着他狂吻。他乡遇故人。"

"罗马人曾骄傲地说，'条条大路通罗马'，那么，旅沪俄侨完全有权对他们说，'条条道路通霞飞路'。如果若干年后侨胞回到俄国，偶尔在街上相遇，狂风暴雨般地拥抱之后，向自己的熟人介绍说，'之前我和他一起在上海吹喇叭，他从霞飞路来，而我也从霞飞路来。我们怎么不是老乡呢？确确实实的老乡！'对于这一点丝毫也没有什么奇怪的。"

不过，必须说明，当白俄将富有情趣的小店铺开在霞飞路上时，落户于上海的华人也不甘落后，比如山东商人，也许比其他地域的华人更熟悉一点俄国人的风俗或审美，便在亚尔培路与马斯南路这一段的霞飞路上，开出了30家百货店加9家西菜社。山东人很会烧罗宋大汤么？

法国人也不甘居人于后，霞飞路上，他们有天然优势，君不见，当年辟筑此路，不就是因了法国人的决断和法国人的资金吗？他们的店铺为：法国药房、法大汽车行、捷利药店、巴黎首饰店、法国商务公司以及对老上海人来说十分有吸引力的老大昌。

英国人从来重商守信,也从来无孔不入,霞飞路上,他们显得弱势了,仅有宝德食品行、美丽胸罩店。

希腊人呢,开有法式香水店、蕾纳生西餐厅。

此外,霞飞路上还有捷克人的拔佳皮鞋店、匈牙利人伊马底洋行、德国人卫生药房、伊朗人马克咖啡馆。

光绪年间,西餐已被追求时髦的上海人所接受(他们可还不算新阶层),这些人中,有在外轮、洋行当过厨工,跃跃欲试地也想着要开出适合中国人口味的西餐馆,基于中华文明从来的骄傲,他们称西餐馆为"番菜馆"。

史料记载,华人在上海最早开出的西餐厅叫"一品香",地点在老上海最繁华、某种意义上也最糜烂的福州路。

随后,"海天春""一家春""江南春""万长春"等名号西餐厅接踵而至,此外,还有附带做西餐的杏花楼、同香楼、绮红楼、申园等。

那时,西餐消费是件大事情,一品香吃一顿西餐,一个人至少一个大洋。

晚清,普通女工的月收入仅一个半银元;租界巡捕的月薪好上许多,10个银元;钱庄中的跑街先生,哪怕你跑得上气不接下气、中间随时会断气,一个月下来,也就6个银元。以此看来,女工不可能品尝西餐,除非她天生丽质,又除非有人愿意为她的可餐秀色买单。仔细想来,某个跑街先生有这可能,但仍须咬牙切齿一番才行。巡捕就从容多啦,花上月薪的十分之一,一品香里与某个美丽女工度过若干快活时辰,这不是人生逍遥又是什么?

辛亥革命后,在上海,西餐业越发生气勃勃地发展了起来,白俄们居功至伟。原因也简单,1917年,俄国相继发生二月革命、十月革命,与克伦斯基、与布尔什维克"道不同、不与相谋"的白俄们,纷纷南下,来到法租界的霞飞路,开出门面不一的俄式西餐馆,到20世纪20年代的后期,俄式西餐馆竟有40余家,每日里奇香扑鼻,每时刻洋洋大观,霞飞路上新添风景,涅瓦大街的诨名也就不径而走了。

1935年,意籍犹太人路易·罗威在霞飞路与亚尔培路口开设了一家饭店,他用自己的名字加以命名:罗威饭店。它便是"红房子"西餐馆的前身。

由于经营得法,西餐做得又可口,"红房子"在上海声名鹊起,上海的上流阶层、中产阶级都以在"红房子"中一品法式西餐而感觉良好,其中就有名作家张爱玲,她在"红房子",常点的西餐如下:洋葱汤、烙鳜鱼、烙蜗牛、芥末牛排。据说，芥末牛排是张小姐最爱。

上海新阶层当能清晰地记得"红房子"中的"老三样"：菲力牛排蘑菇沙司、乡下浓汤、铁排鱼；记得霞飞路600号东俄菜馆，即茹科夫餐厅。在那里，一菜一汤，面包与黄油，再加一杯红茶，收费也就一个银元。当然，真正的吃客永远不会忘记那里的罗宋汤，单就用料而言，汤里的牛肉、牛骨、香根、辣根、紫菜头、芹菜、胡萝卜、土豆、洋葱、鲜番茄、香叶、胡椒颗粒、炒番茄酱、酸奶油、鲜茴香、猪油炒面粉、辣酱油，一个盆子里，竟然扔进17种原料烹成，如此浓汤，又岂是其他汤水能够比拟？罗宋汤后来扬名整个20世纪50年代，而上海民间，从来没有人拒绝过它那股俄罗斯田野般的芳香！

读者，现在我们要回转霞飞路，去会刚才那家有意跳过却很特别的咖啡厅，它叫特卡琴科咖啡厅，霞飞路上最著名的咖啡厅，也是20世纪30年代上海滩最著名的咖啡厅。

两兄弟，毫无疑问的白俄，擅长做糖果生意，兄长安德烈·特卡琴科，兄弟格奥尔基·特卡琴科。

他们如何来到上海，来上海之前究竟做些什么？为一个已灭亡了的王朝他们如何一洒痛苦之泪，所有这一切都被隐藏在了历史大帷幕后面。我们只知：两兄弟在霞飞路与马思南路相交处，建造了一栋带花园的三层别墅，他们的咖啡厅便开在了这个别墅里，很优雅吧？

两兄弟，对咖啡似乎也没多少研究，特卡琴科咖啡厅之所以名声在外，不因为咖啡的不同凡响，而因为咖啡厅里有与众不同的节目表演。

租界上海的夜晚，法租界中央区华人聚集地升起万家灯火，继而，生活渐渐地如暗夜般沉寂下来，石库门一一地关紧木门，主弄与横弄都不发声响。正此时，特卡琴科咖啡厅却在霞飞路上着火般明亮起来。

咖啡厅中，灯火通明、人头攒动、座无虚席、推杯把盏，活色生香、"人欲横流"，当音乐迷幻地响起，人们已迫不及待地鱼般跃入舞池，相拥一起，翩翩起舞，仿佛这里便是当年的彼得堡宫殿，他们正与一身戎装的沙皇一起缓缓起舞；仿佛这里就是当年的涅瓦大街，他们正踩着一地雪花，呼吸着清冽空气，听马车"辚辚"作响地从身边奔驰过……

特卡琴科咖啡厅每两周会更换一次表演节目，咖啡厅里特制了两个表演舞台，舞台上都出现过其时法租界顶级艺人——尼古拉·索科尔斯基的芭蕾舞，

妮娜•安塔列斯的杂技表演——还有四海为家的吉卜赛乐团的幽灵般歌唱。

1931年，鉴于生意特别火爆，两兄弟兴致盎然地又做了一个可容150位客人的露天餐台，它成了1931年的法租界时髦，名流、冶客们纷至沓来，惬意地坐在木椅上，看着上海星空，那时，上海星空要多璀璨有多璀璨，繁密的星星在宝蓝的夜空中眨着眼睛。人们一边喝着咖啡，一边漫不经心地看着表演，沉浸在自己的诸多心事中。倘若他们是高尔察克般的铁杆白俄，那么，那一刻他们的情感是无限沮丧和灰败的。他们一定痛苦地知道，被革命风暴摧毁了的人生是再也不可能改变回去了，彼得堡、涅瓦大街、一身戎装的尼古拉二世，所有这些都只是梦境中的物象！

特卡琴科兄弟俩本可以成为法租界的模范公民，也可以成为中央区的顶级名流，不过，如同他们决计没有想到二月革命和十月革命，他们也没有想到灾祸会再次降临头上，但这本也是一种轮回，一切皆咎由自取。旁人或许浑然不觉，他们自己心知肚明，看似法租界的表面生活挥金如土、骄奢淫逸，其实暗底下两人已因欠债而走投无路。

他们欠了谁的债？欠了多少债？债主将置他们两人于死地吗？暂时没有人会回答这三个问题，这么说吧，最后一个问题可以有一定的答案：债主将让特卡琴科兄弟俩的生活变得死去活来！

1932年12月，一个看似与往日没有两样的日子，特卡琴科咖啡厅正上演着昨日的一幕：性感、妩媚、多情、奔放、热烈、狂野，已有人因了伏特加的烈度而幻想起许多情景，没有料到，数名法租界法警闯入咖啡厅，并不给任何人的面子——哪怕你之前是尼古拉二世侍从——他们舞动警棍、晃动手铐，先将客人尽数赶出咖啡厅，随后，直扑两兄弟办公室，在门外客人们惊愕不已的目光中，将两兄弟挟持而出，特卡琴科咖啡厅贴上了封条，并就此关门大吉。

所幸，兄弟俩大难不死，最终逃出生天，他们名下的那家不断赢利的糖果店给予了拯救，两人没有彻底破产，应该也如数归还了欠债，总算没从法租界扫地出门。人们还记得后来的他们，法租界上海的那些星期天，特卡琴科糖果店会将店中有些损坏但质量毫无问题的饼干分赠上海孩子们，孩子们长大后，亦会回忆当初领取饼干的若干细节，有人拿着家里的枕套去装白送的饼干，一个枕套要装多少饼干啊！只是不知，那些孩子，全是白俄家的吗？会有华人的孩子吗？

霞飞路上，特卡琴科咖啡厅一边，还有颇为出名的DDS咖啡厅，位置在霞飞路与迈尔西爱路口，国泰电影院斜对面。

DDS也系白俄所开，大名培伦斯基。

DDS喝咖啡，通常在一楼。一楼还安有两台吃角子老虎机，凡进来喝咖啡的男人，都喜欢在这上面玩一把，试试自己的运气。倘若只花一个银元就能换取老虎机吐出所有角子，那是何等快慰的事情啊！当然，这仅仅是游戏者的痴心妄想，事实始终如下：游戏者目睹着自己的筹码一只只被吃掉，他还绝望地发现没有奇迹发生在他身上。如果老虎机不吃角子，它还会叫吃角子老虎机吗？如果人生奇迹经常在DDS发生，培伦斯基还能安稳地睡觉吗？

DDS二楼，主打的不是咖啡而是西餐了。二楼还有一个小型舞厅，冶客们玩兴上来，便要在舞池里轻歌曼舞一阵，倘若他的身边刚好有个含苞待放的女子。小舞池，少不了上海白相人尽显摇曳生姿的身手。

DDS的招待皆白俄女子，她们无人识得中文，也不会讲中国话，但很简单的、洋泾浜英语会讲几句。与特卡琴科咖啡厅不同，DDS咖啡厅很受华人欢迎，或许因为它对华人有着更多包容，进入其间的华人，多半为作家、艺术家、记者、编辑，他们的专业素养使其与白俄女子交流时，并无大的障碍。

说到咖啡厅，白俄们还开有马尔斯咖啡厅，位置不在法租界了，在公共租界的南京东路145号。1954年，白俄店主响应祖国号召，回归故土。或许，他本人对布尔什维克的怨怼已在时光中渐渐消散，或许，无法容忍列宁、托洛斯基和斯大林的他，可以接受马林可夫、布尔加宁、赫鲁晓夫，当他打道回府，他留下的马尔斯咖啡厅变身为东海饭店，之后，又改作东海咖啡馆，直到城市运动以无情铁律将东海咖啡馆吞噬一尽。

法租界终结了它的西进。

法国领事与公董局大佬心心念念还想继续西进，但上海激情的民族主义者用他们意志和决心，建成一道伟大堤坝，将法国人的西进怒潮彻底截断，上海就此再也没有扩展过法租界，如同1899年，民族主义者同样用自己的意志和决心，截断了英国人、美国人扩展租界的野心。

完成西进的法租界已有足够的快意了，它已有了最大收获——霞飞路上的白俄区？"原本法国型的霞飞路，开始染上了一种斯拉夫民族的情调，行列整齐的梧桐，黑白相间的仲夏遮阳伞，含有浓重俄国味的店招，高加索式的粗厚用具，莫斯科近郊的花坛，伏尔加河流域式的烈酒，东欧式的大菜，

粗犷而又深沉的歌声，以回旋为主步的舞蹈……"是白俄们带来了伟大的俄罗斯文化，这文化，用生活方式影响、沉浸乃至包容了华人，其他不说，仅仅DDS咖啡馆中出没的上海华人名流，不是在白俄营造的氛围中，让自己的视野变得更国际化吗？

　　新阶层钟情的新文化，称作海派文化。当岁月进入20世纪30年代，海派文化包含了中西交融的那部分，如建筑中的石库门，如时装中的旗袍；它还包括了在上海土地上带入的异国文化，即便它始终没与江南文化交融，但这无妨，只要它存在于江南土地上，无论它采取了巴黎、伦敦、纽约、柏林、东京或者彼得堡的方式，它也可以被指代为"海派文化"。

第四节
ART DECO来了，海派文化好不摩登

即将结束本章写作，蓦然想到一个画面。

一幢两层楼房。立面是欧洲的、古典主义的，那塔楼、那立柱、那拱窗、那山花，都让你想起英国维多利亚女王、法国皇帝路易十四以及普鲁士的腓特烈大帝。

不过，有趣的事情发生了，在这幢洋楼的二层楼，巴洛克塔楼的同一平面上，却有个庙宇般建筑存在，飞檐翘角、脊饰古老，歇山顶铺展，毋庸置疑，江南小庙的一种。

如此中西混搭，让人颇感惊诧，却也好理解：洋楼主人，多半事业有成，家境优渥，可以用别致的西洋风格来显示自己的存在。但毕竟自己从来有着江南文化背景，也从来信守着儒教信仰，也因此，同一个结构，同一个平面，公之于众的是他的新市民审美，密藏之后的是他灵魂守护，西方元素，东方色彩，看似不伦不类，却是他的小心翼翼、诚惶诚恐，他的羞羞答答、欲说还休。

可以断定洋楼主人，理应身处20世纪头10年，晚清末，民国初。

当上海进入到20世纪20年代或20世纪30年代，当上海两租界耸立起将近1000幢的ART DECO建筑，如此"杂糅"方告消失，如此"混血"才不再见。

这样，让我们先去一个所在，它距离上海应有8000公里，那里，发生了ART DECO大事件。

读者，此刻，先请你跳脱20世纪20年代的公共租界、法租界，前往一座你熟悉却又陌生的城市，无论就其历史深度、创意广度、审美宽度，20世纪30年代的上海还无法与它相提并论，这座城市叫法国巴黎。

1925年，那个对后生的我们有些遥远的年份，巴黎向世界再次奉献了它一以贯之的奇思异想。

巴黎从来充满了奇思异想。

1889年，结构工程师艾菲尔先生有了创意，巴黎的中心建造起那座仿佛能够通天的巨大铁塔；1895年，卢米埃尔兄弟在卡普辛路印度沙龙里放映了

最早的电影《火车进站》，人们从此拥有了一种崭新的生活方式；1913年，当法国即将被卷入第一次世界大战那个残酷的杀戮场，奇思异想的巴黎收获了普鲁斯特，也收获了他那本前无古人、后无来者的《追忆逝水年华》，巴黎让文学青年膜拜不已；1923年，勒·柯布西埃通过《走向新建筑》，表达了他对新世界建筑的超前预判，如此乌托邦情感，让巴黎再次因奇思异想而容光焕发。

如此背景下，1925年，巴黎推送了"装饰艺术博览会"，这是奇妙巴黎的再次继续。

一切梦幻，但并非空穴来风，新生儿降临来自母体，母体就是新艺术运动（Art Nouveau）。

"ART DECO"呢，新艺术运动后的继续。

与新艺术运动不同，ART DECO运动更紧密地结合了工业文化，它提倡的美学是前所未有的——机械美学——然机械能成为审美元素吗？是的，ART DECO运动发起者正有如此执念。

必须注意，ART DECO运动并非仅限于艺术领域，它涉及人类生活的方方面面，它探入家具、深入时装、进入装饰，在建筑上，更是大放异彩，建筑艺术的叛徒们大声疾呼：旧时代、旧人类、旧审美全都一边去吧，"ART DECO"属于新时代、新人类、新审美，建筑形象上，前所未有的退缩式结构，让ART DECO成为一朵开放在巴洛克、新古典等尸骸上的妖艳之花！

艺术英雄们（也是艺术叛徒们）在沾沾自喜之余却又显得相当落寞，仅建筑这个领域，没有任何资本关注他们。原因简单，第三共和国还刚刚从欧洲战场上退下，巴黎资本家既缺乏英国资本家的深厚历史，也无法比拟美国资本家的暴发户能量，亲爱的巴黎不缺乏瀑布般的奇思异想，却缺乏资本，还缺乏摩天文化，而没有这两样东西，"ART DECO"就只能出现在巴黎格特鲁德·斯泰因的沙龙中，在她华丽的袍子上成为其中一组扭曲线条。在巴黎，ART DECO可以表征才华，却不能表征新的占有。

纽约让ART DECO灵魂附体，巴黎为此称羡不已。

一次世界大战结束，欧洲满目疮痍，美国则沦陷在它的作家菲茨杰拉德所描写的《了不起的盖茨比》的文化中，在纽约，你目睹着千百张盖茨比般的脸庞，他们得意忘形，他们挥金如土，他们穷奢极欲，度过的日日夜夜，菲茨杰拉德也许有些夸张，"历史上最放浪的、最华而不实的纵饮寻乐"。

悠闲的法国人身后有格林文纳公寓　　　　　　黄金十年的象征：ART DECO纹样

盖茨比们掌控着美国，拥有着巨量资本，整合力量可以左右一切。还有一个重要原因，美国是那时世界上唯一拥有摩天楼文化的国家，当芝加哥浴火重生，在那里，新世纪最重要的建筑设计师之一的路易·沙利文领衔了摩天文化，这种文化随后便流行于整个新大陆。熟练地运用钢筋混凝土建造技术的建筑师，那时已想象自己能够建造一座真正的巴别塔，现实是：在纽约，人们目睹了曼哈顿地区出现了"资产阶级的大教堂"，先是威廉·范·哈伦设计的克莱斯勒大楼，随后是威廉·拉姆设计的帝国大厦，"资产阶级大教堂"的造型，首先体现在"ART DECO"逐层退缩的建筑结构上，随后，它的立面上呈现了极其丰富的线条，至于内部空间装饰，ART DECO才叫尽得风流，叫让·杜南的法国人大显身手，他立体主义的装饰风格，体现了强烈而狂野的个性，让所有在场者产生了审美眩晕。

源于巴黎创造，却被巴黎丢弃的ART DECO建筑运动，在美国进入了它的黄金时代，数以千计的ART DECO建筑耸立在美国大地上，纽约成了执牛耳者。你就这样想象吧：无以计数的大小盖茨比，进入ART DECO建筑中，他们的视网膜上印满了种种线条——直线、曲线、涡旋状线条，他们花天酒地，他们纵情声色，他们将世界看成一个现代所多玛，狂欢仿佛可以到世界末日。

除了纽约，还有哪座城市能让你记得人类史上有过如此繁华如梦？还有一座城市，还有上海。

历史确证：大约用了20年左右的时间，上海筑城史上，留下ART DECO建筑高达1000多幢！

之前，上海，新月形的滩路上，女王帝国官员、洋行大班和天主教、基督教传教士，给上海带来了古典主义建筑，有殖民地式的宽敞，有巴洛克式的优美，还有哥特式的高耸，也许还要加上一点洛可可的繁复，西方古典主义风格是全部的基调，直到"ART DECO建筑"到来，它异军突起，它面貌迥异，上海的风花雪月更为奢华迷离。

这是上海的美好岁月，与纽约相似，上海"生逢其时"，一战年代，丝毫不用担心重炮炮弹会落在头上，华人作为城市的经济主力，事业进入加速度，中国资产阶级在唯一实验场——口岸上海——进行着实验，实验推动了民间"四大家族"的产生，也催生了大大小小的"上海盖茨比"，以及，依附在上海盖茨比身旁的新阶层，引用法国著名的历史学家白吉尔的话来说，"这是中国资产阶级的黄金时代"，历史轮回中大得其利。

现在，资本在疯狂流转，荷尔蒙在四下燃烧，银元发出"叮当叮当"声响，上海盖茨比们也在寻欢作乐，也正纸醉金迷，对时时扑入眼帘的旧世界建筑，他们厌倦不已，他们要求新世界建筑，那里，金碧辉煌、美轮美奂，那里，明亮绚烂、灿若星汉，那里能够满足他们人性中的骄纵、感情上的奔放和审美上的惊喜。

公共租界，ART DECO建筑尽在它的中区。

外滩，在这个曾被西方古典主义建筑风格一统天下的地方，ART DECO建筑打进了审美楔子，具体而言，1929年的沙逊大厦，1934年的百老汇大厦，1936年的中国银行大楼，都属于ART DECO一路。

沙逊的故事至少可以追索到100年前，那时，归档于赛法迪犹太人家族的他们，从印度孟买来到上海，开始筚路蓝缕的生活。百转千回之后，终于功德圆满，尽管，在上海，他们最主要的生意是鸦片买卖，这让他们家族的成功史不免蒙上一层羞耻黑幕。19世纪50年代，当上海在异国他乡被描述成一座"绑架之城""邪恶之城"，沙逊家族难辞其咎。

从伊莱亚斯·沙逊到雅克·沙逊再到维克多·沙逊，这个家族在上海留下了他们深刻的印记，尤其沙逊家族的第三代维克多·沙逊，在上海土地上很沉重地盖下了这个邮戳：我是上海王！

"上海王"之所以是上海王，乃抓住这座城市的根本：金钱为王。而要赚取金钱，大金钱，巨量金钱，在这座城市，从来只靠一样东西：土地投机。当然，之后还要加上地产买卖。"上海王"尽管没有出现在1860年的上海，但相信，他的前辈已经将在上海成功的秘诀传授给了他，并将上海一路而来的首富们名字逐个细数：史密斯、汉壁礼、雷士德、哈同。

维克多·沙逊谨记前辈教导，他在土地投机和地产买卖上，较之前辈有过之而无不及，1929年，在外滩这个区域，他花巨资造了一座大楼，后来被叫作"远东第一楼"的沙逊大厦。

大厦由上海最负盛名的公和洋行设计，此洋行的实力，大概天才如邬达克的也要为之妒忌，因为它垄断了全部外滩建筑设计的二分之一，身为匈牙利人的邬达克，在欧洲白种人排名中，最多忝列第三排，外滩建筑设计的大单，注定要给坐第一排的白种人。

在上海，公和洋行以它最擅长的古典主义风格设计而稳坐钓鱼台，无人可以撼动它的地位，横空出世的邬达克也不能。但这次公和洋行不玩古典主义了，它玩出了ART DECO新风格，玩出了不可一世的沙逊大厦。

从建筑形制来看，沙逊大厦并非经典的ART DECO建筑，它的头部并没有呈现出ART DECO建筑的跌落式状态，这让它的挺拔和高耸，在视觉上打了一些小折扣。但它仍然挺拔、仍然高耸，77米高度，在外滩，当仁不让的地标，还有谁能盖过它的风头呢？进入它的内部空间，更会深切地感受到大厦装饰尽得ART DECO真髓，那份金碧辉煌，那份美轮美奂，神魂不颠倒也要颠倒。法国人要尴尬了，他们没有在巴黎做成的事情，却在口岸上海做成了，做成这事情的还是英国人。

1936年，沙逊大厦一边又有高楼诞生，它就是中国银行大楼，也可以归入ART DECO风格，与沙逊大厦相同，建筑形制也并非经典的ART DECO。

穿过公共租界中区，进入公共租界西区，耳听左方跑马厅传来的沸腾声响，香槟券的买主正为自己这一刻的命运而如痴如狂，右方呢，你一眼望去，四行大厦（后来变身为国际饭店）扑入眼帘，1934年，天才的拉斯洛·邬达克所设计，ART DECO建筑，上海绝对地标，无出其右，没有之二。

它的83.7米高度充满了象征性，这个纪录一直到50年后方被打破。它的内部空间，尽得ART DECO之风流，精雕细刻、步步生花，高贵与典雅，奢华与奢侈，与沙逊大厦有的一比。1934年后，它成为上海摩登生活的策源地，无数东西方名流在这里留下了故事，比如梅兰芳，比如查理·卓别林。

四行大厦建造当儿，后来成为第三代现代主义大师的贝聿铭年龄还小，但已经迷上了建筑艺术，他每日前来静安寺路观看大楼建造，不太相信坊间

流传的这幢建筑高度,"怎么可能造得那样的高?不,这不会是事实"。不过,事实它就是那么得高,上海第一高,邬达克对路易•沙利文有了一个致敬。

公共租界西区,说到ART DECO建筑,应该还有静安寺路与卡德路相交的德义大楼,英国康益洋行建筑师设计,这里就略过了。在公共租界理论上的终结点,也即静安寺,一座让上海人似梦似幻的建筑,百乐门舞厅,也是ART DECO建筑。

诞生日为1933年,设计师不再是西方人,而是我们东方人,在民族主义江河奔涌下,他是狂流中的一拨怒潮。

此君杨锡镠,江苏吴县人。父亲曾有举人功名,从小便让他打下了扎实的国学基础,后入交通部上海工业专门学校的"土木工程"专科就读,这学校就是今日交通大学的前身。

杨先生曾与民族主义建筑设计师黄元吉有过合作,两人合开凯泰建筑师事务所。之后,杨先生羽翼丰满,便与黄君分道扬镳,自开建筑事务所,设计了百乐门舞厅,毫无疑义地进入上海大史。

公共租界共有四个区,即中区、北区、东区和西区,四个区里应有许多ART DECO建筑,本小节写不下来,就不表了。读者须记住一点,说到ART DECO建筑,大多数不在公共租界而在法租界,法租界堪称ART DECO建筑的最大温床。

法租界六个区,东门区、麦兰区、霞飞区、中央区、福煦区和贝当区。

东门区与ART DECO建筑无缘,就此跳过。

麦兰区呢,在当年爱多亚路与卜罗德路相交处,一幢大楼冲天而起,有ART DECO建筑最经典的形制,如此经典性,远超公共租界里的那些ART DECO建筑,但话要说回来,建筑审美,并不仅仅在于建筑形制。

大楼名叫中汇大楼,一个与上海大亨杜月笙密切相关的空间,也是一个与法国人开办的赉安建筑事务所密切相关的空间。插一句,如同伟大的公和洋行,赉安建筑事务所亦被上海大史严重低估,这个建筑事务所,在上海留下了数以十计的ART DECO建筑,它成为新风格的执牛耳者,再无他者可以比拟。

1934年,上海进入"黄金十年",赉安建筑事务所完成了中汇大楼的设计和建造。要说明,中汇大楼设计,除了赉安三杰,还有中国建筑师黄口鲲。

那年9月,在初秋阳光照射下,高楼有着ART DECO经典的跌落式形制,逐层下降的阶梯式结构,中央塔楼为此显得高耸而俊秀。立面上,红砖墙配上水平的白色线条，如此搭配，在上海，仅此一例，可以说美不胜收，也可以说它相当怪诞。

中汇大楼还在襁褓中，中汇银行已然问世，1929年3月7日开幕，那日的典礼极为隆重。与会者有淞沪警备司令熊式辉，法国领事甘格霖，以及各界名流，当日，"开幕之日各钱庄皆前去堆花，计银两百万余，而各项存款亦有两百万之谱"，捧场的人真正的多。

那时杜先生，如同上海，有了人生蜕变。换句话说，他已不是那个在十六铺切削生梨的小混混了，也再不会前往郑家木桥边的赌场，充当一个有时必须折断人手指骨的凶恶打手。他凤凰涅槃，由黑洗白，从小瘪三而变身名士。他明白，要完成人生的如此华丽转身，首先必须从自己曾经赖以为生的生意——鸦片、妓馆、贩卖人口乃至绑票、撕票——中脱身而出，其次，也是更重要的，要进入上海主流经济形态，而银行，正是这座城市主流经济形态之一，开埠起，便如此。

中汇银行营业之际，杜先生已经与搭档张啸林一起，筹备中汇大楼的建造事宜。

杜先生请来法租界最负盛名的赉安建筑事务所来做大楼设计，大楼建造花去大洋156万，1934年，中汇银行迁入这幢新风格的大楼。

"中汇银行开设后，他在社会的活动越来越频繁，每天总在上午9点前起身，鸦片也不多抽。起身后，吃一杯鸡汤，两片面包，吸上两三筒烟，就出门去"，专为杜氏打烟泡的郁咏馥如此回忆。

1929年7月，杜月笙被聘为法租界公董局华董，而到了1935年，即中汇大楼建造成功后，他当选了上海银行公会理事，与陈光甫、钱新之们一起成为上海金融界的领袖。

1937年后，日本军国主义者妄图将他们疯狂的意念强加给这座城市，南京国民政府的国民革命军奋起反击，淞沪会战开始。从那天起，到整个孤岛沦陷，中汇大楼的顶端始终飘扬着一面中国国旗。这细节说明这座城市不甘屈服，也说明杜先生还有着一颗爱国的激烈心。虽说他有过不堪的少年、卑微的青年，然步入中年后的他，血管中依然流淌着中国人的热血。

麦兰区西去，是霞飞区，霞飞区与中央区相交处，有着培文公寓。

设计者又是赉安建筑事务所，又是那三杰。不过，后来，当历史掀开到抗日战争结束后的这一页，当国民党士兵们枪膛中发出的"清算"声响，

已由租界外传送到法租界，隐居在麦琪公寓的赉安，突然失踪不见，生死不明。在上海，他如同邬达克，蓦然消失在大气层中。历史倒还记载了大船上邬达克离别上海时的那张惆怅的脸，历史却没有提供赉安的一点一滴的信息：他为何神秘失踪？他究竟去了哪里？他是被人杀了，还是自杀了？赉安不会知道，他设计的这一幢ART DECO风格的培文公寓，之后变身为上海妇女用品商店，多少上海妇女纷纷前来此地朝拜，它成了她们的"麦加圣地"。

霞飞区西去，那是法租界中央区，ART DECO建筑扎堆而起，且多半声名显赫。

迈尔西爱路（今日茂名南路）上，有沙逊洋行投资的华懋饭店，设计者为安利洋行。

这幢建筑的投资者，仍是傲慢不堪的维克多•沙逊。

之前已经说过，他之所以能够成为上海王，乃在于掌握了上海密钥——土地投机与地产买卖，当公和洋行在外滩一地热火朝天建造着沙逊大厦，法租界这个美好区域，他委托安利洋行打造华懋饭店。

330万的巨量投资，高度57米，地面13层，地下一层，是上海首幢突破10层以上的建筑。建筑史专家写道，"大楼为英国公寓样式，装饰艺术派风格，体量较大，里面以竖向构图为主，檐部基座以及各层窗套用白色斩假石饰面，其余为褐色面砖"。

上海民间不呼其名，将它叫作"十三层楼"，如同邬达克设计的大楼，上海民间不叫四行大厦，不叫国际饭店，而是给了"二十四层楼"的称呼。13层楼声名大噪，豪门权贵纷至沓来。

上海王还不想收手，两年后，投资395万银元，华懋公寓一边建造更豪华、更气派、更ART DECO风格的格林文纳公寓。

入住这个公寓的洋人，有美国亚细亚石油公司经理、英美烟草公司经理、丹麦驻沪领事；入住这个公寓的华人，有哈同的义子乔治，有杜月笙先生的儿子，有黄金荣先生的儿子，以及狠角色高鑫宝，入住格林文纳公寓时，高氏已开出丽都舞厅，距离后来被乱枪射死还有一段日子。

格林文纳公寓，也系公和洋行设计，为沙逊先生设计建造了沙逊大厦、华懋饭店后，公和洋行无可争辩地获得了沙逊的信任。

中央区还有没有ART DECO建筑呢？自然有。

迈尔西爱路南下，数百步，霞飞路口，有国泰电影院，匈牙利建筑师鸿达设计，经典至极的ART DECO建筑形制，一望而知的辨识度，上海人好不喜欢。

继续南下，中央区，环龙路与迈尔西爱路相交处，有一幢非常经典的ART DECO建筑，它就是阿斯特屈来特公寓，设计者为列文。

列文是白俄，应该不会错，至于其他信息，上海小史无法查询。他的神秘，等同于老乡亚历山大·亚龙，历史三缄其口，只有耐心等待时间为我们打开这密闭的盖子，那时，列文会从盖子中浮现，面含悲戚，沉默不语。

中央区西去，是福煦区；福煦区西去，是贝当区。这两个区，前有ART DECO建筑恩派亚大楼，后有ART DECO建筑华盛顿公寓、毕卡弟公寓。

恩派亚公寓落定在霞飞路与善钟路相交处，建筑形制虽然不具经典的ART DECO风格，然内部空间相当宽敞，在上海公寓中自有一席荣耀。此公寓的设计者为黄元吉，系20世纪30年代正顽强崛起的华人建筑师群体中一员，此君曾是杨锡镠的最佳拍档，如此履历，谁敢小觑？

贝当区，白俄建筑师亚历山大·亚龙设计了华盛顿公寓，十分正点的ART DECO建筑，设计了圣尼古拉斯教堂的白俄先生，严守着ART DECO建筑的形制法则，白俄先生赶上了世界潮流，有毫无疑义的先锋性，即便不胜"赉安三杰"，却也不输他们三人。

贝当区，法国建筑师米纽弟设计的毕卡弟公寓夺人眼球。

简洁、洗练、干净，几近现代主义，建筑形制更多属于现代主义而不是ART DECO，尽管ART DECO本也属于现代主义风格的一种。米纽弟凭借毕卡弟公寓，让上海建筑从ART DECO向纯现代主义做着过渡，法国先生是在内心深处回应着奥地利建筑师卢斯当年掷地有声的叫喊吗：装饰就是罪恶！

在这个意义上，ART DECO也是罪恶，如果你相信卢斯。

卢斯只有一个。

上海不在乎卢斯，两个租界不在乎卢斯，沙逊们不在乎卢斯，赉安们不在乎卢斯，顶顶关键的是，上海新阶层不在乎卢斯。

从遗传角度说，新阶层萌芽于洋泾浜边。在那条宽不过五六十米的小河边，他们衣衫褴褛地操着一口洋泾浜英语，为了大班们赏赐的碎银，与最炎热、最严寒的上海做着搏斗，他们在上海野史上写下自己的名字：露天通事。

新阶层有了一个雏形，名字改作买办，与他们结伴而行的是跑街，他们不再衣衫褴褛，但也未必就是长袍马褂，即便长袍马褂，或许上面也有一些补丁，一顶六合帽须臾不离自己的脑袋，然帽子中央不会装饰有美玉一块，

如有,一定是假玉一块。

19世纪末,买办已在上海有了"军团"规模,两万个买办在租界上海奔走、忙碌,他们成为东西方在物质世界传通上的一座桥梁,也是上海后来民间主流意识形态的炮制者:如果金钱可以决定一切,那么,金钱就是我们的上帝。他们中很少有宗教意义上的信仰者,也不能说一个没有,陆伯鸿就有信仰。

其时,一度罪恶的"夷场",已经在人们的意识中蜕变成了"洋场",伴随着洋火、洋油、洋车、洋伞等洋货,上海新阶层产生在洋场中,对他们来说,洋场不仅提供着最好的社会氛围,洋场还是他们对自己人生反复追加能量的粒子加速器。

民族主义者便是在这时激烈地出现在上海各个角落,他们的成分实在过于复杂,从孙中山那般的革命者到深受儒教文化影响的某上海士绅,还包括了前往欧美、日本留学的上海小开,基于对西方列强的痛恨,他们从来都努力地装出不在乎上海最主流的建筑风格——西方古典主义——在这种风格面前,他们自欺欺人地宣称江南的建筑风格才是世界上最美的风格,尽管他们知道,自己的否定并不公正,甚至有些可笑。

直到新风格来临,直到ART DECO到达。

雨后春笋般,1000多幢"ART DECO"建筑矗立在上海租界四方,1000多幢啊,理论上就有1000多个故事,讲述着资本的贪婪、艺术的巧思、色彩的奔放、线条的温情、人性的悲喜,以及思想的惊鸿一瞥、美学的百转千回,还有,海派文化的真正诞生。

租界上海的老市民有可能还眩晕于西方古典主义建筑风格带来的美感,1910年后出生的新市民,本能地想要跳脱哥特式、巴洛克、科林斯柱子在他们心理上投下的阴影,猛烈卷起的民族主义风暴正助长着他们的内心反叛,渴望选择新文化、新风格的他们,在ART DECO上找到了灵魂的栖息之地,在那里,再没有古典主义建筑风格带来的文化压抑、文化敌意,ART DECO虽然陌生却不异样,尽管新潮却不怪诞,一句话,1930年代的新风格正满足着他们的审美需求。

就这样,整个20世纪30年代,ART DECO风格的建筑耸立在两个租界中,它成为城市新文化的指代、新风格的象征,形象深入市民之心。

新阶层回想起90年前,古典主义建筑风格盛行上海的岁月,西方人的自命不凡已到妄自尊大程度，他们专注自己的文化，睥睨口岸上海的一切，它们的文化——尽管确实是那个时代的顶尖文化——在故步自封中有着排他、否他的缺陷，文艺复兴也好，新古典主义也罢，在开埠后的上海大小空间里完成的只是"我——我"对话，而不是睿智的"我——他"对话，有强势，没包容。

ART DECO却是泛世界性的，泛国际化的，它没有祖国，尽管新风格诞生于法国。ART DECO不是欧洲列强的实力炫耀，也不依附于西方的贵族阶层，若说"父母"，工业化是它的父母，现代性是它的祖国，完全开放，不设边界，愿意拥抱任何国家、任何民族，任何城市、任何家庭。

上海，20世纪的30年代，一城三界，英国人、法国人、中国人，全都倾倒于ART DECO面前，这样的新文化，不仅让大佬们迷恋，也眩晕了上海最为庞大的、50万人的新阶层，这就可以解释上海为何会拥有世界第二多的ART DECO建筑。这样说吧，任何一户上海人家，只要基本符合中产阶级定义，或正努力地向着中产阶级目标出发，即便他不曾居住在毕卡弟公寓或麦特赫斯特公寓，不曾出没于沙逊大厦或国际饭店，只要他喜爱1930年的摩登——电影——而前往国泰电影院，那里的ART DECO正立面总会让他忍不住多看几眼，家中的摆设，寻常如花露水瓶子，设计师赋予的ART DECO造型，也总会让他欣然、喜悦。

江南文化就此蜕变，上海文化由此轮回，海派文化因此诞生。

倘若说，20世纪30年代，海派文化呱呱坠地，那么，它的最主要象征之物便是耸立在上海各地域的ART DECO建筑；又倘若说，海派文化是个有机体，那么有机体的灵魂正是"上海意识"。

尾声
租界收回，人去楼不空，"上海意识"迤逦绵延

本书开始于一场漫天大火，大火汹涌于1860年10月18日，而垂挂在北京西北上空的那个幽灵般云团，让我中华民族战栗不止，痛苦不堪。

这一切充满了象征意义，那场大火不仅毁去了中国一座美丽到无与伦比的皇家园林，同时给中国——在历史断层中又可以指称为满清帝国——带来了更多的租界、租界中更多的西方工业文化，它们的意义只有在后来的历史进程中方能知晓，其时的民族主义者感受到的只是屈辱、痛苦和愤怒。

与天津、武汉相同，但江南上海早于大火燃起17年前便有深切的感知——

1843年11月，"秋风秋雨愁煞人"的季节，巴富尔们来到东海之滨，女王帝国战列舰上，他们傲慢地举杯庆祝自己终于来到这个口岸，碰杯声响在上海星空下清脆响起。随后，英国居留地和法国租界的相继产生，西方文化，宗教也好，工业也罢，以及不速之客最为看中的贸易规则，一起涌入江南这一隅之地，让上海，一个13世纪问世的县级小城，在一路演进中，竟然变作一座非凡之城，让世人叫好，为世界瞩目。尽管，这个历程，始终伴随着"19世纪帝国主义"意识形态的蛮横扩散，呈现着令人激动也令人不安的两面性。

当本书进入尾声时，我要告诉读者，海上男女一路演进时产生的上海意识、完成的新文化，皆依赖租界这个空间。也就百年时间，在民族主义者的冲天愤怒中，租界开始被席卷，随之而来的，先有西方人的落荒而去，继而，东方对西方的崇尚渐次消散，东西方文化杂交后生成的新文化亦逐渐式微，海派文化沉默无语。

那么，遍布在中国大地上16个口岸中的37个租界（亦有其他种说法），何年、何月被中国政府收回？

中国北方，最早收回的是德国、奥匈帝国两个租界。

1917年3月15日，湖北督军王子春接到北洋段祺瑞政府的训令，派出江汉关督察与汉口警察厅督察长，率150名警察、136名巡捕，于该日下午5点进入汉口德租界，接管租界警察权。

"德国领事却拒绝移交，并声称保持其一切因中国政府这种行动而必要的对付权。"德国领事不过在虚张声势，1917年，不是1897年，陷于一战泥沼中的德意志帝国，知道胶着的战局正向危险的方向而去，德国人无暇顾及远东这块小飞地，他们只得就范，别无他法。

同年、同月、同日，直隶省长朱家宝也接到北洋政府训令，第二天，派出天津警察厅杨以德、天津交涉员黄以德等人，率军警300人前往天津德租界，"中国军警旋在天津德租界升起中国国旗，并行礼致敬。然后整队赴德国兵营，宣布解除德军武装"。

天津德军同样不作困兽犹斗。

北洋政府相当机敏，段祺瑞先生相当睿智，1917年，"府院之争"后，他"不鸟"黎元洪那一壶，第一次世界大战中选边站，两件事情同时进行：其一，收回租界；其二，对德意志帝国、奥匈帝国宣战。

8月14日下午4点半，"警察厅署长刘歧山带荷枪实弹的中国军警200名列队于奥租界工部局，在工部局门前挂上天津特别区第二管理局的白色牌子"，收回天津奥租界一事，尘埃落定。

依然在中国北方，1919年7月25日，俄罗斯苏维埃联邦社会主义外交人民委员会向中国人民和中国南北政府（北洋政府和广东军政府）发表宣言，公开宣布：苏俄愿就废除1896年的中俄密约、1901年的北京和约，以及1906年、1907年和日本所签订的协议，与中国磋商，原则是，"把从前俄罗斯帝国政府时代所取于中国的，以及取于中国又转让与日本协约国的，一概送回中国""凡从前俄罗斯帝国政府时代，在中国满洲以及别处，用侵略的手段而取得的土地，一律放弃""抛弃庚子赔款"，如此等等。

1920年9月25日，直隶警察厅长杨以德和天津交涉员黄荣良带领随员前往俄租界做一接收。俄国（沙俄）驻津总领事住院于法国医院，托病不出，而由领事移交了工部局的卷宗账簿。下午1时，俄租界工部局钟楼顶端升起

中国国旗,该界华捕换上中国巡警服装,另派宪兵携枪分站各处。

不过,北洋政府尝试将汉口俄租界收回一举,起初受到重挫,英国、法国、美国、日本诸列强基于他们的利益,阻挡了北洋政府收回汉口租界行动。直到1924年7月1日,根据北洋政府与苏俄代表签订的《解决悬案大纲协定》的精神,汉口地方当局将旧俄领事馆移交给了苏俄代表,同时在俄租界工部局里组织了以交涉员沈子良为首的临时管理处,"管理处的铜牌悬挂在工部局门首,中国的五色国旗在工部局大楼上升起",汉口俄租界方才在理论意义上由中国收回。

汉口租界重大事件发生在1927年1月5日凌晨。

在北伐军铁流的强劲冲击下,在中国国民党与中国共产党的共同认知中,在"打倒帝国主义"和"废除不平等条约"的汹涌怒涛中,在激怒了的武汉三镇市民与荷枪实弹的英国水兵的紧张对峙中,"英租界工部局的上空,升起了国民党的旗帜",有人如此描述汉口英租界的收回,"到了深夜,局势已经明朗化:民众拆除电网沙包,砸碎江岸铁链,占领了租界。守卫租界的不是军队,而是工人纠察队——民众权力的象征"。

同年1月10日,九江英租界也在北伐军独立二师的武力逼迫下,回归中国。

1927年3月22日,北伐军的铁流继续滚滚向前,长江下游重镇之一的镇江,被北伐军占领。

5月20日,英国驻镇江领事会晤北伐军代表,表示了如下意思:英国政府交还镇江英租界,不过是个时间迟早的问题。且租界范围狭小,外商不多,不会有多少事需要讨论。6月18日,镇江英租界无形取消,英国领事对中国大局的深刻洞察,让镇江租界问题迎刃而解。

"恨杀长江不向西",沿长江向下游而去,便是南京,便是上海。

南京没有租界。

上海,却是中国土地上产生了第一块租界(严格说来叫居留地)的区域,这个界域里,产生了最具范本性质的租界空间,满清帝国力图赶上现代世界亦在此嚆矢,与此同时,中国的国家权利也在此受到了严重的蹂躏(在满清帝国的视野中),又与此同时,海派文化在此有了它的摇篮、它的温床。

1930年2月27日,南京国民政府与英、法、美、荷、挪威、巴西等国签订了《关于上海公共租界内中国法院之协定》,基本上否定了外国人在公共租界的司法权,使租界这个"国中之国"的基础发生了动摇。

接着，上海，这座起先因西方的资本、西方的工业技术、西方的思想、西方的准则以及西方的人性（西方人当然也有美好的人性）而崛起于泥滩的城市，一路顺风，无所阻挡。盖因，江南的这片土地，人民不崇尚武力，文化不美化暴力，倘若说人性也有激烈，只表现在买办的极度贪婪、百姓的发财梦想再加书生的寻花问柳上，当然，江南也有盗匪，也有流氓，但只是个别，不是整体。

20世纪30年代，非暴力的上海被野蛮的暴力找上，自李秀成的兵锋于1861年戛然而止后，上海的平静又被打碎。先1932年的"一·二八战争"，后1937年的"八一三战争"，两次战争全都酷烈地发生在上海富庶、繁华的华界内，因妄想统治亚洲而变得彻底疯狂的日本军国主义者，心心念念灭亡中国，要将中国人民变作他们的奴隶。两次战争，尤其"八一三战争"，却戳破了日本军国主义者狂妄无度的肥皂泡——"三个月就将支那彻底征服"——事实上，1937年那个酷热8月，南京国民政府尽出60万精锐部队，在上海北部地区与日酋拼死一战，前赴后继，壮志凌云，血流成河，誓死不退，整整鏖战三个多月，方才撤出了淞沪战场。

鉴于中国战场上的胶着，鉴于太平洋中途岛一战的惨败，鉴于纳粹国防军在斯大林格勒战场上一败涂地，日本军国主义分子居心叵测地打出"对华新政策"这张新牌，将已被他们武力占领的上海两租界——上海公共租界与上海法租界——归还给所谓的"中国政府"——俯首帖耳于日本人的汪伪集团。

1943年7月31日，上海法租界公董局礼堂，法租界归还仪式在此举行。出席人员，法国方面为驻上海总领事，此君同时又兼任公董局总董；汪伪方面，有"上海市长"兼"立法院长"陈公博、"外交部长"褚民谊、"审计部长"夏奇峰。汪伪集团宣布将法租界改为上海特别市第八区，区公署就设在法租界公董局里，嵩山路巡捕房改为第三警察局，由陈公博兼任第八区区长和第三警察局局长。

一天后，8月1日，在公共租界工部局礼堂举行了公共租界的归还仪式。出席人员，工部局总董冈琦胜男，之前的英国总董随着孤岛沦陷已不知去向。汪伪方面出席的依然还是陈公博、褚民谊等人。汪伪方面宣布公共租界改为第一区，公共租界巡捕房改为第一警察局，区长与局长都由陈公博兼任，陈公博看来将忙得不可开交了，就职后，他发表的第一号声明，告诫上海市民，"前工部局所发布公告继续有效"。

20世纪30年代，上海的"黄金十年"

1943年1月11日，中国重庆，美、英两国外交官员与重庆国民政府订立了"取消两国在华治外法权和归还租界"的"平等新约"。理论上，上海两租界便在这一刻归还给了中国。尽管，如此归还只具理论意义，因为所要归还的租界那时仍然处于日本军部控制下，但上述举动，亦是对日本人与汪伪集团导演的"归还把戏"做了一次针锋相对的抵消。

从段祺瑞开始，中经汪精卫的南京，一直到吴国桢就任市长的上海，理论上或现实中，中国土地上16个口岸的37个租界，绝大多数都归还给了中国。在上海，1943年8月后，两个租界虽然皆不存在，但日本大陆派遣军士兵的刺刀却在上海长夜中闪烁寒光，此等归还，有何意义？

最黯然销魂的要算工部局、公董局的总董、董事们，自1843年以来，这100年中，他们筚路蓝缕，他们含辛茹苦，他们自命不凡，他们君临一切，现在全都荡然无存。客观说来，他们给上海留下了许多东西，有些东西十分美好，是上海历史进程、文化演变中的重要一环。

容器已碎，但内里所装的东西并非只有四下溃散命运，虽说有些东西确实将随风而去，比如海派文化中的跑马文化。

1946年，英国人再次接管了跑马厅，于民国三十五年想要重开马场，不过，其时的上海市市长吴国桢拒绝了英商上海跑马总会的要求。1949年5月之后，上海跑马厅被新生政权正式收回，新时代不容旧社会的龌龊卑微。

不过，租界消失，时代翻篇，政权更迭，文化和文化中的核心——意识——却会随着时光流动、生命更替而绵延、而传承，君不见，宋帝国土崩瓦解了，儒教文化不照样在元王朝的土地上光彩熠熠？明帝国寿终正寝了，江南文化不同样在满清王朝的淫威下神采焕发？

文化渗透无孔不入，文化传承不由自主。

比如，海派文化内涵中的服装文化——旗袍——来说，它不也是目睹着工部局、公董局于20世纪40年代的坍塌，却从容地再现于20世纪50年代，优雅地再现于2022年的上海吗？

旗人之袍，本随满清帝国的铁骑由关外而至关内，自然也来到上海，苏松太道、上海县令们的妻妾，全都穿着旗袍而君临此地？

清初，旗袍还偏向瘦长、紧窄，小袖、素简，白云苍狗，到了清末，已变得宽大繁缛，裁制一律采用直线，胸、肩、腰、臀完全平直，女性身体曲线不显丝毫，毫无性感意味的旗女之袍，不仅吻合着满清帝国的文化要求，也相当合拍于中华儒教。

辛亥革命的风暴骤然激荡，作为妇女寻求解放的重镇，上海掀起女权运动的最初浪潮。在商人、传教士和革命党人竞相创办的女学中，女学生们率先荡涤着服饰装扮上的陈规陋习，成了海派旗袍的先行者，又因了她们的前卫装饰，诱引得社会各界女性名流也纷纷作"女学生装扮"。

及至20世纪30年代，新市民已彻底移换了自己的"移民"身份，城市中充溢着"上海意识"，新文化推涌到了高点，海派旗袍于上海滩大热，从社交名媛到知识女性无不倾心、倾情。也在这时，于时装有再造之功的宁波红帮裁缝，鼓动着"别裁派"产生，让旗女之袍有革命性的改良，于女性性别重要象征的胸围、腰围上，将20世纪20年代前的宽身、直统变化为紧缩、贴身，带给都会女性一份前所未有的摄人性感。

那些岁月、那些日子，十里洋场，不夜上海，每个舞厅、每家电影院、每处西餐厅或咖啡馆，乃至每条上海石库门长弄的厢房，身着旗袍的上海女子，或对自己心爱之人秀着身材，有"女为悦己者容"的那份娇嗔，或在自家那面大镜子前反复端详，有良家碧玉的那点顾影自怜。

如此情状，一直绵延到了又一个世纪，2021年7月，某日，在上海国际舞蹈中心的包房，一位善于思考的知性女性，对在场者表达了她的质疑："我们经常说海派文化、海派文化，但现在看来，说到海派文化，就是女人身上的那件旗袍。我想问，海派文化难道只是一件旗袍？"

海派文化当然不只是一件旗袍，但它的内涵之一正是旗袍。

  一地碎片的上海租界,它于一刻不停的上海时光湍流中留下了许多东西,它们数不胜数,它们不胜枚举,其中,"上海意识"作为租界文化中的精神遗产,不就看似无影、其实有形地流传了下来?它的精神属性,时至今日还在后生者的头脑中长久而持续地发酵。

  百多年前,上海开埠,有了露天通事,有了秉笔华士,有了奔走于夷场的洋买办、跑街,他们与洋大班们做种种交易时,靠的是那一口洋泾浜英语,即便他们中最聪明的人,也才掌握了冯泽夫们《英话注解》里的700单词,不那么聪明的人呢,掌握的洋泾浜英文就有限了,他们便不得不靠另一种独门秘技,也即"扎苗头"。你洋大班的每一个表情我都要揣摩,你洋大班的每一个动作我都要思忖,真所谓洋大班的一颦一皱,都必须无微不至地丝丝入扣于心中,洋大班的喜怒哀乐,更要"扎足苗头",苗头不扎,苦头吃煞。苗头清爽,生意兴旺。

  长此以往,"扎苗头"的精神属性便转换成了"拎得清"的精神属性,民国年间,新阶层崛起,他们受了良好的教育,他们有了独立的人格,理论上,他们与自己的上级、上司、上峰(无论华洋),是一种平视的关系,而不是仰视或俯视的关系,他们再不需要低三下四地"扎苗头",无论接受指令或执行命令,都堂而皇之、坦坦然然。但这并非说他们可以随心所欲,更不是说他们可以我行我素,洋场依旧有它内在的交往法则,租界依旧有它不变的人性文化,不同的是,卑微的"扎苗头"转换成了"拎得清",他们必须更高级地观整局、识大体、明事理、知进退,一句话,必须具备更细致入微的分寸感。倘若他们是一个"拎不清"的人,倘若他们时时解读错了上司们的心情,刻刻理解错了上级们的思想,那么,他们充满了幻想的这一生,基本也就毁掉了、玩儿完了!荣华富贵与他们再也无缘,锦衣玉食与他们也彻底无关,上海滩,他们混不下去也!

  100多年后的今天,我们的城市,我们的上海,十分精明的男人与相当乖巧的女人,都将"拎得清"当作自己的座右铭,且身体力行。他们与自己的前辈——上海新阶层——一样,在上海生活里,告诉自己要善于察言观色,善于审时度势,并及时地做出调整,不动声色地随风使舵。他们不会原谅自己的"拎不清",因为这意味着是对自己个人命运开玩笑,他们同样也不能原谅他人的"拎不清",这说明"拎不清的人"不配混在上海这个大码头!作为曾经"上海意识"里的一部分,"拎得清"穿越着时光,历经着岁月,植入上海的血脉,固定为上海人的基因,系庞大的海派文化的极微小部分。

今日上海,民间社会中还不时可以听闻杜先生的"三碗面"说法。我将它看成租界上海精神属性的又一部分,亦与百多年前产生的"上海意识"有勾连。

所谓三碗面,当然不是阳春面、咸菜面和烂糊肉丝面。它是体面、场面和情面。20世纪30年代,在一个无法考证的时日,海上闻人杜月笙说过,在上海滩,你如果吃不好三碗面,你做人就不会成功。

90年后,21世纪20年代,上海民间反复地流传着如此的杜氏言论,这说明什么?说明"三碗面"的说法好犀利、好精当!换言之,一个不讲体面的上海人,他会博得谁的尊重?一个不讲情面的上海人,他怎么去交上知心的朋友?至于一个始终不讲场面的人,注定只是上海生活中的一个无足轻重角色,无人知晓,毫无价值,只会打滚在利己主义泥沼里。存在,如尘埃;活着,也白活。

犹如"扎苗头""拎得清""三碗面"说法同样可以归入"上海意识"中,海派文化一部分,上海密钥的其中一把。

但什么又是海派文化呢?哪一个定义可以将它概括?哪一种说法可以将它说明?

有一个全新的历史时代,随着海派文化温床之一的租界消失,而庄严诞生。

1949年5月27日,陈毅的战士们在苏州河北岸将最后一部分顽抗的国民党官兵加以围歼,同日,陈毅担任主任的上海军事管制委员会成立,第二天,上海市人民政府宣告成立于逐渐淡去的硝烟中。

随着新时代的到来,同时到达了新文化。

新文化是《毁灭》《铁流》《暴风雨所诞生的》,新文化有着"钢铁是怎样炼成的"强硬气质,响彻着马雅可夫斯基的"向左、向左、向左"的咆哮,红色政权必具红色文化的激进性,它痛斥跑马文化的邪恶,它鄙视舞厅文化的堕落,它不屑于西餐文化的小资产阶级的程式,甚至在旗袍文化上,它也看到了纯洁灵魂会被污染的可怕暧昧⋯⋯

要到很久、很久以后,海派文化才会被再次唤醒,不过,不再是租界上海成形的海派文化了,它将与红色文化做着混血,它将与江南文化做着联

姻,它有着全新时代的精神属性,我称其为:后海派文化。

将是另一本大书的主题、内容吗?

会是另一本大书的非虚构叙事。

开笔于2020年3月20日夜晚9点康健公寓
修改于2021年6月28日至7月24日康健公寓
再次修改定当于2022年元月26日中午12点康健公寓

致谢

为《蝶变上海——跌宕百年的海派叙事》一书的写作完成并出版，致谢如下——

在《蝶变上海》构思、写作、修改等阶段，我曾广泛地征求各路行家的意见，不同场合中，行家们对"一路演化的海派文化"所表达的种种观点，让我受益匪浅，行家们是：陈保平先生、俞敏先生、戴大年先生、董荣亭先生、晓林先生、陆杰瑞先生、姚忠礼先生、周丰年先生，谨向他们献上我真诚的谢意！

感谢下述先生为《蝶变上海》的资料收集而付出的艰辛努力，他们是施颖杰先生、郑信访先生、王捷克先生、肖兆安先生。

2021年秋季，以个人名义，我向上海文化发展基金会提出了《蝶变上海》的"上海文学艺术创作资助"的申请并获得成功。这个过程中，感谢丁烨小姐所撰写的推介文字，感谢施培琦先生在网上的细致操作，感谢计玉刚先生的校对和为出版事宜多次奔走。

也感谢上海文化发展基金会的诸位评委，从2015年的《苏州河，黎明来敲门》到2017年的《十个人的上海前夜》，再到2021年的《蝶变上海》，对我的原创，他们始终给予助推，尽管我们素未谋面，至今也不曾相识，不知尊姓大名。

感谢张洁女士，慷慨赠送"圆明园劫难记忆译丛"一套，《额尔金书信和日记选》《蒙托邦征战中国回忆录》以及瓦兰·保罗撰写的《远征中国》总共13部作品，它们让我对发生在1860年10月18日的那场大火有了全方位的了解，本书《楔子》由此而来。

感谢秦建鸿女士、周海云女士、甘露女士、韩国强先生、刘畅先生、吴伟超先生、杨荐华先生、马鋐先生、顾俊先生、吴雪舟先生、郦亮先生、单苏先生对《蝶变上海》在视频媒体、平面媒体的传播上给予的种种帮助。

感谢老友们,在《蝶变上海》整个写作、出版的周期内给予的关心和支持,他们是:桂帼霞女士、时永刚先生、徐锦泉先生、孙一飞先生、陆新和先生、赵德义先生、吕弘先生、叶波先生、岑永豪先生、潘渴先生、王俊先生、刘书茼先生、罗俊先生、毕胜先生、涂长胜先生、梁峰先生、韩宗沛先生、刘林先生等。

特别感谢喜马拉雅总编辑殷启明先生、"澎湃"常务副总编李智刚先生对《蝶变上海》给予的关切和帮助。

特别感谢文汇出版社,那是因为,我生命中的第一本书——《欲望的城市》——正是由她出版。27年前的早春时节,文汇出版社编辑部主任季桂保先生找上了我,东海咖啡馆,首次见面时,他就极为大度地敲定了我的处女作的出版。自那以后,我与文汇出版社有了更多缘分,在其时总编桂国强先生的支持和帮助下,张衍先生责编了我的建筑专著《墙•呼啸》,乐渭琦先生责编了我的非虚构作品《少数人的上海》,朱耀华先生责编了我的长篇小说《亲爱的,飞》,现如今,《蝶变上海》再获文汇出版社周伯军总编、张衍副总编的接纳,亦由充满了活力的邱奕霖小姐为之责编,我想,这是缘分的奇妙延展。

此时此刻,新潮的男女正热烈地谈论着"元宇宙"等玄妙话题,但永远不会缺席这样一些人们,他们将自己的目光坚定且深情地凝视着产生上海根源文化的这片大地,他们深知,倘若没有对文化演变的一路深耕,我们的人性便将坠入乌有之乡。正是在这样的意义上,我最后要说:感谢,你时光中的湍流,你岁月中的突变,你新文化产生时每一个激荡心灵的细节。

图书在版编目（CIP）数据

蝶变上海：跌宕百年的海派叙事 / 王唯铭著. --
上海：文汇出版社，2022.8
 ISBN 978-7-5496-3865-9

Ⅰ. ①蝶… Ⅱ. ①王… Ⅲ. ①长篇小说－中国－当代
Ⅳ. ①I247.5

中国版本图书馆CIP数据核字(2022)第148014号

蝶变上海
——跌宕百年的海派叙事

作　　者 / 王唯铭
责任编辑 / 戴　铮　邱奕霖
装帧设计 / 张晋

出 版 人 / 周伯军

出版发行 / 文汇出版社
　　　　　上海市威海路755号
　　　　　（邮政编码200041）
经　　销 / 全国新华书店
印刷装订 / 启东市人民印刷有限公司
版　　次 / 2022年8月第1版
印　　次 / 2023年7月第3次印刷
开　　本 / 720×1000　1/16
字　　数 / 320千
印　　张 / 19.75

ISBN 978-7-5496-3865-9
定　　价 / 78.00元